1900년대 만주 고고학
연구자료 국역총서 3

조선 역사 지리

쓰다 소키치(津田左右吉) 지음

한세진 · 박지영 · 복기대 옮김

제2권

■ 역자 일러두기

1. 이 책은 만주역사조사부에서 역사조사보고서 제2권으로 간행한 『조선역사지리 1·2』(남만주철도주식회사, 1913)를 완역한 것이다. 원저는 쓰다 소키치(津田左右吉) 저, 시라토리 구라키치(白鳥庫吉) 감수로 되어 있다.

2. 일제강점기에 간행된 원저의 특성상 순화할 필요가 있는 용어는 현재의 기준으로 고쳤다. 예) 지나 → 중국, 우리나라 → 일본, 국사 → 일본사 등

3. 본서에 언급된 '지금' 또는 '오늘날'의 지명은 원저 간행 당시의 행정구역에 따른 것이다.

4. 본문에 인용된 한문 사료는 번역하고 원문을 병기했다. 원문은 본서에 표기된 대로 옮기되, 한국사데이터베이스 등의 교감본과 대조하여 명백히 다른 경우 해당 부분 뒤에 [ ] 표기하여 부기했다.

5. 원문 대조에 사용한 교감본의 출처는 다음과 같다.
   한국 사료 - 한국사데이터베이스 및 한국고전종합데이터베이스 수록 통행본
   중국 사료 - 중화서국 표점본 및 中國哲學書電子化計劃 수록 원문
   일본 사료(『일본서기』) - 동북아역사재단 간행 『역주 일본서기』(연민수 외, 2013)

6. 원저는 바탕문과 인용문의 구분이 없으나 사료의 인용이 길게 이어지는 경우 가독성을 고려하여 별도 인용문으로 처리했다.

7. 원저에는 서술 내용에 대한 키워드가 두주(頭註) 형식으로 기입되어 있으나 본서에서는 굵은 글씨의 소제목 형태로 본문 속에 배치했다.

8. 인용된 사료의 번역에 ( ) 표기하여 추가된 설명은 원저자에 의한 것이다.

9. 인용된 한문 사료의 원문에 저자가 강조 표기한 부분은 번역문의 해당 부분에 밑줄로 표시했다.

10. 원문에서 오류로 판단되는 부분은 그대로 번역하되 [ ] 표기하여 수정한 내용을 병기했다. 단 명백한 오식인 경우는 별도 표기 없이 수정했다.

11. 역자 주는 꼭 필요한 경우에 한해 [ ]로 표기하여 해당 부분 뒤에 삽입했다.

12. 고유명사의 한자는 처음에만 ( ) 안에 병기하는 것을 원칙으로 하되, 필요에 따라 추가로 병기했다.

13. 일본 인명과 지명은 원어 발음대로 표기하되 외래어 표기법에 따랐다.

1900년대 만주 고고학
연구자료 국역총서 3

조선 역사 지리

쓰다 소키치(津田左右吉) 지음

한세진 · 박지영 · 복기대 옮김

제2권

목차 『조선역사지리』 • 2권

제2권

제1권

머리말

고려는 반도국이므로 삼면은 자연히 바다로 한정되지만 북방은 자연적 경계가 없으므로 대륙의 형세 변화와 국력의 성쇠에 따라 그 영역이 늘어나거나 줄어든 것이 한두 번이 아니었다. 본 권에 수록된 여러 편의 고증은 주로 이 연혁의 흔적을 찾고자 시도한 것이다.

신라의 세력이 쇠퇴하여 한반도가 혼란에 빠졌을 무렵, 대륙의 형세 역시 변화했다. 태조(918~943)가 고려를 세움과 거의 동시에 요(거란)는 발해를 멸망시키고 그 토지를 병합하여 현재의 만주 지방을 통일했다. 고려와 요 사이에는 여진 부락이 존재했는데 두 나라가 서로 이를 통제하고자 하여 충돌이 생기게 되었고, 청천강 유역에서 압록강 연안에 이르는 지역이 쟁탈의 장이 되어 두 나라는 여러 차례 전쟁으로 피해를 주고받았다. 그러나 성종 12년(993, 요 통화統和 11년)에 이르러 요가 압록강 남쪽 지방을 포기했으므로 고려의 영토는 이때 처음으로 강의 하류에 도달하게 되었다. 현종 6년(1015, 요 개태開泰 4년) 이후 압록강 남쪽의 한 구역은 다시 요에게 점령당했지만, 예종 11년(1116, 금 수국收國 2년)에 금이 요를 대신하여 강의 북쪽을 영유하게 되자 고려는 다시 강의 남쪽 영토를 회수할 수 있었다. 제15장 「고려 서북경의 개척」은 그 사이 영토가 늘어나거나 줄어든 형세를 고찰하여 서북쪽 경계의 여러 주(州)와 진(鎭)의 위치를 고증한 것이다.

동북면에서는 요의 세력이 여진족 부락까지 깊이 미치지 못한 것 같은데, 고려 역시 국경을 크게 확대할 수는 없었다. 정종(1035~1046) 초기까지 이 영역은 화주(和州, 지금의 함경남도 영흥)에 그쳤고, 정종 10년(1044년)에 이르러 정주(定州, 정평)까지 진출했다. 그러나 60년 후 북방에 완안부(完顔部) 여진(금)이 흥기하여 두만강 방면에서 남하해 왔다. 고려는 여진과 충돌했고, 예종 2년(1107)에 장군 윤관(尹瓘) 등이 한 번 관외(關外) 3백리의 토지를 점령했으나 일 년 후에 바로 잃고 말았다. 제16장 「고려 동북경의 개척」에서는 정평 이남의 주와 진의 소재와 그 설치 형세를 고찰한 것이고, 윤관의 점령 지역과 그가 축조한 주와 진의 위치는 제17장 「윤관 정략지역고」에서 논증했다.

이후 120여 년간 북쪽 경계에 이변은 없었지만, 몽고가 일어나 대륙을 석권하게 되자 고려에도 일대 혼란이 일어났다. 고종 18년(1231, 원 태종 3년) 이후 해마다 몽고군의 침입을 받았으므로 북방의 여러 주와 진은 대부분 그 성읍을 유지하지 못하고 관할 지역을 포기했고 치소를 여기저기 옮기게 되었다. 동북계에서는 고종 45년(1258, 원 헌종 8년)부터 화주(和州, 영흥) 이북 땅이 원의 영토로 편입되었다. 서북경 역시 원종 10년(1269, 원 세조 지원至元 6년)에 서해도의 일부와 함께 원의 직할지가 되어 평양에 위치한 동녕부(東寧府)의 치하로 귀속되었다. 동녕부는 20년 후 철폐되어 충렬왕 6년(1290, 원 세조 지원 27년)에 고려는 압록강 남쪽의 땅을 회복했지만, 동북경에서 잃은 토지는 공민왕 5년(1356, 원 지정至正 16년)까지 약 1백년간 수복할 수 없었다. 제18장 「원대 고려 서북경의 혼란」 및 제19장 「원대 고려의 동북경」

은 이에 관한 지리적 고증이다.

　원의 세력이 쇠퇴하자 고려는 북방 경략을 도모하여 한편으로는 서북경에서 일찍이 고려에 귀속되지 않았던 압록강 연안 지역을 점령했다. 다른 한편으로는 공민왕 5년에 화주 지방의 회수를 시작으로 점차 토지를 개척하여 멀리 마천령(摩天嶺) 북쪽까지 미치게 되었다. 제20장 「고려말의 압록강 연안 영토」는 전자에 관한 지리적 연구이며, 제21장 「고려말의 동북경 개척」은 후자의 상황을 고찰한 것이다. 그런데 동북경 개척에 의해 저절로 두만강 방면의 여진 부족과 교섭이 생기게 되었다. 제21장의 부록에서는 올량합(兀良哈)과 알도리(斡都里) 두 부족의 거주지를 살펴보고, 북방 민족의 이전(移轉) 형세에 대해 논할 것이다.

　고려는 이와 같이 북쪽 경계의 개척에 성공했지만 안으로는 궐 안의 부패와 밖으로는 왜구의 난이 있었고, 왕실이 이를 통제할 수 없게 되자 그 권위는 완전히 땅에 떨어지고 말았다. 그러자 화주와 함주(咸州) 지방을 근거로 오랫동안 세력을 축적해온 이성계가 공양왕 4년(1392, 명 홍무洪武 25년)에 마침내 왕씨 왕조를 뒤엎고 새로운 조선 왕조를 열었다. 이때 대륙은 이미 명으로 바뀌었는데, 명 정부는 북만주의 여진 부족을 교화가 미치치 못하는 곳의 백성(化外之民)이라 하며 이들을 견제하는 데 그쳤다. 따라서 조선은 명과 충돌하는 일 없이 고려말부터 착수한 동북경 경략을 계속할 수 있었다. 태종(1401~1418)과 세종(1419~1450) 때부터 세조(1456~1468) 때까지 증감이 다소 있기는 했지만, 두만강 방면의 강역은 세종 때에 확정되었고 압록강 상류 지방의 북쪽 경계는 세조 초기에 확정되었다. 이들 경략의 상황과 강역을 고찰하고 동시에 조선과 교섭이 있었던 건주위(建州衛), 건주좌위(建州左衛), 모련위(毛憐衛), 홀라온(忽剌溫), 칠성야인(七姓野人) 등의 민족 및 거주지를 고증한 것이 제22장 「조선초 두만강 방면의 경략」 및 제

23장 「조선초 압록강 상류 지방의 영토」이다.

고려시대에 덧붙일 것으로, 말기의 왜구 침입이 있다. 고려시대의 중대한 사건이자 한반도에서 그들의 약탈을 당하지 않은 땅은 거의 없었다. 일본 국민의 행동에 관한 일이므로 『고려사』의 기사에 의해 왜구 지도를 만들어 권말에 첨부했다.

15. 고려 서북경의 개척

부도 7. 고려의 북경 개척 참조

1) 청천강 이남의 영유(태조 시대)

태조 즉위시의 서북경

고려 건국 초기에 패서(浿西)의 영토가 어느 정도였는지는 자세히 알 수 없다. 『삼국사기』 「궁예전」에 "나누어 패서 13진을 정했다(分定浿西十三鎭)"는 기록이 있고, 『고려사』 「지리지」에 "궁예가 철원을 근거지로 삼아 후고려왕이라 자칭하고, 나누어 패서 13진을 정했다(弓裔據鐵圓, 自稱後高麗王, 分定浿西十三鎭)"고 했지만, 그 진(鎭)과 성(城)의 이름도 알 수 없다. 다만 『고려사』 「세가(世家)」 태조 원년 조항에 평양을 대도호부로 삼고 이듬해 축성했다고 한 것을 보면, 왕건이 평양 부근 일대의 땅을 궁예에게 물려받아 유지했음을 알 수 있을 뿐이다. 그러나 태조가 더 북쪽으로 영토를 개척하려 했다는 사실은 분명하다. 대체로 발해의 세력이 강성했을 때에는 그 영토가 압록강 남쪽에 달했고 청천강 부근의 여진 부족 역시 자연히 이에 복종했겠지만, 발해가 쇠퇴하여 거란이 그 남부를 침략하고 요동 지역을 야율(耶律)씨가 영유하게 되면서 이 지역의 여진도 약간은 동요했을 것이다.

발해의 쇠약과 여진의 동요

『요사(遼史)』를 보면 태조 9년(고려 태조 즉위 3년 전)에 다음과 같은 기록이 있다.

압록강에서 고기를 낚았다. 신라가 사신을 보내 방물을 바쳤다. 고려가 사신을 보내 보검을 진상했다.

(釣魚于鴨綠[涤]江, 新羅遣使貢方物, 高麗遣使進寶劍)

신책(神冊) 3년(고려 태조 원년)에 "요양 고성에 행차했다(幸遼陽故城)"고 했고, 4년(고려 태조 2년)에는 "요양 고성을 수축하여 한민과 발해 민호로 이곳을 채웠다(修遼陽故城, 以漢民渤海戶實之)"는 기록이 있다. 또 이들 기사에 앞서 "여직을 토벌하여 이를 항복시켰다. 아직 귀순하지 않은 동북 여직을 토벌하여 이들을 모두 항복시켰다(伐女直, 下之, 討東北女直之未附者, 悉破降之)"고 했으므로 압록강 방면의 여진 역시 발해의 위력이 쇠퇴함에 따라 그 구속에서 벗어났다고 상상할 수 있다. 고려의 건국은 바로 이때인데, 북방으로 세력을 발전시킬 좋은 기회였다고 여겨진다. 태조 9년(요 태조 천현天顯 원년)에 발해가 멸망하자 여진은 의지할 곳을 잃었다는 사실을 감지했을 것이고, 거란은 아직 압록강 남쪽까지 손을 뻗칠 여력이 없었다. 따라서 고려가 이때부터 점차 북경을 개척해 가는 데 큰 방해 요인은 없었던 것 같다.

『고려사』는 발해 멸망을 태조 8년 9월이라고 했다. 그러나 『요사』에 따르면 발해 정벌은 천찬(天贊) 4년(고려 태조 8년) 12월부터 시작되어 같은 달 부여부(扶餘府)를 포위했고, 홀한성(忽汗城) 함락은 천찬 5년(천현天顯 원년)

정월로 태조 9년에 해당한다. 『오대사(五代史)』「당본기(唐本紀)」 천성(天成) 원년(고려 태조 9년) 4월 조항에 "발해 국왕 대인선이 사신 대진림을 보내왔다(渤海國王大諲譔遣使大陣林來)"는 기록이 있으므로, 적어도 전년도 말까지는 발해국이 여전히 존재했다고 추측할 수 있다. 따라서 『고려사』는 오류일 것이다. 『거란국지(契丹國志)』에 다른 설도 있지만, 『거란국지』의 기년은 의심스러운 부분이 많으므로 채택하지 않기로 한다.

그런데 이때는 신라 및 후백제가 여전히 남쪽에 존재하여 고려는 그 방면의 경략에 주력해야 했으므로 북방 개척의 위업은 진행할 수가 없었다.

태조 시대에 쌓은 성과 요새

『고려사』「병지(兵志)」의 성보(城堡) 조항을 통해 태조 연간에 축조된 이 방면의 성보를 보면 다음과 같다.

2년   용강현(龍岡縣)
3년   함종현(咸從縣)
8년   성주(成州)
11년   진국성(鎭國城)
        이 해에 왕이 북계를 순시하고 진국성을 옮겨 쌓고 이름을 통덕진으로 고쳤다.(『병지兵志』 진수鎭戍 조항)
        (是歲王巡北界, 移築鎭國城, 改名通德鎭)
12년   안정진(安定鎭), 영청진(永淸鎭), 안수진(安水鎭), 흥덕진(興德鎭)
        태조 13년 마산에 성을 쌓았다. 안수진이라 했다.(『지리지』)
        (太祖十三年, 城馬山, 號安水鎭)
13년   안북부(安北府), 조양진(朝陽鎭), 연주성(連州城)

일어진에 성을 쌓고 이름을 신광진이라 고치고 백성들을 옮겨 채웠다.(『병지』 진수 조항)

(城昵於鎭, 改名神光鎭, 徙民實之)

14년 원윤인 평흥[환]을 강덕진의 진두로 삼았다.(『병지』 진수 조항)

(以元尹平興[奐], 爲剛德鎭鎭頭)

17년 통해현(通海縣)

18년 이물(伊勿), 숙주(肅州)

20년 순주(順州)

21년 영청현(永淸縣), 양암진(陽嵓鎭)

22년 숙주, 대안주(大安州)

23년 은주(殷州)

이들 주와 진에는 궁예 시대부터 이미 고려가 영유한 것도 있고 태조 시대에 새로 부속된 지방도 있으므로, 축성 기사가 곧 태조의 북방 경략을 나타낸다고 볼 수는 없다. 하지만 태조 때의 북방 영역은 대강 추측할 수 있다. 앞에 열거한 주와 진의 위치를 살펴보자.

① 용강현(龍岡縣)

「지리지」에 "원래 고려의 황용성(군악이라고도 한다)인데, 후에 지금 이름으로 고치고 현령관으로 삼았다(本高麗黃龍城(一云軍岳), 後改今名爲縣令官)"고 했다. 『여지승람』 용강현 조항에는 이 글을 인용하고 "본조에서 이대로 따랐다(本朝因之)"고 했으므로, 현재도 같은 이름인 것이 분명하다.

② 함종현(咸從縣)

「지리지」에 "본래 고려의 아선성으로, 뒤에 지금 이름으로 고쳐 현령관으로 삼았다(本高麗牙善城, 後改今名爲縣令官)"고 되어 있고, 『여지승람』 함종현 조항도 이 글을 인용하고 "본조에서 이대로 따랐다"고 했다. 지금의 함종현이다.

③ 강덕진(剛德鎭, 성주成州)

「지리지」에 "성주는 (중략) 태조 14년에 강덕진을 설치했고, 현종 9년에 지금 이름으로 고치고 방어사로 삼았다(成州 (中略) 太祖十四年置剛德鎭, 顯宗九年改今名爲防禦使)"고 되어 있다. 『여지승람』은 성천(成川) 조항에 이 글을 인용하고 "본조 태종 15년에 지금 이름으로 고쳤다(本朝太宗十五年改今名)"고 했으므로 지금의 성천이다. 「병지」에는 태조 시대에 성주(成州)라는 지명이 나오고, 태조 14년에 강덕진(剛德鎭)의 장관 임명이 기재되어 있지만, 축성에 대해서는 언급되지 않아 「지리지」 기사와는 다르다. 그러나 「병지」에 나온 성주는 후대에 추가된 것으로 해석할 수도 있으므로 반드시 시대를 잘못 기재한 것으로 볼 필요는 없을 것이다. 성보(城堡) 조항을 보면 그 형상과 폭 등을 기재한 것과 그렇지 않은 것이 있는데, 「지리지」와 대조하면 전자는 모두 후년에 개칭된 주(州)명을 사용했고, 후자는 당시의 진(鎭)의 이름을 기재한 듯하다. 그렇다면 이 성보 조항에는 후년에 각 주성의 기원 및 폭과 형상 등을 조사해서 기록한 것과 축성 년도를 기술한 기록, 이 두 가지 재료가 있었던 것으로, 「병지」의 편자는 이들을 마음대로 혼용했을 것이다. 따라서 태조 시대에 성주(成州)라는 이름이 있는 것은 전자에 의한 것이라고 할 수 있다.

거란 침입 때의 강덕진

또 강덕진(剛德鎭)에 관해서는 『고려사』 「지채문전(智蔡文傳)」에 다음과 같이 기록되어 있다.

현종 원년에 중랑장에 임명되었다. 왕은 거란 군사들이 침략했다는 소식을 듣고, 채문으로 하여금 군사를 거느리고 화주에 진을 치고 동북 방면을 방어하도록 했다. 강조가 패하고, (중략) 채문에게 명령하여 군사를 이동하여 서경을 돕도록 했다. 채문은 (중략) 나아가 강덕진에 머물렀다. (중략) 군대를 거느리고 서경에 도착했다.

(顯宗元年補中郎將, 王聞契丹兵至, 遣蔡文, 將兵鎭和州, 以備東北, 及康兆敗 (中略) 命蔡文移兵援西京, 蔡文 (中略) 進次剛德鎭 (中略) 引兵至西京)

이에 따르면 그 위치는 화주(和州, 영흥永興)로부터 평양에 이르는 길의 도중에 있는 듯하므로 이를 성주 지역으로 보아도 무방하다. 그러므로 여기서는 일단 「지리지」의 설에 따르기로 한다.

④ 통덕진(通德鎭, 숙주肅州)

「지리지」에 "숙주는 (중략) 태조 11년에 진국성을 옮겨 쌓고 이름을 통덕진으로 고쳤다. 성종 2년에 지금 명칭이 되었다(肅州 (中略) 太祖十一年, 移築鎭國城, 改名通德鎭, 成宗二年稱今名)"고 되어 있다. 「병지」에는 참역(站驛) 조항의 흥교도(興郊道)에 통덕(通德)이라는 이름이 나오고 숙주(肅州)라고 주기(注記)되어 있다. 숙주는 『여지승람』에 따르면 지금의 숙천(肅川)이다. 「대동여지도」에도 숙천 동쪽에 통덕산이라는 이름이 보인다. 태조 18년 조항에 숙주라는 이름이 보이는 것은 고쳐 쌓은 것이고, 그것을 숙주라고 한 이유는 성주 조항에서 말한 것과 같은 사정 때문일 것이다. 숙주와 함께 나오는 이물(伊勿)에 대해서는 알 수 없다.

⑤ 안정진(安定鎭)

『여지승람』 순안현(順安縣) 조항에 "안정역은 현 내에 있다(安定驛, 在縣內)"라는 기록이 보이고, 「대동여지도」에도 순안현 옆에 그 이름이 기재되어 있다. 「지채문전」에는 다음과 같은 기술이 있다.

적군이 안정역으로 와서 주둔하고 있는데 그 수가 대단히 많다는 나졸의 보고를 받고 (중략) 병사 9천 명을 거느리고 임원역 남쪽에서 적을 맞아 공격했다.
(邏卒報敵兵來屯安定驛, 勢甚盛, 蔡文 (中略) 率兵九千, 迎擊于林原驛南)

이는 지채문이 서경에 있었을 때의 일인데, 임원(林原)은 『여지승람』 평양 조항에 "부의 북쪽 20리에 있다(在府北二十里)"고 되어 있으므로 안정(安定)이 순안(順安)인 것은 틀림없다.

⑥ 영청진(永淸鎭)

영청진은 영청현(永淸縣)일 것이다. 「지리지」 영청현 조항에 "옛날의 정수현인데, 뒤에 용강의 속현이 되었고 뒤에 현[현령]을 두었다(古定水縣, 後爲龍岡屬縣, 後置縣[縣令])"는 기록만 있고 진(鎭)으로 불렸다는 내용은 없다. 하지만 이름이 같다는 점과 전후에 보이는 여러 진의 위치를 고려할 때 동일한 것임을 알 수 있다. 영청현은 『여지승람』에 따르면 지금의 영유현(永柔縣)이다.

⑦ 안수진(安水鎮, 개주价州)

「지리지」 조양진(朝陽鎮) 조항에 따르면 안수진, 조양진, 연주(連州)는 나중의 개주(价州)로서 모두 같은 지방이다.

태조 13년에 마산에 성을 쌓고, 안수진이라 불렀다. 현종 9년에 연주방어사로 고쳤다(連은 漣으로도 쓴다). 뒤에 지금 이름으로 바꾸어 진으로 삼았다. 고종 2년에 거란군을 막은 공이 있어 다시 연주 방어사라 불렀다. 4년에 익주 방어사로 고쳤고, 뒤에 다시 개주라고 고쳤다.

(太祖十三年城馬山, 號安水鎮, 顯宗九年改連州防禁使, (連一作漣) 後更今名爲鎮, 高宗二年以禦丹兵有功, 復稱連州防禦使, 四年改[改爲]翼州防禦使, 後又改价州)

거란 침입 때의 조양진

다만 「병지」에는 앞에서 본 바와 같이 이들을 별도로 기록했고, 「김취려전(金就礪傳)」에도 고종 3년 거란과의 전쟁을 다음과 같이 기술했다.

3군이 행군을 아뢰고는 조양진에 이르자 조양 사람들이 적이 이미 가까이 있다고 알려왔다. 3군은 각각 별초 1백 명과 신기군 40명을 보내 아이천 연안에 이르러 적과 싸웠다. (중략) 3군이 또다시 연주 동동에서 적과 싸웠다.

(三軍啓行至朝陽鎮, 朝陽人報賊已近, 三軍各遣別抄一百, 神騎四十人, 至阿爾川邊, 與賊戰, (中略) 三軍又與賊戰于連州東洞)

여기에는 연주와 조양진이 함께 기재되어 있으므로 「지리지」의 기사는 약간 의심스럽다. 고종 2년이라고 한 것도 3년의 오류인 듯하다. 하지만

「병지」에 조양진의 성보의 폭 등을 기재하고 안수진(安水鎭)은 이름만 언급한 이유는 양자가 같은 것이기 때문이다. 「김취려전」 기사도, 「지리지」의 설명대로 연주(連州)의 개칭 이유가 이 해의 전쟁 성과라면 당시에 연주라는 명칭이 있었을 리가 없다. 그러므로 이 또한 다른 사례와 같이 당시의 기록과 후대 추가된 것 두 가지 사료에서 얻은 내용을 마음대로 나열했기 때문일 것이다. 따라서 여기서도 일단 「지리지」에 따르기로 한다. 「유소전(柳韶傳)」에도 덕종 2년(현종 9년부터 15년 후)의 북경 관방(關防) 축성 내용에 안수(安水)라는 이름이 보이지만, 이도 오류로 여겨지므로 증거로 삼기는 어렵다. 한편 안수진이 축조되었다는 마산(馬山)이라는 지명은 『여지승람』에도 「대동여지도」에도 보이지 않는다. 다만 『여지승람』 개천(价川) 조항에 "조양진성은 옛터가 군의 서남쪽 20리에 있다(朝陽鎭城, 舊址在郡西南二十里)"는 기록이 보이고, 「대동여지도」에도 같은 위치에 기입되어 있다. 『고려사』 「세가」 고종 3년 9월 조항을 참조하면 다음과 같다.

서경 군사가 조양 풍단역에서 거란과 싸워서 160여 명을 목 베었고, 강에 빠져 죽은 자도 많았다.

(西京兵與契丹, 戰于朝陽豐端驛, 斬一百六十餘級, 溺江死者亦衆)

풍단역(豐端驛)은 분명하지 않지만 강은 청천강을 가리키는 듯하다. 그러므로 조양진의 위치는 『여지승람』의 기록과 같다. 『여지승람』 개천 조항에 "분난역은 옛터가 동북쪽에 있다(奔難驛舊址在東北)"고 한 것이 풍단역일지도 모르겠다. 「병지」 참역 조항에는 연주에 풍세역(豊歲驛)이라는 이름이 보이고, 또 장리(長梨)와 장환(長歡) 두 역이 연주에 있는 것처럼 기술했는데, 이는 『여지승람』 개천 조항의 다음과 같은 기록과 일치한다.

장리역은 옛터가 군의 남쪽에 있다.

(長梨驛舊址在郡南)

장환성은 옛터가 군의 서쪽 30리에 있다.

(長桓城舊址在郡西三十里)

따라서 연주가 개천 부근이라는 것을 알 수 있다. 그러나 조양진 혹은 연주가 지금의 개천으로 언제 옮겼는지는 분명하지 않다.

⑧ 흥덕진(興德鎭, 은주殷州)

「지리지」에 "은주는 본래 고려의 흥덕군으로 일명 동창군인데, 성종 2년에 은주 방어사라고 불렀다(殷州, 本高麗興德郡, 一名同昌郡, 成宗二年稱殷州防禦使)"고 기록되어 있다. 은주(殷州)는 『여지승람』에 의하면 지금의 은산군(殷山郡)으로, 주치(州治)의 소재는 달랐는지 옛 읍성의 이름으로 되어 있고 위치는 나와 있지 않다. 「병지」 참역 조항에는 흥덕(興德)에 은주라고 주석을 달았는데, 『여지승람』에 "흥덕역은 옛터가 현의 남쪽 15리에 있다(興德驛, 舊址在縣南十五里)"고 한 것이 어쩌면 옛 흥덕진의 유적인지도 모르겠다. 후에 은주에 있던 것은 숙주 등과 마찬가지로 중축(重築)일 것이다.

⑨ 안북부(安北府)

「지리지」에 의하면 안북부는 지금의 안주(安州)라는 것이 분명하다.

안북대도호부 영주는 태조 14년에 안북부를 설치했다. 성종 2년에 영주 안북대도호부라고 불렀다. (중략) 공민왕 18년에 안주만호부를 설치했다. (중략)

청천강이 있다.

(安北大都護府寧州, 太祖十四年置安北府, 成宗二年稱寧州安北大都護府, (中略) 恭愍王十八年置安州萬戶府 (中略) 有淸川江)

고종 23년 조항에 "안북부 운암역에 주둔했다(屯安北府雲岩驛)"고 했고, 「병지」참역 조항에도 영주(寧州)에 운암역이라는 이름이 나온다. 『여지승람』 안주 조항에도 "운암원은 주의 남쪽 30리에 있다(雲岩院在州南三十里)"고 했으므로 분명하다. 영주라는 명칭은 원대에도 사용되었는데, 『명일통지(明一統志)』에 "마두산은 영주의 동쪽에 있고 동녕로에 속한다(馬頭山, 在寧州東, 屬東寧路)"고 되어 있고, 『여지승람』 안주 조항에도 "마두산은 주의 남쪽 25리에 있다(馬頭山在州南二十五里)"는 기록이 보인다. 「대동여지도」가 마두산이라는 이름을 안주의 동남쪽에 기입한 것을 보면 두 문헌에 나온 마두산은 같은 것이며, 따라서 영주가 지금의 안주라는 것을 알 수 있다.

⑩ 신광진(神光鎭)

이에 대해서는 아직 자세히 알 수 없다.

⑪ 통해현(通海縣)

「지리지」에 의하면 다음과 같다.

통해현은 태조 17년에 성을 쌓았다. 고종 43년에는 현령을 두고[없애고] 안인진장으로 하여금 이를 겸직하게 했다.

(通海縣, 太祖十七年築城, 高宗四十三年置[罷]縣令, 以安仁鎭將, 兼之)

『여지승람』 영유현 조항에는 "통해폐현은 현의 북쪽 20리에 있다(通海廢縣, 在縣北二十里)"고 되어 있다. 안인현(安仁縣)은 안융진(安戎鎭)이라고도 하는데, 안주의 서쪽에 있으므로 통해폐현의 위치와 가깝다. 안융진에 관해서는 뒤에 언급하기로 한다.

⑫ 순주(順州)

「지리지」에 "순주는 본래 고려의 정융군으로 성종 2년에 순주 방어사라고 불렀다(順州, 本高麗靜戎郡, 成宗二年稱順州防禦使)"는 기록이 있고, 『여지승람』은 순천군 조항에 이 글을 인용한 뒤에 "태조 13년에 전례에 따라 지금의 이름으로 고쳤다(太祖十三年例改今名)"고 했다. 또 주치에 대해 "고읍성은 군의 동쪽 105리에 있다. (중략) 현재 은산현 동북에 편입되었다(古邑城, 在郡東一百五里 (中略) 今越入殷山縣東北)"고 되어 있고, 개천군(价川郡) 조항에는 다음과 같은 기록이 보인다.

순천강은 군의 남쪽 30리에 있으며 발원지는 영원 맹산에서 나오는데 순천의 옛터를 지나가기 때문에 이렇게 부른다.

(順川江, 在郡南三十里, 源出寧遠孟山, 又歷順川古墟故名)

「대동여지도」에 덕천의 남쪽 약 60리인 곳에 고읍(古邑)이라고 기재된 것이 이것일 것이다. 순천강의 명칭의 유래가 과연 이와 같은지는 의심스럽지만, 그 상류에 순주(順州)의 옛 터가 있다는 것은 사실이다.(제18장 「원대 고려 서북경의 혼란」 참조)

⑬ 양암진(陽嵒鎭)

『여지승람』 양덕현(陽德縣) 조항에 "양암성은 현의 서쪽 4리에 있다(陽嵒城, 在縣西四里)"고 한 곳에 해당한다.

⑭ 대안주(大安州, 자주慈州)

「지리지」 기록은 다음과 같다.

자주는 본래 고려의 문성군이다. 태조 22년에 대안주로 고쳤으며, 성종 2년에 지금의 명칭으로 고쳤다.

(慈州, 本高麗文城郡, 太祖二十二年改爲大安州, 成宗二年改今名)

『여지승람』은 자산(慈山) 조항에 이 글을 인용한 뒤 "태조 13년에 전례에 따라 지금의 이름으로 고쳤다(太祖十三年例改今名)"고 했다. 따라서 대안주는 지금의 자산이다.

태조시대의 북쪽 경계

이상에서 살펴본 바에 의하면, 태조 때 축조된 성보는 모두 지금의 영유(永柔), 순안, 성천, 양덕, 자산, 숙천, 은산, 순천, 안주, 개천 부근에 있다. 청천강 하류를 그 북쪽 경계로 삼았을 것이다. 따라서 이때 고려는 아직 북방으로 힘을 크게 뻗치지 못했음을 알 수 있다. 그런데 『고려사』 「최승로전(崔承老傳)」에 최승로가 성종 원년에 진헌한 시무책이 수록되어 있는데, 그 중에 다음과 같은 기록이 있다.

대체로 마헐탄을 국경으로 삼자는 것은 태조의 뜻이며, 압록강 연안의 석성을 경계로 삼자는 것은 대조가 정한 것이다.

(夫以馬歇灘爲界, 太祖之志也, 鴨江邊石城爲界大朝之所定也)

마헐탄(馬歇灘)이 지금의 어디인지 자세히 알 수는 없지만, 태조의 뜻이 청천강을 국경의 한계로 삼는 것이 아니었음을 알 수 있다. 당시는 기회가 오지 않아서 그 뜻을 이룰 수 없었던 것이다.

2) 청천강 유역의 점령(성종11년 이전)

태조 18년, 고려는 신라를 합병했고 이듬해에는 백제를 멸망시켜 남쪽을 모두 평정했다. 따라서 비로소 창끝을 북쪽으로 돌려 여진 영역으로 경계를 확장할 시기가 찾아왔지만 태조는 이를 착수하기 전에 죽었다. 북계의 개척은 혜종 이후의 후계자들에게 맡겨진 것이다.

고려와 거란 사이에 존재한 여진

고려가 이와 같이 북방 경략에 착수했을 때, 거란 역시 점차 국가가 정돈됨에 따라 여진 제어에 주목한 듯하다. 두 나라 사이에 존재한 여진은 지리적 이점을 이용하거나 또는 그때 그때 유리한 쪽으로 붙으며 매우 애매한 태도를 취한 것 같다. 『고려사』「세가」성종 4년 기사에 다음과 같이 기록되어 있다.

이에 앞서 거란이 여진을 칠 때 우리나라 영토를 거쳐 갔으므로 여진은 우리가 거란을 유인하여 사단을 일으킨 것으로 생각하고 송에 말을 바치러 갔을 때에 우리를 무고하여, 고려가 거란과 결탁하여 백성을 납치하여 갔다고 했다. 그래서 한수령(고려의 견송사)이 송에 갔을 때에 송 황제가 여진이 급함을 고한 문건을 내보이면서 본국에 전달하여 여진 포로들을 돌려보내도록 하라고 했다. 왕이 이 말을 듣고 걱정을 하고 있었는데 국화(송사)가 오게 되자 왕은 그에게 말하기를, 여진은 욕심이 많고 교활하여 지난 겨울에 거듭 우리에게 글을 보내 거란 군대가 장차 그 땅에 이른다고 했다. 그러나 본국은 그것이 허위인 것으로 의심하고 즉시 구원을 하지 않았었다. 과연 거란군이 쳐들어와서 많은 백성들을 죽이고 약탈하여 갔다. 남은 여진인들이 도망쳐서 본국의 회창, 위화, 광화 지역으로 들어 왔는데 거란군이 그들을 추격하여 잡아가면서 우리 수비병을 불러서 말하기를 여진인들이 늘 자기네 변방에 와서 침략을 하기 때문에 지금 복수를 하고 병사를 정돈해서 돌아가는 길이라고 했다. 그때에 여진인으로서 우리나라에 도망쳐 들어온 자가 2천여 명이나 되었었는데 우리는 그들에게 다 노자까지 주어 돌려보냈다. 그런데 여진인들은 가만히 군대를 거느리고 갑자기 와서 우리 관리와 백성들을 학살하고 장정들을 몰아다가 노예를 만들 줄은 생각하지 못했다. 그러나 우리는 여진이 대대로 중국을 섬겨 오는 터이므로 원수를 갚지 못했었다. 그럼에도 불구하고 여진은 도리어 우리를 무고하여 성총을 미혹하게 할 줄이야 어찌 생각이나 했겠는가.

(先是, 契丹伐女眞, 路由我境, 女眞謂我導敵構禍, 貢馬于宋, 因誣譖高麗與契丹倚爲勢援, 摽掠生口, 韓遂齡之如宋也, 帝出女眞所上告急木契, 以示遂齡曰歸語本國還其所俘, 王聞之憂懼, 及國華至王語曰女眞貪而多詐, 前冬再馳木契言, 契丹兵將至其境, 本國猶疑虛僞, 未卽救援, 契丹果至, 殺掠甚衆, 餘族遁逃, 入于本國懷昌威化, 光化之境, 契丹兵追捕, 呼我戍卒言, 女眞每寇盜我邊鄙, 今已復讎, 整兵而回, 於是女眞來奔者二千餘人, 皆資給遣還, 不意反潛師奄至, 殺掠吾吏民, 驅虜丁壯, 沒爲奴隸, 以其世事中朝, 不敢報怨, 豈期反相誣告, 以惑聖聰)

이는 거란이 여진을 복속시키려고 함과 동시에 고려 역시 여진을 통제하려고 한 상황을 보여주는 것이다.

고려와 거란의 충돌

고려의 여진 경략은 자연히 거란과의 충돌을 불러일으켰을 것이다. 뿐만 아니라 고려는 건국 이후 진(晉), 한(漢), 주(周) 삼국에 조공했고 송과도 같은 관계를 유지하여 신하의 예를 취했으므로, 대륙에서 요와 송 양국이 대치한 정세 또한 요와 고려의 충돌을 야기한 하나의 요인이 되었을 것이다. 성종 12년 거란 소손녕(蕭遜寧)의 침공은 바로 그 서막이었다. 그러나 고려는 이 사건에 앞서 이미 청천강 북쪽 지역을 점령했고, 거란과 충돌하게 되면서 이 지방에 흔들림 없는 세력을 부식한 것 같다. 여기서는 「병지」를 바탕으로 이 해 이전에 축조된 북계 지역의 성보들을 고찰하여 당시의 형세를 분석해 보기로 한다.

성종 11년 이전에 축조된 성보

정종 이후, 성종 11년 이전에 축조된 성보의 이름은 다음과 같다.

정종 2년 　덕창진(德昌鎭). 철옹성(鐵甕城), 덕성진(德成鎭), 박주(博州)

광종 원년 　장청진(長靑鎭) 위화진(威化鎭)

광종 2년 　무주(撫州)

광종 3년 　안삭진(安朔鎭)

광종 11년 　습홀(濕忽), 송성(松城)

광종 18년 　낙릉군(樂陵郡)

광종 19년 　위화진(威化鎭)

광종 20년   영삭진(寧朔鎭) 태주(泰州)

광종 21년   안삭진(安朔鎭)

광종 23년   운주(雲州)

광종 24년   가주(嘉州), 안융진(安戎鎭)

경종 4년   청새진(淸塞鎭)

성종 2년   수덕진(樹德鎭)

이들 여러 주진(州鎭)의 위치를 차례로 살펴보자.

① 덕창진(德昌鎭, 박주博州)
「지리지」의 다음 기록에 해당하는 지역일 것이다.

박주는 본래 고려의 박릉군이다(고덕창이라고도 한다). 성종 14년에 박주방어
사라고 불렀다.

(博州, 本高麗博陵郡(一云古德昌)成宗十四年稱博州防禦使)

지금의 박천(博川) 부근으로 생각된다. 청천강에서 한걸음 나아가려면
우선 박천 부근에 성을 쌓는 것은 자연스러운 절차이다. 그 위치는 분명하
지 않지만, 『여지승람』 박천 조항에 "옛 박릉성은 군의 남쪽 10리에 있다
(古博陵城在郡南十里)"고 한 곳에 해당할 것이다. 「병지」 참역 조항에 "흥교
(박주)(興郊(博州))"가 나오는데, 『여지승람』 영변부(寧邊府) 조항에 "흥교역은
옛터가 연산의 서쪽 20리에 있다(興郊驛, 古趾在延山西二十里)", "옛 연산은 부
의 서쪽 30리에 있다(古延山在府西三十里)"고 했으므로, 흥교역은 영변의 서
쪽(정확히는 서남쪽) 50리 지점에 있었을 것이다.

거란 침공 때의 박주

그런데 「김취려전」에서 고종 3년의 거란군 침공 내용을 보면 박주와 흥교역 사이의 거리가 멀지 않다는 것을 알 수 있다.

관군은 박주에 주둔하며 밤에 군사를 보내 흥교역에 있는 적을 습격했다.
(官軍屯博州, 夜遣卒襲賊于興郊驛)

박주의 주치(州治)를 옛 박릉성(博陵城)으로 보면 이 기술과 부합하는 듯하다. 별도로 박주라는 이름이 나오는 것은 앞에서 서술한 바와 같이 별개의 자료에서 채택했을 것이다.

② 철옹성(鐵甕城, 맹주孟州)

「지리지」에 "맹주는 본래 고려의 철옹현이다. 현종 10년에 맹주방어사라고 불렀다(孟州, 本高麗鐵甕縣, 顯宗十年稱猛州, 防禦使)"는 기록이 있다. 『여지승람』에는 맹산현 조항에서 "철옹성은 현의 동쪽 30리에 있다. (중략) 현재 함흥도 영흥부에 속한다(鐵甕城在縣東三十里 (中略) 今屬咸興道永興府)"고 했고, 「대동여지도」에도 같은 위치로 되어 있다.

③ 덕성진(德成鎭)

북쪽 경계 방면인 듯한데 소재는 알 수 없다.

④ 장청진(長靑鎭, 무주撫州)

이에 대해서도 자세히 알 수 없다. 단, 「지리지」에 다음과 같은 기록이 있는데, 청성(靑城)이라는 이름이 약간 비슷하다.

무주, 본래 고려의 운남군이다(고청성이라고도 한다). 성종 14년에 무주방어사라고 불렀다.

(撫州, 本高麗雲南郡(一云古青城)成宗十四年稱撫州防禦使)

광종 2년에 축조된 성보로 무주(撫州)라는 이름이 또 보이는 것은, 앞에서 본 사례들과 같이 다른 자료에 의한 것이며, 연도가 다른 이유는 착수 연도와 낙성 연도의 차이일지도 모르겠다. 무주는 『여지승람』 영변부 조항에 다음과 같은 기록이 있다.

옛 무주는 부의 북쪽 25리에 있는데 여기에는 토성이 있다. (중략) 속설에 무산성으로 전해진다.

(古撫州, 在府北二十五里, 有土城 (中略) 諺傳撫山城)

덕천(德川) 조항에도 "옛 무주현은 군의 서쪽 180리에 있다. 원래 영변부에 속했는데 세조 때 우리나라에 속한다(古撫州縣, 在郡西一百八十里, 舊屬寧邊府, 我世祖朝來屬)"고 되어 있으므로 이곳인 것 같다. 영변부 서쪽에 있는 무산(撫山)이 동쪽에 위치한 덕천에 속한다는 것은 너무 이상하지만, 두 기사가 말하는 위치와 거리가 부합되고, 「대동여지도」에도 해당 지역에서 무산이라는 이름을 볼 수 있다. 다만 『여지승람』에는 "부의 북쪽"이라고 했는데 그 위치는 오히려 부의 서쪽에 있다. 「병지」 참역 조항에 "신풍(무주)(新豊(撫州))"가 나오는데, 『여지승람』에 "신풍역은 옛 터가 부의 북쪽 30리에 있다(新豊驛, 古趾在府北三十里)"고 하여 무산의 위치와 가깝게 기록된 것을 통해서도 확인할 수 있다. 또 『여지승람』에 "연산과 무산을 합하여 지금 이름으로 고쳤고 대도호부로 삼아 무산의 약산성에 읍을 두었다(合延山撫山改

今名, 爲大都護府, 置邑于撫山之藥山城)"는 기록이 있으므로, 지금의 영변부치
(寧邊府治)의 소재지는 무산의 관할 구역인 듯하다.

⑤ 위화진(威化鎭, 운주雲州)

「지리지」에 다음과 같이 기록되어 있다.

운주는 본래 고려의 운중군이다(옛날의 원화진이라고도 한다). 광종 때에 위화진
으로 삼았고 성종 14년에 운주방어사라고 불렀다.
(雲州, 本高麗雲中郡(一云古遠化鎭)光宗時爲威化鎭, 成宗十四年稱雲州防禦使)

『여지승람』운산군(雲山郡) 조항은 이 글을 인용하고 "태종 13년에 전례
에 따라 지금의 이름으로 고쳤다(太宗十三年例改今名)"고 했으므로 지금의
운산일 것이다. 「세가」 성종 4년 조항을 보면 다음과 같다.

거란군이 쳐들어와서 많은 백성들을 죽이고 약탈하여 갔다. 남은 족속(여진
인)들이 도망쳐서 본국의 회창, 위화, 광화 지역으로 들어 왔다.
(契丹果至, 殺掠甚衆, 餘族遁逃入于本國懷昌威化, 光化之境)

거란군이 여진을 침략한 상황이다. 여진이 도망쳐 들어왔다는 위화진이
당시 북쪽 경계와 가까웠다는 것이므로 운산으로 보는 것에 문제는 없다.
또 「병지」 참역 조항에 옥아(玉兒), 운반(雲畔) 두 역이 운주에 있다고 했고,
『여지승람』에 "옥아리역은 옛터가 군의 동쪽 20리에 있다(玉兒里驛舊基在郡
東二十里)", "운반역은 옛터가 군의 북쪽 40리에 있다(雲畔驛舊基在郡北四十
里)"고 기록되어 있으므로 운주가 운산인 것은 확인된다.

⑥ 안삭진(安朔鎭 연주延州)

「지리지」에 다음과 같은 기록이 보이므로 뒷날의 연주와 같은 곳인 듯하다.

연주는 본래 고려의 밀운군이다(안삭군이라고도 한다). 광종 21년에 지금 명칭으로 고쳤다.

(延州, 本高麗密雲郡 (一云安朔郡) 光宗二十一年 更今名)

주치는 『여지승람』 운산군 조항에 "옛 연주는 군의 동쪽 40리에 있다(古延州, 在郡東四十里)"고 한 기록이 보인다. 「대동여지도」에는 거리는 같지만 오히려 북쪽이라고 할 수 있는 지역에 고연주(古延州)라는 지명이 기입되어 있으므로, 여기서 말하는 동쪽은 정확히는 동북쪽일 것이다.

거란 침략 때의 연주

앞에서 인용한 「김취려전」을 다시 살펴보자.

3군은 다시 귀주 삼기역에서 싸웠고 (중략) 장흥역에서 또 적을 격파하니, 적군이 창주에서 연주의 개평, 원림 두 역으로 옮겨 주둔했는데 종일토록 행렬이 이어졌다. 관군은 신기군을 보내 추격하려다가 신리에서 적을 만나, (중략) 190명을 죽이고, 관군은 진군하여 연주에 머물렀다. (중략) 사자암을 지키게 하고 (중략) 양주를 지키게 했다. 이튿날 9명의 장수가 조종수에서 싸워 760여 명을 참획했다. (중략) 적은 다시 군사를 나누지 않은 채 개평역에 모여 진을 쳤으므로 각 군은 더 전진하지 못했다. 우군은 서쪽 산기슭에 의지했는데 중군은 들에서 적의 공격을 받고 약간 후퇴하여 독산에 주둔했다. 취려가 (중략) 적을 곧바로 치니 (중략) 적이 붕괴했다. 적을 추격하여 개평역을 지나자 역의 북쪽에 매복했던 적이 갑자기 중군을 공격했다. 취려가 반격하니 적들이 또 무너졌다. 그날 밤에 원순이 취려에게 말하기를, 적은 수가 많고 우리는 수가 적을 뿐만 아니라 우군도 아직 도착하지 않은 형편이며, 처음에 3일 분의 식량밖에 가지지 못한 것을 이미 다 먹었으니 연주성으로 후퇴하여 나중을 기다리는 것이 좋지 않겠느냐고 했다. 취려는 아군이 누차 승리하여 투지가 점차 예리하니 이 기세로서 한 번 싸운 후에 다시 의논하자고 대답했다. 적은 묵장의 벌판에 포진했다. (중략) 취려는 (중략) 적진을 가로 질러가는데 돌진하는 곳마다 적이 모두 쓰러졌다. (중략) 적은 향산으로 쫓겨 가서 보현사를 불태웠다.

(三軍又戰于龜州三歧驛, (中略) 亦破賊于長興驛, 賊自昌州移屯延州之開平, 原林兩驛, 終日絡繹不絕, 官軍遣神騎將追之, 遇賊與戰于新里, (中略) 斬一百九十級, 官軍進次延州, (中略) 守獅子岩, (中略) 守楊州, 翌日九將戰于朝宗戌, 斬獲七百六十餘人 (中略) 得賊不復分兵, 聚屯開平驛, 諸軍莫敢前, 右軍據西山之麓, 中軍受敵于野, 小退屯獨山, 就礪 (中略) 直衝賊 (中略) 賊兵潰, 追過開平驛, 賊設伏驛北, 急擊中軍, 就礪回擊之, 賊又潰, 元純夜謂就礪曰彼衆我寡, 右軍又不至, 始賫三日粮耳, 今已盡, 不如退據延州城以俟後便, 就礪曰我軍屢捷, 鬪志尙銳, 請乘其鋒一戰而後議之, 賊布軍[陣]墨匠之野 (中略) 就礪 (中略) 橫截賊陣, 所向披靡, (中略) 賊奔入香山燒普賢寺)

위 문장 속에 보이는 장흥역(長興驛)은 「병지」 참역 조항에 따르면 태주(泰州)에 있다. 태주의 위치는 뒤에서 언급하기로 한다. 개평(開平)은 『여지승람』 영변부 조항에 "부의 북쪽 1백 리에 있다(在府北百里)"고 하고, 「대동여지도」에서 희천(熙川)의 서남쪽 30리 지역에 표기된 지역일 것이다. 적군이 개평에 있을 때 귀주(龜州)의 장흥역 방면에 있던 관군이 적군을 공격하기 위해 연주로 전진했고, 그리고 적군이 개평역 부근에서 패한 후 향산(香山)으로 쫓겨 간 것을 보면, 연주의 주치가 개평 서쪽에 있었다는 것을 알 수 있다. 이곳이 앞에서 언급한 고연주(古延州)라면 위의 상황과 잘 맞는 것 같다. 또 「현덕수전(玄德秀傳)」에 "병마사 차중규가 연주로 오는 길에 운반역에 이르러 운주 사람들에게 살해당했다(兵馬使車仲圭趣延州, 至雲畔驛, 雲州人殺之)"는 기록이 있는 것을 보아도 연주가 운주의 북쪽에 있는 것이 분명하다.

⑦ 습홀(濕忽, 가주嘉州)

「지리지」 기록은 다음과 같다.

가주는 본래 고려의 신도군이다(고덕현이라고도 한다). 광종 11년에 습홀에 성을 쌓고 가주방어사로 승격시켰다.

(嘉州, 本高麗信都郡(一云古德縣) 光宗十一年城濕忽, 陞爲嘉州防禦使)

「서희전(徐熙傳)」에는 성종 12년의 거란 침공이 다음과 같이 기술되고 있다.

서희가 아뢰기를, 거란의 동경으로부터 우리 안북부에 이르는 수백 리 땅은 모두 생여진이 살던 곳으로, 광종 때에 이를 빼앗고 가주, 송성 등의 성을 쌓았는데, 이제 거란이 온 의도는 이 두 성을 탈취하려는 데 불과한 것이라고 했다.

(徐熙奏曰, 自契丹東京, 至我安北府, 數百里之地, 皆爲生女眞所據, 光宗取之, 築嘉州, 松城等城, 今契丹之來, 其志不過取此二城)

「병지」에 "광종 11년에 습홀 및 송성에 성을 쌓았다(光宗十一年 城濕忽及松

城)"고 한 기록과도 부합하므로, 습홀이 가주인 것은 틀림없다. 가주는 『여지승람』에 의하면 지금의 가산(嘉山)이다. 「병지」 참역 조항을 보면 가주에 속하는 역 중에 안신역(安信驛)이 있고, 『여지승람』 가산 조항에 "안신역은 옛터가 군의 북쪽 20리에 있다(安信驛, 古基在郡北二十里)"고 되어 있다.

⑧ 송성(松城)

앞 조항에서 인용한 「서희전」에 가주와 함께 언급되었으므로 서로 멀지 않은 지점인 듯하다. 뒤에 다시 언급하겠지만 귀주(龜州, 귀성龜城)와 곽주(郭州, 곽산郭山)의 이북은 성종 13년 때의 경략에 의해 비로소 고려의 영토로 편입된 곳이므로, 송성은 필시 그 남쪽에 있을 것이다. 그렇다면 위치는 가주와 귀주, 혹은 곽주의 중간으로 여겨지지만 자세히는 알 수 없다.

⑨ 낙릉군(樂陵郡, 渭州위주)

「지리지」에 "위주는 본래 낙릉군이다(고덕성이라고도 한다). 고려가 지금 명칭으로 고쳤다(渭州, 本樂陵郡(一云古德城) 高麗改今名)"고 했고, 『여지승람』에는 영변부 조항에 "옛날의 위주는 부의 서북쪽 40리에 있다. (중략) 위천성이라고 전해 내려온다(古渭州在府西北四十里 (中略) 諺傳渭川城)"는 기록이 보인다. 「대동여지도」에는 보이지 않는다.

거란군 침공 때의 위주
「김취려전」에 의하면 위주는 청천강 남쪽인 것 같다.

적이 밤에 청천강을 건너 서경으로 향했다. 관군은 위주성 밖에서 적과 싸웠는데 패배했다.

(賊夜涉淸川江, 指西京, 官軍與賊戰于渭州城外, 敗績)

하지만 「문한경전(文漢卿傳)」을 보면 결코 그렇지 않다.

적들이 약산의 남쪽, 석우역, 신풍역, 옥아역 등의 벌판에 주둔했다. 한경은 여러 성의 군사들을 모아 위주성 밖에서 싸웠다.

(賊屯藥山南, 石牛, 新豊, 玉兒等驛之野, 漢卿會諸城兵, 戰于渭州城外)

약산(藥山)은 앞에서 말했듯이 지금의 영변이며, 신풍(新豊)은 그 북쪽 30리에 있다. 옥아역(玉兒驛)도 운산 부근이므로 위주 역시 이 지방들과 멀지 않을 것이다. 「김취려전」의 기사는 아마도 서술 순서에 오류가 있을 것이다. 「강감찬전」에서 현종 10년 거란군 침공 상황을 보자.

거란군이 연주와 위주에 이르렀을 무렵에 감찬 등이 습격하여 적병 5백여 명의 목을 베었다. (중략) 거란군이 귀주를 통과했다.

(契丹兵, 至漣渭州邯贊等掩擊斬五百餘級 (中略) 契丹兵過龜州)

이에 따르면 위주는 연주(連州, 개천) 방면과 귀주 방면의 연락 지점인 것으로 해석할 수 있고, 위주를 영변의 서쪽이라고 하면 상황과 잘 들어맞는다.

⑩ 영삭진(寧朔鎭, 태주泰州)

역사상 유명한 영삭진은 귀주의 서북쪽에 있는데, 이에 대해서는 뒤에서 언급하기로 한다. 이 영삭진과는 달리, 귀주 방면이 아직 고려의 영토로 편입되지 않았던 광종 시대의 영삭진은 「지리지」에 의하면 지금의 태천(泰

川)일 것이다.

태주는 본래 고려의 광화현이다(영삭 또는 연삭이라고도 한다). 광종 21년에 태주 방어사라고 불렀다.

(泰州, 本高麗光化縣(一云寧朔一云連朔) 光宗二十一年稱泰州防禦使)

「병지」에는 태주가 영삭진 다음에 나오는데 이 역시 앞에서 말한 사례와 같은 이유일 것이다. 주치는 『여지승람』에 "옛 성은 현의 동쪽 15리에 있다(古城在縣東十五里)"고 한 것일지도 모르겠다. 광화현(光化縣)은 앞에서 인용한 「세가」 성종 14년 기사에 있었다. 당시의 북쪽 경계라는 것을 알 수 있다.

⑪ 안융진(安戎鎭)

『여지승람』 안주(安州) 조항에 "안융진은 안인진이라고도 하는데, 주의 서쪽 65리인 바닷가에 있으며 토성이 있다(安戎鎭, 戎或作仁, 在州西六十五里海邊, 有土城)"고 했다. 「대동여지도」에도 같은 위치에 기입되어 있다. 지금의 안융창(安戎倉)일 것이다. 이때 새로 청천강 남쪽에 축성했다는 것이 당시 상황과 약간 맞지 않는 것 같지만, 이 방면의 방어를 공고히 하기 위한 것으로 해석할 수 없는 것도 아니다. 「서희전」에 성종 12년의 거란 침공에 대해, "거란의 동경 유수 소손녕이 봉산군을 격파했다. (중략) 드디어 안융진을 공격했다(契丹東京留守蕭遜寧攻破蓬山郡 (中略) 遂攻安戎鎭)"고 되어 있다. 뒤에서 설명하겠지만 봉산군(蓬山郡)을 귀성(龜城)의 남쪽이라고 한다면 안융진이 그 남쪽인 것이 분명하고 『여지승람』의 기재와도 부합한다.

⑫ 청새진(淸塞鎭)

「지리지」 기록은 다음과 같다.

고종 4년에 거란군을 막은 공을 있었으므로 위주방어사로 승격시켰다가, 후에 북방 오랑캐에게 투항하여 나라를 배반했다 하여 희주로 고치고 개주 지방관으로 하여금 겸임케 했다. 묘향산이 있다.

(高宗四年以禦丹兵有功, 陞威州防禦使, 後投狄背國, 改稱熙州, 爲价州兼官, 有妙香山)

『여지승람』은 희천(熙川) 조항에서 이 글을 답습한 뒤에 "본조는 태조 5년에 분할하여 군을 설치했고 태조 13년에 예에 따라 지금의 이름으로 고쳤다(本朝太祖五年析置郡, 太宗十三年例改今名)"고 덧붙였다. 청새진은 곧 지금의 희천인 듯하다.

거란군 침공 때 희주

앞에 인용한 「김취려전」에서 거란군이 묘향산으로 쫓겨 간 기사에 이어지는 내용은 다음과 같다.

관군은 그들을 추격하여 총 2천 4백여 인을 참획했고, 남강에 빠져 죽은 자도 또한 1천 명을 헤아렸다. 나머지 무리들은 밤중에 창주로 도망갔다. 부녀자와 어린 아이들로 길과 그 양 옆이 막혔고 목 놓아 우는 소리가 1만 마리 소가 우는 듯했다. 어떤 한 사람이 병장기를 버리고 관인을 자칭하며 곧바로 앞으로 나와 청하여 말하기를, 우리가 귀국의 변방을 소란스럽게 했으니 참으로 죄가 있습니다만 부녀자가 무엇을 알겠습니까. 청하건대 모두 죽이거나 박대하지 않는다면 우리는 즉각 하루라도 빨리 스스로 돌아갈 것입니다, 라고 했다. 취려가 사람을 시켜 너의 말을 어찌 믿을 수 있겠냐고 하며 술을 주었더니 재빠르게 마시고 갔다. 잠시 후 아아걸노가 공문을 보내어 진술하며 청한 내용이 그가 말한 바와 같았다. 3군이 각각 2천 명씩을 보내어 그 뒤를 밟으니 적이 버린 물자와 군량과 병장기가 길에 낭자한 것을 보았다. 소와 말은 혹 허리가 잘렸고 혹은 그 뒤를 찔렀는데 대개 그것들을 획득하여 다시 쓸 수 없도록 한 것이었다. 파견했던 아군 6천 인은 청새진에서 싸워 당할 수 있는 것보다 많은 적을 사로잡거나 죽였다. 평로진 도령 녹진도 70여 명을 격살하니 적은 마침내 청새진을 넘어 달아났다.

(官軍追擊之, 斬獲摠二千四百餘人, 溺死南江者, 亦以千數, 餘衆, 夜遁昌州, 婦女小兒委弃路傍, 號哭聲如萬牛, 有一人弃兵, 自稱官人, 直前請曰, 我等擾貴國邊疆, 固有罪矣, 婦女子[婦子]何知, 請無庸盡殺, 且無薄我, 々則刻日自返矣, 就礪使謂之曰, 汝言何可信, 與之酒, 快飮而去, 俄而鵝兒乞奴送符文, 陳乞如其所言, 三軍各遣二千人, 躡其後, 見賊所弃資糧器仗狼藉於道, 牛馬, 或斫其腰, 或刺其後, 蓋使得之不可復用也, 所遣六千人戰于淸塞鎭, 擒殺過當, 平虜鎭都領祿進亦擊殺七十餘級, 賊遂踰淸塞鎭遁去)

당시 고려군은 연주 및 개평역 방면을 점령한 것처럼 보이므로, 적군이 묘향산에서 북쪽으로 갈 때는 희천을 통과할 수밖에 없었다. 그러므로 청새진이 희천이라는 것은 지리적으로 잘 들어맞는다.

⑬ 수덕진(樹德鎭)

『여지승람』 양덕진 조항에 "옛 수덕토성 터가 현의 서쪽 70리에 있다(古樹德土城基在縣西七十里)"는 기록이 있고, 「대동여지도」에도 같은 위치에 지명이 기재되어 있다. 아마도 이곳일 것이다.

위에서 기록한 여러 주진(州鎭)은 「병지」 성보 조항에 보이는 것이다. 그런데 앞에서도 인용한 「세가」 성종 4년의 기사에 "회창 위화, 광화(懷昌, 威化, 光化)"라는 지명이 나열되어 있었다. 위화와 광화가 과연 나중의 운주 및 태주라면 회창도 중요한 진이라고 생각된다. 또 성종 12년 기사에 "거란군 소손녕이 봉산군을 공격하여 격파했다(契丹蕭遜寧攻破蓬山郡)"고 했고, 「서희전」에도 이에 대한 기술을 볼 수 있다. 그렇다면 봉산군(蓬山郡)도 성종 초기 이전에 설치된 것일 수도 있는데, 「병지」에는 보이지 않는다.

회창, 봉산

회창(懷昌)의 위치는 알 수 없지만 봉산은 「대동여지도」에 태천과 귀성의 중간 지점에 지명이 기재되어 있다. 『여지승람』 귀성 조항에 "옛 성지는 부의 남쪽 30리에 있다(古城池, 在府南三十里)"고 한 곳일지도 모르겠다. 『여지승람』에 나오지 않는 지명이 뒤에 편찬된 「대동여지도」에 명기되어 있었다는 것이 약간 이상하지만 달리 증명할 자료를 찾을 수가 없다. 『요사』「소항덕 손녕전(蕭恒德遜寧傳)」에도 "그 변경의 성을 함락시켰다(拔其邊城)"고만 되어 있어 참고가 되지 않는다. 「대동여지도」에 따르면 태천의 서쪽약 30리에 불과한 지역이므로, 태천에 광화진을 두었을 때 그곳이 고려의 서북계였던 것은 틀림없다. 그러나 귀주가 아직 설치되지 않았던 당시에 이곳을 진성(鎭城)이 아닌 군(郡)으로 삼은 것은 약간 기이하다고 하지 않을 수 없다. 하지만 지금으로서는 일단 여기에 따를 수밖에 없다.

덕주(장덕진)

「지리지」에 "덕주는 본래 고려의 요원군으로 일명 장덕진이다. 목종 4

년에 덕주방어사라고 불렀다(德州本高麗遼原郡, 一名長德鎭, 穆宗四年稱德州防禦使)"는 기록이 있다.『여지승람』은 덕천군(德川郡) 조항에 이 글을 인용한 뒤 "태조 13년에 지금의 이름으로 고쳤다(太宗十三年改今名)"고 했다. 하지만 덕천이 목종 때 새로 고려의 영토로 편입되었고, 그때 주치도 새로 설치되었다는 것에는 약간 의문이 생긴다. 맹주, 순주, 연주, 청새진이 설치되었는데 이 지역만 늦게까지 화외(化外)에 있었다고 보기는 어렵기 때문이다.「지리지」에 장덕진(長德鎭)이라는 옛 이름이 있었다고 한 것도 이유가 있을 것이다. 장덕진이라는 지명은 다른 자료에서는 볼 수 없지만 이 지역이 고려의 영토였다면 진성을 쌓았을 것이다. 즉 덕주(德州)라는 이름은 목종 때 생겼어도, 이 지역에는 이미 장덕진이라는 것이 존재했던 것이다. 다른 주진(州鎭)들의 예로 유추해 볼 때 이렇게 생각할 수밖에 없다.「병지」에 장덕진을 축성한 기사가 없는 이유는 탈루일 것이다. 축성된 시대는 분명하지 않지만 맹주, 순주 등 부근의 예로 미루어 태조 시대일지도 모른다. 뒤에 언급하겠지만 영원(寧遠), 평로(平虜) 방면의 경략이 성종 이후라는 점으로 추측하면 정종 이후가 될 수도 있겠다. 지금은 일단 그 중간으로 가정해둔다.

⑭ 장덕진(덕주)

장덕진은 역사상 그 위치를 고증할 자료가 부족하지만,「세가」고종 5년 조항에 다음과 같은 기록이 있다.

몽고의 원수 합진과 찰랄이 군사 1만 명을 거느리고 동진의 만노가 파견한 정[완]안자연의 군사 2만 명과 함께 거란 적을 토벌하겠다고 말하면서 <u>화주, 맹주, 순주, 덕주의 4개 성</u>을 공격하여 격파하고 곧바로 강동성으로 향했다.

(蒙古元帥哈眞及扎刺, 率兵一萬, 與東眞萬奴所遣定[完]顔子淵兵二萬, 聲言討

契丹賊, 攻和孟順德四城破之, 直指江東城)

몽고와 동진의 연합군은 함흥 방면에서 화주(영흥)로 들어와 서쪽으로 나아가서 맹주, 순주, 덕주 3성을 격파하고, 서남쪽으로 내려가 강동성(『여지승람』에 따르면 대동강의 동쪽 연안)으로 향한 것처럼 보이므로, 덕주가 맹주 및 순주와 멀지 않은 지역임은 분명하다. 이곳을 지금의 덕천이라고 하면 이 상황과 잘 부합된다.

성종 11년 이전의 북쪽 경계

요컨대 성종 11년 이전의 고려는 이미 뒷날의 가주, 박주, 위주, 무주, 운주, 태주, 연주, 희주, 덕주를 영유했고, 지금의 가산, 태천, 희천, 덕천의 서북쪽을 연결하는 선으로 북쪽 경계를 삼은 것이다. 동쪽은 이미 멀리 희천까지 이르렀는데 서쪽에서 아직 가산, 태천 부근에서 나아가지 못했다는 것은 약간 균형이 맞지 않지만, 서쪽의 여진이 어느 정도 요의 세력에 귀속되었기 때문일지도 모르겠다.

요가 요구한 지역

앞에서 인용한 성종 12년 거란 침공에 관한 서희의 말에 다음과 같은 내용이 있었다.

지금 거란이 왔으니, 그 뜻은 이 두 성을 차지하려는 것에 불과하다.
(契丹之來, 其志不過取北二城)

여기서 두 성은 가주(嘉州)와 송성(松城)이다. 당시의 고려는 요의 요구 때문에 이 방면에서 활동이 제한되었다고 여겨진다. 또 뒤에 상술하겠지만 압록강 동쪽에 대한 요의 종주권 요구가 뒷날의 귀주, 곽주, 의주, 철주, 용주, 영주 지방뿐이었다는 점을 통해서도 이 지역의 상황을 추정할 수 있다. 서희의 말을 이어서 보자.

게다가 삼각산 이북은 역시 고구려의 옛 땅인데 저들이 한없는 욕심으로 끝없이 강요한다.

(且三角山以北, 亦高句麗舊地, 彼以谿壑之欲, 責之無厭)

요의 침략이 얼마나 횡포한지 설명하고 있다. 삼각산의 위치는 분명하지 않지만 가주 및 송성과 접한 서북쪽이라는 점은 대략 알 수 있으므로 고려의 북쪽 경계가 이 지방에 있었다는 것은 틀림없다. 그렇다면 앞에서 인용한 성종 원년의 최승로의 계책에 "압록강 가의 석성을 경계로 삼자는 것은 대조(大朝)가 정한 것이다"라고 한 것은 단지 빈말에 지나지 않는다. 대조는 송을 가리키는 것인지도 모르겠다.

석성

석성(石城)은 분명하지 않지만 「김희제전(金希磾傳)」에 다음과 같은 기록이 있다.

의주, 정주 지병마사 이윤함이 별장 김이생과 대관승 백원봉을 보내 군사 2백여 명을 거느리고 압록강을 건너 석성을 공격하여 격파했다. (중략) 희제는 중군을, 습경은 좌군을, 국첨은 우군을 각각 영솔하고 20일 분의 식량을 지고 가서 석성을 토벌했다.

(義靜州知兵馬使李允誠遣別將金利生, 大官丞白元鳳, 率兵二百餘人渡鴨綠江, 攻破石城 (中略) 希磾將中軍, 襲卿將左軍, 國瞻將右軍, 賷二十日粮, 往討石城)

이 기록에 나와 있는 석성이라면 압록강 건너편이다. 그런데 석성이라는 이름을 반드시 고유명사로 볼 수만은 없으므로 이러한 추단은 섣부른 생각일 것이다. 함경도 방면에도 석성이 존재하고 압록강 아래쪽인 위원진(威遠鎭)에도 석성이 있기 때문이다.

압록강 방면
「세가」 성종 3년 기사를 보면 다음과 같다.

형관어사 이겸의에게 명하여 압록강 연안에 성을 쌓아 관문으로 삼게 했는데, 여진이 군사를 동원하여 그것을 막고 이겸의를 사로잡아 돌아가니 군대가 무너져 이기지 못하고 성에서 돌아온 자는 3분의 1에 불과했다.

(命刑官御事李謙宜, 城鴨綠江岸, 以爲關城, 女眞以兵遏之, 虜謙宜而去, 軍潰不克, 城還者三之一)

이 내용이 사실이라면 광화진, 위화진, 안삭진, 혹은 청새진 방면을 전략적 근거로 삼아 지금의 벽동(碧潼) 혹은 초산(楚山) 지방을 경략하려 했다고 볼 수도 있다. 압록강 하류 유역은 앞에서 말한 이유로 고려가 손끝 하나 대지 못한 지역이었고, 또 위화와 광화 방면에는 여진과 충돌한 역사가 있었기 때문이다. 하지만 이 진들과 압록강 사이는 거리가 너무 멀다. 고려가 근거지를 멀리 벗어나 여진의 소굴로 깊숙이 들어가서 그 본거지를 점령하려 했다는 것은 무모한 거사이고 당연히 실패로 끝날 일이다. 또 성종

10년 조항에 "압록강 바깥에 있던 여진을 백두산 아래[너머]로 쫓아내어 그 곳에서 살게 했다(逐鴨綠江外女眞於白頭山下[外], 居之)"고도 했는데, 이들 기사는 과장인 듯하다. 당시 고려의 세력이 압록강 연안을 경략할 정도였다고는 볼 수 없기 때문이다.

3) 압록강 동쪽의 영유(성종 12년 이후)

요의 압록강 동쪽 포기

『고려사』「서희전」에 성종 12년 소손녕(항덕)의 침공 당시 서희의 강화 담판이 상세히 기술되어 있다.

손녕이 서희에게 말하기를, 너희 나라는 신라 땅에서 일어났고 고구려 땅은 우리 소유인데 너희들이 침략하여 차지했다. 그리고 우리와 국경을 접하고 있는데도 바다를 넘어 송을 섬기기 때문에 오늘의 출병이 있게 된 것이다. 만약 땅을 분할해 바치고 조빙에 힘쓴다면 무사할 수 있을 것이라고 했다. 서희가 말하기를, 그렇지 않다. 우리나라가 바로 고구려의 옛 땅이기 때문에 국호를 고려라 하고 평양에 도읍한 것이다. 만일 국경 문제를 논한다면 요의 동경도 모조리 우리 땅에 있는데 어찌 우리가 침략해 왔다고 하는가? 게다가 압록강 안팎 또한 우리 땅인데, 지금 여진이 그 땅을 훔쳐 살면서 완악하고 교활하게 거짓말을 하면서 길을 막고 있으니 바다를 건너는 것보다 더 어렵다. 조빙이 통하지 않는 것은 여진 때문이니, 만약 여진을 쫓아내고 우리의 옛 영토를 돌려주어 성과 보루를 쌓고 도로를 통하게 해준다면, 어찌 감히 조빙을 잘 하지 않겠는가. 장군이 만일 나의 말을 천자께 전달해 준다면 애절하게 여겨 받아들이실 것이라고 했다. 그 말투가 강개하여 손녕도 억지를 부릴 수 없음을 알고 마침내 그대로 보고했다. 그러자 거란의 황제도, 고려가 이미 강화를 요청해왔으니 군사 행동을 중지하라고 했다.

(遜寧語熙曰汝國興新羅地高句麗之地我所有也, 而汝侵蝕之, 又與我連壤, 而越海事宋, 故有今日之師, 若割地以獻, 而修朝聘, 可無事矣, 熙曰, 非也, 我國卽高句麗之舊也, 故號高麗, 都平壤, 若論地界, 上國之東京, 皆在我境, 何得謂之侵蝕乎, 且鴨綠江內外, 亦我境內, 今女眞盜據其間, 頑黠變詐, 道途梗澁, 甚於涉海, 朝聘之不通, 女眞之故也, 若令逐女眞, 還我舊地, 築城堡, 通道路, 則敢不修聘, 將軍如以臣言, 達之天聰, 豈不哀納, 辭氣慷慨, 遜寧知不可强, 遂具以聞, 契丹帝曰, 高麗旣請和, 宜罷兵)

이에 대한 『요사』 「본기」 통화(統和) 11년(고려 성종 12년) 및 「고려전」의 기사는 다음과 같다.

왕치(성종)가 박양유를 보내어 표문을 받들어 죄를 청했다. 조서를 내려 여진에게 취한 압록강 동쪽 수백 리의 땅을 하사했다.

(王治遣朴良柔奉表請罪, 詔取女直國鴨綠江東數百里地, 賜之)

이때 요는 고려의 압록강 동쪽 점령을 승인한 것이다. 아마도 강 동쪽의 여진을 제어하기 쉽지 않은 것을 보고 이 지역을 포기했을 것이다.

압록강 동쪽의 축성
『고려사』 「세가」 이듬해 조항에는 요가 고려에 압록강 동쪽의 축성을 종용한 것을 볼 수 있다.

소손녕이 글을 보내어 말하기를, 근래에 황제의 명을 받들기를, 고려는 다만 신의와 호의로써 일찍부터 통교했을 뿐 아니라 국토도 서로 맞닿아있다. 비록 작은 나라로써 큰 나라를 섬기는 데에 반드시 규범과 의례가 있어야 하는 것이지만 시작을 잘 궁구하여 마지막을 잘 맺는 길은 모름지기 오래도록 유지하는 데에 있다. 만약 미리 대비책을 세워두지 않는다면 사신의 왕래가 도중에 막히게 될까 염려되니, 이에 저 나라와 더불어 상의하여 요충지가 되는 길목에 성지를 조성하도록 하라,고 했습니다. 황제의 명에 따라서 스스로 헤아려보니 압록강 서쪽 마을에 5개의 성을 축조하면 좋을 듯하여, 3월 초에 성을 쌓을 곳에 가서 축성을 시작하고자 합니다. 엎드려 바라건대, 대왕께서 먼저 지휘하여 안북부에서 압록강 동쪽에 이르는 280리 사이에 적당한 곳을 답사하고 전지를 측량하여 거리의 멀고 가까움을 헤아리시고, 아울러 성을 쌓도록 명하여 역부들을 징발해 보냄과 동시에 시작하게 하시며, 쌓아야 할 성의 총 수를 빨리 회신하여 주십시오. 가장 중요한 일은 수레와 말이 오가게 하여 길이 조공을 위한 길을 여는 것입니다.

(蕭遜寧致書曰, 近奉宣命, 但以彼國信好早通, 境土相接, 雖以小事大, 固有規儀, 而原始要終, 須存悠久, 若不設於預備, 慮中阻於使人, 遂與彼國相議, 便於要衝路陌, 創築城池者, 尋准宣命, 自便斟酌, 擬於鴨江西里創築五城, 取三月初擬到築城處, 下手修築, 伏請, 大王預先指揮, 從安北府至鴨江東計二百八十里, 踏行穩便, 田地酌量, 地里遠近幷令築城, 發遣役夫, 同時下手, 其合築城數, 早與回報, 所貴交通車馬, 長開貢覲之途)

「병지」 성보 조항의 다음과 같은 기록은 그 결과일 것이다.

13년, 평장사 서희에게 명하여 군사를 거느리고 여진을 쳐서 쫓게 하고, 장흥, 귀화의 두 진과 곽주, 귀주 두 주에 성을 쌓게 했다. 14년, 서희에게 명하여 군사를 거느리고 여진 지방에 깊숙이 들어가서 안의, 흥화 두 진과 영주에 성을 쌓았다. (중략) 15년, 선주에 성을 쌓았다.

(十三年命平章事徐熙, 率兵攻逐女眞, 城長興, 歸化二鎭及郭, 龜二州. 十四年命徐熙帥兵深入女眞城安義興化二鎭, 城靈州. (中略) 十五年城宣州)

우선 이들 주진(州鎭)의 위치를 고증해 보기로 하자.

① 귀주(龜州)

『여지승람』 귀성부 조항에 의하면 귀주는 지금의 귀성군이다.

본조 세조 원년에 옛 귀주가 참으로 요충지임을 이유로 (중략) 분할하여 귀성군을 두었다.

(本朝世祖元年以古龜州實要害之地, (中略) 析置龜城郡)

요가 고려의 압록강 동쪽 점령을 승인한 이듬해에 바로 곽주와 귀주를 설치했다고 하므로, 두 주는 원래 북쪽 경계였던 가주 및 태주보다 한걸음 더 나아간 위치에 있는 것이 자연스러운 순서이고, 가주에서 곽주로, 태주에서 귀주로 나아갔을 것이다. 곽주 및 장흥, 귀화에 대해서는 뒤에 언급하기로 한다. 귀주는 「병지」 참역 조항에 따르면 삼기(三妓), 통의(通義), 대평(大平) 세 역이 있고, 『여지승람』에 "통의역의 옛터가 부의 서쪽 35리에 있다(通義驛, 舊趾在府西三十五里)", "대평역의 옛터가 부의 서쪽 60리에 있다(大平驛舊趾, 在府西六十里)"고 기록되어 있다. 두 역 모두 지금의 귀성부 관할 내에 있다. 귀주가 지금의 귀성인 것은 이 점에서 보아도 틀림이 없다. 삼기역의 옛터는 알 수 없지만 앞에 인용한 「김취려전」에 의하면 귀주 치소의 동쪽, 태주와 가까운 지역일 듯하다.

거란 침공 때의 귀주

현종 2년 거란군 침공 때의 기사에서 귀주를 찾아보면, 「강감찬전」의 기술은 다음과 같다.

거란이 군사를 돌려서 연주, 위주에 이르자, 감찬 등이 기습하여 5백 명 넘게 목을 베었다. 2월에 거란군이 귀주를 통과하자 감찬 등이 동쪽 교외에서 맞아 싸웠다. (중략) 갑자기 비바람이 남쪽에서 불어와 깃발이 북쪽을 가리켰다. 아군이 그 기세를 타고 용기백배하여 격렬히 공격하니 거란 군사들이 북으로 도망치기 시작했다. 아군이 석천을 건너 반령에 이르렀는데, 시체가 들을 덮었고 사로잡은 포로와 노획한 말, 낙타, 갑옷, 병장기를 다 셀 수 없을 지경이었다.

(契丹回兵, 至漣, 渭州, 邯贊等掩擊, 斬五百餘級, 二月, 契丹兵過龜州邯贊等邀戰於東郊, (中略) 忽風雨南來, 旌旗北指, 我軍乘勢奮擊, 勇氣自倍, 契丹兵奔北, 我軍追擊之, 涉石川, 至于盤嶺, 僵尸蔽野, 俘獲人口馬駝甲冑兵伏[仗]不[不可]勝數)

다음은 이 사건에 대응하는 『요사』 「본기」 통화 29년(현종 2년) 기사이다.

정월 초하루 을해일에 군사를 철수시키자 항복했던 모든 성들이 다시 반란을 일으켰다. 군사가 귀주 남쪽 험한 골짜기에 이르렀는데 여러 날 큰 비가 내려서 말과 낙타들이 지치자 갑옷과 병장기를 많이 버렸다. 날이 개서 겨우 강을 건넜다. 기축일에 압록강에 이르렀다.

(正月乙亥朔班師, 所降諸城復叛, 至貴州南峻嶺谷, 大雨連日, 馬駝皆疲, 甲仗多遺棄, 霽乃得渡. 己丑, 次鴨綠江)

귀주(龜州)가 『요사』에는 貴州로 기재되어 있다. 이에 따르면 귀주는 연주 방면에서 압록강 하류(흥화진 방면)로 가는 도중에 있음을 알 수 있다. 지금의 귀성에 해당한다는 것을 증명해주는 것이다. "귀주 남쪽 험한 골짜기"는 「고려전」에는 "귀주와 덕주의 남쪽 골짜기(貴德州南嶺谷)"로 되어 있지만, '덕주(德)'는 잘못 들어간 글자일 것이다. 이 골짜기는 귀주의 동남쪽에 위치한 황화천(皇華川) 계곡이며, 「강감찬전」에 나온 반령(盤嶺)은 서북쪽에 위치한 팔령산(八嶺, 八營, 八英, 팔형八兄)의 산맥일 것이다. 「최사위전(崔士威傳)」에도 다음과 같은 기록이 있지만 육돈(惡頓) 등의 소재지가 분명하지 않아서 고증에 도움이 되지는 않는다.

최사위는 (중략) 강조 등과 함께 거란군을 방어하게 되었다. 사위가 여러 장수들을 거느리고 군사를 나누어 귀주 북쪽의 육돈도, 탕정도, 서성도의 세 방면으로 진군했는데, 거란과 싸우다가 패배했다.

(崔士威 (中略) 與康兆等禦契丹, 士威率諸將分軍, 出龜州北, 惡頓, 湯井曙星三道, 與契丹戰敗績)

② 곽주(郭州)

『여지승람』 곽산군 조항에 『고려사』 「지리지」의 곽주 기사를 인용하며 "본조 태종 13년에 지금의 이름으로 고쳤다(本朝太宗十三年改今名)"고 한 기록이 보인다. 「병지」 참역 조항에는 곽주에 속한 운흥역(雲興驛)이 나오는데, 『여지승람』의 곽주 조항을 보면 "운흥역은 군의 북쪽 17리에 있다(雲興

驛, 在郡北十七里)"고 되어 있다. 따라서 곽주는 지금의 곽산 혹은 그 부근임이 분명하다.「세가」현종 원년 조항의 거란 침공의 기사를 보자.

신묘일에 거란주가 (중략) 압록강을 건너 흥화진을 포위했다. 기해일에 (중략) 통주에서 거란과 싸웠다. 경술일에 거란이 곽주를 함락시켰다. 임자일에 거란군이 청수강까지 침입하자 안북도호부사 공부시랑 박섬은 성을 버리고 도망갔다.

(辛卯契丹主 (中略) 渡鴨綠江, 圍興化鎭, 己亥 (中略) 與契丹戰于通州, 庚戌, 丹兵陷郭州, 壬子, 丹兵至淸水江, 安北都護府使工部侍郎朴暹, 棄城遁)

압록강 방면에서 동쪽으로 내려간 거란군이 통주(通州, 의천宜川 부근)를 함락시킨 후 곽주로 향한 것과 곽주 함락 후 하루가 지난 뒤 청천강에 도달한 것을 보면 곽주의 위치가 한층 더 분명해진다. 인용문에 청수강(淸水江)이라고 되어 있는 것은 안북도호부사가 성을 버리고 도망간 것을 보면 청천강임이 분명하다.『요사』의 통화(統和) 28년(현종 원년) 전쟁 기사에서 "동주, 곽주, 귀주, 영주 등이 모두 항복했다(銅霍貴寧等州皆降)"고 한 곽주(霍州)도 곽주(郭州)와 같은 것이다.

③ 장흥진(長興鎭)

앞의 안삭진(연주) 조항에 나온 장흥역인 듯하다. 태주에서 서북쪽으로 한걸음 나아간 곳일 것이므로 귀주의 동쪽에 해당할 것이다.

④ 귀화진(歸化鎭)

분명하지 않다. 장흥진과 귀화진은 새로 점령한 서북면 통치의 제일보로서 설치되었으므로, 이후 경략이 진행됨에 따라 점차 그 가치를 잃고 역원(驛院)으로 존재했거나, 혹은 그 이름조차 잊히게 된 곳인 듯하다. 그렇다면 귀주에서 멀지 않은 곳일 것이다.

⑤ 안의진(安義鎭)

『여지승람』 귀성부 조항에 다음과 같은 기록 있다.

안의진은 부의 남쪽 170리에 있고 본래 수주에 속했다. 우리 세조조 때 내속시켰다.

(安義鎭, 在府南一百七十里, 舊屬隨州, 我世祖朝來屬)

「대동여지도」에는 정주(定州)의 동남 해안에 기입되어 있는데, "여진 지방에 깊숙이 들어가서 안의, 흥화 두 진에 성을 쌓았다"고 한 안의는 이 지역이 될 수 없다. 「대동여지도」에는 귀주의 서북쪽 70리 지역에도 안의라는 이름이 나와 있다.

압록강 동쪽의 두 교통로

청천강 방면에서 압록강의 나루에 이르는 길은 두 가지가 있는데, 하나는 가산(嘉山)에서 곽주(郭州)를 통과하는 해안로이고, 다른 하나는 귀성을 경유하는 산길이다. 그런데 성종 12년 소손녕이 봉산군으로 왔고 고려 현종 2년에 성종이 귀주에서 퇴각한 것을 보면 당시는 산길을 많이 이용한 듯하다. 당시 고려의 북계 경영은 단지 요에 대한 관계뿐만 아니라 북방 일대를 점령한 여진을 통제하는 것이 주요한 사업이었다. 요에 대한 관계도 대부분이 이 때문에 일어난 것이므로, 병략적 설비와 교통로도 남쪽의 해변보다 북쪽의 산간에 중점을 둔 것은 당연하다. 따라서 귀주의 정치적 위치는 매우 무거웠고, 후년까지 북쪽 경계의 중심이라는 인식이 있었던 것이다. 그렇다면 고려는 새 영토 경영의 시작에 즈음하여 우선 귀성에서 서북쪽으로 나아가 압록강으로 통하는 대로를 여는 것이 시의적절한 방책이었을 것이고, 귀주를 설치한 이듬해에 안의와 흥화 두 진을 설치한 것은 이 때문이었을 것이다. 그런데 흥화는 의주(義州)의 남쪽이므로 안의는 귀주와 흥화의 중간에서 두 지역을 연락할 위치에 있어야 한다. 그렇다면 귀주에서 서북쪽 70리라고 한 지점이 이 상황과 잘 들어맞는다. 또 "여진 지방에 깊숙이 들어가서"라는 문장과도 부합하므로 안의진은 틀림없이 이곳일 것이다. 정주 동남쪽에 있는 같은 지명에 대해서는 제18장 「원대 고려 서북경의 혼란」을 참조하기 바란다.

⑥ 흥화진(興化鎭, 영주靈州)

거란 침공 때의 흥화진

다음 기록에 나와 있는 흥화진은 거란군이 침공할 때마다 먼저 공격받은 곳이므로 당시 고려 북경의 첫번째 관문이었던 것은 분명하다.

거란왕[主]가 직접 보병과 기병 40만을 거느리고 압록강을 건너 흥화진을 포위했다.(「세가」 현종 원년)

(契丹王[主]自將步騎四十萬, 渡鴨綠江, 圍興化鎭)

거란군이 흥화진을 포위했다.(「세가」 현종 6년 및 8년)

(契丹兵圍興化鎭)

거란의 소손녕이 10만 군사를 거느리고 침략해오자, 왕은 평장사 강감찬을 상원수로, 대장군 강민첨을 부원수로 삼았다. 이들이 군사를 지휘하여 흥화진에서 적을 대패시켰다.(『세가』 현종 9년)

(契丹蕭遜寧以兵十萬來侵, 王以平章事姜邯贊爲上元帥, 大將軍姜民瞻副之, 帥兵至興化鎭, 大敗之)

「지리지」에 "영주는 현종 21년에 흥화진을 승격시켜 주로 삼았다(靈州, 顯宗二十一年陞興化鎭爲靈州[爲州])"는 기록이 있는데, 영주(靈州)라는 지명은 문헌에 많이 보이지 않으므로 위치를 추정할 만한 자료가 부족하다. 그 앞쪽에 있는 인주, 정주 및 위원, 영덕 등에 뒷날 여러 진이 설치되면서 영주가 북계의 관문으로서 위치를 잃었기 때문인지도 모르겠다.

원대의 영주

이러한 사정과 더불어, 뒷날 북계의 주들이 원에 귀속되었을 때 의주(義州), 인주(麟州), 정주(定州) 및 위원진(威遠鎭)이 압록강 북쪽에 위치한 파사부(婆娑府)에 예속되었는데 영주는 여전히 평양에 있는 동녕부(東寧府)에 속했던 것을 보면, 영주가 이들 주진보다 남쪽이고 압록강과는 다소 거리가 있다는 것을 알 수 있다. 그리고 흥화진은 처음에 귀주 및 안의진에서 서쪽으로 진출했을 때 설치된 것이므로, 그 위치는 이 방면과 연락하기 편한 지점이 될 수밖에 없다. 앞의 주진의 위치는 뒤에서 언급하기로 한다. 또한 동녕부 시대에 관해서는 제18장 「원대 고려 서북계의 혼란」을 참조하기 바란다.

영주의 위치

이상의 사실들을 종합하면 『여지승람』 의주 조항에 "옛 영주는 부의 남쪽 55리에 있다(古靈州, 在府南五十五里)"고 한 기록이 거의 맞다고 여겨진다. 아마도 가노잠(加老岑)의 동남쪽, 고진강(古津江) 연안의 어느 한 지점일 것이다. 그렇다면 「대동여지도」에서 의주의 서남쪽, 압록강 왼쪽 기슭에 영주가 기입된 것은 의심스럽다. 뒤에 다시 언급하겠지만 위원진은 흥화진의 서북쪽 40리에 설치되었다고 했는데, 만약 흥화진이 「대동여지도」에 나타난 지역에 있다고 한다면 그 서북쪽 40리는 압록강 밖으로 나가게 되므로 당시의 형세와 모순된다. 『고려사』 「송저전(宋詝傳)」에 기록된 명종 때의 북경 여러 주들의 관제 개혁을 참고해보자.

문관을 의주분도관으로 삼아 영주와 위원진을 예속시키고, 무관을 정주분도관으로 삼고 인주와 용주를 예속시키게 했다.

(以文官爲義州分道, 隸靈州, 威遠鎭, 武官爲靜州分道, 隸麟州, 龍州)

이 기록에 의하면 의주, 영주, 위원은 서로 가깝고, 이에 비해 정주, 인주, 용주는 약간 다른 방면에 위치한 듯하다. 그렇다면 「대동여지도」에 영주가 의주와 정주 및 인주 사이에 기입되어 있는 것과 모순된다. 또 「대동여지도」가 나타내는 위치는 강의 북쪽에 대한 교통의 요충지가 아니므로, 고려의 첫번째 관문인 흥화진의 소재지로서 적당하지 않다. 흥화진이 영주라는 증거는 「지리지」 이외에는 없지만 반증이 없는 한 이것에 따를 수밖에 없다. 후년에 영주라는 이름만 남고 흥화진이라는 명칭이 보이지 않은 것도 「지리지」의 설이 허구가 아님을 보여주는 듯하다. 다만 「세가」 정종 원년 조항에 "거란의 내원성에서 (중략) 흥화진에 통첩을 보내 왔다(契丹

來遠城 (中略) 牒興化鎭"고 한 것은 현종 이후에도 여전히 흥화진이라는 이름
이 있었다고 해석될 수 있다. 그렇다면 「지리지」의 기술과 모순되지만, 이
는 아마 요의 이첩(移牒)에 옛 이름이 사용된 것을 그대로 기록했을 것이다.
「병지」에 흥화진과 영주가 함께 기재된 것은 앞에서 말한 사례와 같다.

⑦ 통주(通州, 선주宣州)

「지리지」에 "선주는 본래 안화군으로 고려초에 통주로 고쳤다. 현종 21
년에 선주방어사라고 불렀다(宣州本安化郡, 高麗初改爲通州, 顯宗二十一年稱宣州
防禦使)"는 기록이 있다.

거란 침공 때 통주

앞의 곽주 조항에서 인용한 거란군 침공 기사에 따르면 통주는 곽주의
북쪽에 있는 것이 분명하다. 같은 사건을 「양규전(楊規傳)」은 다음과 같이
기술했다.

거란 왕이 (중략) 군사 20만 명을 인주 남쪽 무로대에 주둔시켰고, 20만 명의
군사로 통주에 이르렀다. 거란 왕이 군대를 동산 아래로 이동시키자 강조가
군대를 이끌고 통주성 남쪽으로 나아가 싸우다가 패하여 포로가 되었다.

(契丹主 (中略) 以二十萬兵, 屯干麟州南, 無老代, 以二十萬兵, 進至通州, 契丹
主移軍銅山下, 兆引兵出通州城南, 戰敗就擒)

동산(銅山)은 뒤에서 설명하겠지만 철주(鐵州)의 옛 이름인 듯하므로, 통
주(通州)는 철주의 남쪽에 있을 것이다. 그렇다면 그 주치는 철주와 곽주의
중간에 있고, 『여지승람』 선천(宣川) 조항에 "동림성은 군의 북쪽 62리에 있

는데 옛날의 선주성이다(東林城, 在郡北六十二里, 卽古宣州城)"라는 기록과 부합한다. 『요사』를 살펴보면 「본기」 통화 28년의 전쟁 기사에 "대군이 압록강을 건너자 강조가 동주에서 막아 싸우다가 패했다(大軍渡鴨綠江, 康肇拒戰於銅州敗之)"고 했고, 「야율분노전(耶律盆奴傳)」에는 다음과 같이 기록되어 있다.

통화 28년에 친히 고려를 정벌할 때 분노가 선봉이 되었다. 동주에 이르렀을 때 고려의 장군 강조가 군사를 셋으로 나누어 아군에 대항했다. 한 부대는 동주의 서쪽에 진을 치고 세 강물이 모이는 곳을 차지했는데 강조는 그 안에 있었다. 한 부대는 동주에 가까운 산에 진을 쳤으며 또 다른 한 부대는 동주성에 붙여 진을 쳤다. 분노는 야율홍고를 거느리고 세 강물이 모이는 곳에 친 영을 격파하여 강조를 사로잡았다.

(統和二十八年駕征高麗, 盆奴為先鋒, 至銅州, 高麗將康肇分兵為三, 以抗我軍, 一營於州西, 據三水之會, 肇居其中, 一營近州之山, 一附城而營, 盆奴率耶律弘古, 擊破三水營, 擒肇)

동주(銅州)는 앞에서 인용한 「양규전」에 따르면 통주이다. 철주에 동산(銅山)이라는 이름이 있지만 이 전쟁에 관한 『고려사』 기사에는 철주에 대해 언급한 기록이 한 번도 없으므로 동주가 철주는 아닐 것이다. 선주가 선천이 된 것은, 「병지」 참역 조항에 "임반역(선주)(林畔驛(宣州))"라고 했고 『여지승람』에 "임반역은 군의 북쪽 20리에 있다(林畔驛在郡北二十里)"고 한 점을 통해 알 수 있다. 『여지승람』에 나온 선천은 지금의 선천은 아니다. 「대동여지도」에 선천의 남쪽 약 20리 지역에 고부(古府)가 있는데 그곳일 것이다.

고려의 북방 방비 계획

「병지」에 기재된 여러 주진의 위치는 이상과 같다. 따라서 고려는 요에게 압록강 동쪽의 점령을 승인받자 산길에는 귀주와 안의 두 성을 설치했고 해안 길에는 곽주와 통주를 둔 것이다. 두 길은 흥화진에서 만나며, 이 지역을 압록강 나루에 대한 첫 번째 방어 진지로 삼은 것이다.

거란이 요구한 6성

그런데 앞에서 인용한 「양규전」에 따르면 현종 원년에 인주(麟州)라는 이름이 나온다. 「세가」에는 다음과 같은 기록이 보인다.

거란 왕이 (중략) 조서를 내려 흥화, 통주, 용주, 철주, 곽주, 귀주 등 6성을 빼앗겠다고 통보했다.(현종 3년)

(丹主 (中略) 詔取興化, 通州, 龍州, 鐵州, 郭州, 龜州等六城)

거란은 (중략) 우리가 흥화 등 6성을 탈환한 것을 책망했다.(현종 4년)

(契丹 (中略) 責取興化等六城)

이에 의하면 인주, 용주(龍州), 철주도 이때 이미 존재하고 있었던 것 같다. 그렇다면 이들 역시 성종 시대에 축조된 것일지도 모른다. 『요사』를 살펴보면 「본기」개태(開泰) 원년(현종 3년) 조항에 "조서를 내려 다시 6주를 빼앗게 했다(詔復取六州之地)"고 했고, 이듬해에 "야율자충이 고려에 사신으로 가서 (6주의) 땅을 취하려 했다(耶律資忠使高麗取地)"고 하여 『고려사』와 부합한다. 「야율자충전」에는 다음과 같은 기록이 있다.

처음 고려가 내속했을 때 여진 6부의 땅을 취하여 하사했다. 이에 이르러 공물을 때에 맞추어 바치지 않았으므로 자충에게 조서를 내려 가서 그 이유를 묻게 했는데, 고려는 땅을 돌려줄 생각이 없었다.

(初高麗內屬, 取女直地六部以賜, 至是貢獻不時至, 詔資忠往問故, 高麗無歸地意)

이 기록에 있는 6부는 『요사』 「본기」에 나온 6주이자 『고려사』의 6성인 것 같다. 그러나 『요사』 통화 28년 기사에도 동주, 곽주, 귀주만 나오고, 『고려사』 현종 원년 기사에는 철주와 용주는 보이지 않고 흥화진에서 직접 통주로 향했다고 했다. 또 현종 5년에도 "거란이 (중략) 통주와 흥화진을 침범해 왔다(契丹 (中略) 來侵通州興化鎭)"고만 했고, 7년에 와서 처음으로 "거란이 용주를 침공했다(契丹侵龍州)"는 기사가 보인다. 「병지」에는 현종 5년에 "용주에 성을 쌓았다(城龍州)"고 했으며, 7년에 "철주에 성을 쌓았다(城鐵州)"고 되어 있다. 따라서 용주와 철주는 현종 원년에는 존재하지 않았고, 같은 해 요의 침공 사례를 바탕으로 북계의 수비를 단단히 하기 위해 새로 설치된 것 같다. 요가 환부를 요구한 6주를 『고려사』에서 흥화 등 6성으로 기록한 것은 후세 사람의 부회인 듯하다. 6주가 무엇인지는 분명하지 않지만, 용주와 철주를 대신할 만한 곳으로서는 안의진과 또 다른 한 주(가주일 수도 있다)가 타당할 것이다. 인주 설치도 역시 후년인 것 같으므로 「양규전」의 기사는 후대에 추가되었을 것이다. 그렇다면 철주와 용주의 위치를 고찰해보자.

⑧ 철주(鐵州)

「지리지」에 "본래 고려의 장령현이다(동산이라고도 한다). 현종 9년에 철주라고 불렀다(本高麗長寧縣(一云銅山) 顯宗九年,稱鐵州)"는 기록이 보인다. 『여지승람』 철산군 조항에 "옛 철주성은 군의 북쪽 35리에 있다(古鐵州城, 在郡北三十五里)"고 기록되어 있고, 「대동여지도」에 기재된 옛 철주의 위치와 부합한다.

⑨ 용주(龍州)

「지리지」에 "본래 고려의 안흥군이다. 현종 5년에 용주라고 불렀다(本高麗安興郡. 顯宗五年稱龍州)"고 했다. 『여지승람』에 "옛 용주는 군의 서쪽 20리에 있다(古龍州, 在郡西二十里)"고 한 곳일 것이다. 「세가」 고종 3년 조항에 거란군의 침공을 기술하여 "군사가 인주와 용주의 경계로부터 와서 철주와 선주를 공격했다(有兵, 自麟龍兩州界, 來攻鐵宣二州)"고 되어 있으므로 철주가 선주의 서쪽에 있고, 용주가 철주의 서쪽에 있다는 것은 틀림없다.

압록강 연안에서의 고려의 방비

다음으로 생각해야할 것은 이 무렵 고려가 압록강 연안에 성보를 가지고 있었는지에 관한 문제이다. 고려가 강 동쪽의 영유를 요에게서 승인받았다는 것은 앞에서 서술했다. 「세가」 성종 13년 조항에 "이승건을 압강도구당사로 임명했다가, 곧 하공진을 보내 대신하게 했다(以李承乾, 爲鴨江渡勾當使, 尋遣河拱辰, 代之)"고 한 기록을 보아도 압록강 나루를 고려가 관리했음을 알 수 있다. 따라서 당연히 고려가 이 지역에 군사적 설비를 했으리라고 상상할 수 있다.

요의 강 동쪽 경영

요가 강의 동쪽에 대한 경영을 개시한 것은 개태 3년(현종 5년)으로 『요사』「본기」에 "압록강에 부교를 만들고, 보주, 선의주, 정원주 등에 성을 쌓았다(造浮梁于鴨綠江, 城堡, 宣義, 定遠等州)"는 기록이 있고, 『고려사』에는 「세가」 현종 6년 조항에 다음과 같은 기록이 있다.

거란이 압록강에 다리를 만들고, 다리를 끼고 동쪽과 서쪽에 성을 쌓았는데, 장수를 보내 공격하여 파괴하려 했으나 이기지 못했다.

(契丹作橋於鴨綠江, 夾橋築東西城, 遣將攻破, 不克)

이 해에 거란이 선화진과 정원진을 탈취하여 성을 쌓았다.

(是歲, 契丹取宣化, 定遠二鎭城之)

『요사』와 『고려사』의 기록은 햇수로 1년 차이가 있고 명칭이 다소 어긋나기는 하지만 동일한 사실을 가리키는 것은 분명하다. 『고려사』에 "선화진과 정원진을 탈취했다"고 기록되었다는 것은 이러한 이름을 가진 두 진이 고려의 영유였음을 나타낸다고 할 수 있을 것이다.

후년에 설치된 요의 주현의 이름
『요사』「지리지」를 살펴보자.

보주 선의군, 절도사를 두었다. 고려가 주를 설치했다. 옛 현이 1곳 있었는데 내원현이라고 했다. 성종이 고려왕 왕순이 멋대로 왕위에 즉위했다 하여 죄를 물었으나 굴복하지 않았다. 개태 3년에 그 나라의 보주와 정주 2주를 취했고. 통화 말에 고려가 항복하여 그곳에 각장을 설치했다. 동경통군사에 예속되었으며, 주와 군 두 개, 현 하나를 관할했다. 내원현은 처음에 요서 지역의 백성을 옮겨 채웠다. 선주에는 정원군이 설치되어 있으며 자사를 두었다. 개태 3년에 한의 민호를 옮겨 설치했다. 보주에 예속되었다. 회화군은 하급이며, 자사를 두었다. 개태 3년 설치했고 보주에 예속되었다.

(保州宣義軍節度, 高麗置州, 故縣一, 日來遠, 聖宗以高麗王詢擅立, 問罪不服, 開泰三年取其保定二州, 統和末高麗降, 於此置榷場, 隸東京統軍司, 統州軍二縣一, 來遠縣, 初徙遼西諸縣民, 實之, 宣州定遠軍刺史, 開泰三年徙漢戶置, 隸保州懷化軍下刺史, 開泰三年置, 隸保州)

정주 보령군, 고려가 설치한 주이다. 옛 현은 하나로 그 이름은 정동이다. 성종 통화 13년에 군으로 승격되어 요서 지역의 백성을 옮겨 채웠다. 동경유수사에 예속되었다. 관할 현은 하나이다. 정동현은 고려가 설치한 것이다. 요가 요서 지역의 백성을 옮겨 거주케 했다.

(定州保寧軍, 高麗置州, 故縣一, 日定東, 聖宗統和十三年升軍, 遷遼西民實, 隸東京留守司, 統縣一, 定東縣, 高麗所置, 遼徙遼西民居之)

이들 기록도 보주(保州), 정주(定州) 등이 고려가 설치한 것임을 증명하는 듯하다. 그렇지만 정동(定東)이라는 명칭은 언뜻 보기에도 고려가 명명한 것이 아님을 알 수 있으므로, 이것을 고려의 옛 현의 이름이라고 한 것은 분명 오류이다. 내원(來遠)이라는 이름도 단어의 의미로 볼 때 요에서 명명한 것 같다. 『고려사』 「악지(樂志)」에 고구려 음악으로 「내원성(來遠城)」이라는 곡명이 나오지만, 고려와 관계가 있는 명칭은 아닌 듯하다.

내원성은 정주에 있는데 바로 물 가운데에 있는 땅이다. 오랑캐가 귀순해 오면 이곳에 배치했으므로 그 성의 이름을 내원이라고 하고 노래를 불러서 기념했다.

(來遠城在靜州, 卽水中之地, 狄人來投, 置之, 於此名其城曰來遠, 歌以紀之)

압록강은 고구려의 북쪽 경계가 아니므로, "귀순해 온 오랑캐"를 여기에 배치했다고 하는 것은 의심스럽다. 고구려 음악이 당시에 남아있었다는 것도 믿기 어려우며, 같은 조항에 열거된 곡명인 「연양(延陽)」(연산부延山府)과 「명주(溟州)」모두 고구려 시대의 칭호가 아니므로 이 기록은 신뢰할 수 없다. 내원성의 명칭 자체가 고려에서 유래한 것이 아니므로 주현도 역시 고려가 설치한 것이 아닐지도 모른다.

『고려사』「세가」성종 15년 조항에 수록된 요 황제의 서한에는 고려의 태도를 평하여 "압록강이 서쪽 경계나 일찍이 그 험한 지세를 믿는 마음이 없었다(鴨江西限, 無曾[曾無]恃險之志[心])"고 했다. 앞에서 서술한 바와 같이 고려가 강동에 여러 주를 축성한 것은 요에 대한 조공로 개설을 목적으로 한 것이었고, 압록강도구당사(渡勾當使)라는 명칭에는 병비(兵備)의 의미가 없다. 또 요의 공격에 대한 제1 방어 지점이 흥화진이었다는 점을 생각하면, 고려는 요를 두려워하여 강기슭에 성이나 보루를 축조할 수 없었다고 단언할 수 있을 듯하다. 그러므로 앞에서 인용한 『고려사』의 문장은 그 지역이 고려의 영유였다는 의미일 뿐 선화(宣化)와 정원(定遠) 두 진이 이미 존재했음을 말하는 것은 아니다. 정종 원년 조항을 보면 영덕진(寧德鎭)이 내원성에 보낸 이첩(移牒)에 "선주와 정주 두 성이 우리 강역 안으로 들어와 축조되었다(宣定兩城, 致入築於我疆之內)"고 했는데, 이 기록도 "우리 강역 안으로 들어와 선화와 정원 두 성을 축조했다"고 해석해야 할 것이다. 『요사』「지리지」의 기사도 강 동쪽에 있는 지역을 고려에서 빼앗은 것을 후세 사람이 함부로 억측하여 단정했을 것이다. 특히 정주(定州)가 "통화 13년(성종 10년) 군(軍)으로 승격했다"고 한 것이 사실이라면 그것은 강의 동쪽에 있었던 것이 아닐 것이다. 이 해는 요가 고려의 강 동쪽 점령을 승인한지 2년 후로서, 아직 그 방면의 경략을 도모하지 않았을 때이기 때문이다.

선화진

『요사』에 보주 선의군(保州宣義軍)이라는 기록이 있는 것을 보면, 『고려사』의 선화진(宣化鎭)은 이를 잘못 기록한 것일지도 모르겠다. 보주의 축성에 대해 고려인이 주의를 기울이지 않았을 리 없는데, 『고려사』에는 "선화와 정원 두 진"또는 "선주와 정주의 두 성"이라고만 되어 있고 보주(保州)라는 이름은 없으므로, 보주는 다른 이름으로 기록된 듯하기 때문이다. 『요사』 「병위지(兵衛志)」에 "내원성 선의군(來遠城宣義軍)"이라는 명칭이 있지만, 내원성은 강 가운데의 섬에 있었다고 여겨지므로 강 동쪽에 있는 선화진이 내원성은 아닐 것이다. 「병위지」에 기록된 명칭은 내원성이 보주 관하였기 때문에 붙여진 것이든가, 아니면 행정구역상 내원성이 보주에 속하지만 군제(軍制)로는 내원성이 보주를 관할했다는 의미일 것이다. 그리고 선의군이라는 이름은 내원성에 간부를 둔 수비군의 호칭이었을 것이다. 뒤에 언급하겠지만, 요의 변장(邊將)은 고려와 교섭할 때 내원성에서 이첩해 오는 것을 상례로 했고, 보주 혹은 선주에서 한 일이 없는 것을 보아도 내원성이 병사(兵事)의 수뇌부였음을 알 수 있다. 『고려사』 「세가」 선종 5년 조항에 수록된 상표(上表)에서 "또 임인년에 매매원을 의선군 남쪽에 세우고자 했다(壬寅年欲設買賣院於義宣軍南)"고 한 의선군(義宣軍)도 선의군(宣義軍)의 오류로 보주(保州)일 것이다.

정원진

보주의 속주로 선주 정원군(善州定遠軍)이 있었다면, 『고려사』의 정원진에 해당할 것이다. 강 동쪽에서 요의 영토는 아주 협소하여 『요사』에 나오는 여러 주현을 수용할 만한 여지가 없다. 또한 『요사』와 『고려사』 모두 이 방면의 변고에 관한 기사에는 단지 보주와 내원성만 보일 뿐이다. 요 말기에 금의 군사가 이 방면을 공격했을 때도, 『고려사』 예종 11년 조항에 "요의 내원성, 파주성 2성이 여진의 공격을 받았다(遼來遠, 把州二城爲女眞所攻)", "금의 장군 살갈이 요의 내원과 포주 2주[성]을 공격하여 거의 함락시켰다(金將撒喝攻遼來遠抱州二州[城], 幾陷)"고 한 것을 보면, 사실상 요가 경영한 강 동쪽의 성보는 보주 하나에 불과한 것 같다. 하지만 정종 시대의 기록에 "정주와 선주 두 성(定宣兩城)"이라는 구절이 있으므로 속단할 수는 없다. 포주(抱州), 파주(把州)는 모두 보주(保州)의 다른 표기일 것이다. 정리하자면 요는 처음에 강의 동쪽에 보주(선의군, 선화진) 및 선주(정원군, 정원진)를 두었지만, 나중에 어느 때인가 보주만 남기고 선주를 폐했을 것이다. 이들 두 주의 위치에 관해서는 뒤에서 언급하기로 한다.

이상은 요가 강 동쪽에 있는 영토를 빼앗기 이전 시기의 압록강 방면의 형세인데, 같은 시기에 동쪽에서도 한두 개의 주진이 새로 설치되었다. 「병지」에 의하면 그 이름은 다음과 같다.

목종 3년   덕주(德州)
목종 4년   평로진(平虜鎭)

이 가운데 덕주는 앞에서 언급했다.

⑩ 평로진(平虜鎭)

「지리지」에 "정종 7년에 최충에게 명하여 성을 쌓았고, 뒤에 유원으로 고쳤다(靖宗七年命崔沖築城, 後改柔遠)"는 기록이 있는데, 목종 4년의 일은 언급되지 않았다. 위치에 관해서 알 수 있는 기록은 「세가」 문종 33년 조항에 "북번의 적이 평로관에 침입했다(北蕃賊寇平虜關)"라고 한 것, 정종 8년에 "서여진의 추장 고지지 등이 (중략) 작년에 평로와 영원 두 성을 개척할 때 공적이 매우 많았다(西女眞酋長高之知等 (中略) 於往年平虜寧遠兩城拓開之時, 頗有勞效)"고 한 것이 있다. 이상의 기록으로 보아 여진에 근접한 북쪽 경계인 영원진(寧遠鎭)과 멀지 않은 지역임을 알 수 있다. 또 앞에서 인용한 「김취려전」에 의하면 청새진(淸塞鎭) 방면이라는 것도 짐작할 수 있다. 즉 평로진은 청새진 혹은 영원진(지금의 영원군 부근) 양쪽 모두와 인접한 지역인 듯하다. 따라서 청천강의 상류 유역 또는 대동강 수원에 가까운 지방이 될 듯한데, 그 위치를 정밀하게 추정할 수 있는 자료가 빈약하다.

평로진과 여진

지형상 고찰해 보면, 청천강 상류는 비교적 협소하여 청새진 외에 별도로 진을 둘만한 여지가 없을 것 같다. 대동강 상류는 광대하지만 영원진은 그 수원지에서 아주 멀다. 그러므로 평로진은 대동강 상류 지역에 영원보다 수원지에 더 가까이 위치하고, 그 동북쪽에 있었던 것은 아닐까. 관련 기록들을 찾아보자.

적의 추장 아라불 등이 변경을 침범하여 변방 백성을 약탈하므로, 평로진 병마녹사 강영과 서북면 병마녹사 고경인이 병사를 거느리고 추격하여 항마진까지 이르러 적을 격퇴했다.(「세가」 문종 15년)

(賊酋阿羅弗等犯境, 劫掠邊民, 平虜鎭兵馬錄事康瑩, 西北面兵馬錄事高慶仁率兵追及降魔鎭, 敗之)

여진의 야읍간이 정주(정평) 홍화수로부터 와서 애원하며 말하기를, 아버지 아라불 (중략) 등 6인이 일찍이 정사년에 귀화하여 투항했으므로, 따라서 여기에서 살기를 원합니다, 라고 했다.(「세가」 문종 33년)

(女眞耶邑幹自定州弘化戍來欽, 云父阿羅弗 (中略) 等六人曾於丁巳年, 向化來投, 願隨居之)

이들 기록에 등장하는 아라불(阿羅弗)이 동일 인물이라면 평로진이 정평(定平) 방면에 가깝다고 볼 수 있고, 대동강 상류 유역임도 확인된다. 『여지승람』은 영유현(永柔縣) 조항에 앞의 「지리지」 문장을 인용하며 "영원진은 현에서 북쪽으로 35리에 있다. 본래 고려의 평로현이다(柔遠鎭在縣北三十五里, 本高麗平盧鎭)"라고 했지만, 이는 후년에 옮긴 것이고 축조 당시를 설명한 것은 아니다.(제18장 「원대 고려 서북경의 혼란」 참조)

고려와 요 및 여진의 경계

이상을 개괄해 보면, 성종 12년에 고려가 압록강 동쪽을 점령한 후 요가 그 한 귀퉁이를 빼앗고 보주 등을 설치할 때까지 고려의 서북경은, 전기에 비해 압록강 나루인 지금의 의주 부근, 홍화, 안의, 귀주 지방, 그 서남쪽 해변에 이르는 일대 지역이 증가된 것이다.

여진에 대한 경계는 대략 이들 여러 주진의 동북쪽으로 이어진 산맥에 있었을 것이다. 동쪽에서는 이 시대에 대동강의 수원 지역을 포함한 것 같다. 평로진의 축성이 목종 4년에 처음 보이므로, 이 지역이 고려에 들어온 것도 그때였을 것이다. 동북면의 영토는 당시 화주 이북까지는 미치지 못했고, 요덕진(耀德鎭)과 정변진(靜邊鎭)도 현종 시대에 축성되므로, 대동강의 수원 지역이 고려의 세력 범위 안으로 귀속된 것이 이보다 빠를 수는 없기 때문이다.(제16장「고려 동북경의 개척」참조)

4) 압록강 연안의 후퇴(현종 6년 이후)

현종 6년에 요가 압록강 동쪽에 보주 등을 쌓았다는 것은 앞에서 서술했다. 고려는 이에 대해 여러 차례 항의했지만 요는 받아들이지 않았다.

보주 및 선주의 위치

요가 경영했던 보주는 『고려사』「지리지」의주 조항에 다음과 같이 기록되어 있다.

처음에 거란이 압록강의 동쪽 언덕에 성을 쌓고 보주라고 불렀는데 (중략) 예종 12년에 (중략) 우리 병사가 그 성에 들어가서 (중략) 왕이 기뻐하며 의주방어사로 고쳤다.

(初契丹置城于鴨綠江東岸, 稱保州 (中略) 睿宗十二年 (中略) 我兵入其城 (中略) 王悅改爲義州防禦使)

금대부터 고려의 영유로 귀속되어 의주로 개칭되었으므로 그 지방이 지금의 의주인 듯하다. 하지만 「세가」고종 4년 조항에 "여진의 황기자군이 파속부로부터 압록강을 건너와서 옛 의주성에 진을 쳤다(女眞黃旗子軍, 自婆

速府, 渡鴨綠江, 來屯古義州城)"는 기록이 있으므로, 고종 이전에 그 주치가 이전한 적이 있음을 알 수 있다. 선주의 위치는 분명하게 알 수 없지만, 후년에 이 지방에 관한 금과 고려의 분쟁을 기록한 문장 중에 "상항 주성(上項州城)", "하항 보주(下項保州)"라는 구절이 있다.(세가 인종 6년 조항, 다음 절 5)의주 방면의 회복 참조), '하항'이란 보주의 주성(州城) 지역을 가리키는 듯하므로, '상항 주성'은 보주의 주성 외에 별도로 주성이라고 불린 성보가 있다는 의미가 될 것이다. 주성이라고 한 점으로 보아 선주의 옛 터인 듯하다. 강 동쪽에 요의 주성으로 정원(定遠, 선주)과 선화(宣化, 보주) 두 성이 있었다면 이렇게 해석할 수밖에 없다. '상항', '하항'이라는 단어는 해석하기 어렵지만, '상하(上下)'라고 한 것이 강물과 관계가 있는 것 같으므로 '하항'은 하류(서남쪽) 지역, '상항'은 상류(동북쪽) 지역을 말하는 것은 아닐까.

내원성의 위치

선주와 함께 보주에 속한 내원성은 앞에서 인용했던 『고려사』 「악지」에 의하면 압록강 가운데의 섬에 위치한 것으로 추측된다. 내원성이 금의 군사에게 공격당해 함락되었을 때 요의 수장(守將)이 포주(抱州)와 함께 고려에 넘기고 갔고, 금대에 이르러 포주를 포함한 압록강 동쪽 지역이 모두 고려에 회수되었을 때 여전히 금의 소유였다는 점으로 보아도 그러하다. 정확한 위치는 알 수 없지만, 『고려사』 「세가」 덕종 원년 조항에 "거란의 유류사가 와서 내원성에 이르렀으나 받아들이지 않았다(契丹遺留使來至來遠城不納)"고 했으므로 요와 고려의 교통로에 해당하는 듯하다. 아마 지금 의주의 서쪽일 것이다. 야나이 와타리(箭內亙)의 연구(『만주역사지리』 제2권 제5장)에 따르면, 금대의 파속부(婆速府)는 지금의 구련성(九連城)이므로 당시 압록강 동쪽 기슭의 나루는 구련성의 맞은편인 지금의 의주 부근이었을 것이고, 요대에도 마찬가지였다고 여겨지기 때문이다. 「악지」에 내원성을 "정주(靜州)의 물 가운데 있다"고 했는데, 이는 의주 지방이 고려의 영유가 아니었던 시대의 기록을 기초로 했을 것이다. 내원성의 소재가 지금의 구련성과 의주 중간에 있는 섬이라면, 요는 반드시 그 맞은편 기슭 나루인 지금의 의주에 성보를 설치했을 것이므로 보주와 선주 둘 중 하나는 그 지역에 있었을 것이다.

보주의 위치

보주가 개칭되었다고 하는 의주는 고종 「세가」에 보이는 옛 의주이므로, 지금의 의주는 보주의 옛 터가 아닐 것이다. 선주가 보주의 동북쪽에 있었다는 것은 앞에서 설명했는데, 지금의 의주보다 상류 방면에는 지형상 이러한 주치가 설치될 만한 여지가 적다. 또 고려의 정주(靜州), 인주(麟州), 위원진(威遠鎭) 등은 하류 방향에 있었는데, 이에 대립하는 요의 성보가 같은 방면에 반드시 존재했을 것이므로, 지금의 의주에 있었던 것은 선주이고, 보주는 그 서남쪽 즉 정주의 앞쪽에 있었던 것은 아닐까. 선주가 후년에 폐지된 것도 옆에 내원성이 있어서 그 맞은편 기슭에 특별히 진성이 있을 필요가 없었기 때문일 것이다. 이렇게 생각하면 앞에서 인용한 『고려사』 「세가」에서 "다리를 끼고 동쪽과 서쪽에 성을 쌓았다(夾橋築東西城)"고 한 동쪽 성은 선주이고, 서쪽 성은 내원성일 것이다.

의주의 이전 이유

금대에 이르러 고려가 강의 동쪽 지역을 회복하고 한때 보주의 옛 터를 의주로 삼았다가 지금의 의주(선주의 옛 터)로 옮긴 것은, 그곳이 동서 교통의 요충지가 되었고 또 옛 의주(보주의 옛 터)가 금의 내원성에 대한 방비로서 불편했기 때문은 아니었을까. 다만 옛 의주라는 칭호가 보이는 고종 「세가」 4년 조항에 "금의 내원성에서 영덕성에 이첩했다(金來遠城移牒寧德城)"고 한 기록은 위의 추측과 모순된다. 의주가 만약 내원성의 맞은편 기슭에 있었다면 금에서 영덕성으로 첩문을 보낼 리가 없을 것 같다. 하지만 이는 아마 예전부터 전해져 온 관례에 따른 것에 불과할 것이다. 다소 설명이 상상에 치우친 듯하지만, 전후의 사정으로 보아 이러한 해석도 허용될 듯하다. 향후의 연구를 기대하기로 한다. 회덕군(懷德軍)의 위치는 분명하지 않다.

요가 강의 동쪽을 점령하면서 고려는 한 발 남쪽으로 물러나 방어를 엄중히 하는 것 외에는 방책이 없게 되었다. 서북경의 주진을 지키는 관방은 이때에 이르러 축조된 것이다. 먼저 「병지」의 축성 기사를 요약하면 다음과 같다.

현종 20년　위원진(威遠鎭), 정융진(定戎鎭).
현종 21년　인주(鱗州), 영덕진(寧德鎭).
덕종 원년　삭주(朔州).

유소의 관방
이 지역의 축성과 관련하여 덕종 2년에 다음과 같은 기사가 있다.

평장사 유소에게 명하여 북방 경계에 처음으로 관방을 설치했다. 서해 바닷가 옛 국내성의 경계로서 압록강이 바다로 들어가는 곳에서부터 시작하여 동쪽으로는 위원, 흥화, 정주, 영해, 영덕, 영삭, 운주, 안수, 청새, 평로, 영원, 정융, 맹주, 삭주 등의 13개 성을 거쳐 요덕, 정변, 화주 등의 세 성에 이르러 동쪽으로 바다에 이르니, 길이가 1천여 리에 뻗었고, 돌로 성을 쌓았는데 높이와 두께가 각 25척이다.

(命平章事柳韶創置北境關防, 起自西海濱古國內城界鴨綠江入海處, 東跨威遠, 興化, 靜州, 寧海, 寧德, 寧朔, 雲州, 安水, 淸塞, 平虜, 寧遠, 定戎, 孟州, 朔州等十三城, 抵耀德, 靜邊, 和州等三城, 東傅于海, 延袤千餘里以, 石爲城, 高厚各二十五尺)

이 중에 요덕(耀德), 정변(靜邊), 화주(和州)는 동북계에 속하지만, 위원(威遠)에서 삭주(朔州)에 이르는 13성은 서북계이다. 인용문에 13성이라고 되어 있지만 성의 이름은 14개이므로 하나가 더 있다. 이들 여러 성은 모두 변방인데 안수진(安水鎭)은 앞에서 서술한 바와 같이 청천강의 남쪽이므로 이곳에서 조금 멀다. 아마 실수로 덧붙여졌을 것이다. 「유소전(柳韶傳)」에 기록된 것도 이와 같다. 그리고 이들 여러 성 중에 덕종 2년 이전에 이름이 보이지 않는 것은 정주(靜州), 영해(寧海), 영삭(寧朔), 영원(寧遠)인데, 「병지」에는 다음에 정리한 바와 같이 축성 연도가 기록되어 있다. 영해(寧海)에 관해서는 언급된 것이 전혀 없다.

덕종 2년　정주진(靜州鎭).
정종 7년　영원진(寧遠鎭).
정종 9년　영삭진(寧朔鎭).

「지리지」에는 "창주는 본래 고려의 장정현이다. 정종 원년에 재전에 성을 쌓고 민호를 옮겨 창주방어사로 삼았다(昌州, 本高麗長靜縣, 靖宗元年城梓田, 移民戶, 爲昌州防禦使)"는 기록이 있다. 「병지」에는 기록이 없지만, 「세가」

에는 문종 5년을 시작으로 그 이름이 자주 보인다. 이들 여러 성과 진의 위치를 차례로 고증해보도록 하자.

① 위원진(威遠鎭)

위원진에 대해서는 「지리지」에 "현종 20년에 유소를 보내어 옛날의 석성을 수리하여 설치했다. 진은 흥화진의 서북쪽에 있다(顯宗二十年遣柳韶, 修古石城, 置之, 鎭在興化鎭西北)"는 기록이 있고, 「유소전」에 "흥화진은 서북쪽으로 40리에 있다(興化鎭西北四十里)"고 했다. 『여지승람』에는 의주 조항에 "옛 위원진은 주의 남쪽 25리에 있다(古威遠鎭在州南二十五里)", "위원진의 봉화는 주의 남쪽 26리에 있다(威遠烽燧, 在州南二十六里)"고 나오며, 「대동여지도」에는 백마산(白馬山)의 북쪽에 기입되어 있다. 이 진성(鎭城)이 역사상 등장하는 일은 많지 않지만, 후년에 서북계가 원에 예속되었을 때 의주, 정주, 인주와 함께 파사부(婆娑府)에 속했다는 점으로 보아 이들 3주에 근접한 지역이 분명하므로, 「대동여지도」의 기록이 맞다고 할 수 있다.

② 정융진(定戎鎭)

「지리지」에 "현종 20년에 유소를 보내어 옛날의 석벽을 수리하여 진을 두었고, (중략) 진은 흥화진의 북쪽에 있다(顯宗二十年, 遣柳韶, 修古石壁, 置鎭 (中略) 鎭在興化鎭北)"고 했고, 「유소전」에도 같은 의미의 기사가 보인다. 흥화진의 북쪽이므로 보주에 가까운 지역일 것이다. 『여지승람』에 "전문령 고성(箭門嶺古城)"이라는 것이 있는데 혹시 이것일지도 모르겠다.

정융진과 요의 보주

「세가」 문종 30년 조항에 "북조에서 정융진 관문 바깥에 암자를 설치했다(北朝於定戎鎭關外設置庵子)"는 기록이 있고, 선종 5년에 요에 올린 상표에는 다음과 같은 내용이 있다.

임인년(문종 16년)에 매매원을 의선군 남쪽에 세우고자 하여 신칙한 것으로 말하니 수리하여 설치했습니다[세운 것을 철거했습니다]. 갑인년(문종 28년)에는 탐수암을 정융성 북쪽에 세우려고 했습니다.

(壬寅年欲設買賣院於義宣軍南, 論申則葺修設置[罷], 甲寅歲始排探守庵於定戎城北)

이들 기록을 통해 정융진이 요의 보주에 가깝다는 것이 분명해 진다. 상표와 문종 「세가」의 기사는 년도가 조금 어긋나지만 같은 사건일 것이다.

다른 방면에 남아있는 정융진의 명칭

그런데 이상하게도, 『여지승람』 의주 조항에 "옛 정융진은 주에서 동쪽으로 80리에 있다. (중략) 흔히 임천성이라고 부른다(古定戎鎭在州東八十里 (中略) 俗號臨川城)"고 했고, 「대동여지도」에도 이 기사와 부합되는 위치에 정융(定戎)이라는 지명이 보이며, 그 옆을 흐르는 강은 임천(臨川)이라고 되어 있다. 임천역(臨川驛)이라는 이름은 「병지」 참역 조항에 정융에 속하는 것으로 나오지만, 정융진이 흥화진의 북쪽이라는 것은 「유소전」 및 문종 「세가」의 기록에 의해 분명하다. 또 현종 20년 및 21년에 축성된 위원진과 정융진, 인주 가운데 위원진과 인주는 보주에서 멀지 않은 지역이므로 보주에 대한 경계를 목적으로 축성되었다고 추측할 수 있는데, 정융진만 동쪽으로 80리 떨어져 있다는 것은 믿을 수 없다. 따라서 여기서는 『여지승람』의 기록은 채택하지 않기로 한다. 다만 「세가」 고종 3년 조항에 거란의 아얼(鷓兒)과 걸노(乞奴)의 침략을 기록하여 "압록강을 건너 영삭진과 정융진을 침략하게 했다(渡鴨綠江, 侵寧朔, 定戎之境)"고 하고 이후 안의(安義)와 귀주 방면으로 진군한 내용이 나온다. 영삭진은 뒤에서 설명하겠지만 의주보다도 동쪽이다. 따라서 이에 의하면 정융도 역시 같은 지방처럼 볼 수도 있을 듯하지만 단언할 수는 없다. 「대동여지도」에 보이는 임천이라는 호칭도 후대에 붙여진 것일지도 모른다. 그렇지만 『여지승람』에 정융의 옛 터라고 기재된 곳에 성지(城池)가 있었다는 것은, 넓이 등도 기록되어 있으므로 사실일 것이다. 어쩌면 후년에 정융진이 여기로 이전한 것은 아닐까.

③ 인주(麟州)

「지리지」에 "본래 고려의 영제현이다. 현종 9년에 인주방어사라 불렀다(本高麗靈蹄縣, 顯宗九年稱麟州防禦使)"고 했는데, 현종 9년의 일은 다른 곳에서는 보이지 않는다. 위치는 『여지승람』 의주 조항에 "옛 인주는 주의 남쪽 35리에 있다(古麟州在州南三十五里)"고 했고, 「대동여지도」에 인산(麟山) 옆에 기록된 것에 따르면 지금의 신의주 부근인 것 같다.

거란이 공격해 왔을 때의 인주

고종 3년에 거란이 공격해 왔을 때 영삭, 정융 방면에서 안의, 귀주로 향한 것 외에 "또한 인주와 용주 두 주의 경계로부터 와서 철주와 선주를 공격하는 병력도 있었다(又有麟龍兩州界來攻鐵宣二州)"고 했으므로, 인주는 의주보다도 압록강 하류라고 추측할 수 있다. 또 「김희제전(金希磾傳)」을 보면 강 연안에 있었다는 것도 알 수 있다.

금의 원수 우가하가 (중략) 몰래 의주, 정주, 인주의 3주를 노략질했다. 희제가 (중략) 갑사 1백인을 보내 우가하의 진영을 급습하여 3인을 생포했고, 달아나다가 압록강에 빠져 죽은 자가 자못 많았다.

(金元帥亐哥下 (中略) 潛寇義靜麟三州, 希磾 (中略) 遣甲士百人掩襲亐哥下營, 擒三人, 奔潰, 溺鴨綠江死者頗多)

④ 정주(靜州)

「지리지」에 "본래 고려의 송산현이다. 덕종 2년에 성을 쌓았다(本高麗松山縣, 德宗二年築城)"는 기록이 있다. 『여지승람』에는 의주 조항에 "옛 정주는 주의 남쪽 25리에 있다(古靜州在州南二十五里)"고 했고, 「대동여지도」에도 의주와 인주의 중간에 이름이 보인다. 야나이(箭內)는 지금의 정주동(正州洞)이 그 옛 터일 것이라고 했다.(『만주역사지리』제2권 제5장 4 참조) 관련 기록들을 살펴보면 다음과 같나.

작년부터 금나라 사람들이 전쟁이 일어나서 물자가 고갈되자 다투어 귀한 보물을 주면서 의주와 정주의 관문 밖에 머무르며 미곡을 교역했다.(『세가』고종 3년)

(自去年, 金人因兵亂資竭, 爭賚珍寶, 欵義靜州關外, 互市米穀)

세자가 연경에서 돌아오는 길에 파사부에 도착했다. 정주의 관노 정오부가 몰래 강을 건너서 임연이 국왕을 폐한 사실을 알렸다.(『세가』원종 10년)

(世子自燕京還至婆娑府, 靜州官奴丁伍孚潛渡江, 告林衍廢立)

「왕규전(王珪傳)」에도 금에 왕복할 때 정주를 통과했다는 기록이 보인다. 또 원대에 정주가 의주, 인주와 함께 파사부에 속했던 것을 보면 그 위치가

압록강 연안이었다는 것은 의심할 여지가 없다. 『여지승람』 및 야나이의
고증에 따라야 할 것이다.

⑤ 영덕진(寧德鎭)

『여지승람』 의주 조항에 "옛 영덕진은 주의 동남쪽 40리에 있다(古寧德
鎭, 在州東南四十里)"고 되어 있지만, 「대동여지도」에는 보이지 않는다.

내원성과 영덕진의 관계

영덕진은 요·금의 내원성과 첩문이 오갔다는 기록이 「세가」 정종 원년,
예종 11년, 고종 3년 및 4년의 조항에 보인다. 「조위용전(趙位龍傳)」에는 금
의 동경로도총관부(東京路都惣管府)에서 이첩해 온 일도 보인다. 정종 원년
에는 내원성에서 홍화진으로 보낸 첩문에 대해 영덕진을 통해 회첩을 보
낸 듯하다. 이러한 상황은 영덕진이 부근의 주진 중에서도 특별히 중요한
지위였거나, 또는 그 지역이 내원성과 왕복하기에 편리했다는 사정 때문일
것이다. 그런데 고려의 관제(官制)에 의하면 진(鎭)은 주(州)보다 아래인 듯
하므로, 인주, 정주 등의 부근에 있으면서 영덕진이 이들보다 중요한 지위
였다고 생각하기는 어렵다. 「병지」에 의하면 정주에는 도령중랑장(都領中郞
將) 1인과 중랑장(中郞將) 2인이 있었고, 인주에는 중랑장 2인이 있었는데,
영덕진에는 중랑장 1인이 있었을 뿐이다. 다만 영주(靈州)에는 낭장(郞將) 4
인이라고 되어 있다. 도령중랑장을 두었던 곳은 안북부(安北府), 귀주 등 중
요한 주뿐이므로, 정주가 영덕진보다 높은 위치라는 것은 분명하다. 그렇
다면 변경에서 문서의 왕복이 항상 영덕진을 매개로 이루어진 것은 지리상
의 이유 때문일 것이다. 영덕진은 아마 홍화진의 북쪽, 정융진의 동쪽에 있
었으며, 정융진과 나란히 내원성 및 보주에 대한 고려의 최전선 방위를 담

당했던 것은 아니었을까.『여지승람』에 의주에서 동남쪽으로 40리라고 한 것도 이 형세와 부합한다.「세가」고종 3년의 거란 침공 기사를 보면, "압록강을 건너 영삭진과 정융진을 침략하게 했다(渡鴨綠江, 侵寧朔定戎之境)"고 한 다음에 "거란병이 이미 영덕성을 도륙하고, 진격하여 안주, 의주, 귀주 세 주를 포위했다(丹兵已屠寧德城, 進圍安義龜三州)"고 했고, 이듬해 4년에는 "거란군이 의주, 정주, 인주의 3주와 영덕성 경계 지역으로 들어왔다(丹兵入義靜麟三州及寧德城之界)"고 되어 있다. 전자는 지리적 관계가 아주 애매하지만, 후자에 의해 영덕성이 의주, 정주, 인주와 아주 가깝다는 것을 추측할 수 있을 것이다.

⑥ 영삭진(寧朔鎭)

『여지승람』의주 조항에 "옛 영삭진은 주의 동쪽 120리에 있다(古寧朔鎭, 在州東一百二十里)"고 했고,「대동여지도」에도 안의(安義)의 남쪽으로 같은 거리 정도의 위치에 기재되어 있다.

옛 영삭진과 지금의 영삭진

그런데 오늘날의 지도를 보면 의주에서 동쪽으로 대략 40리 지점에 영삭(寧朔)이라고 불리는 지역이 있다.「병지」성보 조항에는 "문종 4년에 안의진의 진자농장에 성을 쌓아 영삭진이라 하고, 번적의 요충지를 막게 했다(文宗四年, 城安義鎭, 榛子農場, 爲寧朔鎭, 以扼蕃賊要衝)"고 했고,「지리지」에 "영삭진은 옛날 진전으로, 고려 때 지금의 이름으로 고쳤고, 문종 4년에 성을 쌓았다(寧朔鎭, 古榛田, 高麗改今名, 文宗四年築城)"고 한 기록은『여지승람』 및「대동여지도」에 보이는 영삭의 소재에 부합된다. 하지만 정종 2년에 유소가 쌓은 관방이나 정종 9년 조항에도 영삭진이라는 이름이 있으므로, 문종 시대에 처음으로 축조된 것처럼 기록된 것은 매우 의심스럽다. 추정하자면 영삭진은 일단 정종 시대에 축성되었지만 이후 이유가 있어 폐해졌고, 문종 시대에 안의 부근에 설치된 새 진성에 이 이름이 붙여진 것일지도 모르겠다. 정종 시대의 영삭진은 새 진성보다 북쪽에 있으므로, 의주에서 동쪽으로 40리에 있는 지역인 영삭이 그것의 옛 이름을 가지게 된 것은 아닐까. 「세가」 고종 23년 조항에는 몽고군이 공격해 온 것을 기록하여 "경인일에 몽고군이 의주강을 건너 오물지천에 진을 쳤고, 또 영삭진에도 진을 쳤다(庚寅, 渡義州江, 屯烏勿只川, 又屯寧朔鎭)"고 했지만, 기사가 간단해서 지리적 고찰의 자료로 삼기에는 부족하다.

⑦ 삭주(朔州)

「지리지」에 "본래 고려의 영새현이다. 현종 9년에 삭주방어사라 불렀다(本高麗寧塞縣, 顯宗九年稱朔州防禦使)"는 기록이 있다. 『여지승람』은 삭주 조항에 옛 삭주의 이름을 언급했지만 위치는 나와 있지 않다. 「대동여지도」에는 천마산(天磨山)의 동쪽 약 40리 지점에 옛 삭주의 이름이 기입되어 있다. 「김경손전(金慶孫傳)」에 몽고 병사가 귀주 방면으로 공격해 온 것을 기록하여 "삭주의 수장 김중온도 성을 버리고 도망쳐 왔다(朔州戍將金仲溫亦棄城來奔)"고 했으므로 귀주보다 서북쪽에 있다고 추측되고, 「대동여지도」가 나타내는 위치와도 부합한다.

⑧ 창주(昌州)

「지리지」에 "본래 고려의 장정현이다. 정종 원년에 재전에 성을 쌓고 민호를 옮겨 창주방어사로 삼았다(本高麗長靜縣, 靖宗元年城梓田, 移民戶, 爲昌州防禦使)"고 했다. 「병지」 성보 조항에 "정종 원년에 서북로의 송령 이동에 장성을 쌓아 변방 적구의 요충지를 제압했다. 또 재전에 성을 쌓고 백성을 옮겨 채웠다(靖宗元年築長城於西北路松嶺迆東, 以扼邊寇之衝, 又城梓田, 徙民實之)"는 기록이 있는데, 이 문장에는 창주라는 지명이 없다. 덕종 2년 유소의 관방 축성 기사에도 창주는 보이지 않으므로 「지리지」의 설은 근거가 있는 것이며, 「병지」의 내용과도 부합한다고 할 것이다.

송령

송령(松嶺)은 『여지승람』 의주 조항에 "송산은 주의 동쪽 30리에 있다(松山, 在州東三十里)"고 한 기록과 관련이 있는 듯하다. 그런데 문종 11년 조항에 다음과 같은 기록이 있다.

제서를 내려 이르기를, (거란이) 송령 동북쪽에서 둔전을 점차 확장하면서 간혹 암자를 설치하고 사람과 가축을 두고 있다. 이는 필시 우리의 영토를 침범하려는 것이라고 했다.

(制曰於松嶺東北, 漸加墾田, 或置庵子, 屯畜人物, 是必將侵我疆)

이에 따르면 송령의 동북쪽은 여전히 고려의 영토가 아닌 것이 분명하다. 따라서 「병지」에서 "송령 이동"이라고 한 것은 송령 너머 동쪽이라는 뜻이 아니라, 송령 산맥으로 이어지는 동쪽 지역을 가리킬 것이다. 그런데 「세가」 선종 8년 조항에 "지난해에 번적들이 창주에 침입했다(往年蕃賊寇昌州)"는 기록이 있고, 예종 5년에 "창주 관문 밖의 번장이 (중략) 내조했다(昌州關外蕃長 (中略) 來朝)"고 한 것으로 보아 창주는 요보다는 여진에 대한 방어 지점이었다. 그렇다면 송산 부근은 아닐 것이다.

거란군 침공 때의 창주

앞의 안삭진 고찰에서 인용한 「김취려전」을 다시 보면, 고려군이 귀주, 태주 방면에 있었을 때 "적군이 창주에서 연주의 개평역, 원림역으로 옮겨 주둔했는데 종일토록 행렬이 이어졌다(賊自昌州, 移屯延州之開平, 原林兩驛, 終日絡繹不絶)"고 했고, 향산(香山) 전투 후 적군이 "나머지는 밤에 창주로 도망갔다(餘衆夜遁昌州)"는 기록도 보이므로, 창주는 연주와 같은 방면인 듯하다. 연주와 연락할 수 있는 위치일 것이다. 또 창주는 자주 삭주와 함께 등장하는데, 「송저전(宋詝傳)」을 보면 "변방을 지키는 장군은 모두 병마의 직임을 띠게 하고 분도로 삼았고, 창주와 삭주 두 성도 모두 장군에게 맡겼다(戍邊將軍皆帶兵馬之任, 爲分道, 故昌朔二城, 皆以將軍委之)"고 했다. 「세가」 고종 3년에 "삭주분도장군 노인수와 창주분도장군 차덕위가 거란군을 막아 내지 못했으므로 그들의 관직을 삭탈했다(以朔州分道將軍盧仁綏, 昌州分道將軍車德威不能禦丹兵削職)"고 되어 있으며, 인종 6년 금과 담판한 기사에 "우리 백성들이 강을 건너 창주와 삭주에 이르러 땅을 차지하고 농사를 짓고 있다(爲人民越江到昌朔地分耕種)"고도 했다. 따라서 창주는 여진 방면에 대한 역할이 삭주와 동일했고, 함께 행동해야 할 위치에 있었던 것으로 추측된다. 그렇다면 창주는 삭주와 연주의 중간에 위치한 것이 아닐까. 「병지」 참역 조항에 삭주인 방전역(芳田驛)과 창평역(昌平驛)은 흥화도(興化道)에 속하고 창주인 옥관역(玉關驛)과 자전역(梓田驛)은 운중도(雲中道)에 속한 것으로 기재된 점을 보아도, 창주가 삭주보다 동쪽에 있고 연주, 운주 방면과 가깝다는 것을 알 수 있다. 「도경승전(杜景升傳)」도 참조할 수 있다.

서북면병마부사로 나가 창주를 수비하는 임무를 맡았는데 서경유수 조위총이 반란을 일으켜 (중략) 두경승이 수비하다가 향산동, 통로역에서 우회하여 (중략) 무주의 객관에 도착했다.

　(出爲西北面兵馬副使, 戍昌州, 西京留守趙位寵起兵 (中略) 景升戍旋至香山洞, 通路驛 (中略) 至撫州館)

　향산동(香山洞)은 묘향산 부근인 것 같고, 창주에서 무주로 갔을 때 이곳을 우회한 것을 보면 창주가 삭주 지방보다 동쪽인 것으로 추측된다. 통로역(通路驛)은 「병지」에 철주(鐵州)라고 주석이 기재되어 있지만, 운중도 조항에 들어가 있으므로 '철(鐵)' 자는 오류일 것이다. 『여지승람』에는 영변부 조항에 "통로역은 옛터가 어천 들판 앞에 있다(通路驛, 舊趾在魚川前坪)"고 되어 있는데, 어천(魚川)은 묘향산 서쪽 기슭을 흐르는 청천강 상류이므로 통로역은 아마 무주에 속했을 것이다.

창주의 위치

　「대동여지도」에는 운산(雲山)에서 서북쪽 약 90리(청산靑山의 북쪽)에 고읍(古邑)이라고 기재되어 있다. 이곳은 옛 삭주(古朔州)와 옛 연주(古延州)의 중간이고 거리는 각각 약 1백 리이다. 태천(泰川) 방면에서 대령강(大寧江) 상류를 거슬러 올라간 다음 북쪽으로 나아가 동쪽 지류를 거슬러 올라가면 고읍에 이르고, 서쪽 지류를 거슬러 올라가면 옛 삭주에 도달한다. 두 곳은 지형 상 밀접한 관계가 있으므로 이 고읍이 아마도 창주의 옛 성일 것이다. 지금의 창성(昌城)은 창주와 이성(泥城)이 합병된 것인데, 고읍은 현재 창성의 관할 구역이며 이곳에서 서북쪽 완항령(緩項嶺)을 넘어 창성으로 통하는 대로가 있다. 따라서 창주가 「대동여지도」에 기재된 고읍이라는 것은 확실할 듯하다. 그렇다면 『여지승람』 창성 조항에 "고성이 부의 동쪽 150 리에 있다(古城, 在府東一百五十里)"고 되어 있는 것도 이 고읍이고, 고성은 바로 고읍성일 것이다. 이성(泥城)에 관해서는 제20장 「고려말의 압록강 연안 영토」를 참조하기 바란다.

⑨ 영해진(寧海鎮)

영해진은 유소의 북경 관방 축조 기사 외에는 문헌상 기록이 없지만, 그 이름으로 보아 해변 지역으로 여겨진다. 유소의 관방은 "서해 바닷가 옛 국내성의 경계로서 압록강이 바다로 들어가는 곳에 세웠다(自西海濱古國內城界鴨綠江入海處)"고 되어 있다. 위치가 밝혀진 주진들 중 가장 서쪽에 위치하는 것이 인주인데, 인주는 "압록강이 바다로 흘러 들어가는 곳"이라고 하기에는 약간 적합하지 않다. 따라서 영해진이 인주의 서쪽에 위치하여 관방의 기점이 되었을 것이다. "옛 국내성의 경계"라는 말이 학술적으로 가치가 없다는 것은 말할 필요도 없다.

⑩ 영원진(寧遠鎮)

영원진이 평로진(平虜鎮)과 함께 여진의 경계 지역에 있었다는 것은 앞에서 언급했다.

영원진과 여진의 교섭

「세가」 정종 11년에 "번적 1백여 명이 영원진의 장평수에 침범하여 군사 30여 명을 잡아갔다(蕃賊百餘人侵寧遠鎮長平戍, 擄掠軍士三十餘人)"는 기록이 보인다. 또 문종 6년에는 "북로 삼살촌의 적의 괴수 고연이 번병과 함께 치담역을 포위했다(北路三撒村賊魁高演與蕃兵圍淄潭驛)"고 했는데, 치담역(淄潭驛)은 「병지」 참역 조항에 따르면 영원에 속한다. 이 기사들에서도 영원진이 여진의 경계 지역과 가깝다는 것을 알 수 있다. 삼살촌(三撒村)이 어디인지는 분명하지 않지만, 만약 문종 27년 조항에 보이는 삼산촌(三山村)과 같은 것이라면 현재 함경도 북청(北靑) 방면일 것이다. 중강(中江) 유역의 여진이 자주 평로진에 온 것으로 유추해보면, 영원진으로 왔다고 한 삼살촌의 적들은 삼산에서 온 것으로 보아도 틀리지는 않을 것이다.(제17장 「윤관정략지역고」 참조) 지금의 고장진(古長津) 지방에서 한태령(寒泰嶺)을 넘어 희천(熙川), 영원 지방으로 통하는 옛길이 있었다고 여겨지기 때문이다.(제20장 「고려말의 압록강 연안 영토」 참조) 따라서 영원은 삼산촌 즉 함경도에 가까운 지역이라고 할 수 있다.

영원진의 위치

영원진의 위치에 대해서는 『여지승람』 영원군 조항에 다음과 같은 설명이 보인다.

본래 고려의 영원진이다. 태조 5년에 영청현에 속했고 정종 7년에 최충에게 명하여 성을 쌓게 했다. 후에 영청현 해변으로 옮겼다가 후에 희천으로 옮겨 속하게 했다. 본조 태조 5년에 또다시 영청에 합하여 영녕이라 일컬었고 세조 12년에 옛 영원 땅에 나아가 따로 군을 두었다.

(本高麗寧遠鎭, 太祖五年屬永淸縣, 靖宗七年命崔冲, 築城, 後徙居永淸縣海邊, 後移屬熙川, 本朝太祖五年又合于永淸, 稱永寧, 世祖十二年, 就古寧遠之地, 別置郡)

영원진을 영청현(永淸縣)으로 옮긴 것은 고종 때이며, 그 이전에는 영청현과 멀리 떨어져 있었으므로 "태조 5년에 영청현에 속했다"고 한 것은 후세의 상황에 따라 억지로 끌어 붙인 망언이다.(제18장 「원대 고려 서북경의 혼란」

참조) 하지만 조선시대에 옛 영원에 영원군을 새로 설치한 것은 사실일 것이다. 따라서 옛 영원이 지금의 영원 지방임을 미루어 알 수 있다. 그런데 『여지승람』 영원군 조항에는 또 "옛 읍성이 군의 남쪽 90리에 있다(古邑城, 在郡南九十里)"는 기록이 있으므로, 고려시대의 영원진은 바로 이 옛 읍성일지도 모르겠다. 『여지승람』 시대의 영원군치는 지금의 위치보다 훨씬 북쪽인 광성산(廣城山) 기슭에 있었다고 여겨지는데, "광성산은 현의 북쪽 30리에 있다(廣城山, 在縣北三十里)"는 기록으로 추측할 수 있다. 그렇다면 "군의 남쪽 90리에 있다"는 옛 읍성은 「대동여지도」에서 영원의 서남쪽 약 20리 지점, 덕천군(德川郡) 경계 가까이에 고읍(古邑)이라고 기입된 것에 해당할 것이다.

서북면의 경계선

이상의 내용을 정리하면, 덕종 2년 북경 관방 축조로 정해진 고려의 서북경은 압록강 어귀로부터 강물을 따라 거슬러 올라가다가 지금의 신의주와 의주의 중간 지점에서 강을 벗어나, 의주 남쪽에서 금광산(金光山), 천마산(天磨山) 산맥을 거쳐 압록강 지류와 대령강의 분수산맥을 따라 동쪽으로 뻗어 완항령으로부터 판막령(板幕嶺) 부근에 이르러 극에 달한다. 나아가 동남쪽으로 꺾어 묘향산을 포함하고, 영원의 동북쪽에 있는 산지를 따라 함경도 영흥 북쪽으로 나오는 선이 될 것이다.

전기와의 비교

이를 전기(前期)와 비교하면, 압록강 연안에서 지금의 의주 부근의 한 지방을 잃었지만 새로 삭주와 창주를 개척했으므로, 요에 대해서는 물러났지만 여진에 대해서는 약간 나아간 것이다. 영원진이라는 이름은 이때 처음으로 역사에 나타났지만, 그 지역은 전기부터 이미 고려의 영토에 들어왔을 것이다. 당시 영해, 인주, 정주, 정융, 위원, 흥화, 영덕, 영삭의 주진들은 압록강 기슭에서 보주, 선주 두 주의 남쪽에 걸쳐 마치 포위하는 듯한 형세를 이루며 요에 대한 경비를 구축했다. 다음으로 삭주, 창주, 연주, 청새, 평로, 맹주는 여진에 대한 첫 번째 방어선이 되었고, 안의, 귀주, 태주, 운주, 영원 등이 후방 지원이 되어 경비를 공고히 하는 역할을 했을 것이다.

요와 고려의 경계

요와 고려 영토의 경계는 다음의 문종 29년 기록을 보면 명확하게 규정된 것 같지는 않다.

요의 동[동경]병마도부서에서 (중략) 압록강 동쪽의 국경을 조정하자는 통첩을 보내왔다. 지중추원사 유홍과 당[상]서우승 이당감을 보내 요의 사절과 함께 국경을 심의 획정하게 했는데 결정하지 못하고 돌아왔다.

(遼東[東京]兵馬都部署 (中略) 移牒請治鴨江以東疆域, 遣知中樞院事柳洪, 當[尚]書右丞李唐鑑, 同遼使審定地分, 未定而還)

하지만 앞에서 고찰한 바에 따르면 고려와 요가 가장 접근한 곳은 영덕진 및 정융진이며, 그 위치는 보주 및 선주 옛터와는 매우 가까웠다. 『거란국지(契丹國志)』의 사지인국 지리원근(四至鄰國地里遠近) 조항을 보면 "동[동남]쪽은 신라국에 닿는다. 서쪽은 압록강 동쪽 8리에 있는 황토령을 경계로했다. 보주까지 11리이다(東國[南]至新羅國, 西以鴨綠江東八里黃土嶺爲界, 至保州一十一里)"라고 되어 있다. 여기서 신라는 고려로 해석할 수 있고, 황토령(黃土嶺)이라는 이름은 지금은 존재하지 않지만 압록강의 동쪽 8리에 있다고 했으므로 보주와 가까운 것은 분명하다. 참고할 만한 자료이다. 압록강 동쪽의 8리라는 거리는 보주를 경유하지 않는 것일 것이다. 그렇지 않으면 "보주까지 11리"라는 기록과 맞지 않는다.

요의 태도

요가 보주에 어떤 설비를 했는지에 관해서는 「세가」 문종 8년 7월 조항에 "이달에 거란이 비로소 포주성 동쪽 들판에 전투용 방벽을 설치했다(是月契丹始設弓口門欄于抱州城東野)"는 기록이 있고, 이듬해 조항에도 보인다.

도병마사가 아뢰기를, 거란의 전 태후와 황제가 조서를 내려 압록강 동쪽을 하사하고 우리나라의 봉경으로 삼았습니다. 하지만 간혹 성과 다리를 설치하거나 전투용 방벽을 두어 점차 옛 한계선을 넘어왔으니, 이는 꺼리지 않는다는 것입니다. 지금 또다시 우정을 세워 우리의 강역을 잠식하고 있습니다, 라고 했다.

(都兵馬使奏, 契丹前太后皇帝詔, 賜鴨江以東, 爲我國封境, 然或置城橋, 或置弓口欄子, 漸踰舊限, 是謂不厭, 今又創立郵亭, 蠶食我疆)

또 앞에서도 보았듯이 문종 11년에 "송령 동북쪽에서 둔전을 점차 확장하면서 간혹 암자를 설치하고 사람과 가축을 두고 있다"고 했고, 30년에는 "북조(거란)가 정융진 관문 바깥에 암자를 설치했다"는 기록도 있다. 따라서 요는 이 지역을 그냥 내버려둔 것은 아니지만, 고려의 영토를 크게 침략할 뜻은 없었던 것 같다. 예종[숙종] 6년에는 다음과 같은 기록이 보인다.

도병마사가 아뢰기를, 지금 요의 동경병마도부서에서 문서를 보내 정주 관내 안에 있는 군영을 철수하기를 청했습니다. 앞서 대안 연간에 요가 압록강에 정자와 각장을 설치하려고 했는데, 우리 조정에서 사신을 보내 철수하기를 청했더니 요의 황제가 그것을 들어주었습니다. 지금 역시 그 청을 따르는 것이 마땅합니다, 라고 하니, 왕이 그렇게 하라고 했다.

(都兵馬使奏, 今遼東京兵馬都部署移文請罷靜州關內軍營, 頃在大安中, 遼欲於鴨江置亭子及権場, 我朝遣使請罷, 遼帝聽之, 今亦宜從其請, 制可)

요는 멸망할 때까지 여전히 보주 부근의 작은 구역을 보유했을 뿐이었고, 따라서 고려도 이 방면에서 크게 다툴 필요가 없었던 것이다.

포주(抱州)는 『고려사』「지리지」 의주 조항에 요의 보주라고 기술되어 있다. 이어서 "거란은 또한 궁구문을 설치하여 포주라고 불렀다. 또, 파주라고도 한다(契丹又設弓口門稱抱州, 一云把州)"고 했는데, 금대 초에도 보주로 불린 것을 보면 개칭된 것은 아니고 이러한 표기가 함께 사용되었던 것 같다. 파주(把州)라는 표기는 예종 11년 조항에만 보이는데, 같은 조항에 포주(抱州)도 나오므로 잘못 옮긴 것일지도 모르겠다.

여진과의 경계

삭주, 창주 지방은 주민에 여진족이 다수 포함되어 있었을 것이므로 그 북쪽 경계도 명확하지 않았을 것이다. 북경 관방도 군데군데에 성채를 만드는 데 그쳤을 것이다. 이와 같이 고려의 서북경은 앞에서 서술한 경계선에서 보주 부근의 지역을 회복한 것 외에는, 뒷날 왕씨의 사직이 멸망하고 새로운 발전의 기운이 열릴 때까지 한걸음도 더 나아가지 못했다. 따라서 북경의 주진들의 위치 고증은 여기서 끝내기로 한다.

「지리지」에 보이는 주진들의 옛 이름

대신 「지리지」의 기재에 대해 한 가지 언급해 두고자 한다. 북계의 여러 주에 대한 조항 아래에 반드시 나오는 "본래 고려의 아무 군이다"라는 구절에 대해서이다. 앞에서 인용한 각 주의 조항에도 포함되어 있었지만 일괄하여 정리하면 다음과 같다.

은주(殷州), 본래 고려의 흥덕군이다. 동창군이라고도 한다.(本高麗興德郡, 一名同昌郡)

순주(順州), 본래 고려의 정융군이다.(本高麗靜戎郡)

숙주(肅州), 본래 고려의 평원군이다.(本高麗平原郡)

자주(慈州), 본래 고려의 문성군이다.(本高麗文城郡)

맹주(孟州), 본래 고려의 철옹군이다.(本高麗鐵甕郡)

덕주(德州), 본래 고려의 요원군이다. 장덕진이라고도 한다.(本高麗遼原郡, 一名長德鎭)

박주(博州), 본래 고려의 박릉군이다. 고덕창이라고도 한다.(本高麗博陵郡, 一云古德昌)

무주(撫州), 본래 고려의 운남군이다. 고청성이라고도 한다.(本高麗雲南郡, 一云古靑城)

위주(渭州), 본래 고려의 낙릉군이다. 고덕성이라고도 한다.(本高麗樂陵郡, 一云古德城)

운주(雲州), 본래 고려의 운중군이다. 고원진이라고도 한다.(광종 때 위화진으로 삼았다.)(本高麗雲中郡, 一云古遠鎭(光宗時爲威化鎭))

태주(泰州), 본래 고려의 광화진이다. 영삭, 또는 연삭이라고도 한다(本高麗光化縣, 一云寧朔, 一云連朔)

연주(延州), 본래 고려의 밀운군이다. 안삭군이라도고 한다.(本高麗密雲郡, 一云安朔郡)

가주(嘉州), 본래 고려의 신도군이다. 고덕현이라고도 한다.(本高麗信都郡, 一云古德縣)

귀주(龜州), 본래 고려의 만년군이다.(本高麗萬年郡)

곽주(郭州), 본래 고려의 장리현이다.(本高麗長利縣)

선주(宣州), 본래 고려의 안화군이다.(本高麗安化郡)

철주(鐵州), 본래 고려의 자녕현이다. 동산이라고도 한다.(本高麗長寧縣, 一云銅山)

용주(龍州), 본래 고려의 안흥군이다.(本高麗安興郡)

인주(麟州), 본래 고려의 영제현이다.(本高麗靈蹄縣)

정주(靜州), 본래 고려의 송산현이다.(本高麗松山縣)

삭주(朔州), 본래 고려의 영새현이다.(本高麗寧塞縣)

창주(昌州), 본래 고려의 장정현이다.(本高麗長靜縣)

의주(義州), 본래 고려의 용만현이다. 화의라고도 한다.(本高麗龍灣縣, 又名和義)

여기에서 고려는 당시의 고려이며 옛날의 고구려를 말하는 것은 아니다. "중화현은 본래 고구려의 가화압이다(中和縣本高句麗加火押)"라고 한 것처럼 「지리지」에는 별도로 고구려라는 호칭이 등장한다. 또 고구려의 지방제도나 주현의 명칭이 이렇게 명확하게 후세에 전해지고 있었다고 볼 수도 없다.

옛 이름의 진위

그렇다면 고려가 이러한 군현의 이름으로 이들 주를 통치한 때는 어느 시기일까. "본래 고려의 아무 군"이라고 특별히 기술했다는 것은, 당시의 주가 이들 명칭을 고친 것이 아니라 일단 끊어졌던 영토 관계를 다시 일으킨 것처럼 보인다. 따라서 고려는 이들 주를 설치하기 이전에 그 지역들을 영유한 적이 있었다고 해석할 수 있다. 그렇지만 북계 개척의 형세가 앞에서 고찰한 바와 같다면, 이 주들은 결코 그러한 역사를 지니는 것들이 아니다. 설치 연대 및 주변의 사정까지 역사상 명기된 것이 많은데, 어느 것도 그러한 연혁이 존재했다는 것을 보여주지 않기 때문이다. 그렇다면 「지리지」의 기재는 단순히 명칭의 변경을 말하는 것에 불과한 것일까. 하지만 성종 11년 이전에 설치된 흥덕진(은주), 박릉군(박주), 광화현(태주) 세 개를 제외하고는 역사상 옛 이름이 보인 적이 없고, 특히 성종 12년 이후에 신설된 것은 처음부터 주로 설치되어 후년까지 처음에 정해진 이름으로 불렸다고 볼 수밖에 없는데 이들은 또 어떻게 설명해야할까. 고려시대에 이 방면의 지방 제도가 언제 정해졌는지는 분명하지 않지만, 운주, 무주, 박주, 가주 등이 성종 14년에 주가 되었고, 「지리지」에 따르면 후년에 진에서 주로 승격한 곳이 있다고 했으므로, 당시 중요한 지방 관청은 주(州)라고 일컬었고 한 등급 낮은 것, 특히 군비의 임무를 맡은 것은 진(鎭)으로 불렸던 것 같다. 그리고 성종 14년 이후에 신설된 것은 주와 진 두 가지뿐이었으며, 군(郡) 혹은 현(縣)으로 불린 적은 없다고 여겨진다. 성종 이전 지방 제도가 미처 확정되지 않았을 때 설치된 것 중에는 앞에서 인용한 각 주의 조항에서 보듯이 진, 혹은 군으로 불린 것이 나중에 주가 된 것이 있지만, 역사에 보이는 당시의 명칭은 (앞에 말한 흥덕, 박릉, 광화 세 개를 제외하고) 모두 「지리지」에서 말하는 옛 이름이 아니라 오히려 "아무개라고도 한다"고 기재되어 있는 이름이었다. 그렇다면 「지리지」에서 말하는 옛 이름이 모두 실제로 존재했는지는 큰 의문이다.

고려 사람의 버릇

우리는 고려 사람이 그 영토권을 요구할 때 역사적 연유를 항상 사실보다 과장되게 말하는 버릇이 있었다는 것을 알고 있다. 본장 제3절 첫 부분에 인용한 서희의 말 중 "압록강의 안팎 또한 우리 땅이다"라는 것을 상기해 보자. 「지리지」의 기재가 직접적으로 이러한 정치상의 목적을 지닌 것이 아니라고 해도, 한편으로 그 영토 보유에 대한 역사적 자존심 때문에, 또 한편으로는 중국에 간접적으로 확실한 영토권을 주장하기 위해, 고려시대의 정부 당국자가 어느 때인가 날조하여 억지로 끌어다 붙였을 것이다.

옛 이름을 새로 만들기

성종 12년 이후에 설치되어 옛 이름이 없는 경우에는 단지 새 이름을 만들면 되지만, 그 이전에 설치되어 주(州)가 아니었던 시대의 명칭이 사람들의 기억에 남아있는 경우는 이를 고려하지 않을 수 없다. 그렇다고 그 명칭을 사용하기에는 다른 새로 만든 주의 이름과 조화를 이루지 못할 우려가 있다. 따라서 전례에 따라 '옛 이름'을 새로 만드는 한편, 진짜 옛 이름은 살려서 "아무개라고도 한다"라고 덧붙여서 남겨두었을 것이다. 때문에 필자는 앞의 고증에서 이러한 주기(註記)를 근거로 채택했고, 또한 덕주가 장덕진, 철주가 동산이라는 것을 인정할 수 있었다(동산銅山은 행정구획의 명칭이 아니라 지명일 것이다). 다만 흥덕, 박릉, 광화 세 가지의 예외가 있는 점에 대해서는 약간 설명하기 어렵지만, 옛 이름을 새로 만들 때 문자의 고상함 때문에 우연히 채택했다고 볼 수도 있을 것이다. 「지리지」의 사례 중 주에는 모두 옛 이름을 억지로 끌어 붙였지만 진에는 옛 이름이 남아 있는 것이 하나도 없고, 후년에 진에서 주로 승격한 운주, 개주, 연주(燕州)에도 옛 이름이 없다는 점으로 보아 이상의 추측이 잘못된 것은 아닐 것이다. 주와 진은 때에 따라서 구별된 것에 불과하고 고정불변의 것이 아닌데, 주에는 옛 이력이 반드시 존재하고 진에는 없다는 것은 조작의 흔적이 분명하다는 증거이기 때문이다.(제20장 「고려말의 압록강 연안 영토」, 제21장 「고려말의 동북경 개척」 참조)

5) 의주 방면의 회복(예종 11년 이후)

요에서 금으로

요는 오랫동안 압록강 동쪽에서 보주(포주)를 영유했지만, 금이 일어나자 일찍이 공격을 받았으므로 이 지역의 수장은 이곳을 고려에 맡기고 도망갔다.

고려의 보주 회수

「세가」 예종 11년 8월 조항에 관련 기록이 있다.

금의 장군 살갈이 요의 내원과 포주 두 주[성]을 공격하여 거의 함락시키자 통군 야율녕이 부대를 이끌고 도망하려 했다. (중략) 왕이 사신을 금에 보내 청하기를, 포주는 본래 우리의 옛 땅이니 돌려받기를 원한다고 하자 금주가 사신에게 이르기를, 너희가 스스로 손에 넣으라고 했다.

(金將撒喝攻遼, 來遠抱州二州[城], 幾陷, 其統軍耶律寧欲帥衆而逃, (中略) 王乃遣使如金請曰, 抱州本吾舊地願以見還, 金主謂使者曰, 爾其自取之)

의주

이듬해 12년 3월에도 다음과 같은 기록이 있다.

통군 (중략) 야율녕이 내원성 자사 (중략) 당[상]효손 등과 함께 관민을 통솔하여 배 140척에 싣고 강가에 정박했다. 영덕성에 첩문을 보냈다. (중략) 내원성과 포주성의 2성을 우리에게 돌려주고 바다를 건너 도망가자, 우리 군대가 그 성에 들어가서 무기 및 화폐와 보물들을 매우 많이 거두어 들였다. (중략) 포주를 의주방어사로 고치고 압록강을 국경으로 삼아 관방을 설치했다.

(統軍 (中略) 耶律寧, 與來遠城刺史 (中略) 當[常]孝孫等, 率其官民, 載船一百四十艘出泊江頭, 移牒寧德城 (中略) 以來遠抱州二城歸于我, 遂泛海而遁, 我兵入其城收兵仗及錢貨寶物甚多, (中略) 改抱州爲義州防禦使, 以鴨江爲界, 置關防)

『금사(金史)』 「태조본기」 수국(收國) 2년(예종 11년) 조항에도 "고려가 (중략) 보주를 청했다. 조서로써 스스로 취할 것을 허락했다(高麗 (中略) 求保州, 詔許自取之)"고 되어 있으므로, 금에서 고려의 보주 점령을 승인한 것은 분명해 보인다. 그런데 『금사』 「태종본기」 천회(天會) 4년(인종 4년) 조항[열전 제73 외국 하]에 다음과 같은 기록이 있다.

황제가 고백숙과 오지충을 고려에 사신으로 보내어, 무릇 사신을 파견하여 왕래하는 것은 마땅히 전부 요와의 구례를 따를 것과, 아울러 보주로 및 변방 지역의 인구로써 고려 땅 안에 있는 자들을 전부 돌려보내도록 했다. 백숙에게 칙서를 내리기를, 만약 일일이 순종하면 즉시 보주 땅을 주라고 했다.

(上使高伯淑, 烏至忠, 使高麗, 凡遣使往來當盡循遼舊, 仍取保州路及邊地人口在彼界者, 須盡數發還, 勅伯淑曰, 若一一聽從, 即以保州地賜之)

『고려사』 「세가」 인종 4년 조항에도 같은 기사가 있다. 『고려사』의 기사는 『금사』에서 채택한 것으로 문장이 거의 똑같지만, 보주의 회복은 이때에 이르러 확정되었다고 생각된다. 그리고 이 지역이 의주로 개칭되었다는 것은 앞에서 인용한 『고려사』에서 본 바와 같다. 이 의주의 위치는 뒷날의 의주보다 약간 서쪽이라는 점도 앞에서 서술했다.

금와 고려의 분쟁

그런데 금 황제의 조칙에 나오는 고려 땅 안에 있는 보주 사람들의 처치에 관하여 고려와 금 사이에 분쟁이 생겨서 강 동쪽의 영유가 확정될 때까지는 다소 시일이 걸린 듯하다.

두 나라의 주장

「세가」 인종 6년 조항에 이 문제에 관한 외교 담판이 자세히 기록되어 있다. 일찍이 고려 안북부에서 금의 내원성에 이첩한 영토에 관한 요청 사항의 요지는 다음과 같다.

백성들이 강을 건너 창주와 삭주에 이르러 땅을 차지하고 농사를 짓고 있다고 했습니다. 그 공안을 살펴보니, 지난번에 선대 황제께서 압강을 경계로 삼도록 결정해주셨고, 또 첨원 고백숙이 받든 선유 성지에 역시 보주 한 성의 경내를 수복하지 않겠다고 하셨는데, 지금 와서 귀국의 인민들이 농사를 짓고 있다는 것은 사리에 맞지 않습니다. 바라건대 이들을 징계하고 조사하는 것도 중단해주십시오, 라고 했습니다.

(爲人民越江, 到昌朔州地分, 耕種, 勘會公案, 昨蒙先皇帝勅, 賜鴨江爲界, 及承簽院高伯淑宣諭聖旨, 更不收復保州一城境內, 今來貴國人民有耕種, 事理不便, 到請懲戒寢罷)

이에 대해 금의 사신은 다음과 같이 반박했다.

하항 보주의 땅을 두고 처음에 조서를 내려 다시 수복하지 않겠다고 했다.
(중략) 귀국은 분부를 이행하지는 않고, 상항 주성만 차지하고 지키고 있으니
어찌 도리에 합당한 일이라 하겠는가. (중략) 칙지에 보주를 하사할 것을 허락
한다고 했지만, 한 성의 경내라는 말은 없다.

(下項保州之地, 初有詔諭, 更不收復 (中略) 貴國未嘗遵依, 第據守上項州城, 於
理豈爲穩便, (中略) 勅旨許賜保州, 幷無一城境內語)

고려는 다시 다음과 같이 말하며 반박했다.

보주성 하나만 주고 그 곁에 있는 작은 땅은 허락하지 않는다고 했습니다.
이것이 어찌 조정이 더없이 인자하고 큰 덕으로 작은 나라를 어루만지며 돌보
는 뜻이겠습니까.

(只許保州一城, 不許傍側小土, 此豈朝廷以至仁大德, 撫字小邦之意乎)

요지를 살펴보면, 금은 보주성만 주었는데 고려는 강동의 요의 옛 영토
를 모두 점령한 것이다. 하항(下項)의 의미는 분명하지 않지만, "하항 보주
(下項保州)"라고 했으므로 보주를 가리키는 것이며, 상항(上項)은 보주성 관
할 밖의 지역일 것이다. 금의 사신이 고려에서 온 도적을 변경 관리가 잡은
일을 언급한 문장을 참조하자.

천제성 관할의 백성으로 본국의 소와 말을 훔쳤다가 잡혔는데 공범이 죄를
피하고자 처와 말 한 필을 데리고 상항에 이르렀다고 하므로, 죄인과 가져온

물건을 함께 보내도록 했습니다.

(稱係天齊城所管, 因盜本國牛馬捉敗, 同賊爲此避罪, 將妻幷馬一匹, 來到據上項, 賊人幷將到物件, 亦令分付訖)

이에 따르면 상항(上項)은 금이 영유한 곳처럼 보이므로 앞의 글과 모순된다. 앞에서 설명했듯이 상항은 원래 선주 지역으로 내원성과 가까우므로 고려가 이 지역을 점령한 후에도 금의 세력이 다소 여기까지 미쳤던 것 같다. 그러나 이 분쟁은 인구 처분 문제의 여파에 불과하고 금은 이를 고집할 뜻이 없었던 것 같다. 인종 8년 기사에 "보주로 들어온 인구를 수색하지 말 것을 요청했다(請免追索保州投入人口)"고 되어 있고, 『금사』「태종본기」천회 8년(인종 8년) 조항에는 평화롭게 해결되어 압록강 이동의 영토권도 확정된 것으로 나온다.

고려는 (중략) 보주로 도망하여 고려로 들어간 호구들을 수색하지 말 것을 청했다. 태종이 이를 허락했다. 이때부터 보주의 봉역이 비로소 정해졌다.

(高麗 (中略) 請不索保州亡入高麗戶口, 太宗從之, 自是保州封域始定)

회수 지역의 한계

이상의 고찰을 통해 볼 때, 고려는 처음부터 보주 지역 즉 압록강 이동만을 요구했다. 요가 내원성도 고려에 맡기려 했음에도 불구하고 감히 강에 손을 대려고 하지는 않았던 것 같다. 따라서 내원성은 여전히 금의 영토로 보유되었던 것이다. 고려의 영토권이 강 가운데 섬까지 미치지 않았다는 것은 『고려사』「김광중전(金光中傳)」에 다음과 같은 기록이 있으므로 분명하다.

인주와 정주 두 주의 경계에 섬이 있었는데, 두 주의 백성이 일찍이 왕래하며 밭을 갈고 고기잡이도 했다. 금나라 사람들이 관리가 소홀한 틈을 타 나무하고 목축을 했고, 때문에 많이 살게 되었다. 김광중이 땅을 되찾아 공을 세우려는 욕심으로 마음대로 군사를 동원하여 공격하여 그들의 움막을 불태우고 방수군과 둔전을 설치했다. 뒤에 김장이 사신으로 금에 가자 금주가 꾸짖으며 말하기를, 근래 갑자기 변경에 적이 쳐들어왔다는 기별이 있었는데 너의 주인이 시킨 것이냐. 만약 변경의 관리가 스스로 한 짓이라면 당연히 그들을 징계해야 할 것이다, 라고 했다. 김장이 돌아와서 아뢰니, 왕이 명령하여 그 섬을 돌려주고 방수군을 철수시키게 했다.

(有島, 在麟靜二州之境, 二州民嘗往來耕漁, 金人乘閒樵牧, 因多居焉, 光中欲復地邀功, 擅發兵擊之, 火其廬舍, 仍置防戍, 屯田, 後金莊奉使如金, 金主讓之曰, 近稍有邊警, 爾主使然耶, 若邊吏自爲則固宜懲之, 莊還奏, 王命歸其島撤防戍)

이 섬은 지금의 위화도인 것이다.

부도 7. 고려의 북경 개척 참조

1) 화주 이남의 영유

고려 초기의 동북계

고려 초기의 동북계가 어디까지 미쳤는지에 관해서는 역사상 명확한 기록이 많지 않다.

골암성

『고려사』「병지」진수(鎭戍) 조항에 다음과 같은 기록이 있다.

태조 3년 3월에 북계의 골암성이 자주 북적에게 침략을 당하므로, 유금필에게 명하여 개정군 3천 명을 거느리고 골암에 가서 동산에 큰 성을 쌓고 머무르게 하니 이로 인해 북방이 평안해졌다.

(太祖三年三月, 以北界鶻嵒城, 數爲北狄所侵, 命庾黔弼, 率開定軍三千, 至鶻嵒, 於東山, 築一大城以居, 由是, 北方晏然)

이 기사는 「유금필전(庾黔弼傳)」에도 보인다. 골암성(骨嵒城)에 대해서는 「세가」 태조 원년 8월 조항에 "삭방의 골암성수 윤선이 귀부했다(朔方鶻嵒城帥尹瑄來歸)"는 기록이 있고, 「윤선전(尹瑄傳)」을 보면 다음과 같다.

윤선은 염주 사람이다 (중략) 그의 족당을 이끌고 북쪽 변방으로 달아나 무리를 모았는데 2천여 명에 이르렀다. 골암성에 주둔하며 흑수번의 무리들을 불러 모았고, 시간이 흘러 변방의 군들에 해를 끼쳤다. 태조가 즉위하자 무리를 이끌고 와서 귀부하여 북쪽 변방이 안정되었다.

(尹瑄, 鹽州人 (中略) 率其黨, 走北邊聚衆, 至二千餘人, 居鶻嵒城召黑水蕃衆, 久爲邊郡害, 及太祖卽位, 率衆來附, 北邊以安)

삭방(朔方)이라는 두 글자가 붙어 있고, 오랑캐들과 교섭이 있었다는 점으로 볼 때 골암성의 위치는 동북면의 변경임을 알 수 있다. 따라서 이 문장은 고려 동북경에 관한 『고려사』 최초의 기사라고 할 수 있다. 삭방도(朔方道)는 「지리지」 동계(東界) 조항에 "성종 14년에 경내를 나누어 10도로 할 때 화주, 명주 등의 군현을 삭방도로 했다(成宗十四年分境內爲十道, 以和州, 溟州等郡縣爲朔方道)"고 했고, 교주도(交州道) 조항에 "성종 14년에 경내를 나누어 10도로 할 때 춘주 등의 군현을 삭방도에 소속시켰다(成宗十四年分境內爲十道, 以春州等郡縣屬朔方道)"고 되어 있다. 지금의 함경도 남부와 강원도 대부분을 포함하는 지역이다. 다만 골암성의 위치는 분명하지 않다. 성주 윤선이 태조 원년에 귀순했으므로 그 지역은 궁예의 영토는 아니었을 것 같은데, 이 방면의 궁예의 정복 지역이 『삼국사기』에 분명히 기록되어 있지 않으므로 확인할 수는 없다. 하지만 오랑캐와 인접했다는 점과 신라의 북계가 지금의 안변(고려의 등주登州) 부근인 점으로 추측할 때, 골암성은 아마도 함경도 남쪽 변경, 또는 강원도 북단인 철령산맥 부근일 것이다. 「세가」
태조 4년 조항에 다음과 같은 기록이 있지만 달고적(達姑狄)이 어떤 사람들
인지는 알 수 없다.

달고적 171명이 신라를 공격하러 가는데, 길이 <u>등주를 통과하니</u> 장군 견권
이 맞아 싸워 크게 패배시켜 말 한 필도 돌아가지 못했다.

(達姑狄百七十一人, 侵新羅, 道由登州, 將軍堅權邀擊大敗之, 匹馬無還者)

강원도 지방이 이미 고려의 영유가 되었을 때인데 달고적이 신라를 침
공하려 했다는 것도 약간 이해하기 어렵다. 그렇지만 등주 지방이 당시 고
려와 호인(胡人)의 접촉 지점에서 멀지 않았다는 것은 알 수 있으므로, 골암
성의 위치도 미루어 짐작할 수 있지 않을까.

동북경에 관한 「지리지」의 기재

『고려사』에는 위의 조항 외에는 태조시대 동북계 경략에 관한 기사가 없
고, 혜종, 정종 때에도 이에 관한 내용은 전해지지 않는다. 다만 「지리지」
에 다음과 같은 기록이 있다.

안변도호부 등주는 본래 고구려의 비열홀군이다 (중략) 고려 초에 등주라고
불렀다. 성종 14년에 단련사를 두었다. 현종 9년에 지금 이름으로 바꾸었다.

(安邊都護府登州, 本高句麗比列忽郡 (中略) 高麗初, 稱登州, 成宗十四年置團練
使, 顯宗九年更今名)

의주는 본래 고구려의 천정군이다. (중략) 고려 초에 용주라 불렀다. 성종 14

년에 방어사를 두었고, 뒤에 지금 이름으로 바꾸었다.

(宜州, 本高句麗泉井郡 (中略) 高麗初, 稱湧州, 成宗十四年置防禦使, 後更今名)

화주는 본래 고구려의 땅이다. (중략) 고려 초에 화주라고 했다. 성종 14년에 화주 안변도호부라 고쳤다.

(和州, 本高句麗之地 (中略) 高麗初爲和州, 成宗十四年改和州安邊都護府)

이 주들이 고려 초부터 이미 고려의 영유였던 것처럼 기록되어 있다. 등주는 신라의 북쪽 경계이고, 의주(宜州)도 한 번 그 영토에 들어간 적이 있었던 지역이므로, 고려가 건국 후 얼마 되지 않아 이들 지방을 점유한 것은 자연스러운 형세일 것이다. 「병지」 성보 조항을 살펴보면 등주의 축성은 목종 10년, 의주는 현종 6년에 처음 보이지만, 다른 주진의 설치 언도와 비교해 볼 때 이때 두 주가 처음 설치된 것은 아니다. 그런데 새로운 주성의 설치가 「병지」에 기록되지 않은 것은 그 설치 시기가 고려 초기였음을 알려주는 것이라고 여겨진다. 그러나 화주(영흥)가 등주, 의주 지방과 함께 건국 초기부터 고려의 영유였는지는 의문이다. 「병지」 및 「지리지」를 살펴보면 이 방면의 주진 설치는 광종 20년에 축조된 장평진(長平鎭)을 시작으로 보아야할 듯하다.

덕종 2년 이전에 축조된 여러 주성과 진성

「병지」와 「지리지」를 바탕으로 광종 20년부터 덕종 2년 유소의 관방 축조 때까지 설치된 동북계의 여러 주진을 먼저 열거하고, 차례로 살펴보기로 한다.

광종 20년   장평진(長平鎭)(「병지」)

광종 24년   화주(和州), 고주(高州), 장평진, 박평진(博平鎭)(「병지」)

성종 2년   애수진(隘守鎭)(「지리지」)

성종 3년   문주(文州)(「병지」)

목종 4년   영풍진(永豊鎭)(「병지」)

목종 8년   진명현(鎭溟縣)(「병지」)

목종 9년   용진진(龍津鎭)(「병지」)

현종 3년   장주(長州)(「병지」)

현종 3년   요덕진(耀德鎭, 현덕진顯德鎭)(「지리지」)

현종 6년   운림진(雲林鎭)(「병지」)

현종 22년   정변진(靜邊鎭), 영인진(寧仁鎭)(「지리지」)

① 장평진(長平鎭)

『여지승람』영흥부 조항에 "장평진은 부의 동쪽 45리에 있다(長平鎭, 在府東四十五里)"는 기록이 있으며, 「대동여지도」에도 용흥강(龍興江) 왼쪽 기슭, 영흥의 동남쪽 약 40여 리 위치에 기재되어 있다. 영흥보다는 오히려 고원(高原)에 가깝다.

② 화주(和州)

「지리지」의 설명을 먼저 보자.

화주는 본래 고구려 땅으로, 혹은 장령진, 당문(唐은 堂으로도 쓴다), 박평군이라고도 불렀는데, 고려 초에 화주로 삼았다. 성종 14년에 화주 안변도호부로 고쳤고, 현종 9년에 화주방어사로 강등시키고 본영으로 삼았다.

(和州本高句麗之地, 或稱長嶺鎭, 或稱唐文(唐一作堂) 或稱博平郡, 高麗初爲和州, 成宗十四年改和州安邊都護府, 顯宗九年降爲和州防禦使, 爲本營)

『여지승람』 영흥 조항에도 같은 문장과 함께 "본조 태조 2년 영흥진이 외조 최씨의 관향인 연유로 현재 이름으로 고치고 부로 삼았다(本朝太祖二年以永興鎭, 外祖崔氏之鄕, 改今名爲府)"고 되어 있다. 지금의 영흥일 것이다.

화주로 명명된 시기

다만 광종 때 이미 화주라는 이름이 존재했는지는 의심스럽다. 「병지」에 의하면 광종 24년에 화주와 박평진(博平鎭)을 쌓았다고 되어 있는데, 화주의 옛 이름이 박평군(博平郡)이라면 중복해서 기록한 것이다. 이처럼 동일한 지역의 신구 두 가지 이름이 나열된 것은 두 종류의 사료를 모두 채택했기 때문이라는 것은 서북면 주성들의 사례에서 이미 많이 보았다. 따라서 당시 이 성은 여전히 박평진이라고 불렸고, 성종 14년에 화주로 개칭된 듯하다. 또 장령진(長嶺鎭)이라는 이름이 박평군보다 이전의 호칭인지도 알 수 없지만, 장령진과 박평군을 고구려 때 명칭인 것처럼 기술한 것은 역사의 관용적인 수단일 뿐, 사실이 아닐 것이다.(제15장「고려 서북경의 개척」참조)

진성 창시 시기

『여지승람』에는 "고려 초에 화주로 삼았다(高麗初爲和州)"고 하고 이어서 "광종 6년에 처음으로 성보를 쌓았다(光宗六年始築城堡)"는 구절이 있는데, 『고려사』「병지」에는 광종 24년에 쌓은 것으로 되어 있다. 화주 남쪽에 인접한 고주(高州)는 『여지승람』에도 광종 24년 축성으로 기록되어 있다. 「지리지」에 따르면 화주와 고주는 성종 14년에 함께 주가 되었다고 했으므로

『여지승람』의 광종 6년은 오류인 듯하다. 부근에 다른 아무 방비도 없이 화주에만 성보를 쌓고 10년 가까이 외롭게 성을 지켰다고는 볼 수 없기 때문이다. 「세가」의 기록을 살펴보자.

북쪽 오랑캐의 군사가 고주, 화주의 옛 성에 침입했다.(고종 37년)

(狄兵入高, 和州古城)

몽고 산길대왕과 보지관인 등이 군대를 거느리고 와서 옛 화주 땅에 주둔했다.(고종 45년)

(蒙古散吉大王普只官人等領兵來屯古和州之地)

이 기사들은 화주가 고려의 영유였을 때 일어난 사건인데, 옛 화주(古和州)라고 했으므로 화주의 주성이 어느 때인가 이전된 적이 있음을 암시한다. 원종 12년 조항을 참조하자.

동계 안집사가 보고하기를, 양주 사람 장세와 김세 등이 수령 및 향리와 선비들을 살해할 음모를 꾸미다가 일이 탄로나 처형당했습니다. 그 잔당인 천서 등이 몰래 옛 화주의 조휘에게 투항하고 군사 4백여 인을 요청하여 그들을 데리고 갑자기 양주에 침입했습니다.

(東界安集使報, 襄州民張世金世等謀殺守令及吏士, 事覺伏誅, 其餘黨天瑞等潛投古和州, 趙暉請兵四百餘人, 猝入襄州)

옛 화주의 조휘가 몽고에서 돌아왔다.

(古和州趙暉自蒙古來)

이에 의하면 옛 화주는 바로 조휘(趙暉)의 배반 때문에 원의 쌍성총관부가 설치된 곳임을 알 수 있다. 옛 화주(古和州)라고 한 것은 화주가 쌍성총관부로 개칭된 후 작성된 기록에 따랐을 것이다.(제19장「원대 고려의 동북경」참조)

③ 고주(高州)

먼저 「지리지」의 설명을 보자.

고주는 옛 덕령진이다(홍원군이라고도 한다). 성종 14년에 고주방어사로 했다. 현종 19년에 봉화산 남쪽에 성을 쌓아 주치를 옮겼다.

(高州, 古德寧鎭(一云洪源郡) 成宗十四年爲高州防禦使, 顯宗十九年城鳳化山南以徙州治)

『여지승람』은 고원군(高原郡) 조항에 같은 문장이 인용되어 있고 덧붙여 "본조 태조 13년에 지금 명칭으로 고치고 군으로 삼았다(本朝太宗十三年改今名爲郡)"고 했다. 따라서 고주는 지금의 고원군이다. 하지만 주치의 소재는 분명하지 않다. 현종 19년에 옮겼다는 봉화산(鳳化山) 남쪽 지역을 「대동여지도」에서 살펴보면 지금의 고원군치에서 북쪽 약 20리 지점에 고읍(古邑)이 기재되어 있는 것만 확인할 수 있다. 당시의 명칭이 덕령진(德寧鎭) 혹은 홍원군(洪源郡)이었다는 것은 화주가 장덕진 혹은 박평군이었다는 것과 같은 사례일 것이다. 참고로 덧붙이면 현재 고원군치는 고려 때 고주의 주치는 아니다.

④ 애수진(隘守鎭)

「지리지」 기록은 다음과 같다.

애수진은 옛날에 이병이라 불렀다. 성종 2년에 성을 쌓고 비로소 문주에 소속시켰다. 공민왕 9년에 고주에 소속시켰다.

(隘守鎭古稱梨柄, 成宗二年築城, 初隸文州, 恭愍王九年屬高州)

『여지승람』 고원군 조항에 "애수진은 군의 서쪽 70리에 있다(隘守鎭在郡西七十里)"라는 기록이 보인다. 「대동여지도」에는 덕지탄(德之灘) 상류에 그 이름이 기재되어 있다.

⑤ 문주(文州)

「지리지」에 "문주는 옛날에 매성이라 불렀다. 성종 8년에 문주방어사라 했다(文州古稱姝城, 成宗八年爲文州防禦使)"고 했고, 『여지승람』에는 문천군(文川郡) 조항에 같은 문장과 함께 "본조 태조 13년에 지금 명칭으로 고치고 군으로 삼았다(本朝太宗十三年改今名爲郡)"고 되어 있으므로 지금의 문천일 것이다. 앞에서 인용한 「병지」에 따르면 이곳의 진성은 주가 되기 전에 쌓은 것이다.

⑥ 영풍진(永豐鎭)

「지리지」에 "영풍진은 본래 증대이이다. 목종 4년에 설치했고, 뒤에 현으로 고쳤다(永豐鎭, 本甑大伊, 穆宗四年置, 後改爲縣)"고 했다. 『여지승람』에는 안변부 조항에 "영풍현은 부의 서쪽 90리에 있다(永豐縣, 在府西九十里)"고 하고 「지리지」와 같은 문장을 주석으로 붙였다. 「대동여지도」에도 그 이름이 보인다. 『고려사』 「세가」 고종 44년 조항에 "영풍의 산골짜기에 군사를 매복하여 동진 군사를 협공했다(設伏於永豐山谷, 挾擊東眞兵)"는 기록이 있으므로 산간 지역임을 알 수 있다.

⑦ 진명현(鎭溟縣)

「지리지」의 기록을 보면 다음과 같다.

진명현은 원산현이라고도 하고, 또 수강이라 부르기도 한다. 현종 9년에 지금 이름으로 고쳐 현령관을 두었으며, 뒤에 의주에 소속시켰다.

(鎭溟縣一云圓山縣, 又名水江, 顯宗九年改今名爲縣令官, 後屬宜州)

『여지승람』에는 덕원(德源) 조항에 "진명 폐현은 부의 남쪽 24리에 있다 (鎭溟廢縣在府南二十四里)", "진명포는 진명현의 동쪽 4리에 있다(鎭溟浦在鎭溟 縣東四里)"라는 기록이 보인다. 덕원의 동남쪽에 있는 해변인 것 같다.

⑧ 용진진(龍津鎭)

「지리지」는 다음과 같다.

용진진은 옛날의 호포로, 고려 초에 지금 이름으로 고쳐 진으로 삼았다. 목종 9년에 성을 쌓았고 뒤에 문주에 소속시켰다. 신우 5년에 다시 분리해 현령을 두었다. 별호는 용성이다.

(龍津鎭古狐浦, 高麗初改今名爲鎭, 穆宗九年築城, 後屬文州, 辛禑五年析置縣令, 別號龍城)

『여지승람』 덕원 조항에 "용진 폐현은 부의 동쪽 30리에 있다(龍津廢縣在府東三十里)"고 나오며, 문천 조항에도 "용진 폐현은 군의 동쪽 30리에 있다 (龍津廢縣在郡東三十里)"고 되어 있다.

⑨ 장주(長州)

「병지」에 현종 3년에 성을 쌓은 것으로 나오는데, 「지리지」에는 다음과
같이 기록되어 있다.

장주(가림, 또는 서곡이라고도 한다)는 현종 9년에 장주방어사라 했고, 뒤에 현으
로 고쳐 정주에 소속시켰다.
(長州(一云椵林一云端谷) 顯宗九年爲長州防禦使, 後改爲縣, 屬定州)

치소는 『여지승람』 정평부 조항에 다음과 같이 기록되어 있다.

옛 장주성은 부의 서남쪽 55리에 있다.
(古長州城, 在府西南五十五里)

장곡 폐현은 부의 남쪽 55리에 있다. 원래 고려의 장주인데 가림 또는 서곡
이라고도 한다. 현종 3년에 성을 쌓았고 9년에 장주 방어사로 했다. 후에 현으
로 강등하고 내속시켰다. 본조 세종 4년 장곡사로 고쳤다.
(長谷廢縣, 在府南五十五里, 本高麗長州, 一云椵林一云端谷, 顯宗三年築城,
九年稱長州防禦使, 後降爲縣, 來屬, 本朝世宗四年革爲長谷社)

이 두 조항은 같은 지점을 나타내는 것으로, 「대동여지도」에서 정평의
서쪽으로 거의 같은 거리에 있는 장계천(長溪川) 강가에 기재된 장곡(長谷)
이 바로 장주일 것이다. 『관북지(關北志)』는 장주 고성(長州古城)이 "현의 남
쪽 55리에 있다(在縣南五十五里)"고 했고, 장곡사(長谷社)는 "현의 서남쪽 35
리에 있다(在縣西南三十五里)"고 했다. 35리는 55리의 오류인 듯한데, 약간

의문이 없지는 않다. 이에 대해서는 뒤에서 자세히 살펴보도록 하겠다.

⑩ 요덕진(耀德鎭)

「지리지」에 "요덕진은 일명 현덕진이다. 현종 3년에 비로소 성보를 쌓았다(耀德鎭, 一名顯德鎭, 顯宗三年始築城堡)"고 되어 있다. 「병지」는 다음과 같다.

현종 14년에 요덕진에 성을 쌓으니 길이가 6백 34간, 문이 여섯이었다.

(顯宗十四年城耀德鎭六百三十四間, 門六)

18년에 동북계의 현덕진에 성을 쌓았다.

(十八年城東北界顯德鎭)

앞의 기사에는 성보의 규모가 기재되었고 후자는 기재하지 않았지만, 두 곳이 같은 곳임은 분명하다. 위치는 『여지승람』 영흥 조항에 "요덕진은 부의 서쪽 120리에 있다(耀德鎭在府西一百二十里)"고 했고, 「대동여지도」에도 용흥강(龍興江) 상류 부근에 그 이름이 보인다.

⑪ 운림진(雲林鎭)

『여지승람』 문천군(文川郡) 조항에 "운림진의 옛 성은 군의 서쪽 30리에 있다(雲林鎭古城在郡西三十里)"고 했고, 「대동여지도」에도 같은 위치에 기재되어 있다.

⑫ 정변진(靜邊鎭)

「지리지」의 기록은 다음과 같다.

정변진은 현종 22년에 설치되었다. 비류수가 있다.(봄과 가을에 향과 축문을 내려 제사를 지내게 했다.)

(靜邊鎭, 顯宗二十二年置, 有沸流水(春秋降香祝行祭))

『여지승람』에는 영흥부 조항에 "정변진은 부의 동쪽 60리에 있다(靜邊鎭在府東六十里)"고 했다. 그런데 별도로 "비류수는 정변사에 있는데 부의 서쪽 50리 거리에 있다(沸流水在靜邊社, 距府西五十里)", "용흥강은 (중략) 그 발원지가 네 개가 있다. 하나는 비류수다(龍興江 (中略) 其源有四, 一, 沸流水)"라고 했으므로, "부의 동쪽"은 서쪽의 오류이다. 「대동여지도」에도 같은 방향에 그 이름이 기재되어 있다.

⑬ 영인진(寧仁鎭)

「지리지」에 "영인진(청원이라고도 한다)은 현종 22년에 설치했다(寧仁鎭(一云淸源), 顯宗二十二年置)"고 되어 있고, 「세가」 덕종 원년(현종 22년)에 "영인진에 (중략) 성을 쌓았다(城 (中略) 寧仁鎭)"고 했다. 『여지승람』에는 다음과 같은 기록이 보인다.

영인진은 부의 동쪽 60리에 있는데, 청원이라고도 한다. 본조 태조 6년에 성을 쌓았다.

(寧仁鎭在府東六十里, 一云, 淸源, 本朝太祖六年築城)

옛 영인성 봉수는 부의 동쪽 40리에 있다. 북쪽은 정평부 원정현과 응하고 남쪽은 진수산과 응한다.

(古寧仁城烽燧在府東四十里, 北應定平府元定峴, 南應鎭戍山)

두 기사가 약간 어긋나는데, 「대동여지도」에는 영흥의 동남쪽 약 60리 해변에 영인이 기재되어 있고, 그 서북쪽인 장평(長平, 『여지승람』에 따르면 영흥부의 동쪽 45리 거리)의 북쪽에 진수산(鎭戍山)이 보인다. 이에 따르면 고려시대 영인진의 고적은 영흥부의 동남쪽 60리에 위치한 것이므로, 봉수가 설치된 옛 영인성은 전혀 다른 곳인 듯하다. 원정현(元定峴)과 진수산의 중간에 있는 봉수는 영흥의 동북쪽이 아니기 때문이다.

화주 방면의 경영 시기

이상에서 살펴본 내용을 종합하면, 화주, 고주, 문주 및 그 부근 진들의 경영은 광종 말년부터 비로소 착수된 듯하다. 「병지」에 보이는 축성 년도가 곧 그 지역을 영유한 시기를 나타내는 것은 아니겠지만, 이미 언급한 바와 같이 서북경에서 여러 주성과 진성의 축조가 영토의 점유를 동반한 것이었다면 이 방면도 다르지 않았을 것이다. 또 이 지역은 신라시대부터 오랑캐들이 점거해왔던 곳으로, 고려가 그 사이로 나아가 개척하고자 했다면 먼저 병략적 방비를 하는 것이 당연하므로, 「병지」에 보이는 축성 년도를 영토의 점유 시기로 생각해도 크게 틀리지 않을 것이다. 그렇다면 문주 이북과 화주 이남의 점령은 광종 말년일 것이다. 그런데 이 지역을 영유한 후 앞에서 살펴본 바와 같은 여러 성들을 쌓은 것은 여진족이 여전히 그 지역에 적지 않게 거주하고 있었기 때문일지도 모르겠다.

동서 여진의 구별

고려에서는 북방의 여진을 둘로 나누어 동여진, 서여진으로 불렀다. 그렇다면 지금의 함경도 방면의 토착민은 동여진으로 불렸을 것이다. 「세가」 정종 8년 조항에 "서여진의 추장 고지지 등은 (중략) 작년에 평로성과 영원성을 개척할 때 공적이 매우 많았다(西女眞酋長高之知等 (中略) 於往年平虜, 寧遠兩城拓開之時, 頗有勞效)"라는 기록이 보이는데, 평로진과 영원진, 이 두 진에 인접한 곳은 지금의 중강(仲江) 유역일 것이므로 그 지방의 부락은 서여진이라고 불린 것이다. 대체로 동북계의 여러 주진이 교섭한 부락을 동여진이라 불렀고 서북계의 주진이 접촉한 부락은 서여진이라 부른 것으로, 고려 정부가 편의상 지은 호칭이다. 여진 부족 간에 동서의 구별이 있었던 것은 아니다.

흑수 번인

동북경에 이웃한 여진족에는 흑수 번인(黑水蕃衆)라는 것도 있다. 「윤선전」에 윤선이 흑수 번인들을 불러들여 변방에 해를 끼쳤다고 기재되어 있고, 「세가」 태조 4년 조항에도 "흑수의 추장 고자라가 170명을 거느리고 내투했다(黑水酋長高子羅率百七十人來投)", "흑수의 아어간이 2백 명을 거느리고 내투했다(黑水阿於間率二百人來投)"와 같은 기록이 있다. 이른바 흑수 번인은 고려 북경에 인접해서 거주한 무리임을 알 수 있다. 『삼국사기』 신라 헌강왕 12년 조항에 보이는 흑수국도 같은 부락일 것이다.(제13장 「신라 북경고」 참조) 이 명칭은 「세가」 현종 10년부터 18년까지 끊임없이 나타나는 흑수국, 흑수말갈과도 같은 것인데, 왜 흑수라고 불렸는지는 분명하지 않다. 『고려사』에 흑수라는 이름이 나타나는 것은 태조 초기와 현종 시대로 한정되는데, 현종 시대에는 흑수와 함께 동여진의 이름도 자주 보이므로 흑수는 보통 동여진으로 불린 사람들과는 다른 별종으로 흑룡강 지방의 주민으로 생각할 수도 있겠다.

흑수와 동여진

그러나 다음과 같이 기술되어 있는 것을 보면, 흑수는 동여진 안에 포함된 것은 틀림없다.

동여진의 흑수 추장 거울마두개가 왔다.(현종 12년 7월)

(東女眞黑水酋長居蔚摩頭蓋來)

흑수말갈의 소홀개(현종 12월 9월)

(黑水靺鞨蘇勿蓋)

동여진의 봉국대장군 소물개(현종 20[21]년 5월)

(東女眞奉國大將軍蘇勿蓋)

흑수의 추장 사일라와 만투불(현종 13년 정월)

(黑水酋長沙逸羅曼投弗)

동여진의 사일라(현종 19년 12월)

(東女眞沙逸羅)

흑수말갈의 고지문(현종 12년 9월)

(黑水靺鞨高之問)

동여진의 귀덕장군 고지문(정종 4년 정월, 12월)

(東女眞歸德將軍高之問)

동여진의 유원장군 고지문(정종 4년 8월 2월)

(東女眞柔遠將軍高之問)

이들은 빈번하게 고려에 왔는데, 1년에 2~3번은 왔으며 70명(현종 11년 5월), 80명(현종 14년 정월)을 거느리고 온 적도 있다. 또 앞에서 언급한 것처럼 고려로부터 귀덕장군(歸德將軍) 등의 칭호를 받아 명예로 여긴 것을 보면, 그들이 먼 흑룡강 지방에서 사소한 물질적 이익을 얻기 위해 온 것이 아님을 알 수 있다.

흑수 번인의 거주지

「세가」 문종 27년 5월 조항에 다음과 같은 기록이 있다.

삼산촌의 중윤 야서지[로] 등 삼십도의 추장들(동번의 흑수인은 그 종족이 30이므로 삼십도라 부른다.)

(三山村中尹夜西志[老]等三十徒酋長(東蕃黑水人, 其種三十, 號曰三十徒))

삼산촌(三山村)은 뒤에서 설명하겠지만 지금의 북청 부근이므로 이른바 흑수말갈이 고려 북쪽 경계에 인접한 종족임은 확실하다.(제17장「윤관 정략지역고」참조) 현종 3년 조항에는 "여진의 추장 마시저가 30개 성 부락의 자제를 인솔하고 와서 토종말을 바쳤다(女眞酋長麻尸底率三十姓部落子弟來獻土馬)"고 하며 30개 성(姓)의 명칭이 열거되어 있다. 또 "여진의 모일라, 조을두 등이 30개 성을 가진 부락 사람들을 인솔하고 화주에 와서 동맹할 것을 요청하므로 이를 허락했다(女眞毛逸羅鉬乙豆率部落三十姓詣和州乞盟許之)"는 기록도 있다. 이들 기사의 30개 성도 흑수의 삼십도(三十徒)일 것이므로, 흑수는 단순히 여진이라고도 불렸고 화주에 인접하여 거주한 종족임이 확실하다. 앞에 나왔던 흑수말갈의 고지문(高之問)에 관해서는 문종 원년 조항에 다음과 같은 기록이 있다.

도병마사가 아뢰기를, 동번의 추장 아도간이 귀부해온 이후 오랫동안 혜택을 받았는데, 우리나라를 배반하고 거란으로 투항했으니 죄가 아주 큽니다. 그 일당의 우두머리 고지문 등이 지금 번경에 있으니, 비밀리에 군사를 보내 체포하여 관내로 들여와서 연유를 심문한 뒤에 법률에 따라 죄를 내려 주시길 요청합니다, 라고 하니, 왕이 그에 따랐다.

(都兵馬使奏, 東蕃酋長阿兜幹, 內附以來久承恩賞, 背我投丹, 罪莫大焉, 其黨首領高之問等今在蕃境, 請密遣軍士, 拘執入關, 栲訊端由, 依律科罪, 從之)

이 기사는 그들의 거주지인 번경(蕃境)이 비밀리에 군사를 파견하여 체포할 수 있을 만큼 근거리였음을 보여주는 자료로 삼기에 충분하다.

흑수라는 칭호

그런데 흑수(黑水)라는 문자는 중국의 문헌에서 빌려왔을 것인데, 중국의 문헌에서 흑수는 흑룡강이므로 흑수말갈도 그 지방과 어떤 관계가 있지 않은지 의문이 남는다. 그러나 말갈이라는 칭호는 당대(唐代) 이전의 옛 칭호이지 당시 사용된 것은 아니므로, 흑수 역시 실제 칭호에서 유래한 것은 아닐 것이다. 또 일찍이 『삼국사기』에 등장한 예를 보면, 「신라본기」 및 「백제본기」에는 고대 강원도 지방의 예족(濊族)을 말갈이라는 문자로 표기한 듯하다. 그들이 동북방의 번민(蕃民)이 되면서 중국의 문헌에서 멋대로 흑수 혹은 말갈이란 문자를 채용하여 적용한 것인지도 모르겠다. 앞에서 언급했듯이 흑수라는 명칭은 『고려사』에 보이기는 하지만 특정 시대에 한해서 등장한다. 따라서 그 명칭은 일반적으로 사용된 것이 아니고 어떤 특수한 사료에만 존재한 것으로 여겨진다. 이 또한 흑수라는 호칭이 고려 사람이 마음대로 명명한 것임을 알려주는 자료가 아닐까.

여진 부락의 상태

고려가 화주 부근을 영유하게 되었을 때 원래 이곳에 있던 여진족 부락들이 어떤 태도를 취했는지는 분명하지 않다. 「광종 세가」는 사료가 부족한지 기사 내용이 매우 빈약하고, 「성종 세가」의 동여진에 관한 기사도 아주 적다. 그러나 현종 시대에 이르러 여진 부락의 추장들이 빈번하게 고려에 와서 공헌을 했고 또 귀덕장군 등의 칭호를 얻어 명예로 여긴 것을 보면, 고려에게 점령당했거나 또는 인접한 지역에서 고려의 위력에 복종하고 의지하여 그 세력을 유지하려고 했던 여진족이 많았던 것 같다. 다만 이와 동시에 「현종 세가」에는 해변 일대 지역이 자주 여진족의 침략을 당하여 멀리 경상도 해안까지 피해가 미친 것이 보이므로, 그들이 모두 고려와 화친한 것이 아님은 분명하다. 덕종 시대에 유소가 관방을 축조한 것으로도 그 정세를 알 수 있다.

유소의 관방

덕종 2년에 유소가 쌓은 관방은 "요덕, 정변, 화주 등의 3성에 이르러 동쪽으로 바다에 이르렀다"고 했으므로, 동북계에서는 요덕, 정변, 화주의 북쪽에 설치된 것이 분명하다. 이들 세 성의 위치가 앞에서 고증한 바와 같다면 당시 고려의 영토는 용흥강(龍興江) 유역이 한계가 되므로, 관방은 이 유역과 그 북쪽에 있는 생천(栍川, 長溪川장계천) 유역의 분수계에 축조되어 평안도 순천강(順天江) 상류 유역과 영원진, 평로진의 동쪽에 있는 분수 산맥 부근과 접속되었을 것이다. 「대동여지도」에는 영흥의 북쪽 약 40리 에 위치한 산맥 옆에 옛 장성(古長城)이 기입되어 있는데, 『관북지』에 "장성 은 부(영흥)의 서북쪽 30리에 있다(長城在府西北三十里)"고 한 것에 해당할 것 이다.

동여진과의 교섭 지점

동여진과의 교섭 지점은 「세가」 현종 원년 조항에 다음과 같이 기록되어 있다.

상서좌사낭중 하공진과 화주방어낭중 유종을 먼 섬으로 유배보냈다. 하공 진이 일찍이 동여진을 공격하여 패배를 당하자 유종은 그것을 한스럽게 생각 했는데, 마침 여진족 95명이 내조하여 화주관에 도착하자 유종이 모두 죽였으 므로 [함께] 연좌되어 유배되었다.

(流尚書左司郞中河拱辰, 和州防禦郞中柳宗于遠島, 拱辰嘗擊東女眞見敗, 宗恨 之, 會女眞九十五人人來朝[來朝至]和州館, 宗悉[盡]殺之, 故[故並]坐流)

현종 3년 조항에도 "여진의 모일라와 서을두가 30개 성의 부락을 이끌 고 화주에 이르러 화의를 간청하니, 이를 허락했다(女眞毛逸羅鉏乙豆率部落三 十姓詣和州乞盟, 許之)"는 기록이 보이므로, 당시 동여진과의 교섭이 화주에 서 이루어진 것은 분명하다. 따라서 현종 시대의 북쪽 경계는 화주가 한계 라는 것이 틀림없다. 유소가 관방을 쌓고 10년 후인 정종 9년에도 다음과 같은 기록이 보인다.

여진의 유원장군 사이라가 바다와 육지의 도적 우두머리 나불 등 494인을 회유하여 화주관에 이르러 조회를 요청했다.

(女眞柔遠將軍沙伊羅誘致水陸賊首羅弗等四百九十四人詣和州館請朝)

그러므로 덕종 시대의 북쪽 경계도 여전히 같은 지역에 있었다는 것을 엿볼 수 있다.

관방에 관한 『여지승람』의 오류

장성에 대한 『여지승람』 기록은 정평 조항에 나오는데 위치는 명기되지 않았다.

옛 장성은 고려 때 쌓았다. 서쪽은 대령을 넘어가고 동쪽은 도련포에 접한다. 해자를 세 겹으로 둘러서 여진의 침입을 막았다. 이것이 바로 삼관문 지역인데 의주 조항에 자세하다.

(古長城, 高麗時所築, 西踰大嶺, 東接都連浦, 三周其隍, 以禦女眞, 此乃三關門之地, 詳義州)

자세히 기술했다고 하는 평안도 의주 조항에는 옛 장성(古長城)으로 유소의 축성에 관한 『고려사』의 기사가 인용되어 있다. 그렇다면 『여지승람』의 편자는 이 장성이 도련포(都連浦)에 접한 것이라고 생각한 듯하다. 그러나 도련포 방면은 이 장성 축조 이후에 비로소 고려의 영토로 편입된 것으로 여겨지므로 이 견해는 오류이다. 정평 설치 후 그 북쪽에 설치된 관방과 유소가 쌓은 것을 혼동한 것 같다. 『관북지』 정평 조항에 다음과 같은 기록이 있다.

옛 장성은 현의 북쪽 비백산(정평의 북쪽 4리) 위에 있다. 서쪽은 대령을 넘어가고 동쪽은 함흥과 선덕의 해변에 접한다. 해자를 세 겹으로 둘러 파서 여진의 침입을 막았다. 옛 이름은 삼관문이다.

(古長城, 在縣北鼻白山上, 高麗時所築, 西踰大嶺, 東接咸興, 宣德海濱, 三周其隍, 以禦女眞, 古稱三關門)

문장이 『여지승람』을 거의 답습한 것으로 보아 여기서도 역시 같은 오해를 한 것 같다. 두 문헌 모두 영흥 조항에 옛 장성(古長城)에 대한 언급이 없는 것도 이 때문일 것이다. 아마도 정주(定州) 설치 후에 유소가 쌓은 관방은 폐기되었으므로 장성이라는 명칭은 정평의 북관(北關)이 독점하게 된 채 조선시대까지 이어졌을 것이다.

관방과 장주의 위치

덕종 2년 때 북쪽 경계가 현재 영흥의 북쪽인 분수산맥에 있었다면, 그 이전인 현종 시대에 장주(長州)가 그 북쪽에 위치한 장계천(長溪川) 강가에 설치되었다고 볼 수는 없다. 장주가 이곳에 있는데 그 남쪽에 유소가 관방을 쌓을 리가 없기 때문이다. 장주가 현종 시대에 설치되었다는 기록이 오류가 아니라면 그 위치는 관방의 남쪽에 있어야 하고, 반대로 장주의 위치가 처음부터 이곳이었다면 그 설치는 덕종 2년 이후가 되어야 한다. 그런데 장주는 이후에 정주에 병합되었으므로 당시 두 주는 분명 멀지 않았을 텐데 그 치소가 남쪽에서 북쪽으로 이전된 일이 있었다고 볼만한 증거도 존재하지 않는다. 「세가」 문종 8년 조항에 다음과 같은 기록이 있지만 주치를 옮긴 것은 아니다.

장주는 지대가 높고 험하며 성안에 우물이 없으므로, 바라건대 남문 밖 평지에 목책을 설치하고 백성을 이주시키되 위급할 때는 성안으로 들어가게 하십시오, 라고 했다.

(長州地高且險, 城中無井, 乞令設柵南門外平地, 徙民居入[之], 有急入城)

또 화주 부근에는 별도로 주를 설치할 공간도 없다. 따라서 장주의 위치는 처음부터 장계천 강가에 있었을 것이다.

장주의 창설 시기

설치 시기도 현종 시대가 아니며, 「지리지」 및 「병지」의 기사는 틀린 것으로 판단된다. 아마 정종 10년에 새로 설치되었을 것이다. 이에 대해서는 뒤에서 언급하기로 한다.

2) 정주 이남의 영유

동북경 개척의 진보

먼저 동북경 개척과 관련된 기록을 살펴보면 다음과 같다.

병마사 김영기가 아뢰기를, 이번 장주, 정주의 2주 및 원흥진에 성을 쌓는 일이 오래지 않아 끝났습니다.(「세가」 정종 10년)

(兵馬使金令器奏, 今築長, 定二州及元興鎭城, 不日告畢)

정종 10년에 김영기, 왕총지에 명하여 장주, 정주 및 원흥진에 성을 쌓게 했다. 장주성은 (중략) 수가 6개소로, 정북, 고령, 소흥, 소번, 압천, 정원이다. 정주성은 (중략) 수가 5개소로, 방수, 압호, 홍화, 대화, 안륙이다. 원흥진성은 (중략) 수가 4개소인데, 내항, 압로, 해문, 도안이다.(『병지』)

(靖宗十年, 命金令器, 王寵之, 城長州, 定州及元興鎭, 長州城 (中略) 戌六所, 曰靜北, 高嶺, 掃兇, 掃蕃, 壓川, 定遠, 定州城 (中略) 戌五所曰防戌, 押胡, 弘化, 大化, 安陸. 元興鎭城 (中略) 戌四所, 曰來降, 壓虜, 海門, 道安)

정종 때 (중략) 도병마부사 박성걸 등과 함께 주문을 올리기를, 동로의 정변진은 변방의 적이 노리는 곳이므로 백성들이 편안히 거할 수 없습니다. 청컨대 농한기를 기다려 성과 해자를 수축하십시오, 라고 하니, 이에 따랐다.(『왕총지전』)

(靖宗朝 (中略) 與都兵馬副使朴成傑等奏, 東路靜邊鎭蕃賊窺覦之處, 百姓不得安居, 請俟農隙築設城池, 從之)

「왕총지전(「王寵之傳」)」 기사에는 이어서 정종 10년에 2주 1진을 축조한 내용이 기술되어 있다. 또 「세가」 문종 원년(정종 11년)에도 다음과 같은 기록이 보인다.

지난번 동번의 적이 정변진을 포위했을 때 별장 정광순이 힘써 싸워 적을 물리치고 전투 중에 죽었다.

(往者東賊圍靜邊鎭, 別將鄭匡順力戰却敵, 沒於陣下)

정변진(靜邊鎭) 방면의 관방이 여진족에게 공격당했기 때문에 그 침공을 막기 위해 북쪽으로 한걸음 더 나아가 여진 부락 사이에 정주, 장주의 두

주성 및 원흥진(元興鎭)을 쌓았을 것이다. 정종 10년 조항의 3성 축조 기사 뒤에 다음과 같이 기록되어 있으므로 당시 형세를 엿볼 수 있다.

동여진의 장군 오을달 등이 (중략) 아뢰기를, 우리가 귀국의 변경에 살면서 사모하여 귀화하고 신하로서 복종한 지 여러 해가 되었습니다. 늘 적이 쳐들어올까 걱정되어 편안하게 살 수 없었는데, 이번에 3개의 성을 쌓아 적의 침입로를 막아주었으므로 내조하여 은혜에 감사드립니다, 라고 했다.

(東女眞將軍烏乙達等 (中略) 奏曰, 我等在貴國之境慕化臣服有年矣, 每慮醜虜來侵, 未獲奠居, 今築三城, 以防賊路, 故來朝謝恩)

이 성보들의 위치를 사례로 살펴보자.

① 정주(定州)

우선 「지리지」에 다음과 같은 기록이 보인다.

정주는 옛날에 파지라고 불렀다(선위라고도 한다). 정종 7년에 정주방어사로 하고 관문을 두었다. (중략) 별호는 중산이고 비백산이 있다.

(定州古稱巴只(一云宣威), 靖宗七年爲定州防禦使置關門 (中略) 別號中山, 有鼻白山)

앞에서 인용한 「세가」의 기사에 따르면 정종 7년이라고 한 것은 10년의 오류인 듯하다. 이 지역은 『여지승람』 정평부 조항에 "본조 (중략) 태종 13년에 평안도 정주와 이름이 똑같기 때문에 현재 이름으로 고쳤다(本朝 (中略) 太宗十三年, 以與平安道定州同名, 改今名)"고 했으므로 지금의 정평이다. 비백산(鼻白山)은 같은 조항에 "부의 북쪽 4리에 진산이 있다(在府北四里, 鎭山)"라고 한 것이다. 『여지승람』에는 "정종 7년에 처음 성보를 쌓았다(靖宗七年始築城堡)"고 하며 「지리지」와 같은 내용의 기사를 실었지만, 그 앞에 "고려 성종 2년에 천정만호부를 두었다(高麗成宗二年置千丁萬戶府)"는 구절이 삽입되어 있다. 하지만 『고려사』에는 이 내용이 보이지 않고, 성종 때 만호부라는 명칭이 존재한 증거가 없으므로 믿을 수 없다.

② 장주(長州)

장주의 위치는 앞에서 고찰한 바와 같다.

③ 원흥진(元興鎭)

「지리지」에 "원흥신은 정종 10년에 생천에 성을 쌓고 진사로 삼았다[진으로 삼고 진사가 있었다](元興鎭, 靖宗十年城柁川, 爲[爲鎭有]鎭使)"는 기록이 보인다. 『여지승람』은 정평부 조항에 "옛 원흥진은 부의 남쪽 50리에 있다(古元興鎭, 在府南五十里)"고 했고, 「대동여지도」에는 정평의 동남쪽 생천(柁川) 강 어귀에 가까운 북쪽 연안에 기재되어 있다.

동여진과의 교섭지

이상과 같이 정종 10년부터 고려의 세력 범위는 약간 북쪽으로 신장되었기 때문에 이후 동여진과 절충 지점은 자연히 정주로 옮겨지게 된다. 관련 기록은 다음과 같다.

동여진의 정보 마파 등이 (중략) 정주 관외에 들어와서 호적 편입을 청했다.(문종 6년)

(東女眞正甫馬波等 (中略) 請入定州關外爲編戶)

동로 병마사가 아뢰기를, 정주 별장 경보가 20여 명을 거느리고 적을 정탐
하다가 갑자기 적의 괴수와 만나 (중략) 싸워서 격파했다.(문종 14[15]년)

(東路兵馬使奏, 定州別將耿甫率二十餘人偵賊, 忽遇賊魁 (中略) 與戰敗之)

새 장성의 축조

따라서 덕종 때 화주성 북쪽에 쌓은 관방도 정주의 신설과 함께 북쪽으
로 옮겨졌고, 평로, 영원 지방과 연결된 장성은 이때부터 장주와 정주의 북
쪽에 설치되었을 것이다. 『여지승람』 등에서 말한 옛 장성은 바로 이것이
며, 「대동여지도」에 덕주의 북쪽에 고장성(古長城)으로 기재된 것도 마찬가
지일 것이다. 이른바 장성이란 곳곳의 관방을 가리키는 것이 분명하다. 이
로써 고려의 북쪽 경계가 정해졌다.

북쪽 경계는 이렇게 획정되었지만, 경내의 진성은 그 후에 설치된 것이
다. 「병지」에 보이는 축성 내역은 다음과 같다.

정종 10년   선덕진(宣德鎭)

정종 12년   영흥진(永興鎭)

예종 10년   예주(預州)

④ 선덕진(宣德鎭)

「지리지」를 살펴보면 다음과 같다.

덕주는 문종 9년에 비로소 선덕성을 쌓아 진으로 했다. 뒤에 덕주방어사라

불렀다.

　(德州文宗九年始築宣德城爲鎭, 後稱德州防禦使)

　『여지승람』은 함흥부 조항에 "선덕진은 부의 남쪽 45리에 있다(宣德鎭在
府南四十五里)"고 했다. 「대동여지도」에 기입된 덕주의 위치는 잘못된 듯하
다. 설치 연대가 「병지」와 「지리지」에 다르게 기록되어 있는데, 정종 10년
에 정주, 장주의 2주와 원흥진이 신설되어 3성으로 칭한 것으로 보아 같은
해에 별도로 선덕진을 쌓았다는 것은 의심스럽다. 문종 초기에 여진이 여러
번 바다를 통해 침공해 왔다는 점으로 생각하면 선덕진은 해안 방어를 위해
쌓은 것이며, 문종 9년에 설치되었다고 한 「지리지」가 맞는 것 같다.

⑤ 영흥진(永興鎭)

관련기록을 정리하면 다음과 같다.

　영흥진은 옛날에 관방수라 불렀다. 문종 15년에 비로소 성보를 쌓았다.(「지
리지」)

　(永興鎭, 古稱關防戍, 文宗十五年始築城堡)

　평주진은 부의 서북쪽 70리에 있다. 본래 영흥진이었는데 (중략) 본조 태조 2
년에 본부를 영흥으로 고쳤기 때문에 진의 이름을 평주로 바꾸었다.(「여지승람」
영흥부 조항)

　(平州鎭, 府西北七十里, 本永興鎭 (中略) 本朝太祖二年, 改本府爲永興, 而因改
鎭名爲平州)

「대동여지도」에도 위와 같은 위치에 기재되어 있다.

⑥ 예주(預州)

마찬가지로 관련 기록을 정리하면 다음과 같다.

예주는 예종 11년에 예주 방어사로 했고 후에 정주에 소속되었다.(『지리지』)

(預州, 睿宗十一年爲預州防禦使, 後屬定州)

예원 폐현은 부의 남쪽 45리에 있다. (중략) 본조 태조 7년에 예주와 원흥을
합쳐 예원군으로 했다. 세조 4년에 군을 없애고 내속시켰다. 지금 독산사로 불
린다.(『여지승람』 정평부 조항)

(預原廢縣, 在府南四十五里, (中略) 本朝太祖七年, 合預州元興, 爲預原郡, 世祖
四年省郡來屬, 今稱禿山社)

「대동여지도」에는 정평과 영흥을 연결하는 통로 옆, 생천의 북쪽 기슭에
예원(預原)이 기재되어 있는데, 이는 아마 옛 예주(古預州) 지역일 것이다.
　이상과 같이 정주 이남의 개척 상황 및 이 지방에 설치된 여러 진성의 위
치를 대강 설명했다. 다만 이 방면은 지리적 고증에 근거가 될 만한 문헌상
의 기록이 매우 적어서, 서북면에 대해 시도한 것처럼 역사적 사실에 의거
하여 증명할 수가 없었다. 대강 『여지승람』 및 「대동여지도」를 고찰하는 데
그친 것은 유감스럽다. 정주 및 선덕진 등은 예종 2년에 행해진 윤관의 북방
정벌 기록을 통해 이제까지의 위치 비정이 틀리지 않다는 것을 증명할 수 있
다. 그런데 이 경략은 특수한 사정이 있으므로 정주 이남의 개척과는 그 취
지가 다르고, 고증해야할 문제도 많다. 다음 장에서 상세히 논하기로 한다.

부도 7. 고려의 북경 개척 참조

윤관의 정략지에 관한 기존 해설

윤관의 정략에 대한 『고려사』「세가」의 기록을 먼저 살펴보자.

12월 병신, 윤관이 여진을 쳐서 그들을 크게 패배시켰으므로 여러 장수들을 보내 경계를 정하고 웅주, 영주, 복주, 길주의 네 주에 성을 쌓았다.(예종 2년)

(十二月丙申, 尹瓘擊女眞, 大破之, 遣諸將, 定地界, 築雄英福吉四州城)

2월 갑오, 상서 유택을 함주대도독부사로 임명하고 영주, 복주, 웅주, 길주 4개 주와 공험진에 방어사를 설치했다.(예종 3년)

(二月甲午, 以尙書柳澤, 爲咸州大都督府使, 置英福雄吉四州及公嶮鎭防禦使)

윤관의 이 토벌은 고려의 동북쪽 경계를 개척한 일대 사업으로 전해지고 있다. 그 지역은 예종 4년에 금세 잃었지만 후세 사람들은 윤관의 위공을 칭찬해 마지않는다. 각 지역에 대해 살펴보면 우선 「지리지」에는 다음과 같이 되어 있다.

함주대도독부는 오랫동안 여진이 기거하던 지역이다. 예종 2년에 원수 윤관 등에게 명하여 군사를 거느리고 가서 쳐서 내쫓았다. 3년에 주를 설치하여 대도독부로 삼았다 (중략) 4년에 성을 철수하고 그 땅을 여진에게 돌려주었고, 뒤에 또 원나라에 편입되어 합란부라고 불렀다. 공민왕 5년에 옛날 영토를 수복하여 지함주사라 했다.

(咸州大都督府久爲女眞所據, 睿宗二年命元帥尹瓘等率兵擊逐, 三年 置州爲大都督府 (中略) 四年撤城, 以其地還女眞, 後又沒於元, 稱哈蘭府, 恭愍王五年收復舊疆, 爲知咸州事)

『여지승람』에 따르면 합란부(哈蘭府)의 옛 치소는 함흥부의 남쪽 5리에 있다고 한다. 따라서 함주는 지금의 함흥이라고 한 것이다. 「지리지」 설명을 이어서 보자.

길주는 오랫동안 여진이 기거하던 곳으로, 궁한촌이라 불렸다. 예종 3년에 주를 설치하여 방어사를 두었다. 6년에 중성을 쌓았다가 얼마 후에 땅을 여진에 돌려주었다. 뒤에 원나라에 편입되어 해양이라 불렸다가, 공민왕 때에 옛 영토를 수복했다. 공양왕 2년에 웅길주등처에 관군민만호부[웅길주등처관군민만호부]를 설치했다(길주가 북쪽에 있고, 웅주는 남쪽에 있다).

(吉州, 久爲女眞所據, 號弓漢村, 睿宗三年置州, 爲防禦使, 六年築中城, 尋以地還女眞, 後沒於元, 稱海洋, 恭愍王時收復舊疆, 恭讓王二年置雄吉州等處, [ ] 管軍民萬戶府(州在北, 雄州在南))

영주는 예종 3년에 주를 설치하고 방어사를 두었다. (중략) 4년에 성을 철수하여 그 땅을 여진에게 돌려주었다. 뒤에 길주에 합병했다.

(英州, 睿宗三年置州, 爲防禦使 (中略) 四年撤城, 以其地還女眞, 後倂於吉州)

웅주는 예종 3년에 주를 설치하여 방어사를 두었다. (중략) 4년에 성을 철수하고 그 땅을 여진에게 돌려주었다. 뒤에 길주에 합병했다.

(雄州, 睿宗三年置州, 爲防禦使 (中略) 四年撤城, 以其地還女眞, 後倂於吉州)

따라서 당시의 길주(吉州)는 곧 지금의 길주이고 영주(英州)와 웅주(雄州)가 길주 부근에 있었다고 했다. 또 복주(福州)를 다음과 같이 기록하여 지금의 단천(端川)이라고 했다.

복주는 (중략) 예종 3년에 주를 설치하여 방어사를 두었다. 4년에 성을 철수하여 그 땅을 여진에게 돌려주었다. 뒤에 원에 편입되어 독로올이라고 불렀다. 공민왕 때에 이르러 옛 영토를 수복했다. 신우 8년에 단주 안무사로 고쳤다.

(福州 (中略) 睿宗三年置州, 爲防禦使, 四年撤城, 以其地還女眞, 後沒於元, 稱禿魯兀, 及恭愍王時, 收復舊疆, 辛禑八年改端州安撫使)

공험진에 대해서는 위치를 분명하게 기재하지는 않았지만, 『고려사』 편찬 당시 공험진은 두만강 방면으로 여겼음을 알 수 있다.

공험진은 예종 3년에 성을 쌓아 진을 설치하고 방어사로 삼았다. 6년에 산성을 쌓았다(공주 혹은 광주라고도 한다. 선춘령 동남쪽, 백두산 동북쪽 혹는 소하강 강변에 있다고도 한다).

(公嶮鎭, 睿宗三年築城置鎭, 爲防禦使, 六年築山城(一云孔州, 一云匡州, 一云在先春嶺東南, 白頭山東北, 一云在蘇下江邊))

공주(孔州)는 현재 경흥(慶興)의 남쪽, 선춘령(先春嶺)은 길림(吉林)의 동쪽, 소하강(蘇下江)은 호이객하(瑚爾喀河) 상류이다.(제21장 「고려말의 동북경 개척」 참조) 이상의 「지리지」의 설명대로라면 윤관의 경략 구역은 멀리 북방에까지 미쳤고, 적어도 지금 조선의 동북경에 달한 듯하다. 그 위공이 인구에 회자되는 것도 일리가 있다. 그런데 이 설명은 과연 믿을만한 것일까. 『고려사』 및 『금사』에 입각하여 윤관의 정략지역을 고찰하건대(함주에 관한 것은 제외) 기존의 설명이 엉터리인 것은 분명한 듯하다. 상세히 고증해 보자.

1) 윤관 정벌 이전 고려의 동북경 및 동여진과의 관계

고려의 동북경

덕종 2년 유소가 관방을 쌓았을 때 고려의 동북경은 화주의 북쪽에 있었지만 정종 10년에 장주와 정주 및 원흥진을 설치한 후부터 정주의 북쪽인 새로운 관방으로 옮겼고, 화주에서 했던 여진과의 교섭도 정주가 처리하게 되었다는 것은 앞 장에서 말한 바와 같다. 그런데 화주 및 정주의 관방 밖 동여진은 늘 고려와 왕래한 것 같다. 『고려사』에는 그들이 고려에 내조하고 공헌했다는 기사가 셀 수 없이 많다. 그들 중에는 정주와 장주 부근, 즉 관내의 사람도 많아서 반드시 관외만은 아니었다.

여진인이 내조한 이유

그들이 내조해 온 것은 물질적 이익을 얻고자 한 것이겠지만, 약간의 정치적 이유도 없지 않았을 것이다. 『고려사』의 기사로 추측하자면, 당시 여진족들 사이에는 정치적 통일이 존재하지 않았고 요의 세력은 그들에게 실제적 권위를 보이기에는 부족했다. 따라서 작은 부락들이 다투어 할거하며 늘 의지할 바를 모르는 상태였을 것이다. 그러므로 고려에 의부하여 그 세력을 빌리려고 한 것이고, 고려가 정주와 장주 부근을 영토로 편입할 수 있었던 것도 이 때문인 것이다. 「세가」 정종 10년 조항에 보이는 여진인 오을달(烏乙達)의 주문(奏文)은 이 사실을 보여준다.(제16장「고려 동북경의 개척」 참조) 나아가 정주 관외의 사람들도 내조하고 공헌하는 것에 만족하지 않고 점차 고려에 내부(內附)를 요청하게 되었다.

여진 부락의 내부

문종 원년 8월 조항에 "몽라고촌과 앙과지촌 등 30개 부락의 번장이 무리를 거느리고 내부해왔다(蒙羅古村, 仰果只村等三十部落蕃長, 率衆內附)"는 기록이 있고, 10월에는 "동여진 몽라등촌 고무제 등 3백 12호가 내부했다(東女眞蒙羅等村, 古無諸等三百十二戶來附)"고 되어 있다. 또 문종 27년에도 다음과 같은 기록이 있다.

동여진의 귀순주 도령 (중략), 익창주 도령 (중략), 전성주 도령 (중략), 공주 도령 (중략), 은복주 도령 (중략), 온주 도령 (중략) 등이 무리를 거느리고 내부하여, 군현으로 편입되기를 간청했다.(문종 27년 2월)

(東女眞歸順州都領 (中略), 昌州都領 (中略), 甄城州都領 (中略), 恭州都領 (中略), 恩服州都領 (中略), 溫州都領 (中略), 率衆內附, 乞爲郡縣)

제서에 이르기를, 동북 변방의 15주 밖의 번인들이 잇달아 귀부하여 군현을 설치해 달라는 바람이 지금에도 끊이지 않는다.(문종 27년 4월)

(制曰, 東北邊十五州外蕃人, 相繼歸附, 願置郡縣于今不絶)

이들 기록에 의하면, 이 때 내부한 여진 부락에 주(州)라는 이름이 주어졌고, 그 수가 이미 15개에 이른 것을 알 수 있다. 그런데 이 해에 마침 삼산촌(三山村) 전투가 있었으므로 그 추세가 점점 활발해진 듯하다.

여진의 삼산촌 전투

『고려사』문종 27년 5월 조항에 삼산촌 전투의 상황이 기록되어 있다.

서북면병마사가 아뢰었다. (중략) 평로진 인근 지역의 번인 우두머리인 유원장군 골어부와 멱해촌의 요결 등이 보고하여 말하기를, (중략) 삼산촌의 골짜기와 해변에 나누어 거주하고 있는 번적은 왕래하는 사람들을 죽이거나 약탈하여 우리의 원수가 되었습니다. 지금 원수를 갚고자 하여, 귀화한 삼산촌의 중윤 야서로 등 삼십도의 추장들(동번의 흑수인은 그 종족이 30이므로 삼십도라 부름)에게 알렸더니, 또한 모두 호응하여 각기 번군을 거느리고 바야흐로 나아가 토벌하고자 합니다. 고려인들을 [보내] 관전하기를 청합니다, 라고 했습니다. 이에 정주낭장 문선과 장교, 통역 등 모두에게 번인의 옷을 입혀 나복기촌 도령 상곤 휘하의 번군과 함께 출발시켰습니다. 문선 등이 급히 보고하기를, 골면촌 등의 도령들과 각각의 장병이 삼산 아방포에 이르러 적의 소굴을 정탐했더니 무릇 세 곳이나 되었는데, 하나는 유전촌, 하나는 해변산두, 하나는 나갈촌이며, 적 150호가 석성을 냇가에 쌓았습니다. (중략) 우리 쪽 번군이 고함치면서 재빨리 공격하니 저들 무리가 무너졌습니다, 라고 했습니다.

(西北面兵馬使奏, (中略) 平虜鎭近境蕃帥, 柔遠將軍骨於夫及覔害村要結等告云, (中略) 三山村谷海邊分居蕃賊, 殺掠往來人物, 爲我仇讐, 今欲報讐, 告諭化內三山村中尹夜西老等三十徒酋長(東蕃黑水人, 其種三十, 號曰三十徒) 亦皆響應, 各率蕃軍, 方將進討, 請[講遣]鄕人觀戰, 於是, 遣定州郞將文選及將校譯語等, 著蕃服, 與那復其村都領霜昆下蕃軍同發, 文選等馳報, 骨面等村都領, 各將兵到三山阿方浦, 探候賊穴凡三所, 一爲由戰村, 一爲海邊山頭, 一爲羅竭村, 賊一百五十戶, 築石城於川邊, (中略) 我蕃軍大呼急擊, 彼衆大潰)

평로진 밖의 여진은 고려의 위력을 빌려 삼산촌을 공격한 것이다. 삼산촌 지방은 아직 고려의 세력이 미치지 못한 지역인데, 고려에 귀부한 부락의 공격을 받고 크게 패하여 원래의 상황을 유지할 수 없게 되자 곧 고려에 내부를 원하게 된 듯하다.

삼산촌의 편입

위의 전투 이후의 기록을 보자.

동북면 병마사가 아뢰기를, 삼산, 대란, 지즐 등 9개 촌과 소을포촌 번장 염한, 소지즐 전리 번장 아반이, 대지즐과 나기나, 오안, 무이주, 골아이 번장 소은두 등 1천 2백 38호가 와서 편입을 청합니다. 대지즐로부터 소지즐 요응포 바닷가 장성에 이르기까지 약 7백 리인데, 지금 여러 번인이 끊이지 않고 귀순하므로, 그들을 막기 위하여 관방을 설치하는 것은 불가합니다. 마땅히 유사에게 주호를 아뢰어 정하게 하고, 또 주기를 하사하십시오, 라고 하자, 왕이 이를 받아들였다.(문종 27년 6월)

(東北面兵馬使奏, 三山大蘭支櫛等九村及所乙浦村蕃長鹽漢, 小支櫛前里蕃長

阿反伊, 大支櫛與羅其那烏安, 撫夷州骨阿伊蕃長所隱豆等一千二百三十八戶來請
附籍, 自大支櫛, 至小支櫛裹應浦海邊長城, 凡七百里, 今諸蕃絡繹歸順, 不可遮設
關防, 宜令有司奏定州號, 且賜朱記, 從之)

　한림원에서 아뢰기를, 동여진의 대란 등 11개 촌의 내부자들이 빈주, 이주,
복주, 항주, 서주, 습주, 민주, 대주, 경주, 완주 등 11개 주가 되기를 청하니,
각각 주기를 하사하고 귀순주에 소속시키십시오, 라고 하여 이를 받아들였
다.(문종 27년 9월)

　(翰林院奏, 東女眞大蘭等十一村內附者, 請爲濱, 利, 福, 恒, 舒, 濕, 閩, 戴, 敬,
付, 宛, 十一州, 各賜朱記, 仍隸歸順州, 從之)

　앞의 인용문에 "삼산, 대란, 지즐 등 9개 촌"이라고 했고, 뒤에는 "대지
즐, 소지즐" 또는 "대란 등 11개 촌"이라 하여 '삼산'이라는 명칭이 없는 것
은 삼산이 이 마을들의 총칭이기 때문일 것이다. 삼산이 여러 마을을 포함
한 총칭이라는 것은 앞에서 인용한 전투 기사에서도 알 수 있다. 이렇게
삼산 지방의 여러 부락이 내부한 것을 보고 부근의 부락들도 이에 따른 것
같다.

멀리 떨어진 번의 귀속

6월 조항에는 또 다음과 같은 기록이 있다.

　동로 병마사가 아뢰기를, 동번의 대제자, 고하사[대제, 자고, 하사] 등 12개 촌
락의 번장인 곤정[두], 괴발 등 1천 9백 70호가 상곤의 예에 의거해 내부하기를
요청하고, 또 두룡, 골이 여파한 등 부락의 번장 아로한 등도 주현이 되기를 원

합니다.

(東路兵馬使奏, 東蕃, 大齊者,[, 者]古河舍等十二村蕃長, 昆定[豆]魁拔等, 一千九百七十戶請依霜昆例內附, 又, 豆龍骨伊, 餘波漢等部落蕃長阿老漢等亦願爲州縣)

이 무리는 사는 곳이 멀리 떨어져 있어 옛날에는 일찍이 조현하는 일이 없었는데, 이제 모두 귀부했습니다. 만일 강토를 봉하고 관방을 설치하면, 여파한령 바깥의 재차고, 대사이, 칭견, 곤준, 단준, 무을비, 화두 등은 땅이 끝없고 번호가 잇달아 거주하여 변방 끝까지 요새를 설치할 수 없습니다. 청하건대 영외의 여러 번인이 모두 주현이 되기를 기다렸다가 이후 점차 멀리 있는 번인까지 미치도록 하십시오, 라고 하니, 이를 허락했다.

(此輩所處遼遠, 在古未嘗朝覲, 今皆歸服, 若定封疆, 設關防, 則餘波漢嶺外, 齊遮古大史伊稱見昆俊丹俊無乙比化豆等, 壤地無際, 蕃戶連居, 不可窮塞設險, 請待領外諸蕃盡爲州縣, 然後漸至遠蕃, 許之)

이에 의하면 당시 멀리 떨어진 번들은 귀속을 허가하지 않았음을 알 수 있다. 그런데 여진족 귀속에 관한 기사는 이것이 마지막이다. 따라서 고려에 내부한 여진 부락은 삼산촌 지방이 한계인 것이다.

내부한 부락의 위치

이 부락들의 위치를 살펴보면, 가까운 곳부터 복속하여 먼 곳으로 확대되는 것이 자연스러운 이치일 것이므로, 처음에 내부한 부락은 분명 정주와 근접한 지역일 것이다. 문종 27년 4월 기사에 보이는 15주는 대체로 함흥과 홍원(洪原) 부근이었을 것이다. 이 15주의 이름은 전부 『고려사』에 보이지 않지만, 귀순주(歸順州) 등 6주가 그 일부일 것이다. 귀순주는 그 이름으로 볼 때 가장 일찍 내부한 곳이므로 국경에서 가장 가까운 곳인 것 같다. 삼산 지방의 11주를 귀순주에 소속시켰다는 점도 이 추측을 뒷받침한다. 그밖에 문종 원년에 내부한 몽라고촌(蒙羅古村)은 「윤관전」에 나오는 몽라골촌(蒙羅骨村)과 같은 것으로, 함흥 서북쪽에 위치한 오로촌천(五老村川) 유역에 있었을 것이다. 또 대제자(大齊者), 고하사(古河舍)[대제, 자고, 하사] 등의 마을이 상곤(霜昆)의 예를 따라 귀속되기를 청했다고 한 상곤은 나복기촌(那復基村) 도령(都領)인데, 나복기촌은 「윤관전」에는 那卜基村으로 표기되어 있고 정주와 함주(함흥)의 중간에 있다. 대제자와 고하사[대제, 자고, 하사]에 대해서는 뒤에서 고증하기로 한다. 이들이 15주에 포함되었는지는 확실하지 않지만, 15주의 위치가 이 부락들과 인접하고 정주로부터 멀지 않은 지역에 있었다는 것은 대강 추측할 수 있다.

주의 크기

보통 주(州)라고 하면 그 지역이 광대할 것으로 생각하지만, 삼산 부근의 11촌을 11주로 삼은 사례를 보면 한 주는 사실 한 마을에 불과하다. 또 삼산, 대란, 지즐 등 9촌 및 소을포 등 몇 개 마을을 추가하여 호구가 1천 2백 38호라고 했고, 대제자, 고하사[대제, 자고, 하사] 등 12촌의 호구가 1천 9백 70호라고 한 것을 보면, 한 마을의 호구 수는 110~150호 안팎에 불과하다. 1백 여 호의 작은 마을 하나를 주로 삼은 것은 대단히 웃기는 일이지만, 고려는 중국 역사에 보이는 기미주(羈縻州)의 이름을 따라 관외의 백성에게 이 칭호를 주며 중국적 태도로써 스스로 자랑스러워했을 것이다. 그렇다면 함흥과 홍원 지방에서도 수 십 주를 받아들였을 것이다. 하지만 "청하건대 영외의 여러 번인이 모두 주현이 되기를 기다렸다가 이후 점차 멀리 있는 번인까지 미치도록 하십시오"라고 했으므로, 변경에 인접한 여러 번(영외의 여러 번)이 모조리 내부한 것은 아니다. 주나 현이 된 부락들도 그 위치가 서로 멀지 않았을 것이고, 가령 그 수가 30~40에 달했다고 해도 함흥, 홍원 지방을 벗어나지 않았던 것은 틀림없다. 마지막으로 내부한 11주는 삼산 부근으로 여겨지는데, 지리적 순서로 볼 때 그 지역은 앞서 복속된 함흥과 홍원 지방의 북쪽에 인접한 것으로 추측된다. 이 지역을 정밀하게 고증해 보기로 하자.

삼산의 위치

앞의 인용에 의하면 삼산촌은 해변에 있다고 했는데, 전투시 정주에서 관전사(觀戰使)를 파견했고, 내부하겠다는 청원이 동북면병마사를 경유한 것을 보면 그 해변은 동해안임이 확실하다. 또 삼산촌을 공격한 부락은 평로진 근처에 있을 것인데, 평로진은 영원 부근에 있으므로 경계가 서로 가까우면서 동해안의 부락과 원수로 지낸 부락은 아마도 중강(仲江) 상류 유역에 있었을 것이다.(제15장 「고려 서북경의 개척」 참조) 평소 서로 원수로 여겼다면 두 부락은 반드시 인접해 있을 것인데, 중강 하류 혹은 독로강(禿魯江) 방면의 부락은 동해안의 부락과 교섭이 있을 리가 없기 때문이다. 그런데 중강 상류로부터 황초령(黃草嶺), 부전령(赴戰嶺) 혹은 태백산의 경로를 넘어가면 함흥, 홍원, 북청 방면으로 나아갈 수 있고 모두 동해안이므로 삼산은 필시 이 방면일 것이다.

삼살

나아가 살펴보면, 지금의 북청은 원대에 삼살(三撒)이라고 불렀다. 삼살은 토착어로 여겨지므로 원대에 새로 명명된 것은 아닐 것이다. 따라서 삼산은 곧 삼살이며, 지금의 북청 부근일 것이다. 『금사』에 보이는 삼잔수(三潺水)도 북청 근처를 흐르는 하천을 가리키는 것 같은데, 이에 대해서는 뒤에서 고증하기로 한다. 이와 같이 삼산이 북청이라면, 평로진 밖 중강 상류에 있는 서여진과는 산을 사이에 두고 인접하게 되며, 양자가 서로 적대시한 것도 설명이 가능해진다. 다만 삼산은 여러 마을들을 포함한 이름이므로 북청 부근 평야의 총칭이었을 것이다.

삼산의 범위

앞에서 삼산 여러 마을의 내부를 기술한 조항에 "대지즐로부터 소지즐, 요응포 바닷가 장성에 이르기까지 무릇 7백 리이다"라는 문장이 있었다. 의미는 분명하지 않지만 7백 리를 문자 그대로 해석하면 삼산의 범위는 상당히 넓다. 만약 북쪽으로 연장된 거리라면 거의 두만강 방면에 이른다. 하지만 "바닷가 장성"이라는 것이 무엇을 가리키는지 알 수 없을 뿐 아니라, 이렇게 광대한 촌락이 존재했다고 보기도 어렵다. 뒤에 병목(甁項)에 대하여 기술하겠지만, 고려 사람의 여진에 대한 지리적 지식은 그 변경 부근조차 극히 빈약했다. 하물며 7백 리 밖의 상황을 어찌 알겠는가. 이 문장은 아마도 병마사가 공적을 과장하기 위해 함부로 가공하여 꾸며낸 것에 불과할 것이다. 또 "삼산촌의 중윤 야서로 등 삼십도의 추장"이라는 부분에 기입된 주석에 "동번의 흑수인"이라고 했는데, 이 흑수가 흑룡강이 아니라는 것은 이미 언급했다.(제21장 「고려말의 동북경 개척」 참조)

고려에 내부한 여진의 한계

삼산촌이 북청이라면 고려에 내부한 여진 부락들은 모두 함흥, 홍원, 북청 지방에 포함되었음을 알 수 있다. 그렇다면 멀리 떨어진 번이라는 이유로 편입이 거절된 대제자, 고하사[대제, 자고, 하사] 및 여파한(餘波漢) 등은 북청 평원의 북쪽에 인접해 있다고 볼 수 있다.

금 제국의 흥기와 형세의 변화

이상과 같이 고려는 정주 관방 밖의 여러 부락들을 기미하여 "바깥의 번인들이 연이어 귀부했다"고 했고, "지금 여러 번인이 끊이지 않고 귀순한다"고 일컬으며 스스로 자랑삼았다. 하지만 이렇게 된 것은 동여진의 작은 부락들이 할거하며 통일되지 못했기 때문이다. 따라서 북쪽에서 완안영가(完顔盈歌)가 일어나 그들의 배후에 나타나자 고려의 높은 콧대는 금세 꺾이고 말았다. 여진은 금이 남진해오자 쉽게 금에 복종했으므로 작은 부락의 군집에 지나지 않았던 동여진은 금이라는 일대 세력 하에 통일되었고, 고려는 코앞에서 일대 적국과 마주하게 된 것이다.(이때 완안의 왕국이 금으로 칭해진 것은 아니지만 편의상 이렇게 기재했다.) 그 첫 번째 충돌이 이른바 갑신 전쟁으로, 숙종 9년의 일이다.

2) 완안영가 및 오아속의 남쪽 경략과 고려와의 충돌

영가와 고려의 교섭

『금사』에 따르면 완안의 영가(完顔盈歌, 금 목종)와 고려의 교섭은 고려인 의원을 돌려보낸 것에서 시작된다. 『금사』「고려전」을 보자.

처음에 한 의원이 있었는데 질병을 잘 치료했으며 본래 고려인이었다. (중략) 여진 완안부에 살았다. 목종 때에 친족이 질병이 있었는데, 이 의원이 진찰

했다. 목종이 의원에게 말하기를, 네가 능히 이 사람의 병을 낫게 해주면 내가 사람을 보내어 고국으로 너를 돌려보내주겠다고 했다. 의원이 좋다고 했다. 그 사람의 병이 과연 나았으므로 목종이 처음 약속한대로 돌려보내주었다. 을리골령 복산부의 호석래 발근이 고려와 여진 사이에 거주하고 있었다. 목종이 족인 수아를 시켜 불러오게 하고, 수아로 하여금 의원을 호송하여 고려 국경까지 돌려보내게 했다. (中略) 얼마 후에 호석래가 귀부해왔으며 드디어 을리골령 동쪽의 여러 부족을 거느리고 모두 내부했다.

(初有醫者, 善治疾, 本高麗人, (中略) 居女直之完顔部, 穆宗時, 戚屬有疾, 此醫者診視之, 穆宗謂醫者曰, 汝能使此人病愈, 則吾遣人送汝, 歸汝鄕國, 醫者曰諾, 其人疾果愈, 穆宗乃以初約歸之, 乙離骨嶺, 僕散部, 胡石來, 勃菫, 居高麗女直之兩間, 穆宗使族人叟阿招之, 因使叟阿, 送醫者, 歸之高麗境上 (中略) 旣而胡石來來歸, 遂率乙離骨嶺東諸部皆內附)

이 문장은 『고려사』 숙종 8년 조항에도 인용되었다.

을리골령 방면의 경략

이에 따르면 금의 세력 범위 남쪽 경계에 을리골령(乙離骨嶺)이 있고, 그 곳이 고려와 멀지 않다는 것을 추측할 수 있다. 을리골령에 관해서는 「고려전」에 다음과 같은 기록이 보인다.

강종(오아속)이 왕위를 이은 뒤 석적환을 보내어 성현, 통문의 병사를 거느리고 을리골령으로 가서 군사를 더 모집하여 활열수로 나아가 갈라전을 순행했다.

(康宗嗣, 遣石適歡, 以星顯, 統門之兵, 往至乙離骨嶺, 益募兵趨活涅水徇地曷懶甸)

뒤에 언급하겠지만 갈라전(曷懶甸)은 고려에 인접한 지역이므로 을리골령이 성현(星顯), 통문(統門)에서 고려에 이르는 중간에 있다는 것이 분명하다. 통문은 『금사』에 통문수(統門水)라는 명칭이 나오고, 『금사』 권수(卷首)의 「세기(世紀)」에 "통문과 혼준수의 교차점(統門渾蠢水之交)"이라는 구절도 있으므로 혼준수(渾蠢水, 훈춘강琿春河)와 합류하는 하천이라는 것을 알 수 있다. 따라서 통문수는 지금의 두만강임이 분명하다. 성현도 강 이름으로 통문수와 함께 문헌에 자주 등장하므로 마찬가지로 두만강 부근일 것이다. 그런데 위의 인용에서 "성현, 통문의 군사들을 거느리고 을리골령으로 가서"라고 했으므로, 을리골령은 두만강에서 다소 멀리 떨어진 남쪽임을 알 수 있다. 그 위치는 뒤에서 자세하게 살펴보겠지만, 영가가 이때 두만강 아래 남쪽 지역을 병유했다는 점은 분명히 알 수 있다.

갈라전

『금사』는 을리골령 남쪽 고려 북경에 가까운 지역을 갈라전이라고 했다. 「태조본기」 수국(收國) 3년 조항을 보면 "갈라전 장성을 고려가 3척 증축했다(曷懶甸長城, 高麗增築三尺)"는 구절이 보이는데, 이 내용은 『고려사』 예종 14년의 다음 조항에 대응한다.

이 해에 장성을 3척 증축했다. 금 국경의 관리가 병사를 출동시켜 제지했지만 따르지 않고 옛 성을 보수하는 것이라고 대답했다.

(是歲增築長城三尺, 金邊吏發兵止之, 不從, 報曰修補舊城)

뒤에 언급하겠지만 당시 북쪽 경계는 정주의 옛 장성이므로 갈라전은 정주의 북쪽 인근 지역이다. 『고려사』의 이 기사도 어쩌면 『금사』의 기술을 채택한 것인지 모르겠지만, 갈라전의 장성이 고려의 북쪽 경계인 것은 틀림없다. 『금사』에는 또 다음과 같은 기록이 있다.

목종 10년 계미에 아소가 요나라에서 그의 무리인 달기를 시켜 갈라전 사람들을 선동하자 갈라전 사람들이 그를 체포했다. 목종이 달기를 고려에 보내면서 고려왕에게 말하기를, 이전에 그대의 변방에서 난리를 일으켰던 자들이 모두 이들이라고 했다.(「고려전」)

(穆宗十年癸未, 阿踈自遼使其徒達紀來說曷懶甸人, 曷懶甸人執之, 穆宗以達紀送高麗, 謂高麗王, 日前此爲亂於汝鄙者, 皆此輩也)

아소가 달기를 시켜 변방 백성들을 꾀어 선동하자, 갈라전 사람들이 붙잡아서 보내었다.(「본기」)

(阿疏使達紀誘扇邊民, 曷懶甸人執送之)

여기서도 갈라전이 고려에 인접한 지역임을 분명히 알 수 있다.

을리골령과 갈라전의 관계

그런데 앞의 인용에서 "을리골령으로 가서 군사를 더 모집하여 활열수로 나아가 갈라전을 순행했다"고 했으므로 갈라전은 을리골령의 남쪽이다. 또 "을리골수와 갈라전의 활예수(乙離骨水, 曷懶甸活禰水)"라는 구절도 보이는데, 특별히 활열수(활예수)가 갈라전에 있다고 하여 을리골령 또는 을리골수 지방과 구별한 것이다. 「고려전」에 "얼마 후에 호석래가 귀부해왔으며 드디어 을리골령 동쪽의 여러 부족을 거느리고 모두 내부했다"고 한 대목에 이어지는 내용을 보면 보다 확실히 알 수 있다.

그 후에 갈라전의 여러 부족들이 전부 내부하려고 하자 고려가 이 소식을 듣고는 내부하지 않게 하려고 했는데, 자신과 가까워서 불리할까 염려했기 때문이다. (중략) 석적환으로 하여금 갈라전으로 가서 사람들을 귀부하게 했다.

(厥後, 曷懶甸諸部盡欲來附, 高麗聞之不欲使來附, 恐近於己而不利也 (中略) 使石適歡往納曷懶甸人)

「본기」에는 "석적환으로 하여금 갈라전을 어루만져 받아들이도록 했다(遣石適歡撫納曷懶甸)"고 하고, 그 앞에 당시의 경계를 기술하여 "동남은 을리골, 갈라에 이르렀다(東南至于乙離骨, 曷懶)"고 했다. 이 조항은 「고려전」과 모순되는 듯하지만, 「본기」의 기사는 아마도 후년에 편입된 지방까지 포함해서 총칭했을 것이다.

을리골령의 위치

그렇다면 을리골령은 위치는 어디일까. 을리골수는 을리골령에서 흘러 나오는 하천인데,『금사』「지리지」합라로(合懶路) 조항에 나오는 이록고수(移鹿古水)가 바로 이것일 것이다.

이록고수는 서북쪽으로 상경까지 1천 8백 리, 동남쪽으로 고려 국경까지 5백 리 지점에 있다.

(有移鹿古水, 西北至上京, 一千八百里, 東南至高麗界五百里)

합라로는 원래 갈라전에서 나온 이름으로 「고려전」에는 갈라로로 나온다. 그런데 금대에 행정구역이 된 갈라로는 금 제국이 성립되기 전의 지명인 갈라전과 구역이 동일하지 않다는 점에 주의해야한다. 한편 이록고수는 갈라로의 치소 부근에 있었다고 여겨지는데, 위의 거리로 추측하면 지금의 함경북도 길주 부근일 것이다.

금의 합라로 치소

일찍이 완안영가가 통문, 성현, 혼준(琿蠢) 지방을 정복한 후 남쪽으로 나아간 것으로 볼 때, 금의 상경(上京) 회령부(會寧府, 지금의 아륵초객阿勒楚喀 북쪽인 백성白城)에서 합라로로 통하는 공도(公道)가 두만강 방면을 통과하는 것이었음을 알 수 있다. 회령부와 두만강 사이의 통로는 먼저 회령부에서 영고탑(寧古塔) 방면으로 나가서 갈합리하(噶哈里河)의 물길을 따라 내려가는 길이다. 그 사이의 거리는 문헌마다 기재가 제각기 달라서 명확하지 않지만, 『길림통지(吉林通志)』에 따르면 영고탑에서 갈합리하 근처인 소삼차구둔(小三岔口屯)까지가 280리, 혼춘(琿春)에서 상갈합리하(上噶哈里河) 도구둔(渡口屯)까지가 235리라고 한다. 따라서 혼춘과 영고탑 사이는 청의 이제(里制)로 약 5백 리이다. 『북로기략(北路紀略)』 및 「대동여지도」에도 5백 리로 되어 있는데, 이는 아마 청나라 사람에게 전해들은 것으로 한국 리(韓里)로 측량한 것은 아닐 것이다. 영고탑에서 두만강 아래의 경원(慶源) 혹은 종성(鍾城) 부근에 이르는 거리도 이와 큰 차이가 없을 것이다. 또 『길림통지』는 아륵초객에서 마연하(螞蜒河) 방면인 영고탑 경계까지 450리라고 했다. 영고탑에서 이 경계까지의 거리는 분명하지 않지만 2백 리를 넘지 않을 듯하므로, 이 길에서 아륵초객과 영고탑 사이의 거리는 약 650리(청 리)가 된다. 다른 길을 경유해도 7백 리를 넘지 않을 것이다. 『성경통지(盛京通志)』에는 7백 리로 되어 있다. 그렇다면 금의 상경에서 두만강 부근까지는 약 1천 2백 리(청 리)이고 한국 리로 하면 약 1천 6백 리 미만이 되는 것이다. 그런데 길주에서 당시 고려의 북쪽 경계인 정평 및 두만강 부근의 경원 혹은 종성 부근에 이르는 거리는 모두 약 6백 리(한국 리)이다.(금과 고려의 경계인 정평에 대해서는 뒤에서 상론한다.) 따라서 길주와 아륵초객 사이는 약 2천 2백 리(한국 리)이다. 이 2천 2백 리와 6백 리의 관계는 『금사』 「지리지」 합라로 조항에서 말한 1천 8백 리와 5백 리의 비례와 거의 일치한다. 물론 측량이 세밀한 것은 아니지만, 『금사』 「지리지」 휼품로(恤品路) 조항에 "서남쪽으로 합라까지는 1천 2백 리이다(西南至合懶一千二百里)"라고 한 것을 참고하면, 합라로의 치소는 결코 길주 이북은 아닌 듯하다. 휼품로의 치소는 수분하(綏芬河) 연안일 것이므로, 두만강에서 가장 먼 지점으로 잡아도 그 사이는 6백 리(한국 리)를 넘지 않을 것이다. 그렇다면 휼품로 치소와 길주 사이의 거리는 1천 2백 리(한국 리) 이내가 되고, 앞의 예에 따라 계산하면 금대의 1천 2백 리 보다는 짧은 거리일 것이다. 이 계산에 의하면 합라로의 치소는 길주보다 남쪽으로 보인다. 이 추산은 합라로 조항에서 말한 거리와 맞지 않지만, 양쪽에 다소의 과부족이 있다고 간주하면 길주가 합라로의 치소였다고 보아도 타당하다고 하겠다. 길주는 두만강 이남, 정평 이북의 가운데에 있고 남쪽에 마천령(摩天嶺)의 험지를 끼고 있다. 또 여러 하천이 좌우에서 감싸고 흐르는 등 지리적 이점이 매우 많아서 지금의 함경도 일대의 중심축이다. 합라로의 치소가 될 만한 곳이다.

그렇다면 이록고수 즉 을리골수는 길주 근처인 사하동천(斜下洞川)일 것이다. 『금사』 「오행지(五行志)」에 "천회 2년, 갈라 이록고수에서 장맛비로 농작물에 피해가 발생하고 또 메뚜기 피해가 발생했다(天會二年, 曷懶移鹿古水, 霖雨害稼, 且爲蝗所食)"고 한 것도 을리골수가 경작지 평야를 관개하는 큰 강임을 나타내는 것이다. 이와 같이 을리골수가 사하동천이라면 을리골산은 길주 평야의 남쪽 경계인 마천령 산맥일 것이다. 마천령은 지금의 함경남북도를 가르는 천험으로, 그 북쪽으로는 두만강 연안에 이르기까지 병마의 진행을 저해할 관애가 없다. 석적환이 통문 부근의 군사를 거느리고 을리골령에 이르렀다고 한 것과 부합되는 것이다. 또 남쪽으로는 함흥평야에 이르기까지 자연적으로 연속된 한 구역을 이루므로, 을리골령 남쪽의 갈라전이 자연지리상의 한 구획으로 여겨지는 것과도 일치한다. 따라서 마천령이 을리골산이라는 것은 더욱 확실해진다.

갈라전의 범위

『금사』에서 갈라전 경략에 관한 기사를 보면 을리골령 남쪽의 하천에 대한 언급은 많지만 산봉우리를 언급한 내용은 하나도 없다. 만약 을리골령이 마천령의 남쪽에 있었다면 남쪽을 침공할 때 마천령을 꼭 경유해야 하는데 전혀 그러한 언급 없이 하천만 많이 늘어놓았다는 것도 을리골령이 곧 마천령임을 보여주는 것이다.(하천에 관해서는 뒤에서 다시 설명하기로 한다.) 또 앞에서 인용한 문장 중 "을리골령 복산부의 호석래 발근이 고려와 여진 사이에 거주하고 있었다"는 기록도 이상의 추론을 뒷받침한다. 호석래를 초치하기 위해 파견한 사절로 하여금 의원을 고려에 돌려보내도록 했으므로, 을리골령은 고려의 북경에서 멀지 않은 곳 즉 마천령으로 볼 수 있는 것이다. 따라서 갈라전은 마천령 이남, 정주 이북 지역을 총칭하는 것임을 알 수 있다. 다만 당시 이 지방의 여진은 통일되지 않았으므로 갈라전은 정치적 구역의 명칭은 아니다.

갈라전의 경략

완안영가가 통문수 방면에서 서남쪽으로 내려가 을리골령 동북쪽을 점령한 후 한걸음 더 나아가 산마루를 넘어 갈라전을 병합하려고 한 것은 자연스러운 추세이다. 이때 아소(阿疏)가 갈라전 지방에서 한 행동은 마침 좋

은 기회를 제공한 듯하다. 아소는 성현수(星顯水)의 흘석렬부(紇石烈部, 두만
강 부근일 것이다) 사람인데 영가에게 저항하여 요로 도망갔다가 갈라전 사람
을 선동하여 남쪽에서 영가에게 대항하게 했다. 영가는 이를 계기로 갈라
전을 정복하고 근심의 뿌리를 뽑으려 했을 것이다.

갈라전 남부에 대한 금과 고려의 충돌

그런데 갈라전 남부(북청 이남)의 여러 여진 부락들은 앞에서 말한 것처럼
거의 고려의 신속(臣屬)이었으므로 영가의 이 경략은 결국 고려와 충돌을
야기했다. 『금사』「고려전」을 통해 당시의 상황을 엿볼 수 있다.

갈라전의 여러 부족들이 전부 내부하려고 하자 고려가 이 소식을 듣고는 내
부하지 않게 하려고 했다. 자신과 가까워서 불리할까 염려하여 사람을 시켜서
불러들여 중지시켰다. 사갈이 고려에 있으면서 갈라도를 왕래하기도 하는 중
에 그 일을 모두 아는, 마침내 석적환으로 하여금 갈라전으로 가서 사람들
을 귀부하게 했다. 출발하기 전에 목종이 죽었다. 강종이 왕위를 이은 뒤 석적
환을 보내어 성현, 통문의 병사를 거느리고 을리골령으로 가서 군사를 더 모
집하여 활열수로 나아가 갈라전을 순행하고, 반란을 일으키고 도망간 7성을
수습하도록 했다. 고려가 사람을 보내어 와서 마땅히 의논해야 할 일이 있다
고 했다. 갈라전의 관속이 사륵 상온과 야랄보 상온으로 하여금 가게 했고, 석
적환도 역시 배로로 하여금 가게 했다. 고려가 야랄보 [등]을 잡아두고 배로를
보내면서 말하기를, 너와는 상대할 일이 없다고 했다. 이에 오수의 백성들이
모두 고려에 귀부했다.

(曷懶甸諸部, 盡欲來附, 高麗聞之, 不欲使來附, 恐近於己而不利也, 使人邀止
之, 斜葛在高麗, 及往來曷懶道中, 具知其事, 遂使石適歡往納曷懶甸人, 未行, 而

穆宗沒, 康宗嗣, 遣石適歡, 以星顯, 統門之兵, 往至乙離骨嶺, 益募兵, 趣活涅水, 徇地曷懶甸, 收叛亡七城, 高麗使人來告曰, 事有當議者, 曷懶甸官屬使斜勒詳穩, 冶剌保詳穩往, 石適歡亦使盃魯往, 高麗執冶剌保[保等], 而遣盃魯, 曰無與爾事, 於是, 五水之民皆附於高麗)

문장 중에 "반란을 일으키고 도망간 7성"은 고려에 귀부한 부락을 말하는 것이며, 석적환의 군사가 그것을 점령했기 때문에 고려가 항의하여 이 부락들은 다시 고려에 귀속된 것이다. "오수의 백성들이 모두 고려에 귀부했다"는 것은 아마도 그 의미일 것이다. 오수(五水)는 함흥에서 북청에 이르는 지역에 있는 몇 줄기 하천을 총칭한 것으로 성천강(城川江)의 두 지류와 홍원 근처의 신익천(新翼川), 그 북쪽의 요원수(要原水), 북청의 대천(大川)을 꼽으면 바로 5개가 된다. 따라서 "오수의 백성"은 전년부터 고려에 내부한 지방을 가리키는 것이 틀림없다.

갈라전이 모조리 금에 귀순하다

두 세력의 충돌은 이것으로 멈추지 않았다. 강종(오아속烏雅束)은 반드시 갈라전 정복을 결행하고자 했을 것이다. 『고려사』 숙종 9년(갑신년) 조항에 다음과 같은 기록이 있다.

동여진의 추장 오아속이 별부의 부내로와 틈이 생기자, 공형지조를 보내 군사를 일으켜 그들을 공격하고 기병이 와서 정주 관문 밖에 진을 쳤다. (중략) 왕이 문하시랑평장사 임간을 판동북면행영병마사로 임명하고, 선정전에 나아가 부월을 내리고 가서 대비하게 했다.

(東女眞酋長烏雅束, 與別部夫乃老, 有隙, 遣公兄之助, 發兵攻之, 騎兵來屯定

州關外, (中略) 王以門下侍郎平章事林幹, 判東北面行營兵馬事, 御宣政殿, 授鈇鉞, 往備之)

고려의 패전

고려 정부는 상황이 심상치 않다는 것을 알아차린 것이다. 그런데 "임간이 여진과 정주성 밖에서 싸워 패전했다(林幹與女眞, 戰于定州城外敗績)"는 기록에서 보듯이 임간(林幹)의 군사는 바로 금나라 군에게 패했다. 정부는 다시 윤관을 동북면행영병마도통(東北面行營兵馬都統)으로 임명하여 파견했지만 "윤관이 여진과 싸워 30여 명의 머리를 베었는데, 우리 군대의 사상자와 실종자도 과반이 넘었다(尹瓘與女眞戰斬三十餘級, 我軍死傷陷沒者過半)"고 한 것을 보면 역시 실패로 끝났다. 『금사』의 다음 기록은 바로 임간 및 윤관과 상대한 두 번의 싸움을 말하는 것이다.

갑신년에 고려가 공격해왔으나 석적환이 크게 격파했다. 죽이고 노획한 것이 매우 많았으며, 그 국경까지 추격하여 들어가서 방어진지를 불살라버리고 돌아왔다. 4월에 고려가 다시 공격해왔다. 석적환이 5백 명을 거느리고 벽등수에서 방어하여 다시 격파했으며, 벽등수로 추격해 들어가서 그 남은 무리를 국경 너머로 쫓아버렸다.

(甲申, 高麗來攻, 石適歡大破之, 殺獲甚衆, 追入其境, 焚略其戍守而還, 四月, 高麗復來攻, 石適歡以五百人, 禦於闢登水, 復大破之, 追入闢登水, 逐其殘衆踰境)

고려가 졌다는 것은 『고려사』와 『금사』의 내용이 일치한다. 이때 고려는 다시 군사를 파견할 용기가 없었고, 정주의 관방 밖은 모두 오아속이 장악하게 된 것이다.

갈라전의 치소 삼살

『고려사』와 『금사』 양쪽의 기록은 다음과 같다.

결국 언사를 낮추어 강화하여 맹약을 맺고 돌아왔다.(『윤관전』)

(遂卑辭講和, 結盟而還)

이에 고려왕은 (중략) 사신을 보내어 화친을 청하여 왔다. 드디어 사갈로 하
여금 강계를 바르게 정하도록 했는데, 을리골수와 갈라전의 활예수에 이르러
2개월을 머물렀다. (중략) 강종이 사갈을 소환하고 석적환을 파견하여 가게 했
다. 석적환은 삼잔수에 막부를 설치하고, 일찍이 몰래 고려와 왕래하면서 난
리의 단초를 제공한 사람들은 바로 그 죄를 바르게 처벌했다.(『금사』)

(於是, 高麗王 (中略) 遣使來請和, 遂使斜葛正[經正]疆界, 至乙離骨水, 曷懶甸活
禰水, 留之兩月, (中略) 康宗召斜葛還, 而遣石適歡往, 石適歡立幕府于三潺水, 其
嘗陰與高麗往來爲亂階者, 卽正其罪)

이리하여 종래 귀순한 북청 이남의 여러 부락들은 완전히 금에 속하게
되었다.

삼잔수

위 인용에서 삼잔수(三潺水)라는 것은 삼산(三山, 또는 삼살三撒)과 같은 말
이며, 북청 근처를 흐르는 큰 하천이다. 석적환이 이곳에 막부를 세운 것은
이곳이 갈라전의 중앙인 일대 평야이자 이 지방의 추축이기 때문이다. 또

이 부근의 여러 부락들이 원래 고려에 귀속되었기 때문에 그들을 복종시킬 필요도 있었을 것이다. 석적환이 이 지역에서 고려와 내통한 토착민을 처벌한 것은 그 때문이다. 이렇게 고려는 한때 스스로 자랑스러워했던 기미주(羈縻州)를 잃었다. 하지만 그 한을 어찌 잊을 수 있겠는가. 예종 3년 윤관의 토벌은 이 원수를 갚고 옛 영토를 회복하겠다는 뜻이었던 것이다.

벽등수와 활열수

벽등수(鼊登水)는 국경과 가까운 곳에 있으므로 아마도 함흥 근처인 성천강(城川江)일 것이다. 활열수(活涅水, 활예수活禰水)는 을리골령 남쪽에 있는데, 이곳에서 갈라전을 순행하고 배반한 7성을 수습했다고 했으므로 고려에 귀부한 부락의 거주지일 것이다. 이 지역의 하천으로 북청의 대천은 삼잔수라고 불렸고 함흥의 성천강은 벽등수라고 불렸으니 활열수는 홍원(洪源)의 신익천(新翼川)일 것이다. 또『금사』「본기」에 따르면 주아문수(注阿門水)도 을리골령 부근에 있는 것 같다.

태조[사]는 목종에게 통문, 혼준, 야회, 성현의 4로 및 영동의 각 부족은 지금부터 다시는 도부장을 칭하지 못하도록 건의하여 허락받았다. 승관과 추아등에 명하여 을리골령과 주아문수의 서쪽 각 부에 사는 백성들을 위무하여 안정시키도록 했다.

(太祖[師]因致穆宗, 教統門, 渾蠢, 耶悔, 星顯四路及嶺東諸部, 自今勿復稱都部長, 命勝官醜阿等撫定乙離骨嶺, 注阿門水之西, 諸部居民)

주아문(注阿門)이라는 말은 통문과 비슷하지만, 이 문장에는 따로 통문이라는 두 글자가 있다. 또한 앞에서 말한 것처럼 두만강인 통문수와 을리골령 사이는 다소 거리가 있으므로, 여기서 말하는 주아문수는 두만강이 아니다. 그렇다면 주아문수는 을리골령 부근의 또 다른 하천일 것이다. 따라서 "을리골령과 주아문수의 서쪽 각 부에 사는 백성들을 평정하게 했다"고한 것은 갈라전 경략의 의도를 말하는 듯하다. 이 일이 목종 7년 전으로 기록되어 있지만 호석래(胡石來)가 을리골령 동쪽의 여러 부족들을 거느리고 귀부한 일과 거의 동시로 여겨지므로 이와 같이 해석해도 무방할 것이다.

금과 고려의 교섭이 시작된 시기

영가와 고려의 교섭이 언제 시작되었는지는 『금사』와 『고려사』 모두 분명하게 기록하지 않았다. 『금사』「고려전」에 영가가 의원을 돌려보낸 기사를 다시 보면 다음과 같은 내용이 이어진다.

의원이 돌아가 고려에 도착하여 고려인들에게 말하기를, 여진족으로 흑수부에 사는 부족은 날로 강성해져서 군대는 더욱 정예화되었으며 농사는 해마다 풍년이 든다고 했다. 고려의 왕이 이 말을 듣고 마침내 여진에 사신을 통했다. 얼마 후에 호석래가 귀부해왔으며 드디어 을리골령 동쪽의 여러 부족을 거느리고 모두 내부했다. 목종 10년 계미에 (중략) 소해리를 격파하게 되자 알로한을 시켜 고려에 가서 승전을 알리게 했더니, 고려도 역시 사신을 보내어 하례해 왔다.

(醫者歸至高麗, 因謂高麗人, 女直居黑水部者, 部族日疆[强], 兵益精悍, 年穀屢稔. 高麗王聞之乃通使于女直, 旣而胡石來來歸, 遂率乙離骨嶺東諸部, 皆內附, 穆宗十年癸未 (中略) 及破蕭海里, 使幹魯罕往高麗報捷, 高麗亦使使來賀)

여기서 알 수 있는 것은 단지 목종 10년 이전이라는 것뿐이다. 『금사』

「본기」에 따르면 소해리(蕭海里) 공격은 목종 9년이다. 『고려사』는 의원을 돌려보낸 일을 숙종 8년(금 목종 10년) 조항에 기재하고 있는데, 이는 고려와 금이 교섭한 유래를 설명하기 위해 덧붙인 것에 지나지 않는다. 목종 10년 이전에 고려의 사절이 금을 방문했다면 의원의 송환은 분명 그 수 년 전이었을 것이다. 「본기」에 따르면 통문수 부근의 경략은 목종 3~6년 사이에 시작되었다. 따라서 고려와 교통을 연 것은 아마도 이때이며, 그 의도는 반드시 의원의 송환만이 아니었을 것이다. 을리골령 복산부(僕散部)의 초치가 동시에 진행되었다는 것을 보아도 알 수 있다. 을리골령 부근이 복속된 시기는 이로써 거의 알 수 있을 것이다.

3) 윤관의 정벌

윤관 출병의 목적

「윤관전」에는 갑신년의 패전 기사에 이어서 다음과 같은 기사가 있다.

왕이 분노하여 천지신명에게 고하기를, 원컨대 은밀하게 도움을 주어 적의 지경을 소탕하게 해주시라고 했다. (중략) 윤관이 (중략) 아뢰어 말하기를, 신이 적의 기세를 보건대 예측하기 어려울 정도로 굳세니, 마땅히 군사를 쉬게 하고 군관을 길러서 후일을 기다려야 할 것입니다. 또 신이 싸움에서 진 것은 적은 기병인데 우리는 보병이라 대적할 수가 없었습니다, 라고 했다. 이에 건의하여 처음으로 별무반을 만들었다. (중략) 군사를 훈련시키고 군량을 비축하여 다시 군사를 일으킬 것을 도모했다. (중략) 예종이 즉위하고 상사로 인하여 출병시킬 겨를이 없었다. 2년에 변방의 장수가 보고하기를, 여진이 매우 사나워 변방의 성을 침략하고 있습니다. 그 추장이 조롱박 하나를 꿩 꼬리털에 매달 아 여러 부락에 돌려 보이면서 의논하고 있으니 그들 [마음]을 예측하기 어렵습 니다, 라고 했다. 왕이 그것을 듣고 중광전에 나아가 불감에 감추어둔 숙종의 발원문을 양부 대신에게 보였다. 대신들이 받들어 읽고 눈물을 흘리며 말하기 를, 성고의 남기신 뜻이 이처럼 깊고 간절하시니 어찌 잊을 수 있겠습니까, 라 고 했다. 이에 상서하여 선왕의 뜻을 이어 여진을 정벌하기를 청했다. (중략) 드 디어 출병하기로 의논을 정하여 윤관을 원수로 삼고 (중략) 오연총을 부원수로 삼았다.

(王發憤告天地神明, 願借陰扶, 掃蕩賊境, (中略) 瓘 (中略) 奏曰, 臣觀賊勢, 倔强 難測, 宜休徒養士以待後日, 且臣之所以敗者, 賊騎我步, 不可敵也, 於是建議, 始 立別武班, (中略) 鍊兵畜穀以圖再擧, (中略) 睿宗卽位, 以喪未遑出師, 二年, 邊將 報, 女眞强梁侵突邊城, 其酋長以一胡蘆縣雉尾, 轉示諸部落以議事, 其以[心]叵測, 王聞之, 出重光殿佛龕所藏肅宗誓疏, 以示兩府大臣, 大臣奉讀, 流涕曰, 聖考遺旨 深切若此, 其可忘諸, 乃上書, 請繼先志伐之, (中略) 遂定議出師, 以瓘爲元帥 (中略) 吳延寵副之)

예종 2년에 이루어진 윤관의 출정은 갑신년의 치욕을 씻기 위한 것이었 음이 분명하다.

토벌군의 부서 및 행정

윤관은 오연총(吳延寵)과 함께 그 목적을 마음속에 품고 토벌의 길에 올 랐다. 정주에 이르러 부서를 정하고 좌군, 중군, 우군의 3군을 편제하여, 좌군과 중군은 정주에서, 우군은 선덕진에서 출발시켰다. 또 별도로 해군 을 도린포(道鱗浦, 도련포都連浦)에서 출범시키고 스스로 한 군을 거느리고 정주를 떠났다.

정복지의 한계에 관한 『고려사』의 기재

윤관 전은 그 행군을 다음과 같이 기술했다.

윤관이 대내파지촌을 지나 한나절을 행군하니, 여진은 군세가 매우 강한 것을 보고 모두 도망쳐 달아나고 다만 가축만 들판에 흩어져 있었다. 문내니촌에 이르자 적들은 동음성으로 들어가 지킬 뿐이었다. 윤관이 병사와 [병마]영할임언, 최홍정을 보내 정예 병사를 거느리고 급습하여 격파하였다[패주시켰다]. 좌군이 석성 아래에 이르렀다. (중략) 윤관의 휘하들이 좌군과 합세하여 공격하고 죽을 각오로 싸워 크게 무찔렀다. (중략) 또 최홍정을 보내 (중략) 이위동의 적을 공격했다. (중략) 중군이 고사한 등 35개 촌을 격파하고 (중략) 우군은 광탄 등 32개 촌을 격파했고 (중략) 좌군은 심곤 등 31개 촌을 격파했으며 (중략) 윤관의 군대는 대내파지로부터 37개 촌을 격파했다. (중략) 윤관이 또 여러 장수를 나누어 보내 경계를 획정했는데, 동쪽으로는 화곶령에 이르고 북쪽으로는 궁한이령에 이르렀으며, 서쪽으로는 몽라골령에 이르렀다. 또 일관 최자호를 보내어 땅을 살피고는 몽라골령 아래에 성랑 950칸을 짓고 영주라고 칭하고, 화곶령 아래에 992칸을 짓고 웅주라 칭했으며, 오림금촌에 774칸을 짓고 복주로 칭했다. 궁한이촌에는 670칸을 짓고 길주라고 불렀으며, 또 호국인왕사와 진동보제사 두 절을 영주성 안에 창건하였다.

(瓘過大乃巴只村, 行半日, 女眞見軍勢甚盛, 皆遁走, 唯畜産布野, 至文乃泥村, 賊入保多音城, 瓘遣兵[兵馬], 鈴轄林彦與弘正, 率精銳急攻破[破走]之, 左軍到石城下, (中略) 瓘麾下與左軍合擊殊死戰大破之, (中略) 又遣弘正 (中略) 擊伊位洞賊, (中略) 中軍破高史漢等三十五村, (中略) 右軍破廣灘等三十二村, (中略) 左軍破深昆等三十一村, (中略) 瓘軍自大乃巴只破三十七村, (中略) 瓘又分遣諸將, 畫定地界, 東至火串嶺, 北至弓漢伊嶺, 西至蒙羅骨嶺, 又遣日官崔資顯, 相地, 於蒙羅骨嶺下, 築城廊九百五十閒號英州, 火串嶺下, 築九百九十二閒, 號雄州, 吳林金村, 築七百七十四閒, 號福州, 弓漢伊村築六百七十閒, 號吉州又創護國仁王, 鎭東普濟二寺於英州城中)

이 글에 따르면 윤관의 군사는 동음성(冬音城) 및 석성(石城)에서만 적군의 저항에 부딪쳤을 뿐 매우 쉽게 135개 촌락을 점령한 것이다. 『금사』에 따르면 금은 이때 아직 갈라전 지방에 많은 수비대를 두지 않은 것처럼 보이므로 고려군에 저항한 자는 대부분 토착민인 여진족이었을 것이다. 쉽게 정복한 것은 이 때문이었다.

9성의 축조

윤관은 점령 후 앞에서 언급한 4성을 쌓아 수비했고, 이듬해 예종 3년에 다시 함주(咸州) 및 공험진(公險鎭)을 두고 또 의주(宜州), 통태(通泰), 평융(平戎)의 3진을 쌓아 9성으로 했다고 한다. 『금사』 「고려전」에 "고려는 (중략) 갈라전으로 출병하여 9성을 쌓았다(高麗 (中略) 出兵曷懶甸築九城)"고 했고, 「본기」에도 "고려는 (중략) 갈라전에 9성을 쌓고 수만 명의 군사로 공격해왔다(高麗 (中略) 築九城於曷懶甸, 以兵數萬來攻)"고 되어 있다. 이리하여 윤관은 개선했다. 그런데 위의 9성의 명칭은 「윤관전」에 의한 것으로, 의주라는 명칭이 등장하는 것이 의심스럽다. 「세가」 예종 4년에 점령지의 성들을 철폐한 기사에는 진(鎭)의 이름이 숭녕(崇寧), 통태, 진양(眞陽), 선화(宣化)로 되어 있는데, 여기에 5주 및 공험진을 더하면 10개가 되고, 평융진을 더하면 11개가 되어 9성이라는 호칭과 맞지 않는다. 이는 「지리지」에 이미 언급되어 있다. 따라서 9성이라는 호칭은 유래가 분명하지 않다.

금의 남하와 점령지 포기

한편 수비의 허를 찔러 고려군에게 이들 지역을 점령당한 금은 대군을 파견하여 회복하려고 했다. 『금사』의 기록을 통해 그 상황을 살펴보자.

무리들이 모두 말하기를, 거병하는 것은 불가하다고 했다. (중략) 태조는 홀로 말하기를, 만약 거병하지 않으면 어찌 갈라전을 잃는데 그치겠는가. 여러 부족이 모두 우리 소유가 되지는 않을 것이다, 라고 했다. 강종은 그렇다고 하여, 이에 알새[채]로 하여금 군사를 거느리고 정벌하도록 하여 고려 [군사]를 대파했다. 6월에 고려가 [많은] 군사를 거느리고 와서 싸웠는데 알새[채]가 패배시키고 진격하여 그 성을 포위했다.(『고려전』)

(衆咸曰, 不可擧兵也, (中略) 太祖獨曰, 若不擧兵, 豈止失曷懶甸, 諸部皆非我[吾]有也, 康宗以爲然, 乃使斡塞[賽]將兵伐之, 大破高麗[麗兵], 六月, 高麗率兵[衆]來戰, 斡塞[賽]敗之, 進圍其城)

알채가 그들을 패배시키고 알로도 역시 9성을 축성하여 고려의 9성과 상대했다. 고려가 다시 공격해오자 알채가 다시 패배시켰다.(『본기』)

(斡賽敗之, 斡魯亦築九城, 與高麗九城相對。高麗復來攻, 斡賽復敗之)

이때 웅주와 길주는 거듭된 금군의 공격으로 포위당했고, 윤관과 오연총이 다시 출병하여 구하려고 했지만 결국 지탱할 수 없었다. 이듬해에 여러 성과 진들을 철폐하고 이 점령지를 다시 금에게 양도하게 되었다.

참고로 『고려사』「세가」에서 윤관의 정략에 관한 기사를 추리면 다음과 같다.

① 윤관이 여진을 쳐서 크게 패배시키고, 여러 장수를 보내 경계를 정하여 웅주, 영주, 복주, 길주의 4주에 성을 쌓았다.(예종 2년 10[12]월 병신)

(尹瓘擊女眞大破之, 遣諸將定地界. 築雄, 英, 福, 吉, 四州城)

② 여진이 웅주를 포위하자, 최홍정이 성문을 열고 나가 격파하여 그들을 크게 물리쳤다.(예종 3년 2월 임진)

(女眞圍雄州, 崔弘正開門出擊大敗之)

③ 상서 유택을 함주대도독부사로 임명하고 영주, 복주, 웅주, 길주 4개 주와 공험진에 방어사를 설치했다.(예종 3년 2월 갑오)

(以尙書柳澤爲咸州大都督府使, 置英, 福, 雄, 吉, 四州及公嶮鎭防禦使)

④ 윤관이 (중략) 공험진에 비를 세워 경계로 삼았다.(예종 3년 2월 무진[신])

(尹瓘 (中略) 立碑于公嶮鎭, 以爲界至)

⑤ 여진이 영주성 밖에 진을 치자, 관군이 나아가 싸워 그들을 격퇴했다.(예종 3년 3월 기묘)

(女眞來屯英州城外, 官軍出戰敗之)

⑥ 윤관이 또 의주, 통태, 평융에 세 성을 쌓고, 남계의 백성을 이주시켜 새로 쌓은 9성을 채웠다.(예종 3년 3월 경진)

(尹瓘又築宜州, 通泰平戎三城, 徙南界民, 以實新築九城)

⑦ 여진이 목책을 설치하고 웅주성을 포위했다.(예종 3년 4월 무자)

(女眞設柵, 圍雄州城)

⑧ 윤관과 오연총이 전투에서 이기고 돌아왔다.(예종 3년 4월 기축)

(尹瓘, 吳延寵凱還)

⑨ 오연총이 웅주에 이르러 여진을 쳐서 그 무리를 격파했다.(예종 3년 5월 계축)

(吳延寵至雄州, 擊女眞, 破走之)

⑩ 윤관에게 다시 여진을 정벌하라고 명령했다.(예종 3년 7월 을묘)

(命尹瓘, 復征女眞)

⑪ 오연총이 돌아왔다.(예종 3년 8월 정해)

(吳延寵還)

⑫ 왕자지와 척준경이 함주와 영주에서 여진과 싸웠다.(예종 3년 8월 무자)

(王字之, 拓俊京, 與女眞戰于咸, 英二州)

⑬ 윤관이 적의 머리를 바쳤다.(예종 3년 8월 경인)

(尹瓘獻馘)

⑭ 유익과 송충, 박회절 등이 여진과 길주에서 싸우다가 죽었다.(예종 3년 8월
계사)

(庾翼, 宋忠, 朴懷節等與女眞戰于吉州, 死之)

⑮ 왕자지와 척준경이 사지령에서 여진을 공격했다.(예종 3년 9월 계해)

(王字之, 拓俊京, 擊女眞于沙至嶺)

⑯ 왕사근과 하경택 등이 함주에서 여진과 싸우다 전사했다.(예종 4년 정월 기유)

(王思謹, 河景澤等與女眞戰于咸州死之)

⑰ 장문위 등이 여진과 숭녕진에서 싸웠다.(예종 4년 3월 신해)

(長文緯等與女眞戰于崇寧鎭)

⑱ 임언, 척준경 등이 하직 인사를 올렸다.(예종 4년 3월 계축)

(林彦, 拓俊京等陛辭)

⑲ 허재와 김의원 등이 길주의 관문 밖에서 여진과 싸웠다.(예종 4년 3월 을묘)

(許載, 金義元等與女眞戰于吉州關外)

⑳ 오연총이 하직인사를 올렸다.(예종 4년 4월 무인)

(吳延寵陛辭)

㉑ 동여진이 다시 사현을 보내어 변방을 두드리며 화친을 청했다.(예종 4년 4월 갑진)

(東女眞復遣史顯, 欸塞請和)

㉒ 여진이 선덕진에 침략했다.(예종 4년 5월 경술)

(女眞寇宣德鎭)

㉓ 여진이 길주를 포위하여 오연총이 군사를 이끌고 구하려 했으나 크게 패했다.(예종 4년 5월 경신)

(女眞圍吉州, 吳延寵引兵救之, 師大敗)

㉔ 윤관을 서북로에 파견했다.(예종 4년 5월 을축)

(遣尹瓘于西北路)

㉕ 윤관과 오연총이 군대를 이끌고 길주를 구원하려다가, 여진이 화친을 요청한다는 소식을 듣고 정주로 되돌아왔다.(예종 4년 6월 을유)

(尹瓘, 吳延寵引兵救吉州, 聞女眞請和, 還定州)

㉖ 9성의 반환을 의논했다.(예종 4년 6월 병신)

(議還九城)

㉗ 동번의 사신 요불과 사현 등이 내조했다.(예종 4년 6월 기해)

(東蕃使裹弗史顯等來朝)

㉘ 왕이 요불 등을 접견하고 9성의 반환을 허락했다.(예종 4년 7월 병오)

(引見裹弗等許還九城)

②의 웅주 포위 사건은 「윤관전」에는 3월의 영주성 싸움 뒤에 기록되어 있다. ⑧의 기록은 윤관이 개성에 돌아온 날을 말하는 것이고, ⑩에서 다시 정벌을 명받고 나갔다가 귀경한 것이 ⑬의 기록인 듯하다. ㉔에서 윤관을 서북로에 파견했다는 것은 동북의 오류일 것이다.

4) 윤관의 정략 지역 및 여러 성보의 위치

함주의 위치

윤관의 정복 지역과 여러 성진(城鎭)들의 위치를 차례로 고찰하기로 하자. 먼저 함주(咸州)는 「지리지」에 지금의 함흥 부근이라고 한 설명에 아무런 문제가 없다. 함주는 대도독부가 설치된 곳이므로, 본토의 북쪽 경계인 정평과 가깝고 급한 일이 생겼을 때 내지와도 잘 연락할 수 있는 함흥 부근이 이치상 합당하다.

영주의 위치

영주(英州)는 점령지의 서쪽 경계에 있고 몽라골령(蒙羅骨嶺) 아래라고 한다. 그런데 웅주(雄州)가 영해군방어사(寧海軍防禦使)로 불린 것에 대해 영주를 안령군방어사(安嶺軍防禦使)라고 한 것으로 볼 때 웅주는 해변에 위치하고, 영주는 산간에 위치한 것이 분명하다. 한편 몽라골이라는 이름은 문종 원년에 여러 부락들 가운데 가장 앞서 귀부한 몽라고(蒙羅古)일 것이다. 정평에서 멀지 않은 지역에 있다는 것은 앞에서 말한 바와 같다. 또 「윤관전」에 다음과 같은 기록이 있으므로 영주가 병목(甁項)의 작은 길에서 이쪽편에 있다는 것을 알 수 있다.

이듬해(예종 6년)에 윤관과 오연총이 정예병 8천 명을 이끌고 가한촌 병목의 작은 길로 나갔다. 적이 무성한 풀숲 사이에 복병을 두고 윤관의 군대가 오기를 기다려 급습하므로, 군졸들이 모두 흩어지고 오직 10여 명만 남았다. (중략) 윤관 등이 해가 저물어서야 영주성에 돌아왔다.

(明年瓘, 延寵率精兵八千, 出加漢村甁項小路, 賊設伏叢薄間, 開候,[候] 瓘軍至,

急擊之, 軍皆潰, 僅十餘人在, (中略) 瓘等以日晚還入英州城)

병목

병목에 대해서는「윤관전」에 설명이 나온다.

이위의 경계 위로 산이 잇달아 연결되어 있는데, 동해안으로부터 우뚝 솟아 우리의 북쪽 변방에 이르기까지 매우 험하고 황량하여 사람이나 말이 넘어갈 수가 없었다. 틈새로 길이 하나 있어 속칭 병목이라 했는데, 출입하는 구멍이 하나뿐이라 그렇게 말하는 것이다. 공을 세우려는 사람이 때때로 의견을 올리 기를, 그 길을 막아버리면 오랑캐의 길이 끊어질 것이라고 했다.

(伊位界上有連山, 自東海岸崛起, 至我北鄙, 險絶荒翳, 人馬不得度, 閒有一逕, 俗謂甁項, 言其出入一穴而已, 邀功者, 往往獻議, 塞其逕則狄人路絶)

고려의 북쪽 경계이며 동쪽에 근접한 곳은 영원(寧遠)과 평로(平虜) 지방 이다. 그곳에서 동해안으로 이어지는 산맥은 대동강의 가장 북쪽 수원인 낭림산(狼林山)에서 황초령(黃草嶺), 부전령(赴戰嶺)을 거쳐 대백산(大白山)의 산군(山群)을 이루는 것이다. 병목은 그 산맥 중의 한 경로인 것이다.

이위

고려 사람은 병목의 험준함을 이위(伊位)와 관련해서 알게 된 것인데, 이 위는 숙종 6년 2월에 "동여진의 이위촌 도령 괴부 등 30인이 내조했다(東女 眞伊位村都領怪夫等三十人來朝)"고 한 것으로 보아 당시에 이미 고려에 친화 된 부락이다. 따라서 북청평야의 이남 지역으로 추측할 수 있다. 그런데 앞 에서 인용한 윤관의 진군 기사에 "홍정을 보내어 (중략) 이위동의 적을 공격했다(遣弘正 (中略) 擊伊位洞賊)"고 했으므로, 그곳이 윤관의 진군로가 아닌 다른 방면이었음을 알 수 있다. 윤관이 어디에서 이위동(伊位洞)을 향해 홍정(弘正) 등을 파견했는지 분명하지 않지만, 함흥 부근으로 추정되므로 이위동은 함흥평야를 관통하는 성천강(城川江) 상류 지방일 것이다. 따라서 이위와 관련해서 알려진 병목은 부전령 혹은 황초령일 것이다. 그렇다면 병목은 중강(仲江) 유역의 서여진과 동여진의 교통로에 해당할 것인데, 고려 사람은 이것을 동여진이 정주 관외로 오는 길목으로 잘못 생각한 것이다. 따라서 병목은 부전령보다는 황초령이라고 하는 것이 타당할 것이다. 윤관이 그 목적지를 점령하고 4주에 성을 둔 후, 이듬해에 영주에서 병목으로 나아간 것을 보아도 그 목적이 동여진의 중심 지역이 아닌 다른 방면을 개척하려 했다는 것을 알 수 있고, 병목을 황초령으로 비정하면 그 형세와도 부합한다. 아마 병목이라는 이름은 일찍부터 고려에 잘 알려져 있었고 동여진의 습격을 방어할 유일한 천험처럼 여겨졌을 텐데, 윤관은 출병하여 이러한 험준한 곳을 만나지 않았다. 따라서 전해들은 것과 다르다는 사실에 놀랐던 것이다.

처음에 조정에서 의논하기를 병목 지역을 차지하여 그 길을 막으면 오랑캐에 대한 근심이 영원히 없어질 것이라고 하여 이때 이르러 공격하여 빼앗았는데, 물과 뭍으로 도로가 통하지 않는 곳이 없어 전에 듣던 것과 매우 달랐다.(『윤관전』)

(初朝議以得瓶項, 塞其徑, 狄患永絶, 及其攻取, 則水陸道路, 無往不通, 與前所聞絶異)

그런데 이후 윤관은 병목이 다른 방면에 존재한다는 것을 알게 되었고,

역시 그곳을 방치할 수 없다고 생각하여 어떤 방비를 마련하고자 했으므로 앞에서 말한 전투가 일어나게 되었을 것이다. 고찰 방향이 약간 벗어났지만 병목의 방위는 이상의 고찰을 통해 알 수 있을 것이다.

영주성

이상을 종합해 보면, 영주성은 함흥의 서북쪽, 오로촌천(吾老村川) 유역의 어떤 지점에 있으며, 황초령(병목) 방면의 적에 대한 방어로서 축성되었을 것이다. 이른바 몽라골령도 오로촌천의 수원인 황초령과 같은 것일 것이다. 예종 3년 8월에 "왕자지와 척준경이 함주와 영주에서 여진과 싸웠다"(⑫)고 했으므로, 영주성은 함주에 가깝다. 뒤에서 살펴보겠지만 웅주와 길주가 금군에게 포위되었을 때 영주가 그 영향을 전혀 받지 않은 것도 그 때문일 것이다. 영주 부근의 전투는 앞에서 말한 병목 전투에 이어진 싸움(⑤)과 같은 해 8월의 싸움(⑫) 뿐인데, 그 적이 모두 토착민이었다. 전자는 금의 침공 이전의 일이기 때문일 것이고(금 침공의 시기에 관해서는 뒤에 상술함), 후자에 대해서는 영주가 함주와 같은 사정이었다고 보면 설명이 된다. 웅주와 길주가 존재하는데 금이 함주를 침공할 리가 없다. 영주성 내에 특별히 불교 사찰을 만든 것도 그곳이 내지와 가까운 지역임을 보여주는 것이 아닐까. 이와 같이 영주를 오로촌천 유역이라고 한다면 『고려사』의 기사도 쉽게 이해된다.

길주와 웅주

길주와 웅주는 점령지의 동쪽 경계 및 북쪽 경계에 있으므로, 그 위치를 확인하기 위해서는 먼저 점령지의 범위를 고증할 필요가 있다. 위에 제시한 윤관의 진군 행로를 다시 살펴보자.

윤관 토벌군의 행로

앞에서 인용한 문장 중의 대내파지촌(大乃巴只村)은 "윤관의 군대는 대내파지촌으로부터 37개 촌을 격파했다"고 했으므로 정벌하러 나가는 길의 초두에 있었다고 추측할 수 있다. 숙종 6년 2월에 "동여진의 내파지촌 귀덕장군 보마가 (중략) 입조를 청하여 허락했다(東女眞乃巴只村歸德將軍甫馬 (中略) 請入朝, 許之)"는 기록도 있으므로 이곳이 일찍이 고려에 친화되었음을 알 수 있다. 그러므로 이곳은 바로 상곤(霜昆)을 도령(都領)으로 하는 나복기촌(那復其村)일 것이다. 나복기촌은 「윤관전」에 다음과 같이 기록되어 있다.

윤관과 오연총이 정주로부터 병사를 이끌고 길주로 가다가 나복기촌에 이르니 함주사록 유원서가 말을 달려와서 보고했다. 여진의 공형인 요불과 사현 등이 성문을 두드리면서 말하기를, 우리들이 어제 아지고촌에 당도했는데, 태사 오아속이 강화를 청하고자 우리를 시켜 병마사에게 알리라고 했습니다, 라고 했다. (중략) 윤관 등이 그것을 듣고 돌아와 성으로 들어왔다.

(瓘, 延寵, 自定州勒兵赴吉州, 行至那卜其村, 咸州司錄兪元胥馳報, 女眞公兄 褭弗史顯等叩城門曰我輩昨到阿之古村, 太師烏雅束欲請和, 使我傳告兵馬使 (中略) 瓘等聞之, 還入城)

이에 의하면 나복기촌(那卜其村)은 정주와 함주(함흥)의 중간에 있다. "돌아와 성으로 들어왔다"는 것은 문장의 맥락상 정주성으로 귀환했다는 의미이다. 「세가」에도 "정주로 돌아왔다(還定州)"고 명기되어 있지만, 오아속이 화친을 청했다는 것이 당시 형세와 모순되므로 이는 꾸며서 말한 것이 틀림없다. 하지만 나복기촌의 위치까지 거짓으로 볼 수는 없다. 도령인 상곤이 솔선해서 고려에 귀순한 것을 보아도 나복기촌이 정주 부근인 것은 분명하다. 그 촌락을 통과하여 한 나절을 가서 주민들이 가축을 내버려두고 도망간 곳에 이르렀다는 곳은 함흥의 남쪽일 것이다. 그 다음 당도한 문내니촌(文乃泥村)의 위치는 분명하지 않지만, 문맥상 내파지촌에서 아주 멀지 않은 것 같으므로 이곳도 아마 함흥 지방일 것이다. 함흥평야는 동여진 부락들이 모인 곳이므로 그 동안 윤관의 군대에 대항한 부락들이 다소 있었을 것이다. 동음성(冬音城)은 이 지방의 토착민들이 지리적 이점을 이용하여 근거지로 삼은 곳으로 여겨지므로 이 또한 함흥 부근의 산지일 것이다. 그렇다면 이 다음으로 별군이 공격했다고 한 석성(石城) 및 이위동(伊位洞)의 방위도 대강 추측할 수 있다. 이위동을 성천강 상류 지역으로 비정하는 것도 크게 무리가 없어 보인다.

정복지의 북쪽 경계

이후 윤관의 군사는 아무런 저항도 받지 않고 북진한 듯하다. 이와 같이 고려군이 함흥 이북에서 심한 저항을 만나지 않은 것은 그 마지막 도착 지점이 그리 먼 북쪽은 아니었다는 의미가 아닐까. 만약 마운령과 마천령을 넘어 북진했다면 그 사이에는 적군이 지키는 수많은 천험이 존재한다. 특히 북청평야 북쪽은 고려의 세력이 일찍이 미치지 않았던 지역으로, 토착민들이 험지를 이용하여 지켰을 것이므로 침입군은 결코 이렇게 쉽게 통과할 수 없었을 것이다. 따라서 윤관은 북청평야 이북까지 나아가지는 않은 듯하다. 고려군 편대 중 선덕진에서 출발한 우군(右軍)은 해안에서 진군했고, 윤관의 군대는 좌군(左軍)과 연합하여 싸운 기록들이 있으므로 서쪽 산지를 따라 진군한 것 같다. 그런데 함흥 이북으로 진군하는 길은 해안 일대를 제외하면 함관령(咸關嶺)을 넘는 경로밖에 없으므로, 윤관의 군사와 좌군, 또는 중군(中軍)도 이 길을 통해 홍원 지방으로 나갔을 것이다. 북청평야에 들어서면 지세가 광활해지므로 각 부대가 다시 갈라져서 행군했을지도 모르겠다. 수군의 행동에 대해서는 문헌상 전해지는 바가 없다.

성보의 수와 점령지의 범위

이 지역에서 윤관은 점령한 곳에 9성을 두어 지켰다고 했는데, 앞에서 보았듯이 9성이라는 숫자는 정확한 것이 아니다. 분명한 것은 주가 5개, 진이 5~6개에 지나지 않았다는 것이고, 이렇게 적은 성보로 수비할 수 있는 지역이므로 광대하지는 않았을 것이다. 특히 함주와 영주가 모두 함흥 부근에 있었다면 나머지는 3개 주와 몇 개의 진에 불과하다. 그 가운데 길주와 웅주, 공험진은 동쪽과 북쪽 경계에 위치한 것으로 문헌상 명기되어 있으므로, 그 중간에 설치되었다고 볼 수 있는 것은 복주 하나와 4~5개의 진성이 있을 뿐이다. 만약 길주, 웅주 등이 지금의 길주 부근에 있었다면 함흥과 길주 사이의 아득한 거리를 이렇게나 작은 수의 성보로 연락하는 것은 불가능하다. 종래 북쪽 경계에 화주, 장주, 정주의 3주가 있었고, 또 그 부근에 정평(靜平), 영인(寧仁), 장평(長平), 휘덕(輝德), 원흥(元興), 선덕(宣德) 등의 진을 배치한 사례로 보아도 당시 오랑캐로부터 경계를 지키기 위해 많은 성보를 구비한 것을 알 수 있다. 따라서 새로운 점령 구역은 결코 지금의 길주 정도의 북쪽까지 달한 것은 아님을 알 수 있다.

점령지를 포기한 사정으로 본 범위

고려가 점령지를 포기한 사정을 생각해 보면, 그 동기는 주로 길주의 패전에 있는 것 같다. 『고려사』의 기록을 보자.

여진이 길주를 포위하니 오연총이 군사를 이끌고 구하려 했으나 크게 패했

다.(『세가』예종 4년 5월)

(女眞圍吉州, 吳延寵引兵, 救之, 師大敗)

여진이 다시 멀거나 가까운 여러 부족을 모아 길주를 수개월 포위하고, 성에서 10리 거리에 작은 성을 쌓아 6개의 목책을 세우고 매우 급하게 성을 공격하니 성이 거의 함락되었다. (중략) 오연총이 이를 듣고 분개하여 가려고 하니, 왕이 다시 부월을 주어 보냈다. 행렬이 공험진에 이르니 적이 길을 막고 갑자기 공격하여 우리 군사들이 크게 패했다. 장졸들이 갑옷을 벗어 던지고 흩어져 들어가니, 여러 성이 함락되고 사상자가 헤아릴 수 없이 많았다.(『오연총전』)

(女眞復聚遠近諸部, 圍吉州, 數月, 去城十里, 築小城立六柵, 攻城甚急, 城幾陷, (中略) 延寵聞之, 憤然欲行, 王復授鈇鉞, 遣之, 行至公嶮鎭, 賊遮路掩擊, 我師大敗, 將卒投甲散入, 諸城陷沒, 死傷不可勝[勝數])

왕이 또 윤관을 보내 그들을 구원하게 했다. (중략) 윤관과 오연총이 정주로부터 병사를 이끌고 길주로 갔다.(『윤관전』)

(王又遣瓘救之, (中略) 瓘, 延寵自定州勒兵赴吉州)

싸움에서 크게 패한 상황을 알 수 있다. 「윤관전」의 기술은 패전 후의 행동인데, 이 행렬은 앞에서 본 바와 같이 정주를 떠난 지 얼마 되지 않아 나복기촌에서 돌아오게 된다. 아마 승기를 잡은 적군이 남하하여 거의 함주 지방까지 닥쳐왔을 것이므로, 윤관은 결국 무장을 해제하고 강화를 청할 수밖에 없게 된 것이다. 「세가」는 이 행동을 6월에 기록했는데(앞의 사료 ㉕ 참조), 그 달에 바로 점령지 환부가 의결되었다. 이로써 당시의 형세를 추론해볼 수 있을 것이다. 함락된 길주가 지금의 길주라면 그 성을 빼앗겼다 해도 험한 마천령이 존재하므로 적군의 남진은 막을 수 있었을 것이다. 또 마천령 이남 지역은 대단히 광대하므로 고려군은 반드시 그곳을 유지하기 위한 계획과 대비를 해 두었을 것이다. 그러나 길주에서 한 번 패배한 결과 바로 전군이 궤멸되고, 고려가 황망하게 강화를 청했다는 것은 그 지역이 결코 지금의 길주와 같은 북쪽이 아님을 보여준다.

성들 사이의 거리로 본 점령지의 범위

나아가 「세가」 예종 3년 3월 조항에 "여진이 영주성 밖에 진을 쳤다"(⑤)고 했는데, 「윤관전」에 따르면 이때 성 안에는 윤관의 부하인 임언(林彦)이라는 사람이 있었다. 그런데 「세가」에는 그해 4월에 "여진이 목책을 설치하고 웅주성을 포위했다"(⑦)고 했다. 당시의 상황을 「오연총전」에서 살펴보자.

임언 (중략) 등이 여러 장수를 거느리고 군사를 나누어 굳게 지키고 있었으나, 싸움이 오랫동안 계속되자 사람과 말이 모두 피곤하여 무너지려고 했다.
(林彦 (中略) 等率諸將分兵固守, 與戰日久, 人馬困乏將潰)

이 기록에 의하면 임언은 4월에 웅주에 있었던 것이다. 3월 영주 전투 때는 윤관이 그곳에 있었고, 이어서 함주(중성中城)도독부로 와서 장수들을 집결시킨 것이 「윤관전」에 보인다. 또 「세가」에는 4월에 윤관 등의 관위를 올리고 "조서와 고신 및 자주색으로 수놓은 안장 일체와 내구마 2필을 가지고 웅주로 가서 나누어 내려주게 했다(齎詔書告身及紫繡鞍具廐馬二匹, 至雄州分賜之)"고 했으므로, 윤관은 그 전후에 웅주에 있었다고 볼 수 있다. 이와 같이 장수들이 짧은 기간에 각지를 왕복한 것을 보면 그 사이의 거리가 그

다지 멀지 않다는 것을 알 수 있다. 「윤관전」에 다음과 같이 기록되어 있다.

여진의 병사 수만 명이 와서 웅주를 포위했다. (중략) 그 때 척준경이 성 안에 있었는데, 주수가 이르기를, 성을 지키는 것이 오래되어 군량이 떨어질 것 같은데 밖에서 도움이 오지 않으니, 공이 만약 성을 나가서 군대를 거두어 돌아와 성 안을 구원하지 않는다면 사졸이 한 사람도 남지 않을까 두렵습니다, 라고 했다. 척준경은 병사의 너덜너덜한 옷을 입고 밤에 줄을 타고 성에서 내려와 정주로 돌아갔다가, 군사를 정돈하여 통태진을 통과하여 야등포에서 길주까지 적을 만나 싸워 크게 패배시켰으니, 성 안의 사람들이 감격하여 울었다.

(女眞兵數萬來圍雄州, (中略) 時俊京在城中, 州守謂之曰, 城守日久, 軍饗將盡, 外援不至, 公若不出城, 收兵還救, 城中士卒, 恐無嚔類, 俊京服士卒破衣, 夜縋城而下, 歸定州, 整兵道通泰鎭, 自也等浦至吉州, 遇賊與戰, 大敗之, 城中人感泣)

이 글의 문맥상 길주는 웅주의 오류일 것이다. 웅주와 정주가 긴급 상황에 대응하여 서로 원조할 위치였으므로 역시 그 거리가 멀지 않다고 할 수 있을 듯하다. 점령 지역이 광대하지 않았다는 것 또한 확인할 수 있다.

명문에 나타난 점령지의 범위

덧붙여 주목해야할 것은 윤관의 지시로 임언이 썼다는 영주청 벽의 명문(銘文)이다.

그 땅은 사방 3백 리로 동쪽은 대해에 이르고 서북의 경계는 개마산이며 남쪽으로는 장주와 정주에 닿았는데, 산천은 수려하고 토지는 기름져서 우리 백성들이 살만했다.

(其地方三百里, 東至于大海, 西北介于盖馬山, 南接于長定二州, 山川之秀靈 [麗], 土地之膏腴, 可以居我[吾]民)

윤관의 점령지를 기술한 부분이다. 필자는 고려의 이제(里制)에 관해 잘 은 모르지만, 만약 『선화봉사고려도경(宣和奉使高麗圖經)』에 보이는 이정(里程)과 같다면 1리는 지금의 한국 리(韓里)보다 약간 길다. 『고려도경』에 벽란정(碧瀾亭)을 "왕성에서 30리 거리(距王城三十里)"라고 했는데, 『동여기략 (東與紀略)』에는 36리로 되어 있다. 또 평양과 압록강 사이를 『고려도경』은 450리라고 했는데 『동여기략』에 따르면 530리이다. 『고려도경』의 이정은 저자가 직접 답사하여 잰 것이 아니라 고려 사람에게 전해들은 것이다. 이에 따라 정평과 길주 사이의 거리 약 6백 리(한국 리)를 환산하면 약 5백여 리가 된다. 따라서 임언이 "3백 리"라고 한 것은 다소 과장으로, 적어도 축소한 것은 아니므로 당시의 점령지가 지금의 길주에 미치지 못했다는 것은 분명하다. 정평과 북청 간의 240리(한국 리)는 약 2백 리에 해당하고, 정평과 이원(利原) 간의 340리(한국 리)는 약 3백 리에 가깝다. 따라서 이 명문의 내용으로 추측할 수 있는 점령지의 북단은 북청과 이원 부근일 것이다.

『금사』에 보이는 9성의 소재지

이상은 모두 『고려사』에 따라 추론한 것인데, 『금사』에 비추어 보아도 같은 결론이 나온다. 앞의 인용에서 보았듯이 『금사』는 9성을 갈라전 지역이라고 했다. 갈라전을 마천령 이남으로 본 추론에 오류가 없다면, 고려의 점령지는 마천령 이북인 길주 지방까지 이르지 못한 것이 된다.

금의 태도로 본 점령지의 범위

고려의 침입에 대한 금의 태도를 보면, 앞에서 인용한 『금사』 「고려전」 에 "모두 거병하는 것은 불가하다고 했다"고 했으므로 당시의 중론이 이를 중요시하지 않았음을 알 수 있다. 만약 고려군이 마천령을 넘어 길주 부근을 점령했다면 조금만 더 가면 바로 두만강 방면까지 쉽게 도달할 수 있는데, 통문수(統門水) 지방 경영에 막대한 노력을 들인 금이 이를 좌시했을 리가 없다. 이 또한 9성 지역이 금과 이해관계가 적은 남단 지역임을 보여주는 것이 아닐까. 금이 군사를 보낼 때도 행동이 매우 느렸고, 고려군과 만나 싸운 것은 예종 4년 여름인 듯하다. 「고려전」을 보면 전투는 강화를 맺은 해에 발생한 듯하다.

이에 알새로 하여금 군사를 거느리고 정벌하도록 하여 고려 [군사]를 대파했다. 6월에 고려가 [많은] 군사를 거느리고 와서 싸웠는데, 알새[채]가 패배시키고 진격하여 그 성을 포위했다. 7월에 고려가 다시 강화를 요청했다.

(乃使斡塞將兵伐之, 大破高麗[麗兵], 六月, 高麗率兵[衆]來戰, 斡塞[賽]敗之, 進圍其城, 七月, 高麗復請和)

금군의 남하 시기

『고려사』를 참조하면 예종 3년 4월 윤관과 오연총이 개선함과 동시에 웅주성이 적병의 포위와 공격을 당했기 때문에(⑦, ⑧), 오연총과 윤관은 차례로 다시 출정하여 적병을 격퇴하고 귀경했다(⑨, ⑩, ⑪, ⑫). 오연총 등이 특별히 출정한 것으로 보아 이 적병은 다소 강한 상대, 즉 금의 군사라는 것을 알 수 있다. 그렇지만 이들은 한번 격퇴당한 후 바로 재공격을 시도하지도 않고 후원 부대도 오지 않았으므로 오연총은 안심하고 개선했다. 따라서 이때 금군은 그다지 강력하지 않았다는 것을 알 수 있다. 그 후 같은 해 8월에 길주에 적병이 왔고(⑭), 9월에 사지령(沙至嶺, 미상이지만 길주 부근인 듯)에서 싸움이 있었지만(⑮) 대세에 변화가 없었는데, 이듬해 3월에 숭녕진(崇寧鎭)에 적병이 오면서(⑰) 형세가 약간 바뀌게 된 듯하다. 임언, 척준경, 왕자지(王字之) 등 장수들이 개성을 출발하여 전쟁터로 갔고(⑱), 이어서 길주가 포위되고 공격을 받자(⑲, ㉓) 고려의 상하 계층이 모두 크게 놀랐으며, 윤관과 오연총은 세 번째로 토벌의 길에 올랐다(⑳, ㉔). 앞의 『금사』「고려전」에서 6월에 싸웠다고 한 것이 아마 이에 해당할 것이다. 이와 같이 금군의 남진이 늦어진 것은 전쟁터까지 까마득하여 출군이 곤란했을 수도 있고, 또는 애초에 중요시하지 않았기 때문일 수도 있다. 하지만 어느 쪽이든 9성이 위치한 지역이 금이 힘을 다해 경략한 두만강 방면과는 멀리 떨어져 있다는 것을 의미한다고 할 것이다.

도문수와 갈라수

『금사』「사묘아리전(斜卯阿里傳)」에 다음과 같은 기록이 있다.

아버지는 혼탄이다. (중략) 고려가 갈라전에 9성을 쌓자 혼탄이 공격하다가 목리문전에서 적을 만나 오랫동안 힘써 싸웠다. 사묘아리가 창을 빼어들고 말을 달려 그 장수를 적진에서 찌르자 드디어 적이 무너졌다. 혼탄과 석적환이 도문수에서 군대를 합했고, 아리가 적병을 앞장서서 깨뜨려서 성 2개를 획득했다. 고려가 침입했지만 우리 병사들은 요해처에 주둔하여 지켰으므로 진격하지 못하고 이내 돌아갔다. 아리가 추격하여 갈라수에 이르러보니 고려인들이 물[얼음] 위로 다투어 달아나고 있었다. 아리가 기회를 보아 거의 다 죽이고 드디어 석적환과 군대를 합쳤다. 길에서 적병 5만여 명을 만나자 공격하여 쫓아버렸다. 또 석적환과 함께 7만 명의 적병을 만났는데, 아리가 먼저 올라가서 떨쳐 공격하여 대파했다. 석적환이 말하기를, 그대는 하루 동안에 세 번이나 많은 적을 격파했으니 그 공을 어찌 잊을 수 있겠냐고 했다. 이에 후사했다.

(父渾坦 (中略) 高麗築九城於曷懶甸, 渾坦攻之, 遇敵於木里門甸, 力戰久之, 阿里挺槍, 馳刺其將於陣中, 敵遂潰, 渾坦與石適歡合兵於徒門水, 阿里首敗敵兵, 取其二城, 高麗入寇, 以我兵屯守要害, 不得進乃還, 阿里追及於曷懶水, 高麗人爭走水[冰]上, 阿里乘之, 殺略幾盡, 遂合兵于石適歡, 道遇敵兵五萬擊走之, 又與石適歡, 遇敵七萬, 阿里先登奮擊大敗之, 石適歡曰, 汝一日之間, 三破重敵, 功豈可忘, 乃厚賜之)

인용에 보이는 도문수(徒門水)는 통문(統門)과 발음이 비슷하므로 두만강으로 생각할 수도 있다. 그러나 『금사』 「본기」와 「고려전」, 「알채전(斡賽傳)」, 「알로전(斡魯傳)」 등, 이 전투를 기록한 기사에 두만강 부근에서 싸운 형적은 보이지 않는다. 만약 도문수가 두만강이 맞다면 이들 기사가 틀린 것이 된다. 또 통문수라는 이름은 지금도 각지에 존재하고 여진 지방의 하천에 자주 쓰인 호칭이므로 여기서 말하는 도문은 두만강을 가리키는 것이 아닌 듯하다. 갈라수(曷懶水)라는 이름도 각지에 존재하지만, 정평 이북 마천령 이남이 당시 갈라전으로 불렸다면, 그 지방의 하천으로 보는 것이 타당하다. 따라서 도문수와 갈라수는 북청, 함흥 지방의 하천을 일컫은 이름일 것이다.

윤관 출정의 목적으로 본 점령지의 범위

이상에서 여러 관점으로 고찰한 결과, 고려의 점령지는 그리 광대한 구역이 아니었음을 알 수 있었다. 윤관이 출정한 목적을 다시 상기해보면, 금에 원수를 갚고 갑신년의 치욕을 씻는 것이었다. 갑신년 전투에서 고려가 분개한 이유는 정주 관문 밖의 속령을 빼앗겼기 때문이다. 따라서 윤관이 출정한 목적은 애초부터 이 속령을 회복하는 것이었다고 볼 수 있다. 그 속령이 앞에서 고증한 바와 같이 북청 평야 이남이라면 윤관의 점령지도 그 지역과 크게 다르지 않을 것이다. 이 추론은 이제까지 여러 관점으로 고찰한 결과와도 일치한다. 그렇다면 길주와 웅주 등 여러 주진에 관한 역사상의 기록을 검토하여 그 위치를 고증함으로써 이 추론의 당부를 따져보기로 하자.

웅주와 길주의 위치와 점령지의 관계

「윤관전」에 의하면 웅주는 점령지의 동쪽 끝이자 해변에 있으며, 길주는 그 북쪽 경계에 있다. 「오연총전」에는 예종 3년에 오연총이 웅주를 구원한 내용이 상세히 나와 있다.

오연총이 문구[관], 김준, 왕자지 등으로 하여금 정예기병[병] 1만을 거느리고 네 길로 나누어 수륙으로 함께 나아가게 하여 오음지령과 사오령 두 고개 아래에 이르렀다. 적이 먼저 고개의 정상에 진을 쳤다. 우리 군대가 앞다투어 올라가 급히 공격했다. (중략) 적이 북쪽으로 도망가 다시 진을 치고 싸우려고 했으나, 관군이 승기를 타고 힘을 다해 싸웠다. (중략) 적이 크게 패하여 마침내 목책을 불태우고 달아났다. 오연총이 성으로 들어갔다.

(延寵, 使文寇[冠]金晙, 王字之等, 率精騎[銳]一萬, 分爲四道, 水陸俱進, 至烏音志沙烏二嶺下, 賊先據嶺頭, 我兵爭登急擊, (中略) 賊奔北, 欲復結陣拒戰, 官軍乘勝, 力戰大敗之, (中略) 賊遂燒柵而遁, 延寵入城)

이에 의하면 웅주는 네 길로 나누어 나란히 진입할 수 있는 평야에 근접한 곳이다. 오음지령(烏音志嶺)과 사오령(沙烏嶺) 두 고개가 웅주성의 남쪽에 있다고 했는데, 고개 위에서 쉽게 싸울 수 있었고 또 전투 지역이 두 고개 중 어느 쪽인지 명기하지 않은 것을 보면 특별히 다룰 만큼 높고 가파른 고개는 아닐 것이다. 앞에서 척준경이 통태진(通泰鎭), 야등포(也等浦)를 지나 웅주에 도달했다고 한 기사에서도 산지를 통과한 듯한 상황은 보이지 않았다. 또 『금사』「사묘아리전」을 보면 금군이 대거로 와서 길주를 마지막으로 함락시켰을 때도 도문수와 갈라수 등 하천에 대한 언급만 있고 고개를 넘은 기록은 전혀 없다. 「오연총전」의 길주 구원 기사에도 산지로 들어간 행적이 없다. 그러므로 길주도 평야에 이어진 곳이다. 지리적 조건을 살펴보면 함주 방면에서 북진하여 이러한 평야로 갈 수 있는 곳은 북청 지방이 한계이다. 이 이북은 어느 방면으로 향해도 험한 산지에 가로막혀 길이 많다. 따라서 웅주와 길주는 일단 북청 평야의 동쪽 끝과 북쪽 끝으로 추측할 수 있다.

웅주의 위치

북청 평야의 동쪽 끝에서 웅주의 지리적 상황에 관한 문헌 기록과 부합하는 지역을 찾아보면 지금의 거산(居山) 부근일 것이다. 이 지역은 북쪽에 만령(蔓嶺)산맥이 있어서 이원(利原) 방면과 격리되므로 정치적 세력의 한계로 적당하다. 화곶령(火串嶺)이 아마 그것일 것이다. 그 남쪽의 다소 기복이 있는 언덕은 이른바 오음지령과 사오령일 것이다. 그 남쪽은 직접 평야로 이어지고 동쪽은 바다를 끼고 있으므로 수로와 육로로 네 길이 함께 나아갈 수 있는 지세이다. 웅주성이 이 지역이라면 단천(端川)과 이원 방면에서 남하해 오는 적병을 제지할 방어 지점이 되며, 길주가 적병을 만나기 전에 금군의 공격을 당한 상황과도 부합한다(⑦).

길주의 위치

길주는 궁한이령(弓漢伊嶺) 아래 궁한이촌에 있다고 했다. 궁한이촌은 숙종 6년 2월에 "궁한이홀촌 도령 마포 등이 (중략) 입조를 청하자 허락했다(弓漢伊忽村都領麻浦 (中略) 請入朝, 許之)"고 한 궁한이홀촌(弓漢伊忽村)이며, 당시 고려와 친화한 부락이므로 북청 평야 부근으로 추측된다. 그리고 이곳이 점령지의 북쪽 경계라는 점으로 보면, 북청 옆을 흐르는 대천(大川) 연안에서 북청보다 상류에 위치한 것이 아닐까. 그렇다면 길주는 동쪽의 이원에서 관령(關嶺)을 거쳐 오거나 북쪽의 갑산(甲山)과 후치령(厚峙嶺) 방면에서 대천을 따라 내려오는 두 길의 요충지로서 북청 평야를 방어할 위치에 있는 것이다. 아마 지금의 자항원(慈航院) 부근일 것이다. 북청에서 이원에 이르는 길은 서북쪽의 관령을 거치는 것과 동북쪽의 만령(蔓嶺)을 통과하는 것 두 가지가 있다. 지금은 후자가 공도(公道)가 되었지만, 전자도 마찬가지로 중요한 길이다. 예종 4년에 금군이 대거로 침공해왔을 때는 전자를 이용한 듯, 문헌에 길주 함락은 기술되어 있지만 웅주가 포위와 공격을 받았다는 기록은 없다. 금군이 주로 길주로 향한 것은, 전자가 북쪽에 바로 만령을 끼고 있어서 수비하기 쉽고 공격하기 어려운 것에 반해, 후자가 대천 부근에 있고 약간 넓은 지역이어서 대군을 움직이기 편했기 때문일지도 모르겠다. 혹은 전년 4월 웅주성 공격 실패를 감안한 것일 수도 있겠다. 하지만 길주가 함락되었다면 웅주가 홀로 버틸 수는 없다. 「오연총전」에 "장졸들이 갑옷을 벗어 던지고 흩어져 들어가니, 여러 성이 함락되었다"고 한 것에는 웅주도 포함될 것이다.

여러 주진의 철폐 순서

『고려사』에서 예종 4년 7월 여러 주진(州鎭)을 철폐한 순서를 보면 다음과 같이 전후 세 차례로 나뉜다.

임술, 동계의 숭녕, 통태 두 진성을 철폐했다.

(壬戌, 撤東界, 崇寧, 通泰二鎭城)

갑자, 영주와 복주 2주와 진양진의 성을 철폐했다.

(甲子撤英, 福, 二州眞陽鎭城)

을축, 함주와 웅주 2주와 선화진의 성을 철폐했다.

(乙丑, 撤咸, 雄二州, 宣化鎭城)

주나 진을 철폐할 때는 자연히 먼 곳부터 시작하고 가까운 곳은 나중에 할 것이므로 위의 순서를 통해 주진들의 위치를 추정할 수 있을 듯하다. 또 웅주가 함주와 가깝다는 점도 알 수 있다. 여기에 길주와 공험진이 없는 것은 이때 이미 금군에게 점령되었기 때문일 것이다. 따라서 웅주는 길주 지방보다 남쪽에 있었고 아직 고려가 보유한 상태였다고 볼 수 있다. 그런데 「윤관전」에 통태진이 웅주의 남쪽에 있다는 것이 명백히 나와 있으므로, 이 순서는 결코 성보의 위치를 나타내는 것이 아니다. 또 길주 함락 이후 금군은 승기를 타고 남쪽을 습격했으므로, 앞에서 말한 것처럼 함주 이북의 성들은 당시 모두 점령되었다고 생각된다. 그러므로 여기서 말한 9성의 철폐 기사는 사실이 아니다. 임술일에서 갑자일, 을축일에 이르기까지 시일이 연속된 것으로 보아도 실제 철폐 시기가 아닌 헛된 기록에 불과한 것이 틀림없다. 그러므로 이 기사는 모두 채택할 수 없다.

공험진의 위치

길주가 북청의 북쪽, 대천의 상류에 있다고 한다면, 공험진은 북청 부근이자 대천이 관통하는 평야의 중앙에 있을 것이다. 앞에서 인용한 「오연총전」에 그가 길주를 구하고자 공험진까지 왔을 때 적군이 길을 막아서 대패했다고 되어 있으므로, 공험진이 길주의 남쪽이고 그리 멀지 않은 지점에 있다는 것은 분명하다. 그리고 북청평야는 윤관이 점령하려고 한 주요한 지역이므로 그 중심에 진성을 쌓은 것은 당연하다. 또 공험진에 길주, 웅주, 영주, 북주 4주처럼 방어사를 두고 다른 진보다 중요시한 것을 보면 특별히 중요한 지점이었던 것은 틀림없다. 공험진은 웅주와 길주의 중간에서 두 주를 연결하고, 2주 1진의 3방어사가 서로 호응하여 북경의 수비를 굳건히 하기 위해 설치된 것이다. 비석을 여기에 세운 것도 그럴 만한 연유가 있는 것이다. 「세가」 및 「윤관전」에 "공험진에 비석을 세워 경계로 삼았다 (立碑于公嶮鎭以爲界)"고 기록되어 있는데, 북청 부근은 홍원 방면에서 북진하여 도달할 종극점이며 이곳에서 웅주로 가려면 동쪽으로, 길주로 가려면 서북쪽으로 방향을 잡아야 한다. 따라서 이곳을 북쪽 경계로 정한 것도 이유가 없는 것이 아니다. 공험진에 관해서는 「윤관전」의 영주 전투 이후에 나오는데, 그 위치가 명시되지는 않았다.

윤관과 오연총이 곧 여러 장수들을 이끌고 중성대도독부에 모였다. 권지승선 왕자지가 공험성으로부터 병사들을 거느리고 도독부로 오다가 갑자기 오랑캐 추장 사현의 병사들을 만나 싸웠는데 불리해지고 타고오던 말도 잃었다. 척준경이 곧 강한 병사들을 데리고 구원하러 가서 물리치고 오랑캐의 갑옷 입힌 말까지 취하여 돌아왔다.

(瓘, 延寵乃率諸將, 會于中城大都督府, 權知承宣, 王字之自公嶮城, 城領兵詣都督府, 卒遇虜酋史現兵, 與戰失利, 喪所乘馬, 俊京卽引勁卒, 往救敗之, 取虜介馬以還)

중성대도독부(中城大都督府)는 함주이고, 왕자지는 공험진에서 오는 도중에 토착민의 공격을 당했을 것이다.

웅주로 통하는 해안로와 통태진

이와 같이 함주 방면에서 길주 및 웅주에 이르는 큰 길은 지금의 홍원 지방을 거쳐 북청 부근인 공험진을 경유하는 길인데, 웅주에 이르는 길은 동쪽 해안에도 있는 것 같다. 앞에서 인용한 「윤관전」에서 척준경이 웅주를 구원한 내용 중에 "정주로 돌아갔다가 군사를 정돈하여 통태진을 통과하고 야등포에서 길주(웅주)에 이르렀다"고 한 것에 주목하자.(길주가 웅주의 오류라는 것은 앞에서 언급했다.) 이 문장에서 특별히 통태진, 야등포를 경유했다고 한 이유는 그것이 공험진을 통과하지 않고 정주에서 웅주로 가는 다른 길이기 때문일 것이다. 야등포는 해변이므로 통태진도 웅주 남쪽인 해안일 것이다. 혹은 북청의 남쪽, 대천의 강어귀 부근일지도 모르겠다. 윤관의 정벌 때 우군(右軍)이 통과한 길도 이 길이었을 것이다.

복주의 위치

다음으로 복주(福州)의 위치를 살펴보면, 축성 이후 전혀 문헌에 등장하지 않으므로 금이 마지막으로 대거 침공해 오기 전까지 한 번도 습격당한 적이 없는 것 같다. 따라서 자연히 길주와 웅주 및 공험진의 남쪽에 위치한 것이 된다. 아마도 함주에서 길주와 웅주로 가는 중간에 있었을 것이다. 어쩌면 홍원 지방일지도 모르겠다. 문종 때 삼산 부근의 11개 마을을 주로 삼았는데 그 중에 복주가 있었다. 윤관이 설치한 복주가 이곳과 같은 지역인지는 알 수 없지만, 11주가 과연 삼산(북청) 부근이라면 이 복주가 바로 뒷날의 복주일지도 모르겠다.

그 외의 진

이상에서 웅주, 길주, 복주의 3주와 공험진의 위치 및 그 상호 관계는 대강 알 수 있었지만, 그 외의 진들의 위치는 분명하지 않다. 단지 통태진이 해변이라는 것만 추측될 뿐이다. 숭녕진(崇寧鎭)은 길주가 포위될 때 먼저 적군에게 공격당한 것으로 볼 때 길주 부근일 것이고, 그 전위라고 할 수 있는 위치가 아닐까(⑰, ⑲). 진양(眞陽), 선화(宣化), 평융(平戎)의 3진은 아마도 복주 부근, 함주와 공험진의 중간일 듯하다. 이들 진이 금군의 공격을 받은 흔적이 없으므로 이상의 추측은 크게 틀리지 않을 것이다.

여러 주진들의 위치와 점령지의 범위

이상의 고찰은 앞에서 논한 점령지의 범위와도 부합된다. 정주와 웅주 사이는 약 3백 리(한국 리)이며 고려시대의 250리에 해당한다. 또 정주와 길주 사이는 약 260~270리(한국 리)이므로 환산하면 거의 220리가 된다. 임언이 3백 리라고 한 것도 아주 심한 과장은 아니다. 또 「윤관전」에 보이는 점령지의 마을 수는 총 135개인데, 앞에서 언급한대로 한 마을 당 120~130호로 계산하면 약 1만 6천~1만 7천호가 된다. 『관북지』 기록을 토대로 함흥, 홍원, 북청 3부의 총 호수를 계산하면 2만 3천 9백 19호가 되므로, 앞에서 추산한 호수의 1.5배가 된다. 해당 지역은 지금도 인구가 희박한 곳인데,『관북지』편찬 당시 인구가 옛 여진시대보다 몇 배 이상으로 늘지는 않았을 것이다. 따라서 이상의 가정도 사실과 큰 차이는 없을 것이다.

지세상의 관찰

지세로 관찰해보면, 정평과 함흥의 평야와 북청 평야 사이에는 홍원 부근에 다소의 구릉이 있을 뿐 거의 하나로 이어진 구역을 이룬다. 서쪽은 성천강 상류에 험한 황초령이 있고, 북쪽은 대천 상류에 후치령의 관애가 있다. 또 동쪽은 해변으로부터 만령을 거쳐야만 이원 지방에 도달할 수 있다. 그러므로 정평 지방에 근거지를 보유한 고려가 같은 구역에 포함된 함흥 및 북청 지방을 영유한 것은 자연스러운 추세이지만, 그 한계를 넘어 세력을 신장시키는 것은 쉬운 일이 아니다. 따라서 윤관의 점령지가 이 지역에 한정된 것은 당연하다고 할 것이다. 동쪽 경계에서 영해군(寧海軍) 웅주방어사가 이원 방면에서 오는 적을 대비하고, 북쪽 경계에서는 길주방어사가 이원 및 갑산 방면의 침략을 막고, 공험진방어사가 양쪽을 연결한다. 또 서쪽 경계에 안령군(安嶺軍) 영주방어사가 중강 유역의 오랑캐를 수비하도록 설치되었다. 이와 같이 세 방면의 방어를 완비하고, 그 중간에는 복주방어사 및 여러 진들이 있어서 여러 성들의 연락을 담당하며, 함주대도독부가 국경부근에서 이들을 총괄하여 정주와 연락한다. 이 배치는 대단히 적절하다고 할 수 있으며, 여러 진성 간의 거리도 멀지 않다. 장수들이 번갈아 왕복하며 위급한 일이 생겼을 때에 서로 잘 응할 수 있던 이유는 아마도 이 때문일 것이다. 그러나 길주 및 공험진의 수비가 깨지고 금군이 대거 남진해오자 함주 이북에는 방어할 요충지가 없었으므로 고려는 9성을 적의 손에 넘겨줄 수밖에 없었다. 이 또한 자연스러운 추세라고 할 것이다. 따라서 이상의 추정은 크게 틀리지 않는다고 믿는다.

『고려사』「지리지」의 오류

　이상의 고증에 큰 오류가 없다면 「지리지」의 기록이 틀린 것은 말할 것도 없이 명백한 사실이다. 위치에 관한 문제는 일단 차치하더라도, 「세가」에는 9성이 예종 4년에 철폐되었다고 명기되어 있지만 「지리지」는 6년에 길주 및 공험진에 성을 쌓은 것처럼 나와 있다. 또 「오연총전」에 공험진이 길주 남쪽에 있다고 하는데 「지리지」에는 두만강 방면에 있다고 하는 등, 말이 안 되는 점이 아주 많다. 그리고 길주와 복주를 지금의 길주와 단천이라고 하면서 영주와 웅주의 위치에 관해서는 한마디도 언급이 없다. 웅주에 관해서는 길주 조항에 "길주가 북쪽에 있고, 웅주는 남쪽에 있다(州在北, 雄州在南)"고 주석을 달았지만 그 소재는 말하지 않았다. 소재를 모르는데 방위를 알 리가 없으므로 이 주석은 근거가 없는 것이고, 아마도 길주가 북경에 있다는 것에서 나온 억측에 불과할 것이다. 이 또한 길주와 복주 2주의 위치가 정확하지 않다는 암시가 아닐까. 영주와 웅주가 옛 땅이므로 알 수 없는데 길주와 복주만 안다는 것은 너무나 의심스럽기 때문이다. 이와 같이 「지리지」는 신뢰하기 어렵다.

고려말의 공문서에 보이는 증거

　「지리지」가 왜 이러한 망설을 전하는지에 대해서는 별도로 고려말의 동북경 경략을 논하면서 상세히 설명하겠지만, 우선 고려말의 문헌들을 조금 살펴보자. 정주 이남과 화주 이북이 일단 원의 영유가 되었다가 공민왕 5년에 고려가 그 지역을 회복했을 때, 그 기세를 타고 함주 이북과 북청 이남도 점령하고자 원에 그 할양을 요구한 상표(上表)를 보면 다음과 같은 내용이 있다.

쌍성(화주)과 삼살(북청)은 원래 우리나라 영토였습니다. (중략) 부디 우리의 옛 영토를 돌려주기 바랍니다.

(双城三撒元是小邦之境 (中略) 伏乞歸我舊疆)

이른바 옛 영토를 북청 이남으로 한정한 것은 당시에도 여전히 사실로서 기억되고 있었음을 보여준다.(제21장「고려말의 동북경 개척」참조)

기록에 보이는 증거

『고려사』「조돈전(趙暾傳)」에도 공민왕 5년의 회복을 기술하여 "대개 함주 이북의 합란(함주), 홍헌(홍원), 삼살 지역은 본래 우리 강토였다(蓋咸州以北, 哈蘭洪獻三撒, 本爲我疆)"고 했다. 같은 기사는 이씨 홍기의 사적을 기술한 『용비어천가(龍飛御天歌)』제24장에도 나오므로 조선시대에도 고려가 경략한 가장 북쪽 경계를 북청으로 한 기록이 존재했음을 알 수 있다. 이들은 분명 윤관의 정복지가 북청 이남이라는 것을 증명하는 것이다. 그런데『여지승람』이하 조선인이 지리를 설명할 때는 오로지「지리지」를 함부로 믿고 감히 의심을 품는 일이 없었다. 다만 정약용이 윤관의 점령지가 길주 이북에 달하지 않았고, 또 공험진이 길주 남쪽임을 논했을 뿐이다. 하지만 그도 옛 길주가 지금의 길주가 아니라는 것을 몰랐고, 또『고려사』의 해석에 오해가 많았다. 그가 임언의 기술을 인용하며 3백 리라는 말에 주목한 것은 대단하지만 지금의 길주를 당시의 북쪽 경계라고 한 것은 속설을 맹종했다는 비난을 면할 수 없다. 안타까운 일이다.

5) 예종 4년 이후의 동북경

윤관의 정복지가 금에 다시 귀속된 후, 고려의 동북경은 자연히 정주성 밖의 옛 관방으로 복귀되었을 것이다. 『고려사』「세가」명종 7년 조항에 다음과 같은 기록이 있다.

금의 사신이 돌아갔다. 그때 서경의 적이 길을 막았으므로 동쪽으로 임진강을 건너서 춘주 경계를 거쳐 정주에 이르러서야 국경 관문을 나갔다.

(金使還, 時以西賊梗塞, 東涉臨津, 經由春州界, 行至定州乃出關)

고종 4년 조항에 동단(東丹)의 침공을 기술하여 다음과 같이 기록한 것은 이를 증명하는 것이다.

정주 분도장군 박유가 급히 보고하기를, 거란군 3만 명 정도가 쳐들어와 성책을 불태웠다고 했다.

(定州分道將軍朴儒馳報, 丹兵三萬許來寇燒柵)

따라서 위에서 인용한 『금사』 수국 3년(예종 14년) 조항에 보이는 갈라전의 장성 증축은 정주성 밖의 옛 장성을 보수한 것이 틀림없다. 금대에 두 나라의 경계는 이 장성에 있었던 것이다.

18. 원대 고려 서북경의 혼란

부도 8. 원대 고려 북경도 참조

1) 여러 주와 진의 해도 변천 및 출륙

북계 여러 주진의 섬 도피

원대에 이르러 고려 서북경에 일대 혼란이 일어났다. 고종 18년(원 태종 3년) 처음으로 몽고군의 침입을 당한 후 해마다 이어진 전쟁으로 서북면의 주진들은 거의 모두 성읍을 지탱할 수 없게 되었고, 잇달아 관할지를 포기하고 도망갔다. 『고려사』「세가」고종 35년 3월 조항과 고종 37년 9월 조항의 기록으로 그 상황을 알 수 있다.

북계병마사 노연에게 명하여 북계 여러 성의 백성들을 모두 이주시켜 섬으로 들어가게 했다.

(命北界兵馬使盧演, 盡徙北界諸城民, 入保海島)

북계의 창주가 가까운 곳으로 들어올 것을 청했으므로 허락하여 안악현으

18. 원대 고려 서북경의 혼란   **189**

로 옮겼다. 이에 앞서 위주도 역시 은율현으로 옮겼는데, 이때부터 북계의 주민들이 모두 서경의 기내와 서해도로 옮겨와 살게 되었다.

(北界昌州請入近地, 許之, 移于安岳縣, 先是威州亦遷于殷栗縣, 自是[此], 此北界州民皆內徙西京畿內及西海道)

도피 시기

「지리지」에는 북계 여러 주 조항에 "고종 18년에 몽고병을 피해 섬으로 들어갔다(高宗十八年避蒙兵入于海島)"고 기술된 것이 많고, 이들 주(안주安州와 덕주德州는 제외)의 도피를 일률적으로 고종 18년에 기록했다. 하지만 이는 위의 「세가」의 설명과도 맞지 않는다. 『원사』 「고려전」을 보면 다음과 같다.

(태종) 4년(고종 19년) 6월에 철(고종)이 조정이 설치한 다루가치 72인을 모두 죽이고 반란을 일으키고는, 마침내 왕경 및 여러 주현의 백성을 거느리고 섬으로 숨었다.

(四年六月, 暾盡殺朝廷所置達魯花赤七十二人以叛, 遂率王京及諸州縣民竄海島)

『고려사』 「세가」에도 이 해 5월과 7월에 다음과 같은 기록이 있다.

북계의 용강과 선주로 몽고 다루가치 4인이 왔다.
(北界龍岡宣州蒙古達魯花赤四人來)

내시 윤복창을 북계의 여러 성에 보내 다루가치의 활과 화살을 빼앗게 했는데, 윤복창이 선주에 도착하자 다루가치가 그를 쏴 죽였다.

(遣內侍尹復昌, 往北界諸城, 奪達魯花赤弓矢, 復昌到宣州, 達魯花赤射殺)

이에 의하면 적어도 고종 19년 5~6월까지 북계의 여러 주성(州城)들은 여전히 존재했고 몽고의 관리가 와서 그곳을 감독한 것 같다. 따라서 「지리지」의 기술은 사실이 아닌 것이다. 『원사』「고려전」의 내용도 후년에 개괄해서 추가된 것이므로 주들이 섬으로 옮겨간 일이 모두 이 해에 일어났다고 볼 수는 없다. 몽고의 침공은 전년부터 시작되었고, 여러 주들은 아직 그 치소를 포기할 정도의 피해를 입지는 않았으므로 이때 벌써 잇따라 섬으로 도피하지는 않았을 것이다. 왕의 강화도 도피는 고종 19년 7월이며 이 행동이 자연히 지방 주들의 이전을 촉진시켰다고 할 수도 있다. 「세가」 고종 19년 8월 조항을 보면 이 해에 이미 치소를 포기한 서경 같은 사례도 있지만, 그렇다고 여러 주들이 모두 이 해에 도피했다고 믿기는 어렵다.

서경순무사 대장군 민희가 사록 최자온과 함께 비밀리에 장교 등을 시켜서 다루가치를 죽이려고 꾀했다. (중략) 서경유수 최임수와 판관, 분대어사, 육조의 관원들이 모두 달아나 저도에 숨었다.

(西京巡撫使大將軍閔曦與司錄崔滋溫, 密使將校等謀, 殺達魯花赤, (中略) 留守崔林壽及判官分臺御史六曹員等皆逃竄于楮島)

고종 23년의 몽고 침공 때는 압록강을 건너 겨우 며칠 만에 안주 이북이 점령되었고, 그 사이 아무런 전투도 없었던 것으로 기록되어 있다.

6월 경인, 몽고군이 의주강을 건너 오물지천에 진을 쳤고, 또 영삭진에 진을 쳤다. 계사, 유격대가 와서 가주에 진을 쳤다. 을미, 안북부 운암역에 주둔하니 가주와 박주 사이에서 불길이 하늘에 닿았다. 또 선주의 형제산 들판 17개소에 진을 쳤다. 병신, 마침내 자주, 삭주, 귀주, 곽주 등에 걸쳐 두루 진을 쳤다.

(六月庚寅蒙古兵渡義州江, 屯烏勿只川, 又屯寧朔鎭, 癸巳遊兵來屯嘉州, 乙未屯安北府雲岩驛, 嘉博二州之間, 火氣連天, 又於宣州兄弟山之野, 分屯凡十七所丙申遂遍屯慈朔龜郭之間)

이러한 상황을 보면 이 지방의 주성들이 몽고의 침공에 앞서 이미 퇴각했다고 여겨진다. 또는 성들이 일찍이 몽고군에 항복하고 그다지 저항하지 않았기 때문일 수도 있지만 단언할 수는 없다. 따라서 여러 주들은 해마다 침공을 당하여 치소를 지탱할 수 없게 되었기 때문에 점차 섬으로 옮긴 것이며, 반드시 같은 해에 일거에 도피했다고 볼 수는 없다. 다만「세가」고종 34년 조항을 보면, 이때 북계의 성들 대부분이 이미 주인을 잃었고 몽고인이 횡행하게 된 것은 아닐까.

지난 해 겨울에 몽고인 4백인이 북쪽 변방의 여러 성으로 들어와 수안현에 이르기까지 수달을 잡는다는 핑계를 대며 산천의 구석진 깊숙한 곳까지 몰래 엿보지 않은 곳이 없었다. 나라에서는 서로 우호관계를 맺었으므로 특별히 주의를 기울이지 않았는데, 이 때에 와서 피해 숨어 있던 백성들이 모두 약탈당하고 잡혀갔으며 화를 벗어난 자는 드물었다.

(去年冬蒙古四百人入北塞諸城, 至于遂安縣, 托言捕獺, 凡山川隱僻無不覘知, 國家以和好, 殊不爲意, 至是, 百姓避匿者並被驅掠, 鮮有脫者)

그렇다면 섬으로 도피해 간 것이 반드시 위에 말한 고종 35년 3월의 명령으로 처음 실행된 것도 아니다.

도피한 주진과 하지 않은 주진

「지리지」에 따르면 몽고군을 피하여 섬으로 옮긴 것은 창주(昌州), 운주(雲州), 맹주(孟州), 무주(撫州), 덕주(德州), 안주(安州), 가주(嘉州), 박주(博州), 태주(泰州), 은주(殷州), 선주(宣州), 곽주(郭州)의 12주이다. 의주(義州), 정주(靜州), 인주(麟州), 용주(龍州), 영주(靈州), 철주(鐵州) 등 압록강 및 서북 해안의 주들은 옮기지 않았다. 또 귀주(龜州), 삭주(朔州), 연주(延州), 위주(渭州), 개주(价州) 등도 옮기지 않은 것 같다. 그러나 서경(西京), 청새진(淸塞鎭, 위주威州), 유원진(柔遠鎭), 영원진(寧遠鎭) 및 안의진(安義鎭)은 옮긴 흔적이 보이고, 그 외의 주진들도 다소 의문이 없지 않다. 각각의 이전 상황에 대해 차례로 살펴보기로 한다.

① 창주(昌州)

수주

「지리지」창주(昌州)조항에 "고종 18년에 몽고군의 침입으로 성읍이 폐허가 되었다(高宗十八年被蒙兵, 城邑丘墟)"고 했다. 또 별도로 다음과 같이 기록되어 있으므로 창주는 잠시 자연도(紫燕島)로 들어갔다가 육지로 나온 후 곽주(郭州) 동부를 할여 받았고, 그곳에 주치를 두고 이름도 수주(隨州)라고 고친 것이다.

수주는 고종 18년에 몽고병이 창주를 함락시키자, 고을 사람들이 자연도로 들어갔다. 원종 2년에 육지로 나와 곽주의 해변에 임시로 거처했는데, 고을 사람들이 땅을 잃었기에 곽주 동쪽 16개 촌과 곽주 소속의 안의진을 분할하여 주고, 그것과 함께 지수주사라 칭하고 곽주를 겸직하게 했다.

(隨州, 高宗十八年蒙兵陷昌州, 州人, 入于紫燕島, 元宗二年出陸, 寓于郭州海濱, 以州人失土, 割郭州東十六村及郭州所屬安義鎭, 以與之, 稱知隨州事, 仍兼郭州)

자연도는 『여지승람』 인천 조항에 "자연도는 부의 서쪽 22리에 있고 섬의 둘레는 55리이다(紫燕島在府西二十七里, 周五十五里)"라고 한 지금의 영종도이다. 수주 시대의 치소는 『여지승람』 정주(定州) 조항에 "수천폐현은 주의 남쪽 15리에 있다(隨川廢縣在州南十五里)"는 기록이 있으며, 달천(鐽川) 강어귀의 서쪽이다. 또 안의진은 『여지승람』 귀주 조항에 "안의진은 부의 남쪽 170리에 있고 원래 수주에 속했다(安義鎭在府南一百七十里, 舊屬隨州)"고 되어 있다. 「대동여지도」에는 달천 어귀 동쪽 연안에 그 이름이 보이며 수천(隨川)과 강어귀를 사이에 두고 마주하고 있다. 그러므로 창주의 관할 구역은 거의 달천 유역이었을 것이다. 안의진에 관해서는 뒤에 다시 언급하도록 한다.

수주로 개칭된 시기

다만 『원사』 「지리지」에는 동녕로(東寧路) 관할 아래 창주가 나오고, 수주라는 명칭은 없는 것으로 보아 이 개명은 충렬왕 16년의 회복 이후인 듯하다. 그런데 「지리지」 기록에는 창주가 자연도로 들어갔다고 했는데, 앞에서 인용한 「세가」 고종 37년 조항에는 안악현(安岳縣)으로 옮겼다고 되어 있다. 일단 섬으로 도피했다가 다시 안악현으로 이전한 것일지도 모르겠다.

② 운주(雲州)

「지리지」에 "고종 18년에 몽고병을 피해 해도로 들어갔다. 원종 2년에 육지로 나와서 가산의 서촌에 기거하면서 연산부에 예속되었다(高宗十八年 避蒙兵, 入于海島, 元宗二年出陸, 寓于嘉山西村, 隸延山府)"고 되어 있다. 육지로 나온 후에도 옛 지역으로 복귀하지 않고 가주(嘉州)의 서부에 주치를 유지한 것으로 보인다. 가산(嘉山)의 서촌은 『여지승람』 운산군(雲山郡) 조항에 나온다.

옛 운산은 가산군의 서쪽 40리에 있다. 본군에서 이틀 거리에 있는데, 육지로 나온 후 처음 임시로 살았던 땅이다.

(古雲山, 在嘉山郡西四十里, 去本郡二日程, 卽出陸初寓地處)

「대동여지도」에 정주의 동남쪽, 옛 정주 남쪽의 해변에 고운산(古雲山)으로 기재된 곳일 것이나. 그렇다면 "연산부에 예속되었다"고 한 것은 무엇일까.

연산부와의 관계

연산부(延山府)는 뒤에서 언급하겠지만 지금의 영변(寧邊) 남쪽인 듯한데, 가산의 서촌이 위치한 해변과는 멀리 떨어져 있고 중간에 가주(嘉州) 등이 있다. 따라서 이 시대의 운주가 연산부에 속했다는 것은 지리상으로 불가능한 것 같다. 연산부라는 이름은 공민왕 15년에 명명된 것이므로, 운주가 육지로 나온 후 연산부에 예속되었다는 것도 시대착오이다. 이 부분은 후세에 추가된 문장으로 해석할 수도 있으므로 일단 논외로 하겠다. 그렇다면 운주는 고려말에 옛 지역으로 복귀하여 연산부 소속이 되었다고 볼 수도 있다. 이 경우 「지리지」는 시대착오는 아니지만 복귀에 대한 설명이 누락된 것이다.

③ 맹주(孟州)

「지리지」에 "고종 18년에 몽고군을 피해 섬으로 들어갔다. 44년에 은주에 병합시켰다. 원종 2년에 육지로 나가 안주의 속현으로 삼았다(高宗十八年避蒙兵入于[入]海島, 四十四年, 倂于殷州, 元宗二年出陸, 爲安州屬縣)"고 했다. 은주(殷州)에 병합시켰다는 것은 섬으로 도피 중의 일일 것이다. 안주(安州)의 속현이었던 때의 치소에 대해서는, 『여지승람』 안주 조항에 "옛 맹주는 주의 동쪽 15리에 있다. 맹산은 본주가 속현이었을 때 치소가 되었다(古孟州, 在州東十五里, 孟山爲本州屬縣時治所)"고 되어 있다. 하지만 이 치소에 대해서는 여전히 확실하지 않은 부분이 있다. 『원사』 「지리지」를 살펴보면 일단 삼등(三登) 부근이었던 적도 있는 듯하다. 뒤에서 다시 자세히 고찰하도록 한다.

④ 무주(撫州)

「지리지」에 따르면 "고종 18년에 몽고군을 피해 섬으로 들어갔다가, 원종 2년에 육지로 나와 위주의 옛 성에 기거하면서 가주에 예속되었다(高宗十八年, 避蒙兵入于海島, 元宗二年出陸, 處渭州古城, 屬嘉州)"고 한다. "위주의 옛 성"이란 위주의 옛 주성(州城)일 것이다.(제15장 「고려 서북경의 개척」 참조) 따라서 무주도 원종 때 원래 지역으로 복귀하지 않고 그곳에서 서쪽인 맹주와 가까운 지점에 있었던 것이다.

⑤ 덕주(德州)

「지리지」 기록은 다음과 같다.

원종 원년에 몽고군을 피해 안주의 노도로 들어갔다. 그 뒤에 모두 다섯 번을 옮겨 다녔다. 충렬왕 6년에 이르러 옛 땅을 회복하고 성주에 예속되었다.

(元宗元年避蒙兵, 入于安州之蘆島, 後凡五遷, 至忠烈王六年復舊地屬于成州)

도피 시기와 육지로 나온 시기가 다른 주들과 다른 것 같다. 충렬왕 6년에 옛 땅을 회복했다고 하는 것은 이해하기 어렵다. 당시는 서북쪽의 주들이 원의 동녕부에 소속된 시대이고, 『원사』「지리지」에 따르면 동녕부 시대의 덕주는 여전히 서쪽에 있었던 것으로 보이기 때문이다. 고려에서 이와 같이 기록한 것은 아마도 오류일 것이다. 다만 『원사』에도 그 위치가 분명하지 나오지 않는 것이 안타깝다. 노도(蘆島)는 안주의 서북쪽에 있는 청천강 하류의 화도(華島)일지도 모르겠다.

⑥ 안주(安州, 안북도호부)

"고종 43년에 몽고군을 피해 창린도에 들어갔다가 뒤에 육지로 나왔다(高宗四十三年避蒙兵, 入昌麟島, 後出陸)"는 기록이 있다. 육지로 나온 시기를 기술하지 않았지만 앞의 맹주 조항에 "원종 2년에 육지로 나가 안주의 속현으로 삼았다"고 했으므로 같은 해일 것이다. 육지로 나온 후의 치소를 특별히 기술하지 않은 것을 보면 옛 지역으로 복귀했을 것이다. 창린도(昌麟島)는 『여지승람』 황해도 옹진현(瓮津縣) 조항에 "현의 서쪽 70리에 있다(在縣西七十里)"고 되어 있다.

⑦ 가주(嘉州)

가주에 대해서는 다음과 같은 기록이 있다.

고종 18년에 몽고군을 피해 섬으로 들어갔다. 원종 2년에 육지로 나와서 태주, 박주, 무주, 위주 등을 모두 본 군에 예속시키고 5성 겸관을 삼았다.(『지리지』)

(高宗十八年避蒙兵, 入于海島, 元宗二年出陸, 以泰, 博, 撫, 渭等州, 皆屬本郡, 爲五城兼官)

옛 가산은 오사롱산의 남쪽 구비인 화지리에 있다. 본 읍은 섬에서 나온 후 이곳에 거주했다가 얼마 되지 않아 옛 치소로 돌아갔다.(『여지승람』)

(古嘉山在吾思弄山南曲火池里, 本邑自海島出居于此, 未幾還舊治)

오사롱산(吾思弄山)은 "군의 서쪽 15리 거리인 정주와의 경계에 있다(在郡西十五里, 定州界)"는 기록도 보이므로, 원대의 가주는 이 옛 가산일 것이다.

⑧ 박주(博州)

"고종 18년에 몽고병을 피해 섬으로 들어갔다. 원종 2년에 육지로 나와서 가주에 예속되었다(高宗十八年避蒙兵, 入于海島, 元宗二年出陸, 屬于嘉州)"고 했다. 옛 지역으로 돌아갔는지 혹은 가주 소속의 한 지역으로 남아있었는지는 분명하지 않다. 『천하군국이병서(天下郡國利病書)』에 의하면 이보다 앞서 일단 수안(遂安) 방면으로 옮긴 듯하므로, 박주가 가주에 소속된 때는 원종 2년 이후일지도 모르겠다. 이 점에 대해서는 뒤에서 다시 언급하기로 한다.

⑨ 태주(泰州)

"고종 18년에 몽고군을 피해 섬으로 들어갔다, 원종 2년에 육지로 나와 가주에 소속시켰다(高宗十八年, 避蒙兵入于海島, 元宗二年出陸, 屬于嘉州)"고 되어 있다. 태주도 옛 지역으로 돌아갔는지 여부가 분명하지 않은데, 『고려사」「안우전(安祐傳)」에 공민왕 10년의 홍건적 침공을 기술한 부분에 다음과 같은 기술이 있다.

10년에 홍건적이 (중략) 압록강을 건너 삭주와 이성을 침략했다. (중략) 적이 무주에 주둔했다. (중략) 방실(도지휘사 이방실)이 판사농사 조천주, 좌승 유계조, 대장군 최준 등을 보내어 적을 박주에서 공격하여 패배시켰다. 예부상서 이순은 태주에서 적을 맞아 공격했다. (중략) 방실은 도지휘사[지휘사] 김경제와 함께 개주에 가서 공격하여 150여 명의 목을 베었다. 안우가 조천주 (중략) 등을 보내어 보병과 기병 4백 명을 거느리고 박주에 가서 공격하여 1백여 명의 목을 베었다. 방실이 또 1백 명의 기병을 거느리고 [진격하여] 연주에서 20여 명의 목을 베었다. 우가 여러 부대를 거느리고 안주로 나아가 주둔했다.

(十年, 紅賊 (中略) 渡鴨綠江, 寇朔州, 泥城, (中略) 賊屯撫州, (中略) 芳實遣判司農事趙天柱, 左丞柳繼祖, 大將軍崔準等, 擊賊于博州敗之, 禮部尙書李珣邀擊于泰州 (中略) 芳實與都指揮[指揮]使金景磾至价州, 擊斬百五十餘級, 祐遣趙天柱 (中略) 等, 以步騎四百, 至博州, 擊斬百餘級, 芳實又以百騎斬[擊斬]二十級于延州, 祐領諸軍進屯安州)

이에 따르면 당시 태주는 옛 태주처럼 북쪽에 있었던 것은 아닌 듯하다.(무주, 박주, 연주 조항 참조)

⑩ 은주(殷州)

"고종 18년에 몽고군을 피해 섬으로 들어갔다. 원종 2년에[뒤에] 육지로 나와 성주의 속현이 되었다(高宗十八年, 避蒙兵入于海島, 元宗二年[後]出陸, 爲成州屬縣)"는 기록이 있다. 옛 지역으로 돌아갔는지는 분명하지 않다. 맹주 조항에 "은주에 병합시켰다"고 했으므로, 은주가 도피한 섬은 맹주가 도피한 섬과 근접한 곳인 듯하다.

⑪ 선주(宣州)

"고종 18년에 몽고병을 피해 자연도로 들어갔다. 원종 2년에 육지로 나왔다(高宗十八年, 避蒙兵, 入于紫燕島, 元宗二年出陸)"고 했다. 옛 지역으로 복귀한 것 같다. 그러나 「세가」 공민왕 9년 2월 조항에 "옛 선주(古宣州)"라는 말이 나오므로 당시에 이미 지금의 선천(宣川)으로 주치를 옮긴 듯하다. 이전한 시기는 분명하지 않지만 육지로 나왔을 때가 아닐까.

⑫ 곽주(郭州)

"고종 18년에 몽고병을 피해 섬으로 들어갔다, 원종 2년에 육지로 나와 수주에 소속되었다(高宗十八年, 避蒙兵, 入于海島, 元宗二年出陸, 隸隋州)"고 했다. 앞에서 살펴본 창주와의 관계를 고려하면 주치는 일단 옛 지역으로 복귀한 것 같다.(창주 조항 참조)

이상의 12주는 이전 상황이 「지리지」에 명기되어 있는 것들이다. 「지리지」에 기재되지 않았지만 옮긴 것이 확실한 것은 다음과 같다.

① 서경(西京)

서경의 이전 기록이 「지리지」에 보이지 않지만, 앞서 인용한 「세가」의 기사에 따르면 일단 저도(楮島)로 도피한 것은 분명하다. 저도는 진남포(鎭南浦) 남쪽에 있고 황해도 안악현(安岳縣)에 속하는 지금의 저도(猪島)인지도 모르겠다.

② 위주(威州, 구 청새진淸塞鎭)

「지리지」에 다음과 같은 설명이 있다.

청새진은 고종 4년에 거란병을 방어한 공이 있어 위주방어사로 승격시켰다. 뒤에 오랑캐에 투항하여 나라를 배반했으므로 희주로 고쳐 부르고 개주의 겸관으로 삼았다.

(淸塞鎭, 高宗四年以禦丹兵有功, 陞威州防禦使, 後, 投狄背國, 改稱熙州, 爲价州, 兼官)

이전한 일은 언급되지 않았는데, 앞에서 인용한 「세가」 고종 37년 9월 조항에 "위주도 역시 은율현으로 옮겼다"고 되어 있으므로 이전한 것은 분명하다. 은율현(殷栗縣)으로 옮긴 이후의 일에 대해서는 「세가」에도 나와 있지 않지만, 다른 사례로 유추하면 원종 시대에 다시 다른 곳으로 옮겼을지도 모르겠다. 「지리지」에 "개주의 겸관으로 삼았다"고 한 것을 보면 개칭 당시 치소는 개주(价州) 부근에 있었을 것이다.

희주의 위치

「대동여지도」에 개주의 서쪽 약 30리 지점에 희주원(熙州院)이라는 이름이 기재되어 있다. 희주(熙州)는 어쩌면 이 지점일지도 모르겠다. 희주로 고쳐 부른 때가 언제인지 분명하지 않지만, 『원사』 「지리지」에도 이 명칭이 나타나므로 원종 10년 이전인 것은 확실하다. 『원사』 「홍복원전(洪福源傳)」을 참고하면, "을사년(고종 32년)에 정종이 아모한에게 명령하여 병사를 거느리고 복원과 함께 <u>위주</u> 평로성을 함락시키게 했다(乙巳定宗命阿母罕, 將兵與福源共拔威州平虜城)"는 기록이 있다. 평로진(平虜鎭)은 지금의 영원(寧

遠) 방면이므로 이곳과 동시에 함락된 위주는 청새진(淸塞鎭)의 옛 터인 것 같다. 따라서 은율현으로 옮긴 것이 이 전투의 결과처럼 보이기도 하지만, 『고려사』에 따르면 이 해에는 몽고군의 침공이 한 번도 없었고, 아모간(阿母侃, 阿母罕)이 온 것은 고종 34년(정미)으로 되어 있다. "몽고 원수 아모간이 군대를 이끌고 와서 염주에 주둔했다(蒙古元帥阿母侃領兵, 來屯鹽州)"고 했으므로, 이 전투는 은율현에 있었던 때에 일어난 일이다. 「지리지」에 "오랑캐에 투항하여 나라를 배반했다"고 한 것은 이 전투를 말하는 것으로 볼 수도 있을 것이다. 『고려사』에 의하면 고종 23년 이후 북계에 특별한 전투는 없었던 것 같기 때문이다.

③ 유원진(柔遠鎭, 구 평로진平虜鎭)

『여지승람』 영유현(永柔縣) 조항에 "유원진은 군의 북쪽 35리에 있는데 본래 고려의 평로진이다(柔遠鎭在郡北三十五里, 本高麗平虜鎭)"라고 했고, 「대동여지도」에는 영유의 서북쪽 해변에 기재되어 있다. 평로진은 지금의 영원 방면이므로 영유현 부근에 있을 리가 없다. 분명 고종 시대에 옮긴 일이 있었고, 유원진은 그 유적일 것이다. 하지만 옮긴 시기는 알 수 없고, 앞의 『원사』 「홍복원전」에 보이는 평로성의 위치도 분명하지 않다.

④ 영원진(寧遠鎭)

『여지승람』 영유현 조항에 "옛 영원은 현의 서북쪽 40리에 있다(古寧遠, 在縣西北四十里)"고 되어 있다. 「대동여지도」에도 유원의 서남쪽인 해변에 기재되어 있다. 유원진과 마찬가지로 옮겼을 것이다. 『여지승람』 영원군 조항에는 다음과 같이 기록되어 있다.

본 영원진은 (고려) 태조 5년에 영청현에 소속되었다. 정종 7년에 최충에게 명하여 성을 쌓게 했다. 후에 영청현 해변에 옮겼다가 다시 옮겨 희천에 소속시켰다. 본조 태조 5년에 다시 영청과 합쳐 영녕으로 불렀다. 세조 13년에 옛 영원 땅에 별도로 군을 두고 또 진으로 삼았다.

(本寧遠鎭太祖五年屬永淸縣, 靖宗七年, 命崔冲築城, 後徙居永淸縣海邊, 後移屬熙川, 本朝太祖五年, 又合于永淸, 稱永寧, 世祖十三年, 就古寧遠之地, 別置郡, 仍爲鎭)

"고려 태조 5년에 영청현에 소속되었다"는 것은 거짓임이 분명하지만 (제15장 「고려 서북경의 개척」 참조), "후에 영청현 해변에 옮겼다"는 것은 사실이며, 다른 주진들처럼 몽고군을 피하기 위해서였을 것이다. 영청현은 지금의 영유현이다.

⑤ 안의진(安義鎭)

앞에서 인용한 「지리지」 수주(隨州) 조항에 나왔던 안의진에 대해서는 지금의 정주 동남쪽으로 이미 언급했다. 원래 귀주와 의주 사이에 있었기 때문에 안의진 또한 고종 시대에 도피했을 것이다. 안의진이 창주에 속한 것은 『천하군국이병서』에도 보인다. 뒤에서 다시 언급하기로 한다.

다음은 문헌상 명백한 증거는 없지만 옮긴 흔적을 추론할 수 있는 곳들이다.

① 연주(延州)

연주는 「지리지」에 "성종 14년에 방어사로 삼았으며 공민왕 15년에 연산부로 승격시켰다(成宗十四年爲防禦使, 恭愍王十五年陞延山府)"고 했을 뿐, 주치 이전에 대해서는 보이지 않는다.

연산

『여지승람』 영변 조항에 "옛 연산은 부의 남쪽 30리에 있다(古延山, 在府南三十里)"는 기록이 있고, 「대동여지도」에도 이 기사와 부합하는 위치에 연산(延山)이 기재되어 있다. 그런데 연주의 위치는 운산의 북쪽 40리 거리에 있으므로 이와 같은 남쪽에 연산이라는 명칭을 가진 지역이 있다는 것은 이상하다. 아마 연주가 몽고군의 침입을 당했을 때 옮겼다는 증거가 아닐까. 공민왕 15년에 연산부로 개칭되었을 때도 여전히 이곳에 있었을지도 모르겠다.

고려 말기의 연주

「세가」 공민왕 10년 11월 홍건적의 침입을 기술한 조항을 참조해보자.

홍건적이 무주에 진을 치자 이방실이 중과부적임을 감안해 병력을 모아 후퇴시켰다. (중략) 개주, 연주, 박주 등의 주에서 적과 싸워 계속 격파했다.
(紅賊屯撫州, 李芳實以彼衆我寡, 斂兵退, (中略) 擊賊于价, 延, 博等州, 連戰破之)

이 기록과 앞의 태주 조항에서 인용한 「안우전」의 기사를 함께 참조하면, 당시 연주는 개주, 박주 등과 멀지 않다는 것을 알 수 있다. 「안우전」에서 전년도 전투에 대한 내용을 보면 다음과 같다.

이방실이 정예 기병 1천 기로 연주강까지 추격했으며, 안우, 김득배, 김어진 역시 정예 기병을 거느리고 잇달아 도착했다. 적이 궁지에 몰려 언 강을 건너다가 빠져 죽은 사람이 거의 수 천 명이나 되었다. (중략) 이날 밤에 적이 달아나니 이방실은 이른 아침에 밥을 먹이고 그들을 추격했다. 적의 무리들이 굶주리고 지쳐서 <u>안주와 철주</u>의 몇 고을 사이에 죽은 자가 줄줄이 이어졌다. 이방실이 추격하여 <u>옛 선주</u> 땅에 이르렀다.

(芳實以精騎一千, 追至延州江, 祐, 得培(金得培)於珍(金於珍)亦率精騎繼至, 賊窘渡江冰, 陷死者殆數千, (中略) 是夜賊遁, 芳實蓐食追之, 賊徒飢困, 安鐵數州之閒死者相枕, 芳實追至古宣州)

연주강(延州江)은 청천강인 듯하므로, 당시 연주가 청천강 부근이었음을 알 수 있다. 이곳을 앞에서 말한 옛 연산(古延山)으로 보면 이들 기사 내용과 잘 들어맞는다. 따라서 연주는 남쪽으로 이전하여(혹은 일단 섬으로 도피했다가 육지로 다시 나와서) 주치를 지금의 영변의 남쪽에 둔 적이 있었던 것이다.

동녕로 시대의 연주

다만 문제는 『원일통지(元一統志)』를 답습한 것으로 여겨지는 『명일통지(明一統志)』 기사에 "향산은 연주의 동남쪽에 있다(香山在延州東南)"고 한 점이다. 이에 따르면 동녕로 시대의 연주는 묘향산의 서북쪽 즉 연주의 옛 치소에 있는 것처럼 보인다. 만약 그렇다면 연주가 옮긴 것은 충렬왕 35년의 회복 이후로 보아야 하는데, 창주, 운주, 위주 등 주변의 주들이 모두 도피했을 때 연주만 그 땅을 지키고 있었다는 것은 이해하기 어렵다. 또한 뒤에서 말하겠지만, 동녕부 시대의 연주가 양암진(陽嵓鎭)을 지배했다면 그곳이 옛 연주 지역이 아닌 것은 분명하다. 뿐만 아니라 당시의 치소는 앞에서

말한 옛 연산이 아니고 양암진과 함께 다른 곳에 존재했으며, 그 후 옛 연
산으로 옮겼다고 보는 것이 옳을 듯하다.(양암진 조항 참조) 따라서 여기서는
『명일통지』의 기사를 연주의 옛 치소의 위치에 관계된 기록으로 보고자 하
며, 연주의 이전 시기는 고종시대로 추측한다.

② 순주(順州)

「지리지」에 "고종 44년에 덕주에 합쳤다(高宗四十四年倂于德州)"고 되어
있다. 그런데 덕주가 원종 원년(고종 44년의 3년 후)에 안주의 노도(蘆島)로 옮
긴 것을 보면 순주는 원종 초에 존재하지 않았던 것일지도 모르겠다. 덕주,
맹주, 은주가 옮겨간 후 이들 주와 근접한 순주만 혼자 옛 치소에 있었다고
는 보기 어렵다. 순주의 치소는 지금 순천의 동쪽 105리에 있다. 그렇지만
『원사』「지리지」에 순주라는 이름이 있으므로 덕주가 다섯 번 옮기는 동안
어느 때인가 분립한 듯하다. 그 때의 치소는 분명하지 않지만 지금의 순천
이 아닐까. 순천군은 고려시대의 순주를 계승한 것이지만, 군치를 이곳에
둔 시기는 문헌상 증거를 찾을 수 없다. 전후의 형세로 살펴보면 아마도 이
때일 것이다.

순천강의 명칭

다만 『여지승람』 개천군(价川郡) 조항에 "순천강은 군의 남쪽 30리에 있
다. 영원의 맹산을 발원지로 하며, 순천 옛 터를 돌아 흐르기 때문에 붙여
진 이름이다(順川江在郡南三十里, 源出寧遠孟山, 又歷順川古墟, 故名)"라는 기록
이 있다. 이에 의하면 조선시대에 순천군이라는 이름이 지어진 후에도 그
군치는 여전히 순주의 옛 땅에 있었던 것 같지만, 지금의 순천 군치 부근을
흐르는 순천강(順川江, 정융강靜戎江)이 순천의 옛 터에서 명칭이 유래했다는

것은 매우 이해하기 어렵다. 아마도 오류일 것이다.

③ 위주(渭州)

위주는 「지리지」에 이전했다는 언급이 없다. 하지만 앞에서 무주가 원종 2년에 육지로 나온 후 옛 위주성에 있었다고 했으므로, 위주도 어딘가로 도피했을 것이고, 원종 2년에는 여전히 옛 지역으로 복귀하지 않았다고 보아야 할 것이다. 부근 여러 주들의 사례와, 가주 조항에 "태주, 박주, 무주, 위주 등을 모두 본 군에 예속시키고 5성 겸관을 삼았다"고 한 것을 참조할 때, 위주도 원종 2년에 육지로 나왔고 가주 관할 어딘가에서 그 이름을 유지한 것으로 보인다.

④ 삭주(朔州)

「대동여지도」에 정주(定州)의 서남쪽 해안, 옛 운산 옆에 기재된 삭주산(朔州山)이 삭주와 어떤 연관이 있는 것은 아닐까. 같은 방면인 창주, 운주 등이 도피했는데 삭주만 혼자 그 치소를 지켜냈다고는 볼 수 없다. 또 후년에 귀주(정원부定遠府)마저 남쪽 해변으로 옮긴 것을 보면 삭주가 옛 치소를 지탱할 수 있었다는 것은 더더욱 의심스럽다. 『원사』 「홍복원전」에 "을미년(고종 22년)에 (중략) 금산, 귀주, 신주, 창주, 삭주를 함락시켰다(乙未 (中略) 拔金山, 歸, 信, 昌, 朔州)"는 기록이 있지만, 『고려사』에는 이에 해당하는 기사가 없고, 또 이것만으로 삭주의 지리적 위치를 추측할 수도 없다.

⑤ 영삭진(寧朔鎭)

영삭진은 의주와 가까운데, 그 동쪽이거나 아니면 의주와 귀성의 중간, 삭주의 서쪽에 있었을 것이다. 그런데 「대동여지도」를 보면 철산(鐵山)의

남쪽에 영삭이라는 이름이 있다. 『여지승람』 철산군 조항에는 "옛 영삭성
은 군의 동쪽 4리에 있다(古寧朔城, 在郡東四里)"고 되어 있다. 『원사』 「지리
지」에 "선주는 영삭진과 석도진의 두 진을 다스린다(宣州領寧朔, 蓆島二鎭)"
고 한 영삭진도 이곳일 듯하다. 철주(鐵州)의 주치는 지금의 철산 군치의 북
쪽에 있고, 선주의 주치도 지금의 선천 군치의 서북쪽이므로 옛날 영삭 부
근은 선주의 관할구역이었을 것이다. 이들 문헌에 보이는 영삭진이 옛 영
삭진 터가 아닌 것은 분명하므로, 영삭진도 몽고군을 피해 옮겼다고 볼 수
있다. 『원사』 「지리지」에 나온 석도(蓆島)에 관해서는 뒤에서 다시 언급하기
로 한다.

⑥ 영덕진(寧德鎭)

『원사』 「지리지」에 "맹주는 삼등 1현과 초도진, 단도진, 영덕진 3진을
거느린다(孟州, 領三登一縣, 椒島, 椵島, 寧德三鎭)"고 기록되어 있다. 영덕진은
의주에 인접한 동남쪽에 있었을 것이므로 그 진성이 여전히 옛 땅에 있었
다면 이와 같이 초도(椒島) 등과 함께 맹주(孟州)에 소속되었다는 것은 의심
스럽다. 따라서 임시로 남쪽 해변으로 옮겼다고 보아야 할 듯하다. 초도 등
에 대해서는 뒤에서 다시 언급할 것이다.

⑦ 정융진(定戎鎭)

『원사』 「지리지」에 "철주는 정융진 1진을 거느린다(鐵州領定戎一鎭)"고 했
다. 하지만 정융진은 영주(靈州)의 북쪽에 있으므로 철주의 지배 아래 있었
을 리가 없다. 역시 이전한 것으로 보인다.

⑧ 양암진(陽嵓鎭)

양암진은 지금의 양덕현(陽德縣) 부근에 있다. 그런데 『원사』「지리지」에 "연주는 양암 1진을 거느린다(延州領陽嵓一鎭)"고 했다. 앞에서 살펴본 바와 같이 연주(延州)를 영원의 남쪽인 연산이라고 해도 양암진과는 약 4백 리 거리이므로, 양자 사이에 이러한 관계가 있을 리가 없다. 『원사』의 기사가 오류가 아니라면 양암진도 당시 어딘가로 도피했고, 그 지점이 연주가 옮긴 곳과 근접하여 이러한 관계가 형성된 것으로 상상할 수 있다.(연주 조항 참조)

정원부(귀주)

덧붙여 살펴볼 것은 정원부(定遠府, 귀주龜州)의 위치다. 『고려사』「지리지」 귀주 조항에는 명칭의 변화에 대한 언급은 있지만, 부치(府治) 이전은 나와 있지 않다.

(고종) 18년에 몽고군이 침입하자, 병마사 박서가 힘껏 그들을 방어하여 힘이 다하도록 항복하지 않은 공적이 있으므로 정원대도호부로 승격시켰다. 뒤에 도호부로 했다가 다시 정주목으로 고쳤다.

(十八年蒙兵來侵, 兵馬使朴犀盡力禦之, 力屈猶不降, 以功陞爲定遠大都護府, 後爲都護府, 又改定州牧)

그런데 『여지승람』 정주 조항에는 위의 기사를 인용한 후 다음과 같이 덧붙였다.

후에 주치를 마산의 남쪽으로 옮겼다. 본조 세조 원년에 분할하여 귀성군을 옛 귀주 땅에 설치했다. 12년에 다시 주치를 수천으로 옮기고 결국 수천군을 없앴다.

(後移州治于馬山南, 本朝世祖元年析置龜城郡于古龜州之地, 十二年, 又移州治于隨川, 遂省隨川郡)

옛 정주성은 지금 치소의 동쪽 30리에 있다.

(古定州城, 在今治東三十里)

「대동여지도」에도 이 기사와 부합하는 지점에 옛 정주 및 마산의 이름이 기재되어 있으므로 정주가 남쪽으로 이전한 것은 틀림없다.

고려 말기의 정주

「세가」 공민왕 8년 12월 조항에 나오는 정주는 이 옛 정주일 것이다. 청강(淸江)은 지금의 철산과 선천(宣川) 사이에 있다.

홍건적이 압록강을 건너 의주를 함락시키고 (중략) 정주를 함락시키고 (중략) 철주로 들어왔다. (중략) 안우가 청강에서 이들과 마주쳐 격파했으나, 다시 벌어진 전투에서 패배한 후 정주로 물러나 진을 쳤다.

(紅賊 (中略) 渡鴨綠江, 陷義州 (中略) 陷靜州 (中略) 入鐵州 (中略) 安祐遇于淸江, 破之, 復戰敗績, 祐退屯定州)

이전이 언제 실행되었는지 분명하지 않지만, 다른 주들의 사례를 볼 때 고종 때 몽고군을 피해 해변 지역으로 옮겼을 가능성이 있다.

동녕로 시대의 정원부

한편 『명일통지』에 "굴암산은 정원부성의 동쪽에 있는데 부는 동녕로에 소속되었다(屈嵓山, 在定遠府城東, 府屬東寧路)"는 기록이 있다. 이를 『여지승람』 귀주 조항의 "굴암산은 부의 동북 39리에 있다. (중략) 옛 석성 터가 있다(窟庵山, 在府東北三十九里 (中略) 有石城古基)"고 한 기사와 대조하면, 굴암산(屈嵓山)은 바로 窟庵山이고, 『명일통지』가 말하는 정원부의 위치는 지금의 귀성(옛 귀주)인 듯하다. 『명일통지』에 "부는 동녕로에 소속되었다"고 한 것을 보면 이 기사는 분명히 원대에 기록되었을 것이고, 아마도 『원일통지』에서 채택했을 것이다. 따라서 동녕로 시대의 정원부는 여전히 귀주에 있었다고 볼 수밖에 없다. 또 『고려사』 「지리지」에 운주가 옮긴 상황을 "가산의 서촌에 기거했다"고 했는데, 이곳은 옛 정주의 남쪽에 인접한 곳이므로 원종 2년에 육지로 나왔을 때 옛 정주는 가주의 관할구역이었던 것 같다.(운주 조항 참조) 이상을 종합하면 정주가 마산 아래로 옮긴 것은 빨라야 충렬왕 16년, 고려가 그 북경을 동녕부로부터 회복한 이후일 것이다.

정주가 남쪽으로 옮긴 이유

당시 어떤 필요로 옮겼는지는 문헌상에서 명백한 증거를 찾을 수 없지만, 삭주, 창주 등도 당시에 그 옛 땅에 없었다고 짐작할 수는 있다. 삭주, 창주 등이 옛 치소에 있었다면 정주(귀주)는 결코 남쪽으로 옮길 필요가 없기 때문이다. 귀주는 북방의 중진이자 창주, 삭주, 안의진 등의 중심이라고 할 수 있는 지점이었을 뿐만 아니라, 고종 18년에 몽고군을 격퇴한 공로로 정원도호부로 개칭된 역사적 지위도 있었다. 부근의 주들이 도피했을 때도 머물면서 그 지역을 지켰지만, 고립된 군사로 세력을 유지할 수 없었으므로 결국 남쪽으로 옮기게 되었을 것이다.

이상에서 열거한 주진들의 위치를 정리하자면, 고종 시대 고려 북경의 주진들은 의주, 정주(靜州), 인주, 용주, 영주(靈州), 철주 및 위원진을 포함한 서북단에 위치한 주진들과 정원부(귀주), 개주(价州) 및 숙주(肅州), 자주(慈州), 성주(成州) 등 남쪽의 주들을 제외하고는 대부분 한 번은 섬으로 옮긴 적이 있다. 그 후 원종 시대에 이들이 육지로 나왔을 때 선주, 곽주, 안주, 박주, 무주, 위주(渭州) 등 청천강 하류 부근에 있었던 주들은 옛 치소혹은 그곳과 멀지 않은 지역으로 복귀했다. 그러나 삭주, 창주, 연주, 운주, 위주(威州, 희주熙州), 덕주, 맹주 및 영덕진, 영삭진, 안의진, 정융진, 영유진, 영원진, 양암진 즉 동북쪽 경계에 있는 주들은 옛 지역으로 돌아가지 못했다.

옮긴 주진들의 옛 지역

그런데 이들 주치가 비게 된 지역이 어떻게 되었는지에 관해서는 문헌상 명백한 기록을 찾을 수가 없다. 지방행정관청이 치소를 철거한 것은 명백히 소관 구역을 포기한 것인데, 여러 해가 지나도 여전히 복귀하지 못했다는 것은 고려의 주권이 그 지역에 미치지 못했다는 의미 아닐까. 주치의 철퇴와 함께 그 주성에 있던 백성, 적어도 행정관청이나 수비병과 밀접한 관계를 가진 백성들은 대부분 피난해서 남쪽으로 옮겼을 것이므로, 사실상 이들 지방에서 고려의 세력은 현저하게 감퇴했을 것이다. 「세가」 고종 38년 정월 조항에는 다음과 같은 기록이 있다.

고이(몽고 사신)가 왕에게 말하기를, 나라의 북쪽 변방이 이미 심하게 부서져서 집에 지붕과 울타리가 없는 것과 같습니다, 라고 했다.

(高伊謂王曰, 國之北鄙殘破已甚, 如家無藩籬)

이를 통해 당시의 상황을 추측할 수 있다. 삭주, 창주, 연주, 위(희)주, 평로진, 영원진 등 동북경은 자연히 여진족이 횡행하게 되었을 것이다. 이와 같은 상태였던 고려의 서북면은 원종 10년(원 세조 지원至元 6년)에 이르러 다시 원의 통치하에 들어가게 되었고, 평양인 동녕부(지원 12년 이후는 동녕로)의 관할이 되고 말았다.

2) 동녕로 치하의 상태

원에 귀속된 자비령 이북

『고려사』「세가」의 기록을 먼저 인용한다.

최탄이 서경유수 및 용주, 영주, 철주, 선주, 자주 등 5개 주의 수령을 죽이니, 서북지역 여러 고을의 관리가 모두 반적에게 살해되었다. 최탄이 (중략) 이에 의주부사 김효거 등 22인을 붙잡아서 몽고에 투항했다.(원종 11년 10월)

(崔坦殺西京留守及龍, 靈, 鐵, 宣, 慈五州守, 西北諸城官吏, 皆歿於賊, 坦 (中略) 於是, 執義州副使金孝巨等二十二人, 歸于蒙古)

정주 별장 강원좌 등 3인이 와서 몽고 황제의 조서를 전하니, 조서에서 말하기를, 고려국 귀주도령 최탄 등과 서경의 54개 성, 서해도의 6개 성의 군사와 백성에게 알린다. (중략) 이제 최탄에게는 이미 칙명을 내렸고, 나머지 관원과 백성에 대해서는 행중서성에 별도로 칙명을 내려 거듭 돌보고 보호하게 할 것이다. 너희 관료와 백성은 짐의 뜻을 잘 받들어 더욱더 충절을 다하라, 라고 했다.(원종 10년 12월)

(靜州別將康元佐等三人來傳蒙古帝詔曰, 諭高麗國龜州都領崔坦等洎西京
五十四城, 西海六城軍民等, (中略) 今坦已加勅命, 自餘吏民, 別勅行中書省, 重爲
撫護, 惟爾臣庶仰體朕懷, 益殫忠節)

최탄이 몽고 군사 3천 명을 요청하여 서경에 와서 주둔했다. (중략) 조서를
내려 귀속시키고 동녕부라고 이름을 고쳤으며, 자비령을 경계로 삼아 획정했
다.(원종 11년 2월)

(崔坦請蒙古兵三千, 來鎭西京, (中略) 詔令內屬, 改號東寧府, 畫慈悲嶺爲界)

『원사』 「세조본기」에는 같은 사건이 다음과 같이 기록되어 있다.

고려도통령 최탄 등이 (중략) 서경 50여 성을 거느리고 귀순했다. (중략) 왕준
과 홍차구의 군사 3천 명을 선발하여 가서 고려를 평정하게 했다. 고려 서경도
통 이연령이 병사를 더할 것을 청하니, 망가도를 보내어 병사 2천 명을 거느리
고 가게 했다.(지원 6년 11월)

(高麗都統領崔坦等 (中略) 挈西京五十餘城來附 (中略) 簽王綧洪茶丘軍三千人
往定高麗. 高麗西京都統李延齡乞益兵, 遣忙哥都率兵二千赴之)

조서를 내려 고려 서경을 내속했으니 동녕부로 고치고 자비령을 경계로 삼
아 획정했다.(지원 7년 정월)

(詔高麗西京內屬, 改東寧府, 畫慈悲嶺爲界)

이상과 같은 전개로 자비령(慈悲嶺) 이북은 원의 통치 아래 귀속된 것이다.

원에 귀속된 주현

원의 통치 아래 귀속된 지역은 자비령 이북이라는 말로 대강 알 수 있지만, 상세히 파악하기 위해서는 그 속에 포함된 주현들을 살펴보아야 한다. 『원사』「지리지」에 따르면 그 지명은 다음과 같다.

동녕부(평양) 소관

도호부(都護府), 정원부(定遠府), 영주(靈州), 용주(龍州), 철주(鐵州, 정융진을 거느림), 선주(宣州, 영삭진寧朔鎭, 석도진蓆島鎭을 거느림), 곽주(郭州), 창주(昌州, 안의진安義鎭을 거느림), 삭주(朔州), 운주(雲州), 가주(嘉州), 태주(泰州), 무주(撫州), 위주(渭州), 박주(博州, 수안현遂安縣을 거느림), 연주(延州, 양암진陽嵓鎭을 거느림), 개주(价州), 덕주(德州, 강동江東, 영청永淸, 통해通海, 순화順化 4현 및 영원寧遠, 유원柔遠, 안융安戎의 3진을 거느림), 맹주(孟州, 삼등현三登縣과 초도椒島, 가도椵島, 영덕寧德 3진을 거느림), 희주(熙州), 순주(順州), 은주(殷州), 자주(慈州), 숙주(宿州), 성주(成州, 수덕진樹德鎭을 거느림), 중화현(中和縣)

토산현(土山縣), 철화진(鐵化鎭), 황주(黃州, 안악安岳, 삼화三和, 용강龍岡, 함종咸從, 강서江西 5현 및 장명진長命鎭을 거느림), 봉주(鳳州), 곡주(谷州).

파사부 소관

의주(義州), 정주(靜州), 인주(麟州), 위원진(威遠鎭)

『원사』「지리지」에는 누락이 있기 때문에 야나이와타리(箭內亙)가 지적한 바와 같이 『천하군국이병서』권12 동녕로 조항의 주현 명에 따라 보완할 필요가 있다.(『만주역사지리』제2권 제5장 4 참조) 위에 열거한 지명 중 방점을 찍은 것이 바로 그것이다. 밑줄을 그은 것은 『고려사』「지리지」의 서해도에 조항에 나오는 것이며, 나머지는 모두 북계에 열거된 이름이다. 밑줄을 점선으로 그은 것은 독립된 주현 혹은 진으로 「지리지」에 기재된 섬이다.

서북면에 소속된 주진

이상의 주현명을 『고려사』「지리지」와 비교해 보면 「지리지」에 보이는 북계(서북면)에는 경(京) 1개, 도호부 1개, 방어군(주) 25개, 진 12개, 현 10개가 있어서 총계 49개이다.

1경：서경(西京)

1도호부：안북(安北)도호부 영주(寧州)

25주：의주(義州), 정주(靜州), 인주(麟州), 영주(靈州), 용주(龍州), 철주(鐵州), 선주(宣州), 곽주(郭州), 귀주(龜州, 정원부定遠府), 삭주(朔州), 창주(昌州), 연주(延州), 운주(雲州), 태주(泰州), 가주(嘉州), 위주(渭州), 무주(撫州), 박주(博州), 숙주(肅州), 자주(慈州), 은주(殷州), 순주(順州), 덕주(德州), 맹주(孟州), 성주(成州)

10현：강동현(江東), 강서현(江西), 삼등현(三登), 영청현(永淸), 통해현(通海), 순화현(順化), 삼화현(三和), 함종현(咸從), 용강현(龍岡), 중화현(中和)

12진：개주(价州)가 된 조양진(朝陽鎭), 희주(熙州)가 된 청새진(淸塞鎭), 위원진(威遠), 영삭진(寧朔), 영덕진(寧德), 정융진(定戎), 안의진(安義), 영원진(寧遠), 유원진(柔遠), 안융진(安戎), 수덕진(樹德), 양암진(陽嵒)

이에 의하면 『원사』「지리지」의 주현명에는 『고려사』「지리지」에 보이는 서북면 소속의 부, 주, 현, 진이 모두 포함된다. 『원사』의 도호부, 숙주(宿州) 및 순화(順化)는 야나이의 고증에 따라 안북부(安北府), 숙주(肅州) 및 순화(順和)로 간주한다.

서해도에 소속된 주진

『고려사』「지리지」서해도부(部)에는 황주(黃州), 봉주(鳳州), 곡주(谷州), 안악현(安岳縣), 토산현(土山縣), 수안현(遂安縣), 철화진(鐵化鎭), 장명진(長命鎭)의 이름이 보인다. 『원사』「지리지」의 주현명 중 서북면에 소속된 것을 제외한 나머지 8개가 바로 이것이다. 또 3개의 섬 중에 가도(椵島)는 「지리지」에 따르면 서북면 소속이고, 초도(椒島)와 석도(蓆島)는 서해도의 관할 아래에 있다. 그런데 최탄(崔坦) 등이 거느리고 투항한 주성들의 숫자는 『고려사』에 수록된 원 황제의 칙유에 서경 54성, 서해 6성이라고 했고, 『원사』「세가」에는 서경 50여 성이라고만 되어 있어서 양자가 약간 어긋나는 것 같다. 그렇지만 『원사』「지리지」에는 다음과 같이 기록되어 있다.

이연령, 최탄, 현원열 등이 부, 주, 현, 진 60개 성을 가지고 귀부했다.

(李延齡, 崔坦, 玄元烈等以府, 州, 縣, 鎭, 六十城來歸)

이는 자비령 이북의 부, 주, 현 및 진성을 총괄한 성지의 수를 60으로 계산한 것이므로 원 황제의 조칙과도 부합한다.

성지 수와 그 소속

따라서 서경 54성은 서북면에 소속된 부, 주, 현, 진의 총계이며, 서해 6성은 서해도에 소속된 것이다. 전자가 위에서 기술한 서북면에 소속된 49성을 포함하는 것은 확실하지만, 나머지 5성이 분명하지 않다. 서해도에는 8개 지명이 포함되는데 서해 6성이라고 한 것은 곡주와 수안현이 약간 사정이 다른 것이어서 2성을 제외한 것일지도 모르겠다. 『고려사』「지리지」의 북계 조항에 의하면 황주 등 4주현은 한때 서북면 소관이 된 적이 있는 듯하지만 그 이속 시기는 분명하지 않다.

숙종 7년에 또 서북면이라 불렀고, 뒤에 황주, 안악, 철화, 장명진을 내속시켰다. 신우 14년에 다시 서해도에 소속시켰다.

(肅宗七年又稱西北面, 後以黃州, 安岳, 鐵和, 長命鎭來屬, 辛禑十四年復屬西海道)

따라서 최탄과 함께 귀순한 서북면의 주성 안에 이들을 더하여 계산해야할지 어떨지는 이 글만으로 판단할 수 없다. 곡주와 수안이 다른 주현들과 함께 최탄을 따라 원에 귀순한 것이 아니라면, 이들 4주현을 서해도 소속으로 한 것도 아니므로 6성이라는 숫자는 알 수 없을 것 같다.

서해도 소속 주진의 위치

서해도 소속인 주군 중에 봉주(鳳州)의 주치는 『여지승람』에 의하면 지금의 봉산(鳳山)에서 남쪽으로 14리에 있었다. 토산(土山)은 지금의 상원(祥原)이다. 철화(鐵化)는 야나이가 고증한 바와 같이 鐵和일 것이다. 『고려사』「지리지」 황주목(黃州牧) 조항에 다음과 같이 기록되어 있다.

철도 사람들이 육지로 나와 황주 서촌에 임시로 [머물렀다.] 충숙왕 후7년에 철화현이라 부르고 감무를 두었다.

(鐵島人出陸, 寓黃[居]州西村, 忠肅王後七年稱鐵和縣, 置監務)

그 치소는 『여지승람』에 의하면 황주의 서쪽 30리에 있다. 장명진(長命鎭)도 황주에 소속되었다고 하므로 그 부근일 것인데, 지금의 장련현(長連

縣)의 서쪽 15리에 있던 연풍장(連豐莊)과 합쳐서 장련현이 된 것을 보면 황주와 장련의 중간에 위치했을 것이다. 「대동여지도」에 장련의 동쪽에 고읍(古邑)이라고 기재된 것이 아마도 이곳일 것이다. 『고려사』 「지리지」 황주목 조항에 "주에 장명진이 속해 있다. 공양왕 2년에 장명진과 연풍진을 겸임하는 감무를 두었다(州屬有長命鎭, 恭讓王二年 置長命連豐兼監務)"는 기록이 있지만, 『원사』에도 보이므로 공양왕 때 새로 설치된 것은 분명 아닐 것이다.

파사부 소속 주진

원은 평양에 동녕부를 두고 그 지역을 통치했는데, 『원사』 「지리지」에 "정주, 의주, 인주, 위원진을 나누어 파사부에 예속시켰다(割靜州, 義州, 麟州, 威遠鎭, 隷婆裟府)"고 했으므로 동녕부에 소속된 것은 이외의 나머지 주진일 것이다. 『고려사』에는 이들 3주 1진이 파사부(婆裟府)에 소속되었다는 기사는 없지만, 「세가」 충렬왕 4년 조항에 왕이 원에 갔을 때의 행정을 서술하면서 3주의 위치가 다른 주와 구별된다는 것이 언급되었다. 아마도 파사부 소속이기 때문일 것이다.

의주에 행차했다. 이때 서북의 여러 주들이 모두 동녕부에 귀부했으나 오직 의주, 정주, 인주 3주가 귀부하지 않았으므로, 관리와 백성들이 모두 나와 맞이했으며 영접하고 접대하는 것을 다른 주보다 잘했다.

(次義州, 時, 西北諸州皆附東寧府, 惟, 義靜麟三州不附, 吏民相率而迎, 供億勝於他州)

한편 동녕로에 소속된 여러 주진들의 소재지는 앞 절에서 고증한 원종 시대의 위치일 것이므로 지금 일일이 설명할 수는 없지만, 다만 덕주, 맹주, 선주, 성주 및 박주에 관해서는 조금 살펴볼 필요가 있다.

① 덕주(德州)

『원사』「지리지」에는 덕주가 "강동현, 영청현, 통해현, 순화현의 4현과 영원진, 유원진, 안융진의 3진을 거느렸다(領江東, 永淸, 通海, 順化四縣, 寧遠, 柔遠, 安戎三鎭)"는 기록이 보인다. 이들 7성의 위치는 야나이가 이미 고증한 바 있다. 강동현은 지금의 강동현치의 서쪽 22리에 있는 서강(西江, 대동강)의 동쪽 기슭이다. 영청현은 지금의 영유현이며, 통해현은 영유현의 북쪽 30리 지점이다. 순화현(順化縣)은 『고려사』「지리지」에 나오는 順和縣으로, 지금의 순안현(順安縣) 서남쪽 60리 지점이다. 또 영원진과 유원진은 앞에서 설명한 이전 이후의 위치이고, 안융진은 안주(安州)의 서쪽에 지금도 그 이름이 남아있는 곳이다.(제15장 「고려 서북경의 개척」 참조) 덕주가 이들 7성을 관할하게 되었다면, 그 지역은 평양의 북쪽인 광대한 구역을 포함하는 것이다. 따라서 덕주는 동녕부의 치하에서 다른 주들에 비해 특수한 지위를 가졌던 것 같다. 덕주의 위치는 여전히 분명하지 않지만, 이들 7성이 모두 평양의 북쪽, 청천강 하류의 남쪽에 있는 것을 보면 고종 이전의 옛 지역이 아닌 것은 틀림없다.(앞의 덕주 조항 참조)

② 맹주(孟州)

『원사』「지리지」에는 맹주에 대해 "삼등현 1현과 초도진, 가도진, 영덕진의 3진을 거느렸다(領三登一縣, 椒島, 椵島, 寧德三鎭)"고 되어 있다. 삼등현(三登縣)은 지금도 같은 이름이며, 초도진(椒島鎭)은 황해도 풍천(豊川)의 서쪽에 있는 곳이다. 가도진(椵島鎭)은 『여지승람』 삼화현(三和縣) 조항에 "가도는 현의 남쪽 50리의 바다 가운데에 있다(椵島在縣南五十里海中)"고 한 곳이다. 가도는 다른 판본에 褉島라고도 되어 있지만, 이 지명은 본 적이 없다. 여기서는 도서집성국(圖書集成局) 판본에 따른다. 초도 및 가도 중 어느쪽인가가 맹주가 옮겨갔던 섬이고, 육지로 나온 후에도 당시의 인연을 유지하며 그 통치하에 소속된 곳이다. 맹주가 육지로 나온 후 안주의 동쪽에 치소를 둔 것은 앞에서 살펴보았는데, 그곳에서 아주 먼 거리에 위치한 삼등현을 다스렸다고 하는 것은 정말 이해하기 어렵다. 아마 원종 2년에 육지로 나온 후 일단 삼등현 부근으로 옮겼고, 동녕부 시대 때 여전히 그 지역에 머물고 있다가 안주의 동쪽으로 옮긴 것은 한참 후의 일인지도 모르겠다.(앞의 맹주 조항 참조)

③ 선주(宣州)

『원사』「지리지」에는 선주에 대해 "영삭진, 석도진의 2진을 거느렸다(領寧朔, 蓆島二鎭)"고 했다. 영삭진에 대해서는 앞에서 설명했고, 석도진(蓆島鎭)은 『여지승람』 황해도 풍천 조항에 "석도는 부의 북쪽 30리인 바다 가운데에 있다(蓆島在府北三十里海中)"고 한 섬인 듯하다. 선주가 이곳을 관할한 까닭은 옮겨갔던 섬이 바로 이곳이기 때문이 아닐까. 다만 『고려사』「지리지」에 의하면 선주는 자연도(紫燕島)로 들어간 것처럼 보이는데, 창주가 처음에 자연도에 들어갔다가 이후에 황해도 안악현으로 옮긴 듯하므로 선주도 자연도에서 다시 석도로 옮겼을 수도 있을 것이다.

④ 성주(成州)

성주는 『원사』「지리지」에 "수덕진 1진을 거느렸다(領樹德一鎭)"는 기록이 있다. 수덕진(樹德鎭)의 위치는 성주와 멀지 않으므로 이 관계는 당연한 것이다.

⑤ 박주(博州)

『천하군국이병서』에 의하면 박주는 수안현을 영유한 것 같다. 이 기사가 사실이라면 박주의 주치가 수안 부근으로 옮긴 적이 있어야 하는데, 맹주가 삼등현을 영유했다는 것과 마찬가지로 약간 의심스럽다.(앞의 박주 조항 참조) 수안에 대해서는 뒤에 다시 언급할 것이다. 그리고 『원사』「지리지」에는 "철주는 정융진 1진을 거느렸다(鐵州, 領定戎一鎭)", "연주는 양암진 1진을 거느렸다(延州, 領陽嵒一鎭)"는 기록이 있다. 『천하군국이병서』에 의하면 창주는 안의진을 거느렸는데 이에 대해서는 앞에서 설명했으므로 여기서는 생략한다.

이상에서 살펴본 바와 같이 『원사』 및 『천하군국이병서』가 기록한 덕주, 맹주, 박주 등이 거느린 현에 관해서는 다소 의문이 없지 않지만, 여러 주진의 명칭 및 수가 『고려사』의 기사와 정밀하게 부합하여 어긋나는 것이 없다. 또 『고려사』「지리지」에도 창주가 안의진을 영유한 것으로 되어 있으므로, 함부로 『천하군국이병서』의 기재를 배척할 수는 없다. 오히려 『고려사』「지리지」가 실수가 많고 사리에 맞지 않는 것이 아주 많으므로, 『원사』 등을 통해 보정하는 것이 타당하다고 생각한다. 덕주 등이 다른 여러 주와 달리 특수한 지위에 놓였던 것은, 의주 등을 파사부 소속으로 삼은 것처럼 원이 그 관하의 행정 계통을 개변한 일이 있었기 때문일 것이다.

동녕로의 남쪽 경계에 관한 문제

여러 주진의 위치 고찰을 통해 동녕로 관하에 속했던 고려의 북계 지역은 대부분 추정할 수 있었지만, 서해도 방면에 관해서는 여전히 한두 가지

문제가 남아있다.

곡주 및 수안현

그중 하나는 곡주(谷州) 및 수안현(遂安縣) 문제인데, 이 두 주현에 관해서는 『고려사』「세가」 충렬왕 4년 조항에 다음과 같은 기록이 있다.

서해도 내의 곡주, 수안 두 성은 지난해에 탑찰아 대왕에게 투항했으며 대왕이 길리대를 파견하여 민호를 점검했습니다. 이어서 성에서 공문을 받았는데 이르기를, 여러 왕의 투하에서는 일방적으로 민호를 받아들일 수 없다. 하물며 고려에 부속된 국토를 거두어들이는 것은 합당하지 않다, 라고 했습니다. 지금 최탄 등이 본국에서 파견한 관원을 쫓아버리고 제멋대로 관리하고 있습니다. 만약 최탄 등의 일방적이고 허황된 말만 듣는다면 옳지 않을 것입니다.

(西海道內谷州, 遂安, 兩城往年, 投拜搭察兒大王, 大王使吉里歹來點民戶, 尋蒙省旨云, 諸王投下不得一面收拾民戶, 況高麗附屬國土不合收拾, 今崔坦等, 逐去本國差遣官員, 擅自管領, 若聽取坦等一面誑辭似不合理)

당시 고려왕이 원의 중서성(中書省)에 올린 상서(上書)의 일부이다. 문맥이 조금 분명하지 않는 부분도 있지만, 곡주와 수안 두 주는 고려의 국토이고 최탄을 따라 원에 귀순한 것이 아닌데, 뒤에 최탄이 마음대로 다스려 동녕부의 소관으로 했다는 의미인 듯하다. 탑찰아(搭察兒) 대왕을 거론한 것은 과거에 탑찰아가 이곳을 점령했을 때의 사건을 근거로 인용한 것 같다. 탑찰아가 점령했던 시대는 분명하지 않지만 대략 고종 때 몽고군이 내지를 횡행했을 때로 여겨지며, 그 후 몽고군의 귀환과 함께 이 지역은 고려가 회복했을 것이다. 한편 동녕부가 설치되고 9년이 지나 이러한 문제가 생긴 것은 곡주와 수안이 원에 귀속된 것이 최탄이 투항한 원종 10년 이후임을 나타내는 것이다. 그러므로 곡주와 수안이 동녕부의 영유가 된 것은 앞에서 살펴본 60성과는 시기와 사정이 달랐던 것 같다. 원종 10년 8월 기사에 "별장 이봉을 원에 파견하여 곡주와 수안을 되돌려줄 것을 청했다(遺別將李逢如元, 請歸谷州, 遂安)"고 했으므로 고려는 특별히 이 두 주를 돌려줄 것을 청했고, 원이 이 청원을 받아들인 것도 확인된다.

이봉이 원에서 돌아왔는데, 황제가 곡주, 수안, 은율을 우리나라에 돌려주었다.(원종 10년 10월)

(李逢還自元, 帝歸我谷州遂安殷栗)

원이 우리 수안과 곡주를 돌려주었다.(원종 12년 정월)

(元歸我遂安谷州)

이와 같이 특별히 처리된 것은 곡주와 수안이 원래 동녕로 소관이 아니었기 때문은 아닐까. 고려가 이 두 주의 환부를 요청할 만한 이유는 이것밖에 없을 듯하다. 『천하군국이병서』에 이 두 주가 나오는 것은 그것이 동녕로 소속이었던 시대의 기록을 따랐기 때문일 것이다.

은파장, 삼진강
곡주, 수안과 함께 돌려받았다고 한 은율현(殷栗縣)에 대해서는 『고려사』 「세가」 원종 12년 7월 조항에 다음과 같은 기록이 있다.

서경이 또다시 서해도의 은파장과 삼진강을 분할하여 속현으로 삼으려 했다. 왕이 중서성에 상서하여 이르기를, 은파장과 삼진강은 본래 서해도 소속입니다. (중략) 엎드려 바라건대 모두 황제의 명령에 의거하시어 그 백성을 모두 다시 우리나라에 속하도록 해주십시오, 라고 했다.

(西京又欲割西海道銀波莊三進江爲屬縣, 王又報中書省曰銀波莊三進江, 本西海道所屬 (中略) 伏冀一依帝命, 使彼人民悉復屬款)

은율현

앞에서 서술한 충렬왕 4년의 상서 중에도 곡주와 수안에 관해 항의하면서 다음과 같이 덧붙였다.

서해도의 은율현은 일찍이 최탄에게 투항한 적이 없는데 최탄 등은 거짓으로 투항했다고 하여 17호를 두고 싸웠으나, 이미 중서성의 공문을 받아 본국에 다시 소속시켰습니다. 금년 3월 다시 예전처럼 싸움을 벌여서 17호 안에 나머지 다른 사람들을 집단 거주하도록 하고 점령하여 관리하니 이 무슨 어긋난 짓입니까?

(西海道殷栗縣不曾投拜崔坦, 坦等妄稱投拜, 爭一十七戶, 已受省旨, 復屬本國, 今年三月復爭如前, 於一十七戶內, 又令餘人圓聚影占管領, 是何體例)

위의 내용을 종합하면 봉산(鳳山)의 서남쪽에 지금도 남아있는 은파장(銀波莊)과 삼진강(三進江) 및 안악(安岳)의 서쪽에 있는 은율의 소속이 문제가 된 일이 있었다고 여겨진다. 삼진강은 『여지승람』 재령(載寧) 조항에 "삼지강은 삼지현에 있다(三支江, 在三支縣)"고 한 강일 것이다. 삼지현(三支縣)은 같은 조항에 "삼지 폐현은 군의 북쪽 40리에 있다(三支廢縣, 在郡北四十里)"고 되어 있다. 은파장 문제가 어떻게 해결되었는지는 『고려사』에 나타나지 않는데, 은율현에 대해서는 원종 10년 10월에 이봉(李逢)이 곡주와 수안과 함께 돌려받았다는 기사가 있으므로 고려의 영유가 된 것이 분명하다. 이들은 『군국이병서』에도 나오지 않는 것으로 보아 원에서는 그들의 영토로 인정하지 않았을 수도 있다. 이로써 유추해 보면 은파장과 삼진강 역시 돌려받았을 것이다. 그렇다면 동녕로의 영토로서 처음부터 끝까지 움직이지 않았던 것은 대략 지금의 장련, 안악, 봉산, 황주, 삼등으로 남쪽 경계를 삼은 지역일 것이다.

3) 고려의 회수 이후

동녕로 철폐와 압록강 남쪽의 회복

『고려사』 충렬왕 「세가」 16년(원 세조 지원至元 27년) 3월 조항에 "황제가 조서를 내려 동녕부를 폐지하고 서북쪽의 여러 성들을 우리에게 돌려주었다(帝詔罷東寧府, 復歸我西北諸城)"는 기록이 있다. 그해 7월에는 "다시 서북 지역 여러 성에 수령을 설치하고, 장군 정복균을 서경유수로 삼았다(復置西北諸城守令, 以將軍鄭復均爲西京留守)"고 했다. 자비령 이북 지역이 동녕로 관하에 속한지 20년 만에 고려의 영유로 귀속된 것이다. 파사부에 속했던 의주, 정주, 인주 및 위원진에 관해서는 역사상 기록이 없지만, 『고려사』 충숙왕(후) 원년(충혜왕 2년) 9월 조항을 참조할 수 있다.

의주와 정주의 사람들이 나라에 난리가 일어났다는 소식을 듣고서 강을 건너 간 자들이 매우 많았다. (중략) 왕이 호군 강인을 파견하여 그들을 안무했다.

(義靜二州之人, 聞國亂, 渡江而去者甚衆 (中略) 王遣護軍康因, 安撫之)

위 내용에 의하면 당시 의주와 정주 지역이 고려의 영유였다는 것이 분명하다. 따라서 파사부에 속했던 강 남쪽의 3주 1진도 당연히 충렬왕 16년에 동녕부 철수와 함께 고려에 환부되었다고 해석할 수 있다. 그렇지만 고종 시대에 포기했던 여러 주의 옛 터가 고려에 회복된 것은 원의 종말기에 대제국의 위엄이 반도에 미칠 수 없게 되었을 때였던 것 같다.

고려말의 북경 경략

대략 공민왕 5년(원 순제 지정至正 16년)에 인당(印璫)이 압록강의 북쪽 정벌을 도모하고, 유인남(柳仁南)이 북청 이남을 회복했을 때부터 고려는 점차 영토의 확장을 도모하게 되었다. 공민왕 10년 무렵에는 압록강 가에서 이미 이성(泥城), 강계(江界) 등의 부(府)를 영유했으며, 19년(명 홍무洪武 3년)에는 이성계 등이 압록강을 건너 강의 북쪽으로 군대의 위력을 떨치기에 이르렀으므로, 원의 쇠멸과 함께 여진도 역시 숨을 죽이며 고려로 귀부하게 되었을 것이다.(제20장 「고려말 압록강 연안 영토」 및 제21장 「고려말 동북경의 개척」 참조) 고려가 이때에 이르러 고종 시대에 잃었던 지방을 회복했다고 보아도 무리는 아닐 것이다. 따라서 이전했던 여러 주치도 이때 옛 치소로 복귀한 것이 있는 것 같다. 예를 들면 다음과 같은 기록이다.

홍건적이 (중략) 압록강을 건너 삭주를 노략질했다.(『세가』 공민왕 10년 10월)
(紅賊 (中略) 渡鴨綠江, 寇朔州)

정주 주리인 구한석 (중략) 등이 반란을 일으켜 요양과 심양 경내로 들어가

백성들을 유인해서 한 곳에 모은 후 도적이 되어 <u>창주</u>를 침략했다.(『신우전』7년 11월)

(靜州吏丘閑石 (中略) 等, 叛入遼藩境, 誘民屯聚爲賊, 入寇昌州)

이에 의하면 삭주 및 창주가 북쪽 경계에 있었음을 알 수 있으므로, 이 두 주는 당시 옛 지역으로 복귀했던 것이다. 창주의 복귀는 아마 공민왕 20년 곽주의 독립과 같은 시기일 듯하다. 운주도 공민왕 시대에 옛 치소로 복귀했다고 여겨진다. 따라서 덕주, 태주 등도 이 무렵에 복귀한 것은 아닐까. 『고려사』「지리지」를 살펴보도록 하자.

태주(泰州) 공민왕 15년에 무주, 위주를 군에 소속시켜 태주사라 불렀다.
(恭愍王十五年以撫渭二州屬于郡, 稱泰州事)
나누어서 태주, 무주, 위주 3주를 설치했다.(가주嘉州 조항)
(析置泰撫渭三州)

운주(雲州) 공민왕 20년에 다시 군을 세웠다.
(恭愍王二十年復立郡)

박주(博州) 공민왕 20년에 군 이름을 복구했다.
(恭愍王二十年復郡號)
나누어서 박주를 설치했다.(가주 조항)
(析置博州)

곽주(郭州) 공민왕 20년에 군 이름을 복구했다.

(恭愍王二十年復郡號)

덕주(德州) 공민왕 20년에 분할하여 지주사가 되었다.

(恭愍王二十年析爲知州事)

무주(撫州) 신우 7년에 분할하여 무주와 위주를 설치했다.

(辛禑七年析置撫渭二州)

위주(渭州) 무주 조항 참조.

맹주(孟州) 공양왕 3년에 분할하여 현령을 두었다.

(恭讓王三年析置縣令)

무주(撫州) 공양왕 3년에 별도로 감무를 두었다.

(恭讓王三年別置監務)

은주(殷州) 공양왕 3년에 감무를 두었다.

(恭讓王三年置監務)

이러한 내역이 반드시 주치의 이동을 알려주는 것은 아니지만, 예속되
었던 주군이 독립된 행정 구획이 되었다는 것은 고려 말에 북경의 경영이
진척되었음을 나타내는 것이 틀림없다. 따라서 이때 주치가 옛 지방으로
복귀한 주군이 있다고 추정하는 것이 오류는 아닐 것이다.

옛 치소로 복귀하지 못한 주

그렇지만 모든 주가 옛 치소로 복귀했다고 볼 수는 없다. 맹주의 경우는 『여지승람』에 "본조 태종 원년에 다시 안주에 합쳤다(本朝太宗元年又合于安州)"고 했으므로, 조선 초기에는 여전히 안주 지방에 있었던 것 같다. 귀주도 이미 언급했던 것처럼 조선시대에 이르러 부흥했고, 희주(熙州)도 『여지승람』에 "태조 5년에 분할하여 군을 두었다(太祖五年析置郡)"는 기록이 있으므로, 고려말에는 여전히 개주(价州) 부근에서 개주에 예속되어 있었을 것이다. 순주(順州)의 경우 원종 이후의 주치가 지금의 순천이라면 이전의 옛 치소로 복귀하지 않은 것이다. 연주(延州)에 관해서는 「최영전(崔瑩傳)」에 공양왕 13년의 일을 기록하여 "동녕로 만호 박백야대(朴伯也大)가 쳐들어와 연주를 약탈했다(東寧路萬戶朴伯也大入寇延州)"고 했는데, 연주가 15년에 연산부(延山府)가 된 후에도 영변의 남쪽에 있었을 것이라는 것은 앞에서 서술한 바와 같다. 따라서 이는 옛 연주 지역을 말하는 것이며, 연산부는 조선시대에 이를 때까지 이른바 옛 연산 지역에 있었을 것이다. 나머지 여러 진성도 이전 후 그저 공명(空名)만 유지한 것에 불과했으므로 옛 땅으로 돌아가지 못하고 고려시대를 마친 것은 아닐까.

19. 원대 고려의 동북경

부도 8. 원대 고려 북경도 참조

윤관의 여진 경략이 실패로 끝난 후, 금대에 고려의 동북경이 정주성(定州城) 북쪽의 관방이었다는 것은 제17장 「윤관 정략지역고」의 말미에서 서술한 바와 같다.

고려와 동진국의 경계

금말 원초에 포선만노(蒲鮮萬奴)의 동진국(東眞國)이 건국되자 고려의 동북쪽에 이웃해 있던 금의 영토 역시 이들에게 예속되었는데, 그 경계는 아마 금대의 옛 영토에 따른 것 같다. 포선만노의 군사는 자주 정주 이남으로 침입하여 여러 지방을 약탈했지만, 일정한 정치적 권력의 강역으로서 고려 땅을 요구하지는 못했던 것 같다. 『고려사』「세가」고종 11년 조항에 다음과 같은 기록이 있다.

동진국에서 사신을 보내어 첩 2통을 가지고 왔는데, 그중 1통에서는 (중략) 본국은 청주에 귀국은 정주에 각기 각장을 설치하고 예전처럼 무역을 하자고 했다.

(東眞國遣使賚牒二道來, 其一曰, (中略) 本國於靑州, 貴國於定州, 各置権場, 依
前買賣)

청주(靑州)의 위치는 분명하지 않지만, 정주가 당시에 고려의 영토였다
는 것은 알 수 있다.

참고로 지금의 북청에 대해서는 『여지승람』에 다음과 같은 기록이 있다.

공양왕 21년에 지금의 이름으로 고쳐 주로 만들었다. (중략) 본조 태조 7년에
청주부로 고쳤고, 태종 17년에 청주목과 동음이므로 다시 북청으로 불렀다.

(恭讓王二十一年, 改今名爲州 (中略) 本朝太祖七年改靑州府, 太宗十七年以與
淸州牧同音, 復稱北靑)

이 기사에는 다소 의심되는 부분도 있지만, 북청이 이전에 청주부로 불
렸던 일이 있었다는 것은 사실일 것이다. 하지만 일찍이 동진국 시대부터
그렇게 불렸다고는 볼 수 없다. 또 국경의 무역 장소를 고려의 정주에 대해
그들 지역에서는 북청으로 하자고 한 것은 지리상으로 매우 이해하기 어렵
다. 억측을 덧붙이자면 청주는 함주(咸州)의 오류일지도 모르겠다.

고종 14년에도 "동진이 정주와 장주 두 고을에 침입했다(東眞寇定長二州)"
는 기록이 있고, 16년에는 "동진 사람이 함주에 도착하여 화친을 요청합니
다, 라고 했다. 왕이 친히 식목녹사 노연을 파견하여 화친의 조약이 무엇인
지 들어보게 했다(東眞人到咸州請和親, 遣式目錄事盧演往聽約束)"는 기록이 보
이므로, 이 무렵 두 나라의 경계가 함주와 정주의 중간에 있었다는 것은 의
심할 여지가 없다.

동진국 멸망 후 원과의 관계

동진국은 고종 20년(원 태종 5년)에 원에 멸망했고, 남은 무리들이 가끔 고려에 침입한 일이 있었지만 그 지역은 자연히 원의 세력 범위로 귀속되었다. 고려와 동진의 관계는 결국 고려와 원의 교섭이 된 것이다. 원이 고려의 동북경으로 군사를 보낸 것은 일찍이 고종 5년에 시작되었다. 이 해에 원이 동진의 병사와 함께 이 방면에서 북계로 진군해온 사실이 『고려사』「세가」에 기록되어 있다.

몽고의 원수 합진과 찰랄이 군사 1만 명을 거느리고 동진국의 포선만노가 파견한 완안자연의 군사 2만 명과 함께 거란적을 토벌하겠다고 말하면서 화주, 맹주, 순주, 덕주의 4개 성을 공격하여 격파하고는 곧바로 강동성으로 향했다.

(蒙古元帥哈眞及札剌率兵一萬, 與東眞萬奴所遣完顔子淵兵二萬, 聲言討丹賊, 攻和猛順德四城破之, 直指江東城)

몽고군의 동북경 침입

당시에 원은 아직 이 방면으로 크게 힘을 쓰지는 않았지만, 동진국의 토멸은 자연히 고려의 동북경을 경략할 단초가 된 듯하다.

몽고군이 동진의 군사를 끌어들여서 용진진을 공격하여 함락시켰다.(고종 22년)

(蒙兵引東眞兵攻陷龍津鎭)

장주 방수소에서 급히 보고하기를, 몽고군 50여 기가 관동에 들어왔다고 했

다.(고종 23년)

(長州防戍所馳報蒙兵五十餘騎入關東)

장주 낭장 광대 등이 정주에 이르러 몽고군 2인을 사로잡았다.(고종 23년)

(長州郎將光大等至定州擒蒙兵二人)

몽고병 3천 명이 와서 고주와 화주 두 주의 경계에 진을 쳤다.(고종 40년)

(蒙兵三千來屯高和二州之境)

몽고병이 등주를 포위했다.(고종 40년)

(蒙兵圍登州)

몽고군이 철령에 진을 치고 유숙했다.(고종 42년)

(蒙兵屯宿鐵嶺)

고종 22년에 "동진의 군사(東眞兵)"라고 되어 있는 것은 동진의 잔당일 것이다. 이들 기사는 원의 군사가 자주 정주 이남 지역으로 들어와서 각 지역을 횡행했음을 나타내는 것이지만, 한편으로는 이때까지 그 지역이 여전히 고려의 영유였다는 것이 된다.

화주 이북의 상실

고종 45년 12월에는 다음과 같이 기록하고 있다.

몽고의 산길대왕과 보지관인 등이 군대를 거느리고 와서 옛 화주 땅에 주둔했다. 용진현 사람 조휘와 정주 사람 탁청이 화주 이북 지방을 몽고에 넘겨주었다. 몽고가 화주에 쌍성총관부를 설치하고 조휘를 총관으로, 탁청을 천호로 임명했다.

(蒙古散吉大王普只官人等領兵來屯古和州之地, 龍津縣人趙暉, 定州人卓靑, 以和州迤北附蒙古, 蒙古置雙城摠管府于和州, 以暉爲摠管, 靑爲千戶)

「조휘전(趙暉傳)」의 다음 기사는 이때 처음으로 화주 이북이 원에 귀속되었음을 보여주는 것이다.

고종 45년, 몽고군이 대거 침입하자, 고주, 화주, 정주, 장주, 의주, 문주 등 15주의 사람들이 저도로 들어가 지켰다. 동북면병마사 신집평은 저도가 성은 크지만 사람 수가 적어 지키기가 매우 어렵다고 판단했다. 결국 15주의 사람들을 죽도로 옮기도록 했는데, 섬이 좁고 험난하며 우물이 없어서 사람들이 원하지 않았다. 신집평이 강제로 몰아넣으니 많은 사람들이 도망치고, 들어간 사람은 열에 두세 명뿐이었다. 비축한 양식이 떨어져 가자 신집평이 별초를 파견하여 조정에 곡식을 요청하는 한편, 다른 지역에도 조운을 재촉하다보니 수비가 느슨해졌다. 조휘는 정주 사람 탁청과 등주, 문주의 여러 성 사람들과 논의하여 몽고군을 끌어들이며 빈틈을 노려 신집평과 등주부사 박인기, 화주 부사 김선보, 경별초 등을 죽였다. 드디어 고성을 공격하여 집들을 불태우고 사람들을 죽이거나 사로잡은 뒤에 화주 이북을 들어 몽고에 투항했다. 이에 몽고가 화주에 쌍성총관부를 설치하고, 조휘를 총관으로, 탁청을 천호로 임명했다.

(高宗四十五年蒙古兵大至, 高和定長宜文等十五州人入保猪島, 東北面兵馬使愼執平以猪島城大人少守之甚難, 遂以十五州人徙竹島. 島狹隘, 無井泉, 人皆不

欲, 執平强驅納之, 人多逃散, 入者十二三, 糧儲乏少執平分遣別抄請粟於朝, 催運
他道, 守備稍懈, 暉與定州人卓靑及登文州諸城人合謀, 引蒙古兵, 乘虛殺執平及
登州副使朴仁起, 和州副使金宣甫, 京別抄等, 遂攻高城, 焚燒廬舍, 殺掠人民, 以
和州迤北附于蒙古, 蒙古乃置雙城惣管府于和州, 以暉爲惣管, 靑爲千戶)

정주와 장주 인민들이 다른 여러 주의 인민들과 함께 섬으로 도피했다
는 것은 이때까지 정주와 장주가 여전히 고려의 영토였음을 증명하는 것이
라고 하겠다. 하지만 예조 이래로 고려의 동북경이었던 정주의 북쪽 관방
은 이렇게 원의 영토로 들어가게 된 것이다. 참고로 「조휘전」에서 말한 15
주는 분명하지 않다. 동북면의 주는 15개가 안 되고, 진까지 더하면 15개
가 넘는다.

고주 이남의 소속 문제

새로 원의 영유로 귀속된 지역은 고종 「세가」에도 「조휘전」에도 "화주
이북"으로 나와 있으므로, 지금의 영흥 부근의 북쪽임은 분명하다. 그렇지
만 「세가」 공민왕 5년에 유인우(柳仁雨)가 이 지방을 회복한 기사에는 다음
과 같이 기록되어 있다.

유인우가 쌍성을 함락시키자 총관 조소생, 천호 탁도경이 달아났고, 화주,
등주, 정주, 장주, 예주, 고주, 문주, 의주 및 선덕진, 원흥진, 영인진, 요덕진,
정변진 등지를 되찾게 되었다. 함주 이북은 고종 무오년부터 원이 차지했는데
이때 와서 모두 수복했다.

(柳仁雨陷双城, 惣管趙小生, 千戶卓都卿遁走, 收復和, 登, 定, 長, 預, 高, 文, 宜
州及宣德, 元興, 寧仁, 耀德, 靜邊等鎭, 咸州以北, 自高宗戊午沒于元, 今皆復之)

함주 이북 운운한 구절에는 오류가 있는데, 이에 대해서는 뒤에 다시 언급하기로 하고 「지리지」 동계(東界) 조항을 보자.

추밀원부사 유인우를 보내어 쌍성을 공격하여 깨뜨렸다. 이때에 지도를 순찰하여 화주, 등주, 정주, 장주, 예주, 고주, 문주, 의주 및 선덕진, 원흥진, 영인진, 요덕진, 정변진 등의 진과 여러 성을 수복했다. 이전에 삭방도는 도련포를 경계로 삼아 장성을 쌓았는데, 정주, 선덕진, 원흥진에 설치한 세 관문이 원에 편입된 지 99년이 되었다. 이때에 비로소 수복했다.

(遣樞密院副使柳仁雨, 攻破雙城, 於是按地圖, 收復和登定長預高文宜州及宣德, 元興, 寧仁, 耀德, 靜邊等鎭諸城. 前此, 朔方道以都連浦爲界, 築長城, 置定州, 宣德, 元興三關門, 沒于元凡九十九年, 至是始復之)

두 기사가 같은 내용이므로, 등주 이북의 여러 주진은 모두 원에 귀속되었고, 고려의 영토는 철령 이남으로 한정되었던 것 같다. 앞의 「조휘전」에 고주, 화주, 정주, 장주, 의주, 문주 등 15주의 사람들이 섬으로 도피했다고 했고, 등주와 문주 여러 성 사람들과 도모하여 몽고군을 유인했다고 했으며, 고성(高城)을 공격하여 함락시켰다고 한 것을 보아도 이들 여러 주가 모두 원의 영유로 귀속된 적이 있다고 추측할 수 있다. 조휘가 용진현(龍津縣) 사람이고, 용진이 문주(文州)의 동남쪽에 있다는 것 역시 이 추측을 뒷받침한다. 「조휘전」에는 또 다음과 같은 내용이 이어진다.

이듬해 조휘 일당은 관료라고 자칭하며 몽고군을 이끌고 와서 한계성을 공격했다. 방호별감 안홍민이 야별초를 거느리고 나와 공격하여 그들을 섬멸했다. 왕이 낭장 김기성과 별장 곽정유를 시켜 나라에서 보내는 예물을 가지고 몽고군이 주둔한 곳에 가서 그들을 위로하도록 했다. 김기성이 문주에 도착했을 때, 조휘 일당은 몽골군 3천여 명과 보룡역에 있다가 김기성과 그 수행원 13명을 죽이고 예물을 노략질하여 가버렸다.

(明年暉黨自稱官人, 引蒙古兵, 來攻寒溪城, 防護別監安洪敏率夜別抄出擊, 盡殲之, 王使郎將金器成, 別將郭貞有, 齎國贐, 如蒙古屯所, 慰之, 器成等至文州, 暉黨在寶龍驛, 與蒙古兵三十餘人, 殺器成等幷傔從十三人, 掠國贐而去)

보룡역(寶龍驛)은 「병지」 참역 조항에 서곡(瑞谷)에 있다고 되어 있고, 서곡은 『여지승람』 안변 조항에 "서곡 폐현은 부의 서쪽 30리에 있다(瑞谷廢縣在府西三十里)"고 한 곳이다. 같은 조항에 "봉룡역은 부의 서쪽 30리에 있다(奉龍驛, 在府西三十里)"고 한 것은 곧 보룡역일 것이므로, 안주(안변)의 서쪽, 철령의 북쪽 산기슭에서 멀지 않은 지역에 있는 것임을 알 수 있다. 따라서 조휘 일당은 적어도 당시에는 몽고군과 함께 철령 이북 전부를 점령하고 있었다고 간주할 수 있을 것 같다. 그렇다면 이들 기사는 모두 '화주 이북'이라는 말과 모순되는데, 이 모순은 어떻게 해석해야 할까.

여러 주의 옮긴 상태

「지리지」의 화주 조항을 보자.

고종 때에 몽고에 편입되어 쌍성총관부가 되었다. 화주가 이로 인해 등주에 합병되었다. (중략) 뒤에 통주에 합병되었다. 충렬왕 때에 복구되었다. 공민왕 5년에 군사를 보내어 수복하고 화주목으로 했다.

(高宗時沒于蒙古, 爲雙城摠管府, 州因合于登州 (中略) 後倂于通州, 忠烈王時復舊, 恭愍王五年, 出師收復, 爲和州牧)

등주

등주 조항에는 다음과 같은 기록이 보인다.

고종 때에 정평 이남의 여러 성이 몽고의 침입을 받자 강릉도 양주로 옮겨 임시로 머물렀다가, 다시 간성으로 옮겨 거의 40년을 지냈다. 충렬왕 24년에 각자 본래 성으로 돌아갔다.

(高宗時, 定平以南諸城, 被蒙兵侵擾, 移寓江陵道襄州, 再移杆城, 幾四十年, 忠烈王二十四年各還本城)

위의 두 조항도 얼핏 모순된 것처럼 보인다. 전자에 의하면 등주는 화주가 원에 귀속된 후에도 여전히 옛 지역으로 남아있었던 것 같은데, 후자에 의하면 등주도 역시 양주(襄州, 강원도 양양)로 옮겨가서 붙어살았으므로 양자가 말하는 바가 다르게 해석된다. 그렇지만 이는 아마 화주가 일단 등주에 병합된 후 등주도 역시 양주로 옮겨가게 되자, 화주는 별도로 통주(通州, 강원도 통천)에서 임시로 거처하다가 충렬왕 때에 등주가 옛 지역으로 돌아가자 다시 예속되었다고 해석해야할 듯하다. 화주 조항에 "복구되었다"고 한 것은 본래 성으로 돌아갔다는 말은 아니다. 그리고 등주 조항에서 "강릉도 양주에 임시로 머물렀다"는 구절의 주격이 "정평 이남의 여러 성"인지, 또는 정평 이남의 여러 성은 단순히 "몽고의 침입을 받았다"는 의미일 뿐 양주로 옮겨간 것은 등주에만 해당하는 것인지 문맥이 분명하지 않다. 그렇지만 마지막에 "각자 본래 성으로 돌아갔다"고 했으므로, 등주는 부근의 여러 주와 함께 주치를 양주로 옮긴 것이 아닐까. 한편 양주에서 간성(杆城)으로 옮긴 시기는 「세가」 원종 12년 조항을 참조할 수 있을 듯하다.

동계안무사가 보고하기를, 양주의 백성 장세, 김세 등이 수령과 아전들을 살해할 것을 도모하다가 일이 발각되어 복주되었습니다. 그 잔당인 천서 등이 몰래 옛 화주의 조휘에게 투탁하고 병사 4백여 인을 청하여 갑자기 양주로 들어갔습니다. 사람들을 거느리고 섬으로 옮길 모의를 했다고 무고하여 지주와 관리 및 백성 1천여 인을 포획하여 강제로 배 3척에 나누어 싣고 가버렸습니다, 라고 했다.

(東界安撫使報, 襄州民張世金世等謀殺守令及吏士, 事覺伏誅. 其餘黨天瑞等潛投古和州, 趙暉請兵四百餘人, 猝入襄州, 誣以謀率人民徙居海島, 驅掠知州及吏民千餘人分載三船而去)

문주

「지리지」의 다른 주 조항들에는 이전한 상황과 관련된 기사는 없고, 다만 문주(文州)에 관한 간단한 기록이 있을 뿐이다.

성종 8년에 문주방어사라 했고, 뒤에 의주에 합쳤다. 충목왕 원년에 다시 나누어 설치했다.

(成宗八年爲文州防禦使, 後合于宜州, 忠穆王元年復析置)

문주가 의주(宜州)에 합쳐진 것도 아마 몽고 병사를 피하기 위해서였을 것이다. 다만 의주(덕원)가 옛 지역에 그대로 남아있었는지, 혹은 어느 시기엔가 이전한 것인지 이 문장만으로는 알 수 없다. 그렇지만 의주가 등주의 북쪽 인근에 있었고, 등주가 강원도로 도피했다면 의주 역시 그 본토에 머물지는 않았을 것이다. 그러므로 문주가 일단 의주에 의탁한 후 의주도 역시 다른 지역으로 옮겼다는 것은, 화주와 등주의 경우와 같은 것으로 해석할 수 있을 듯하다. 그리고 앞의 「조휘전」 기사를 참조하면, 등주 이북은 사실상 적어도 한때 고려에서 방기된 지역이었을 것이다. 하지만 이 상태는 오래 계속되지 않았다.

화주 이남 여러 주의 복구

앞에서 인용한 바와 같이 「지리지」 등주 조항에는 충렬왕 24년에 등주가 본래 성으로 돌아갔다고 명기되어 있을 뿐만 아니라, 「세가」 충숙왕 원년 조항을 보아도 당시 등주가 그 본성에 있었음을 알 수 있다.

강릉도존무사가 관아를 명주에 설치해서 변경에서 너무 멀기 때문에 왕이 교서를 내려 등주로 옮겨서 북방을 진수하게 했다.

(王以江陵道存撫使置司溟州, 去塞甚遠, 教移登州, 以鎭北方)

이와 같이 「지리지」의 기사는 거짓이 아닌 것이다. 또 『용비어천가』 제24장에 나오는 공민왕 5년 유인우의 쌍성 회복 기사도 등주가 당시에 고려의 영유였음을 보여준다.

유인우가 쌍성을 공격하고자 하여 (중략) 군사가 등주에 이르자 쌍성과의 거리가 2백여 리였는데, 그곳에서 10여 일을 머물렀다.

(柳仁雨之討双城也 (中略) 兵次登州, 去双城二百餘里, 逗留十餘日)

"쌍성과의 거리가 2백여 리"라고 한 것은 안변과 영흥 사이의 거리인 170리(한국 리)와 거의 같다. 따라서 유인우의 군사가 머문 등주는 곧 그 본성임을 알 수 있다. 이렇게 등주의 주치가 이미 옛 성으로 돌아갔다면, 「지리지」에서 함께 이전했던 여러 주들이 "각각 본성으로 돌아갔다"고 한 기록도 사실일 것이고, 충목왕 때 문주를 의주(宜州)에서 나누어 설치했다고 한 것 역시 옛 치소로 돌아갔다는 의미일 것이다.

쌍성총관부의 상태

쌍성총관부라는 이름은 그럴듯하지만 원의 이 지방에 대한 경영은 아주 거칠고 조잡한 것이었다. 총관은 조휘 및 그 자손이 세습하여 조소생(趙小生)에 이르렀고, 탁청(卓青)의 자손 역시 천호(千戶)의 위치를 계승했다고 여겨진다. 탁도경(卓都卿)은 탁청의 후손일 것이다. 이러한 상태는 이전에 중국 정부가 여진의 여러 부락을 통치할 때 추장에게 이름뿐인 관직을 주고 기미한 것과 다르지 않다. 쌍성총관부는 필경 조휘 등이 원의 이름을 빌려 그 지역을 영유한 것에 지나지 않을 것이다. 원의 수비병도 항상 쌍성총관부에 주재한 것이 아니라 특별한 경우에만 파견되었고, 또는 고려의 병사를 이 지역에 주둔시켜 지키게 했다. 「세가」충렬왕 14[16]년 조항에 "주[도]리첩목아가 사람을 보내와 쌍성을 수비하게 했다(周[闍]梨帖木兒遣人來双城)"는 기록이 있고, 또 "한희유를 보내어 [중략] 쌍성에 주둔하게 했다(遣 [中略] 韓希愈屯双城)"고 한 것을 보면 알 수 있다. 유인우가 이 지역을 회복했을 때에도 조소생과 탁도경 두 사람만 이곳을 지키고 있었던 것이다. 그렇다면 조휘는 원의 군사의 후원을 얻어 이 지역을 점령했을 때는 그 기세가 철령 이북을 풍미했지만, 원의 군사가 철수하자 얼마 안가 위세를 잃었고, 겨우 본거지인 화주 이북만 보유할 수 있었을 뿐이다. 또 「조돈전(趙暾傳)」에 의하면, 조휘의 손자 조돈은 충숙왕 때 용진(龍津)에 있으면서 고려를 섬겼다고 한다. 조휘의 손자조차도 이미 그러했던 것이다. 충렬왕 때 등주 등 여러 주치가 옛 지역으로 돌아갈 수 있었던 것은 당연한 일이다.

문제의 해결

이상의 내용으로 본다면 실제로 고려의 치하를 벗어난 것은 화주 이북에 지나지 않았던 것이고, "화주 이북을 들어 몽고에 투항했다"는 구절을 후대에 기록된 것으로 본다면, 고려의 관헌이 한때 고주(高州) 이남을 방기한 사실과 모순되는 것은 아니다.

『고려사』 신우 14년 조항 및 『용비어천가』 제9장의 주석에 명 정부가 철령 이북을 원의 옛 영토라고 하며 요동에 복속시키려고 했던 일이 보이지만, 이 철령은 압록강 북쪽에 있는 것으로 함경도 남쪽 경계는 아니다.(제20장 「고려말의 압록강 연안 영토」 참조)

화주 이북의 고려인

등주, 의주 등이 본성으로 돌아간 후에도 화주(쌍성) 이북은 여전히 원의 영토였는데, 그 지역에는 고려 사람이 아주 많이 거주하여 저절로 하나의 세력을 형성한 듯하다. 『고려사』 「세가」의 기록을 보자.

함평선위사가 중서호부의 첩문을 가지고 와서 본국인으로 쌍성에 도망쳐 들어온 자들을 추쇄했다. 왕이 또 일찍이 위문개와 김위량을 파견하여 매우 세밀하게 추쇄했다. 쌍성 사람들이 뇌물로 말을 주었다.(충렬왕 10년)

(咸平宣慰使奉中書戶部牒來, 推刷本國人口逃入雙城者, 王亦嘗遣魏文愷, 金位良, 推刷甚詳, 雙城人賂以馬)

5도의 인민이 쌍성 (중략) 등 지역으로 흘러 들어갔으므로 표문을 보내 쇄환을 요청했다.(충혜왕 원년)

(以五道人民流入雙城 (中略) 等處, 表請刷還)

동지밀직사사 김[전]윤장을 교주도도순문사로 임명하여 쌍성의 인구를 조사하게 했다.(충목왕 3년)

(以同知密直司事金[全]允臧爲交州道都巡問使令檢括双城人口)

쌍성은 땅이 자못 비옥하고 풍요로우므로, 동남쪽 백성들로 일정한 생업이 없는 자들이 많이 돌아갔다. 본국에서 중서성에 아뢰어서 성지를 받든 관리가 오고 요양성에서도 또한 관리를 임명하여 보내오니, 왕이 행성 낭중 이수산을 파견하여 가서 회의하여 신구를 분간하여 백성을 호적에 싣도록 한 뒤 이를 일컬어서 삼성조감호계라고 했다. 그 뒤에 편안히 살도록 돕는 것이 마땅함을 잃었으므로 점점 흩어지고 옮겨갔다. 환조(이자춘의 아버지)에게 명하여 이를 주관하게 하자 백성들이 이로 말미암아 그 생업을 안정시킬 수 있었다.(공민왕 4년)

(双城地頗沃饒, 東南民無恒産者多歸焉, 國家聞于中書省, 奉聖旨差官來, 遼陽省亦差官來, 王遣行省郎中李壽山, 往會區別新舊籍民, 謂之三省照勘戶計, 其後撫綏失宜, 稍稍流徙, 王命桓祖主之, 民由是得安其業)

이들 기사에 의하면, 쌍성에 거주하고 있는 고려인을 쇄환하려 했지만 목적을 달성하지 못하고 결국 거류민으로서 이들을 승인했고, 수장을 두어 통제하도록 했음을 알 수 있다. 환조(桓祖)에 관한 내용에는 다소의 과장이 있는 듯하여 문장 그대로 신뢰할 수는 없지만, 그가 거류민의 수장으로 점차 그 지역을 점유해갔다는 것은 분명한 것 같다. 유인우가 쌍성을 함락할 때 그가 다소 힘을 보탰다는 것은 사실인 듯하고, 그러한 행동을 할 수 있었던 것은 쌍성에 얼마간의 세력을 가지고 있었기 때문일 것이다.

이씨 선조에 관한 『용비어천가』 기록

이씨의 근거지가 어디이고 어떻게 세력을 키워왔는지는 역사상 명기 되어 있지 않고, 『용비어천가』 등에 보이는 전설도 신뢰할 수 없는 부분이 있는 것 같다. 『용비어천가』 제3장에 의하면 그의 5대조인 목조(穆祖)는 전주(全州) 백성이었는데, 이유가 있어서 삼척으로 갔다. 그곳에서 다시 덕원(의주宜州)로 옮겼다가 이어서 원으로 들어갔고, 알동(斡東)으로 옮겨 5천호의 다루가치(達魯花赤)가 되었다고 한다. 알동은 『용비어천가』 주석에 경흥부(慶興府)의 동쪽 30리에 있다고 되어 있다. 이 경흥부는 지금의 무이보(撫夷堡) 부근이다. 『여지승람』 함흥 조항에 기재된 정총(鄭摠)의 정릉비(定陵碑)에 의하면 목조의 이름은 안사(安社)이고, 덕원에 있으면서 지의주사(知宜州事)가 되었고, 원을 섬겨 남경(南京) 5천호의 다루가치가 되었다고 한다. 능은 경흥부에서 남쪽 12리에 있는 연못인 적지(赤池) 안의 원봉(圓峯)에 있다고 한다. 그의 아들 익조(翼祖, 「정릉비」에 의하면 이름은 행리行里)가 관직을 세습했지만, 부근의 여러 천호에게 미움을 받아서 그 지역을 떠나 덕원으로 돌아왔다. 능은 『여지승람』에 의하면 안변(등주)의 서남쪽에 있는 봉룡역(奉龍驛)에 있다고 한다. 그의 아들 도조(度祖, 이름은 춘椿)의 사적(事蹟)은 알 수 없다. 『여지승람』 경흥부 조항에는 적지에서 용을 쏘았다는 민간 전승이 실려있다. 능은 함흥에서 동쪽 14리에 있는 운전사(雲田社)에 있다고 한다. 환조(자춘)는 그의 아들이다.

『용비어천가』 기사에 대한 의문

이상은 『용비어천가』에 기재된 내용인데, 이 전설에는 의심되는 부분이 많다. 목조에 대해서는 알동으로 거주지를 옮긴 후에 5천호의 다루가치가 되었는지, 혹은 다루가치가 되었기 때문에 알동으로 부임한 것인지가 분명하지 않다.

알동 이주

만약 전자라면 무엇 때문에 이렇게 외지고 먼 지역으로 이주했을까. 알동이라는 지역이 부유해서 생활하기에 편리했다면 고려인이 이 지역으로 유입된 일이 있었겠지만, 그런 사정이 있었다고 볼 수도 없다. 원이 일개 고려인 유랑민을 다루가치로 임명했다는 것도 정말 이상한 일이다. 후자의 경우에도, 조휘의 난으로 한 때 잠시 원의 세력 범위 안으로 들어온 덕원 사람을 일부러 발탁해서 알동의 여진을 다스리게 했다는 것은 이해하기 어렵다. 속령이 된 지방의 다루가치는 몽고인을 임명하는 것이 원의 관례였던 것 같은데, 일찍이 고려인이 이렇게 원의 신임을 받은 적도 없기 때문이다.

남경

정총의 정릉비에는 "남경 5천호의 다루가치가 되었다(南京五千戶所達魯花赤)"고 되어 있는데, 야나이(箭內, 『만주역사지리』 제2권 제4장)에 의하면 남경은 지금의 국자가(局子街) 방면이므로 『용비어천가』에서 말한 알동과는 방향이 다르고 거리도 가깝지 않다. 「정릉비」와 『용비어천가』가 만약 동일한 사실을 말하는 것이라면, 남경 5천호의 다루가치가 알동에 있었다는 것이 말이 안 되고, 만약 각기 다른 사실이라면 목조가 살던 지역이 두 가지로 전해진다는 점에서 전설 그 자체를 믿을 수 없게 된다.

적지

목조의 능이 경흥부의 남쪽 12리에 있다고 했는데, 경흥부에서 동쪽으로 30리인 알동에 있었던 그가 그곳에 묻혔다는 것도 괴이한 일이다. 중국인이 와서 이를 도왔다고 하는 것은 애초에 황당무계한 말이며, 그 위치가 적지(赤池) 안의 원봉(圓峯)이라는 것도 사면이 물에 잠겨 통행이 쉽지 않은 곳이라는 점에서 의심스럽다.

적도

익조(翼祖)를 살펴보면 여진족에게 내쫓겨 곤란에 처한 상황을 『용비어천가』는 다음과 같이 전한다.

가인들로 하여금 배를 타고 두만강의 흐름을 따라 내려가서 적도에서 만나기로 약속하고, 자신은 손부인과 함께 경흥의 뒤쪽 고개에 이르러 알동의 들판을 바라보니 적병이 가득했는데, 선봉 3백여 명은 거의 가까이 왔다. 익조는 손부인과 함께 해안으로 말을 달려서 적도의 기슭에 이르렀는데, 물의 넓이가 6백 보나 될 만한데 본디 조수가 없고 깊어서 건널 수도 없으며, 약속한 배도 도착하지 않았으므로 어찌할 수가 없었다. 물이 갑자기 빠져서 약 백여 보 가량이 되었으므로, 익조는 손부인과 함께 한 마리의 백마를 같이 타고 건넜다. 종자들이 다 건너자 물이 다시 크게 밀려왔으므로 적병이 이르러도 건너지 못했다. 북방 사람이 지금까지 이를 일컬어 하늘이 도운 것이고 사람의 힘이 아니라고 한다. 익조는 이에 움을 만들어 거주했는데 그 터가 지금까지 남아 있다. 알동의 백성들이 익조가 적도에 있는 것을 듣고 모두 돌아왔다. 나중에 익조가 덕원부로 돌아와 거주하니, 경흥의 백성들이 따르는 자가 저잣거리 같았다.

(使家人乘舟順豆滿江而下, 期會赤島, 自與孫夫人至慶興後峴, 望見斡東之野, 賊騎彌滿, 先鋒三百餘人幾及至, 翼祖與孫夫人, 走馬至海岸, 自岸至赤島, 水廣可六百步, 本無潮汐, 深不可渡, 所期之舟, 亦未至, 無如之何, 忽水退, 惟百餘步未

渴, 翼祖與孫夫人, 共騎一白馬而涉, 從者畢涉, 水復大至, 賊至不得渡而去, 北方
之人至今稱之曰, 天之所助非人力也, 翼祖遂陶穴[完]而居, 其基至今存焉, 斡東之
人聞翼祖在赤島皆歸焉, 後翼祖還居德源府, 慶興之民從之者如歸市)

　　조수가 빠졌다는 이야기가 어이없고 망령된 것은 말할 필요도 없다. 적
도(赤島)는 경흥부에서 남쪽 40리인 바다 가운데에 있어서 두만강 어귀와
는 다소 거리가 있으므로, 그 사이에서 이런 일이 있었을 리가 없다. 또 적
도에 숨어있다고 해서 여진의 천호 등이 그를 내버려두었다는 것도, 알동
백성이 그에게 귀순했다는 것도, 이러한 와중에 섬을 도망쳐 나왔다는 것
도 모두 기이한 일로써 사실이 아닐 것이다. 그는 처음부터 임명을 받아서
다루가치가 되었다고 했는데, 토착민에게 쫓겨서 급하게 도피한 것에 대
해 원이 아무 조치도 하지 않았다는 것도 말이 안 된다. 또 경흥은 공주(孔
州)의 옛 터라고 하는데, 공주가 만약 원대의 명칭이라면 당시에 그 지역이
두만강 하류에서 중요한 진이었을 것이다. 그런데 이러한 그의 행동에 관
한 흔적이 보이지 않는 것도 의심스럽다. 두만강 방면의 사적(事蹟)이 앞뒤
로 아무런 맥락 없이 갑자기 생겼다가 갑자기 소멸한 것도 기이하지 않은
가. 이에 관한 기록이 태조 시대에 만들어진 정총의 「정릉비」와 세종 시대
에 편찬된 『용비어천가』가 일치하지 않는 부분이 있다는 점을 보아도 조작
의 흔적을 인정해야할 듯하다. 전설에 경흥(慶興)이라는 문자가 들어가 있
는 것도 조선시대에 날조된 것이라는 하나의 증거는 아닐까. 따라서 목조
와 익조에 관한 전설은 신뢰할 수 없다.

익조의 지위

　　익조가 덕원으로 되돌아온 이후의 경력에 대해 『용비어천가』는 다음과

같이 말한다.

원 세조가 일본을 정벌하려고 천하의 병선이 해동으로 집결했다. 익조 또한 조정의 명으로 와서 충렬왕을 알현한 것이 두 세 차례였는데, 그 태도가 매우 공손했다. 이에 왕이 이르기를, 경은 본래 사족이니 어찌 근본을 잊었겠는가. 지금 경의 행동거지를 보니 마음이 어디에 있는가를 충분히 알겠다, 라고 했다. 도조가 뜻을 계승하여 조정에 들어오자 충숙왕이 하사품을 더욱 풍성하게 내렸으니, 그의 충성심을 북돋우기 위함이었다.

(元世祖征日本, 天下兵船會于海東, 翼祖亦以朝命來會, 見忠烈王至于再三, 益恭益虔, 王曰卿本士族豈忘本乎, 今觀卿擧止, 足知心之所存矣, 度祖繼志來朝, 忠肅王錫賚益豐, 所以勸忠也)

『고려사』「세가」 충렬왕 7년 조항에도 『용비어천가』와 같은 내용으로 왕의 말이 기록되어 있지만, 이 또한 믿을 수 없는 부분이 적지 않다.

원에서 정동행중서성의 우승 흔도와 다구를 보내왔다. 그때 우리 익조 또한 조정의 명령으로 동북면에서 와서 두세 차례 왕을 알현했다.

(元遣征東行中書省右丞忻都茶丘來, 時我翼祖亦以朝命自東北面來見王, 至于再三)

『용비어천가』에는 환조로 하여금 쌍성의 거류민을 관할하게 했을 때의 일을 기록하여 "상을 더욱 넉넉하게 주니 세상에 그의 충성을 나타내기 위함이었다(所以賞累世之忠也)"고 했다. 이 일을 신뢰할 수 있는지에 대해서는 잠시 제쳐두고, 이러한 위치에서 보상을 받았을 정도라면 그 신분이 낮았다고 추정할 수 있는데, 그의 부친이 국왕을 알현하여 이상과 같은 칭찬을 들었다는 것은 정말 의심스럽다. 『용비어천가』의 내용 자체가 조화롭지 못한 사상을 함유하고 있다는 것이 분명하고, 따라서 그 내용은 근거가 없는 것으로 추단할 수 있을 듯하다. 또 문장 중의 "조정의 명령(朝命)"은 원 조정을 가리키는 것 같은데, 이렇게 미천한 사람이 국왕을 알현할 정도의 조정의 명령을 받았다는 것 역시 앞뒤가 맞지 않는다. 또 『고려사』는 그의 사명이 무엇인지 언급하지 않았고, "동북면에서 와서 왕을 알현했다"고만 하고 거주지를 말하지 않은 것도 막연하고 의미가 없는 기술이다. 이러한 의문점들은 모두 이 기사가 옛 기록에 근거한 것이 아님을 보여주는 것이 아닐까.

도조의 함흥 이주

『여지승람』에 따라 도조의 능이 운전사(雲田社)에 있다고 하면 그는 함흥에 살았던 것처럼 생각되지만, 함흥은 윤관의 실패 이후 230여 년간 고려의 영토 밖에 있었다. 당시는 원에 복속되어 합란(哈蘭)이라고 불렸고 여진족이 점거하고 있던 곳이므로, 이씨가 덕원을 떠나 이 지역에 거주했다고 하는 것 역시 이해하기 어렵다. 다만 앞에서 살펴본 바와 같이 고려인이 쌍성에 거류한 일이 있었으므로, 합란에도 거류민이 있었을 수는 있다. 『고려사』충혜왕 원년 기사에 나오는 여진은 합란을 포함한 지역으로 여겨진다.

5도의 인민이 쌍성, 여진, 요양, 심양 등 지역으로 흘러 들어갔으므로 표문을 보내어 쇄환을 요청했다.

(以五道人民流入双城, 女眞, 遼陽, 瀋陽等處, 表請刷還)

이씨도 이러한 거류민 중 한 사람이었을지도 모르지만 확증은 없다. 목조의 알동(혹은 남경) 이주가 사실이 아니라면 그의 덕원 이주도 쉽게 믿을수는 없다. 설령 이들 전설이 믿을만한 것이라고 해도, 덕원에서 함흥으로이주한 일개 유랑자 신분에 불과했다는 것은 분명하므로 도조는 이때 아무세력도 갖지 못했을 것이다.

환조의 영흥 이주

도조가 있었던 곳이 덕원이든 함흥이든, 환조에 이르러 쌍성 거류민의수장이 된 것은 그가 당시에 쌍성으로 이주했기 때문일 것이다. 앞에서 서술한 바와 같이 쌍성에 고려의 거류민이 많았다면 그 수장은 다소의 세력과 인망을 지니고 그들과 함께 거주하는 인물일 것이기 때문이다. 태조(이성계) 탄생의 유적이 영흥 흑석리(黑石里)에 있다고 하는 것도 이를 증명해준다. 참고로 태조의 탄생은 충숙왕(후) 4년으로, 환조가 쌍성에서 지위를얻은 공민왕 5년의 20년 전이므로, 환조는 적어도 임명되기 전 20여 년 동안 쌍성에 있었을 것이다. 이렇게 덕원에서 함흥으로, 함흥에서 또 영흥으로 옮기며 유랑한 것이 만약 사실이라면 이씨가 다소의 세력을 얻은 것은환조가 쌍성으로 와서 거류민 사이에서 다소 두각을 나타냈을 때부터일 것이다. 조금 더 들어가서 추측하자면, 그가 유랑하며 옮겨 다녔다는 전설도어쩌면 사실이 아니고, 그의 함흥에 관한 일화는 뒷날 이씨가 그 지역과 특수한 관계를 가지게 되면서 억지로 만들어 붙인 것일지도 모르겠다.

이씨가 세력을 키운 지역

요컨대 이씨가 처음으로 세력을 축적한 지역이 환조 때의 쌍성이라는것만은 분명하고, 그 부친인 도조가 덕원과 함흥에 거주했는지 여부는 그가 세력을 갖게 된 것과는 관계가 없다. 환조는 이른바 유랑민의 하나로 어느 때 부터인가 쌍성에 거주하게 된 것이다.

후대인의 조작

이상에서 살펴본 바와 같이 이씨 선조에 대한 『용비어천가』, 『고려사』 및 『여지승람』의 기록은 믿을 수 없는 점이 많다. 나아가 덧붙이자면, 의심스러운 전설에 후대인들이 한층 더 윤색을 가하여 점점 더 허망하고 터무니없게 만들었다는 것이다. 『동각잡기(東閣雜記)』의 다음과 같은 기사를 보자.

목조가 고려의 의주병마사가 되어 고원에 주둔하여 원의 군사를 방어했다. 이때 영흥 이북 지방이 원[개원로]에 소속되었고, 길을 터서 [원의] 산길대왕이 와서 쌍성에 주둔하고 있으면서 철령 이북 지방을 취하고자, 목조에게 원에 항복할 것을 요청했다. 목조는 부득이하여 김보노 등 1천여 호를 거느리고 항복했다. 이때가 고려 고종 41년 갑인, 송의 이종 보우 2년이다.

(穆祖爲高麗宜州兵馬使, 鎭高原, 以禦元兵, 時永興以北, 屬于元, 開路[屬于開元路, 元散吉大王來屯雙城, 謀取鐵嶺以北, 請穆祖降元, 穆祖不得已, 率金甫奴等降, 時高麗高宗四十一年甲寅, 宋理宗寶祐二年也)

영흥 이북이 원에 귀속된 것은 고종 45년이므로 이 기사가 거짓이라는 것은 분명하다. 또 동북면병마사는 있지만 의주병마사라는 호칭은 고려의 관제에 보이지 않는다. 『북로기략(北路紀略)』에는 목조의 능이 원래 알동에 있었던 것을 태조 4년에 경흥부 남쪽 적지 가운데의 원봉으로 옮겼다는 이설(異說)이 실려있는데, 『용비어천가』에는 능묘의 이전 기록이 보이지 않는다. 또 익조가 덕원부로 돌아온 후 함흥으로 옮겼다고 했지만, 익조가 함흥으로 옮겼다면 봉룡역(奉龍驛)에 능묘가 있다는 것을 어떻게 이해해야 할까. 『북로기략』에는 또 다음과 같은 기록이 있다.

경흥택은 부에서 동쪽에 있는 귀주동에 있다. 익조가 적도에서 함흥 송두리로 옮겨 터를 잡았으므로 사람들이 경흥택이라 했다 (중략) 그 옆은 태조가 초년에 거주하던 곳이다.

(慶興宅在府東歸州洞, 翼祖自赤島遷于咸興松頭里, 仍胥宇于此, 人謂之慶興宅 (中略) 其旁太祖初年嘗居之)

이 기사는 『여지승람』 함흥 조항에서 "송두 등은 부의 남쪽 10리에 있고, 우리 태조가 유년을 보낸 곳이다(松豆等在府南十里, 我太祖所遊地)", "경흥택은 부의 동쪽에 있는 귀주동에 있다. 우리 태조의 옛 사저 터이다(慶興宅, 在府東歸州洞, 我太祖舊邸之趾也)"라는 기사를 합쳐서 도조의 행적에 가져다 붙인 것이 분명하다. 『여지승람』에는 함흥에 있었다고 봐야 할 도조가 경흥부 남쪽의 적지에서 용을 쏘았다는 일화도 '속전(俗傳)'으로 수록했는데, 『북관지(北關誌)』 등에서는 이를 더욱 부풀려서 일장춘몽 같은 이야기를 만들어냈다. 이들 기사는 년도나 지리도 고려하지 않고 마음대로 가져다 붙이고 날조한 것으로, 거론할 가치가 없음은 말할 것도 없다. 후대인이 망설을 덧붙인 것이 처음 기록 자체가 거짓이라는 증거가 될 수는 없지만, 그 기록에 부풀리고 날조하기 쉬운 성질이 존재했다는 점은 부정할 수 없을 것이다.

이상의 고찰은 고려의 동북경에 관한 지리적 고증과는 관련이 없는 의견인 것 같지만, 이씨의 발상지가 두만강 연안이고 그 자손이 함흥에 있었다는 것을 통해 원대에 고려와 이들 지방 사이에 특수한 관계가 있었다고 볼 수도 있을 것이다. 따라서 이들의 전설이 신뢰할 수 없다는 점을 밝혀서 고려 세력의 한계가 사실상 어느 부근이었는지를 확인하고자 한 것이다.

20. 고려말의 압록강 연안 영토

부도 10. 조선초의 동북경 참조

압록강 방면의 경략

의주(義州) 이남의 지역을 원으로부터 회복한 후 대략 60년이 지난 공민왕 초년에 이르러, 고려는 원의 쇠약을 틈타 급히 영토 확장을 도모했다. 『고려사』에 의하면 공민왕 5년(원 순제順帝 지정至正 16년) 6월에 서북면병마사 인당(印璫)이 의주에서 압록강을 건너 파사부(婆娑府) 등 3참(站)을 공격하여 파괴했고, 같은 해 7월 동북면병마사 유인우(柳仁雨)가 쌍성(영흥)을 함락했다. 압록강 방면의 침략은 원의 힐책을 받아 바로 좌절되었고, 정부는 인당에게 죄를 돌려 그를 죽임으로써 복종의 의지를 나타냈다. 하지만 결국 쌍성 방면은 계속 유지할 수 있게 되었고, 고려는 원대에 이르러 점령당했던 정주 이남과 쌍성 이북 지역을 회복했다. 뿐만 아니라 나아가 윤관이 정복했던 전 지역, 즉 원대의 합란(哈蘭, 함주), 홍긍(洪肯, 홍원), 삼산(參散, 북청)까지도 대강 영유하기에 이른 것이다.(제21장 「고려말의 동북경 개척」 참조) 동북면에서의 이러한 대대적 활동은 자연히 서북면에도 영향을 미쳤고, 인접한 여진족도 점차 고려에 의부하는 형세가 된 듯하다. 다음 기록은 같은 해인 공민왕 5년 9월 조항 기사이다.

평양도순문사 이여경이 포로로 잡은 여진 남녀 20여 인을 바치자 그들을 양광도에 나누어 거주시키게 했다.

(平壤都巡問使李餘慶獻俘女眞男女二十餘人, 分置楊廣道)

어느 방면, 어떤 행동의 결과인지 알 수 없지만, 고려 정부가 여진에 대한 경략을 개시했다는 점은 알 수 있다.

이성부와 강계부

여진족에 대한 경략은 머지않아 고려가 압록강 방면에서 활약하게 되는 단서가 되었다. 가장 분명한 것이 이성(泥城)과 강계(江界) 2부를 설치한 것이다. 『고려사』 「지리지」 이성부 조항의 주석에 다음과 같은 기록이 있다.

임토, 벽단은 본래 모두 여진이 살던 곳이다. 공민왕 6년에 이성만호, 김진 등을 보내어 공격하여 쫓아내고, 임토를 음동이라 고치고, 벽단을 예속시켰으며 남계의 인호를 뽑아 그곳을 채웠다.

(林土, 碧團, 本皆女眞所居, 恭愍王六年遣泥城萬戶金璡[進]等, 擊走之改林土, 爲陰潼, 以碧團隷焉, 抄南界人戶以實之)

『여지승람』 벽동(碧潼) 조항에도 "본래 여진이 살던 곳은 임토와 벽단 지역이다(本女眞所居, 林土碧團之地)"라고 되어 있다. 이에 따르면 지금의 벽단 (碧團) 지방은 공민왕 6년에 고려의 영유로 귀속된 것이고, 이성이라고 불렸던 지방은 이보다 먼저 고려에 복속되었던 것 같다.

이성부의 설치 시기

그런데 앞에 인용한 주석은 그 본문에 "이성부는 공민왕 18년에 이성만 호부를 두었다(泥城府恭愍王十八年置泥城萬戶府)"고 되어 있어 서로 모순된다. 하지만 「안우전(安祐傳)」에는 공민왕 9년의 사건으로 "이성만호 김진에게 명령하여 압록강을 지키게 했다(命泥城萬戶金璡守鴨綠)"고 되어 있다. 또 공민왕 「세가」 10년 10월 조항에 "홍건적이 이성을 침략했다(紅賊寇泥城)"고 했고, 12년 5월에는 "이순을 도체찰사로 삼아 이성에 진영을 설치하게 했다(李珣爲都體察使, 屯泥城)"는 기사도 있으므로, 공민왕 10년 전후로 이성이 고려에 귀속된 것은 분명하다. 「지리지」에 이성만호부가 공민왕 18년에 처음으로 설치된 것처럼 기록된 것은 다음 「세가」와 「병지」에 의한 기술일 것이다.

서경, 의주, 정주, 이성, 강계 등의 지역에 만호와 천호를 두었다.(「세가」 공민왕 18년)

(置萬戶千戶于西京, 義州, 靜州, 泥城, 江界等處)

공민왕 18년 11월에 (중략) 이성만호부의 진평, 진강, 진정, 진원의 4군, 강계만호부의 진변, 진성, 진안, 진녕의 4군에 모두 상만호와 부만호를 두게 했다.(「병지」)

(恭愍王十八年十一月令 (中略) 泥城萬戶府, 鎭平, 鎭江, 鎭靜, 鎭遠四軍, 江界萬戶府, 鎭邊, 鎭成, 鎭安, 鎭寧四軍, 皆置上副萬戶)

그렇지만 앞의 기사에 의하면 만호부가 처음으로 설치된 것은 이 이전이었을 것이다.

강계부의 설치 시기

이성과 함께 강계도 고려의 영토로 들어왔다는 것은 공민왕 「세가」 10년 9월 조항에서 볼 수 있다.

9월에 독로강의 만호 박의가 반란을 일으켜 천호 임자부, 김천룡을 살해하자 형부상서 김진에게 명하여 가서 토벌하게 했다. 10월에 김진이 도와줄 군사를 요청했다. 당시 우리 태조(이성계)가 금오경[위]상장군으로 동북면 상만호였는데, 왕이 가서 김진을 도우라고 명령하자 태조가 친히 병사 1천 5백인을 인솔하여 갔다. 박의가 이미 일당을 인솔하여 도망가서 강계로 들어갔는데, 이들을 모두 잡아 처형했다.

(九月, 禿魯江萬戶朴儀叛, 殺千戶任自富, 金天龍, 命刑部尙書金璡往討, 十月, 金璡請濟師, 時, 我太祖以金吾京[衛]上將軍, 爲東北面上萬戶, 王命往援璡太祖以親兵一千五百人赴之, 儀已率其黨, 逃入江界, 盡捕誅之)

앞에서 인용한 12년 5월 이성 수비의 기사에는 "우제, 박봉[춘]을 도병마사로 삼아 강계와 독로강 등지에 나누어 진영을 설치하게 했다(禹磾朴捧[椿]爲都兵馬使, 分屯江界, 禿魯江)"고 기록되어 있으며, 18년 8월 기사 및 「병지」에도 이성과 강계가 나란히 등장한다. 그리고 이 이성부와 강계부의 위치가 압록강 방면이라는 것은 인용 기사들에서 대략 추측할 수 있다.

이성의 위치

이성에 관해서는 『용비어천가』 제9장 주석에 "이성은 바로 지금의 창성도호부이다(泥城, 卽今之昌城都護府)"라고 했으므로 그 위치가 분명한 것 같지만, 강계에 대해서는 정확하게 명기한 기록이 없으므로 이제부터 고증해

가야 한다. 아울러 고려의 압록강 연안 경영의 상황을 간략하게 살펴보도록 할 것이다.

이성과 창주의 관계

『용비어천가』 주석에는 이성이 바로 지금의 창성도호부라고 하고 이어서 다음과 같이 설명했다.

본래 고려의 장정현인데, 정종 때 재전에 성을 쌓고 민호를 옮겨서 창주방어사로 고쳤고, 고종 때 몽고군의 난으로 성읍이 폐허가 되었으므로 공민왕 때 이성만호부를 두었으며, 본조 태종 2년에 이르러 비로소 이성을 창주에 합쳐서 창성군으로 삼았다.

(本高麗長靜縣, 靖宗時, 城梓田, 移民戶, 改昌州防禦使, 高宗, 狄兵之亂, 城邑丘墟恭愍王置泥城萬戶府, 本朝太宗二年始以泥城, 合于昌州, 爲昌城郡)

이 내용은 창주와 이성을 뒤섞어 놓은 것 같으며 문장이 아주 애매하다. 정종 시대의 창주는 옛 삭주(朔州)와 옛 연주(延州)의 중간에 있고(제15장 「고려 서북경의 개척」 참조), 고종 때 주치를 다른 곳으로 옮겼지만 공민왕 20년에 수주(隨州)에서 옛 지역으로 복귀했다고 여겨진다.(제18장 「원대 고려 서북경의 혼란」 참조) 따라서 압록강에서 조금 멀리 떨어진 곳이고 지금의 창성(昌城)과는 다르다. 그런데 지금의 창성이 이 창주와 이성을 합병한 것이라고 하면, 이성이 지금의 창성이라고 하는 『용비어천가』의 설명은 합당한 듯하다. 앞에서 인용했던 「안우전」에서 "이성만호 김진에게 명하여 압록강을 지키게 했다"고 한 공민왕 12년 5월의 수비군 배치에는 의주, 인주, 정주 등의 강가에 있는 지역과 함께 이성이 포함되었다. 또 이성만호부 소관의 4진 중

하나에 진강(鎭江)이라는 이름이 있다는 것으로 보아도 이성은 압록강 연안에 있는 것이다. 또한 「신우전」 원년 9월 조항에 "이성 원수 최공철의 휘하 군사 2백여 인이 반란을 일으켜 군사와 백성들을 살해하고 강을 건너갔다 (泥城元帥崔公哲麾下二百餘人叛, 殺軍民, 渡江去)"고 한 것도 이성이 강가에 있음을 증명하는 것이다. 따라서 이성이 곧 창성이라는 것은 의심할 여지가 없을 것이다.

강계부의 위치

다음으로 강계부의 위치를 살펴보면, 지금의 강계부는 독로강(禿魯江) 강가에 있으며 압록강과 거리가 1백여 리(한국 리)이다. 『고려사』 「지리지」에는 다음과 같이 기록되어 있다.

강계부는 공민왕 10년에 독로강만호라고 불렀다. 18년에 지금의 이름으로 고치고 만호부로 삼았다.

(江界府, 恭愍王十年, 稱禿魯江萬戶, 十八年改今名爲萬戶府)

『여지승람』도 이 문장을 인용했을 뿐 부치(府治)의 이전에 관한 언급은 전혀 없다. 따라서 고려 말의 강계부는 바로 지금의 강계부인 듯한데, 이 또한 매우 의심스럽다. 앞에서 인용한 「세가」 공민왕 10년 9월 조항에 의하면 독로강만호 박의(朴義)가 반란을 일으켰고, 이성계의 공격군이 오기 전에 "도망가서 강계로 들어갔다"고 했으므로, 독로강만호의 소재지와 강계는 같은 곳이 아니다.

강계와 독로강의 관계

공민왕 12년 5월의 수비군 배치에 "강계와 독로강 등지에 나누어 진영을 설치하게 했다(分屯江界禿魯江)"고 한 것으로 보아 강계가 독로강이 아니라는 것은 분명하다. 따라서 앞의 「지리지」 기사는 독로강 연안에 있는 편찬 당시의 강계부를 고려 시대의 강계부와 동일시하여 공민왕 「세가」 10년의 기사를 억지로 끌어다 붙인 것이다. "(공민왕) 18년에 지금 이름으로 고치고 만호부로 삼았다"는 것도, 앞에서 인용한 「세가」 18년 8월의 기사와 「병지」의 문장에서 마음대로 억측하여 추단한 것에 불과하다. 「세가」 10년 10월 및 12년 5월 조항에 이미 강계라는 이름이 있으므로, 18년에 이름을 고쳤다는 것은 거짓이 분명하다. 처음부터 강계는 독로강이 아니었으므로 이름을 고칠 일도 없다. 그렇다면 고려 말의 강계부는 어디였을까. 압록강의 수비병 배치에서 강계가 항상 이성과 나란히 거론된 것을 보면 압록강 연안의 한 지점이었을 것이다.

강계와 이성의 정치적 지위

강계가 이성과 함께 국경의 주요 방어 지점이 된 것은 공민왕 12년 5월, 덕흥군(德興君)이 압록강을 넘어 침공하려 한다는 보고를 듣고 대비하고자 한 것이 그 시작이다. 이어서 18년(명 홍무洪武 2년)의 기록을 보면, 당시 강의 북쪽을 보유하고 있던 북원(北元) 세력을 공격하여 영토의 신장을 꾀하게 되면서 그 위치가 점점 더 중시되게 된 것이다.

가을 이후 동북면과 서북면의 요해처에 만호와 천호를 많이 배치했으며, 원수를 보내어 장차 동녕부를 공격하게 함으로써 북원과 단절하고자 했다.(「세가」 공민왕 18년 11월)

(自秋以來, 東西北面要害多置萬戶千戶, 又遣元帥, 將擊東寧府, 以絶北元)

앞에서 인용한 「병지」의 이성 및 강계만호부 4군에 관한 기사는 이때의 일이다. 이 동녕부 공격 계획은 이듬해인 19년에 이성계 등에 의해 실행되는데, 이 강 북쪽의 세력과 강계부의 관계를 보면 그 위치가 압록강 연안이라는 점이 더욱 명확해진다. 이에 대해서는 뒤에 자세히 설명하기로 한다.

호발도의 침공과 강계부

강계부의 정확한 위치에 대해서는 『고려사』에 명확한 기사가 존재하지 않는다. 다만 공민왕 21년 2월 조항을 통해 어렴풋이 짐작할 수 있을 뿐이다.

호발도, 장해마 등이 이성, 강계 등지를 침략했다. 이성 만호가 3급을 참수하여 바쳤다.

(胡拔都, 張海馬等來侵泥城, 江界等處 泥城萬戶斬首三級以獻)

같은 해 3월에 고려가 명의 정료위(定遼衛)에게 보낸 첩문에는 이 사건이 다음과 같이 기술되어 있다.

홍무 5년(공민왕 21년) 정월에 동녕부의 잔당 호발도 등이 파아구자에 잠입하여 수어관 김천기 등을 죽이고 몇 명을 사로잡아갔습니다. 2월이 되어 또 산양회구자에 갑자기 침입하니 수어관 장원려 등이 쳐서 내쫓았습니다. 또 이번 달에 첨원 조가아와 만호 고철두 등이 군사를 이끌고 음동구자에 잠입했는데, 수어관 [김]광부 등이 또한 공격해서 내쫓고 강을 건널 때 모두 몰살시켰습니다.

(洪武五年正月有東寧府餘黨胡拔都等潛入波兒口子, 殺守禦官金天奇等, 虜掠人口以去, 至二月, 又突入山羊會口子, 守禦官張元呂等擊逐之, 又於本月, 有僉院曹家兒, 萬戶高鐵頭等, 引軍潛入陰童口子, 守禦官光富[金光富]等又擊逐之過江陷沒幾盡)

첩문에 보이는 정월 및 3월의 침공에 대해서는 「세가」에 기록이 없다. 다만 정월에 별도로 "어산불화, 납합출, 고가노, 고제두, 왕조승 등이 이성과 강계 등을 침략했다(於山不花, 納哈出, 高家奴, 古提豆, 王曹丞等來侵泥城江界等處)"는 기사가 있다. 그런데 납합출(納哈出), 고가노(高家奴) 등의 침입은 믿을 수 없는 사건이다. 뒤에 설명하겠지만 이들 이름은 잘못 전해진 것으로, 사실은 첩문에 나온 고제두(古提豆)의 행위였을 것이다. 한편 파아구자(波兒口子)는 『여지승람』 벽단(碧團) 조항에 기록된 다음 두 가지 중 하나로, 지금의 벽동(碧潼) 동북쪽일 것이다.

대파아보는 군에서 북쪽으로 25리에 있다.

(大坡兒堡, 在郡二十五里)

소파아보는 판막이라고도 하며, 군에서 북쪽으로 40리에 있다.

(小坡兒堡一曰板幕, 在郡四十五里)

산양회구자(山羊會口子)는 『여지승람』에 의하면 이산(理山, 초산楚山)군의 서쪽 23리에 있으며, 파아구자에서 멀지 않은 압록강의 나루이다. 음동구자(陰童口子)는 음동(陰潼), 즉 지금의 벽동 부근일 것이다. 그렇다면 이 해에 호발도(胡拔都)가 침입한 지역은 초산과 벽동 사이의 강기슭 일대라는 것이 분명하다. 이 사건을 "이성, 강계 등을 침략했다"고 한 것을 보면, 이 지역이 두 부의 관할이었음을 알 수 있다. 그리고 앞에서 말한 바와 같이 벽동의 서쪽에 있는 지금의 창성이 이성부였다면 그 관할 구역은 벽동 방면이고, 강계부의 관할 구역은 초산 방면이었다는 것도 추측할 수 있다. 하지만 이상의 고찰도 여전히 대략적인 방위를 억측한 것에 불과하다. 더 정확한 지식을 얻기 위해서는 당시 고려와 압록강 북쪽의 교섭에 있어서 강계부가 어떤 지위를 맡고 있었는지 고찰할 필요가 있다. 따라서 잠시 눈을 돌려 원 말 명초의 압록강 북쪽의 형세를 살펴보기로 한다.

원 제국 붕괴 후의 요동과 여러 장수의 할거

고려 공민왕 17년(명 홍무 원년)에 원의 왕족이 중국에서 쫓겨나 북쪽으로 물러난 후에도 요동 지역에는 원의 장수들이 여전히 남아서 할거하고 있었다. 다음은 『요동지(遼東志)』 권8 「잡지(雜志)」의 기록이다.

국초에 대군이 바야흐로 유주와 기주를 함락하자, 원의 승상 야속은 나머지 병력을 끌고 대령으로 달아나 머무르고, 요양행성 승상인 야선불화는 개원에 병력을 주둔하였다. 홍보보는 요양에 의거하고, 왕합랄불화는 득리영성에 주둔하였으며, 고가노는 평정산에 집결하였다. 각기 군대를 두었는데 많으면 1만여 인에 이르고 적어도 수천 명 이하는 아니었다. 서로 패권을 다투어 통속되는 바가 없었으므로 야선불화와 고가노, 나하추, 유익 등이 병사를 합쳐 요양으로 나아가자 홍보보는 거절하고 받아들이지 않았다.

(國初大兵方下幽冀, 元丞相也速以餘兵, 遁捿大寧, 遼陽行省丞相也先不花駐兵開元, 洪保保據遼陽, 王哈剌不花屯得利嬴城, 高家奴, 聚平頂山, 各置部衆, 多至萬餘人, 少不下數千, 互相雄長, 無所統屬, 於是, 也先不花, 與高家奴, 納哈出,

劉益等合兵趨遼陽, 洪保保拒而不納)

이는 공민왕 18~19년(홍무 2~3년) 무렵의 형세일 것이다.

고려의 요동에 대한 태도

이처럼 요동이 분열되어 여러 장수들이 기세를 떨치지 못했고 명에서도 미처 이 지역까지 진군하지 못한 틈을 타서, 고려는 이 지방을 침략하려는 계획을 세웠다. 공민왕 19년(홍무 3년) 정월에는 이성계가 함흥에서 나와 압록강을 건너 올라산(兀羅山) 방면을 공격했고, 그해 11월에 또 의주 방면에서 진군하여 요성(遼城)을 공격하여 함락시켰으며, 이듬해(홍무 4년) 9월에는 안우경(安遇慶), 이순(李珣) 등이 오로산성(吾老山城)을 함락시켰다. 참고로 요성은 야나이의 고증에 의하면 요양성(遼陽城)이다.(『만주역사지리』제2권 제5장 부록 참조) 그런데 이 해에 원의 장수 유익(劉益)이 명에 항복했으므로, 명군이 요동으로 와서 먼저 득리사(得利寺)에 정요위(定遼衛)를 설치하고, 금주(金州), 복주(復州), 개주(蓋州), 해주(海州) 등의 여러 주를 수중에 넣었다.

명의 요동 경영

이때부터 요동은 남쪽에 있는 명의 정요위와 북쪽 개원(開原) 지방에 근거지를 둔 납합출 및 노아산(老鴉山)에 웅거한 고가노 등이 항쟁하게 되었다. 노아산은 요동의 동쪽에 있다고 하므로 앞에서 인용한 『요동지』에 나온 평정산(平頂山)일 것이고, 아마 채마집(寨馬集) 부근에 있는 같은 이름의 산일 것이다.

납합출 등과 명의 싸움

당시 납합출 등은 고려를 끌어들여 원군으로 삼기 위해 연달아 고려에 사절을 파견하고 정성을 다했다. 고려는 양쪽 끝을 잡고 형세를 관망했는데, 명에 조공을 하면서 동시에 납합출 등과도 교섭을 포기하지 않았다. 앞에서 공민왕 21년에 납합출, 고가노 등의 침입이 사실이 아니라고 한 것은 이와 같은 형세였기 때문이다. 그들이 부하였던 시절에 노략질을 한 일은 있겠지만, 힘을 합쳐서 고려를 공격했다는 것은 믿을 수 없다. 그런데 이후 고가노는 명에 투항했고, 명은 홍무 8년(신우 9년)에 요동위(遼東衛)를 요양으로 옮겨서 요동도지휘사사(遼東都指揮使司)로 삼아 점점 북쪽을 압박했다. 납합출은 그 해 겨울에 대거 남하하여 명군을 쳐부수려고 했지만 이듬해 5월에 개주(蓋州) 부근의 전투에서 크게 패했다. 하지만 납합출은 여전히 개원에 웅거하며 기세를 유지하고 있었다.

명의 요동 통일

명은 한편으로는 압록강 상류 지역을 경략하고, 또 한편으로는 요동 경영에 힘을 쏟아 홍무 20년(신우 13년)에 이르러 대거로 북쪽을 정벌했다. 결국 납합출을 항복시키고 요동을 통일한 것이다.

압록강 북쪽에 대한 강계의 지위

이와 같은 형세 속에서 압록강 북쪽 세력과 교섭하는 통로는 항상 강계 지역이었다. 이 시기의 『고려사』 「세가」 기록을 보면 다음과 같다.

강계만호부에 명령하여 요심 지역의 사람들에게 방을 붙여 타이르게 했는데, 그 방에 이르기를, 요양은 원래 국경이고 대군이 또한 출동했으니 선량한 사람들까지 피해가 갈까 두렵다. 압록강을 건너와 백성이 되기를 원하는 자는 관청에서 양식과 종자를 지급하여 각기 생업이 안정될 수 있게 하겠다, 라고 했다.(공민왕 19년 12월, 홍무 3년)

(令江界萬戶府牓諭遼瀋人曰, 遼陽元是國界, 大軍又出, 恐害及良善, 其願渡江 爲民者, 官給粮種各令安業)

납합출이 문합자불화를 보내왔는데 강계만호 강영이 수행원 수십 인을 죽이고 그 재물을 강탈하니, 합자불화가 여러 기의 말로 도망갔다. 왕이 이를 듣고 사람을 보내 소환하여 강영을 순위부에 가두고 속장 107대를 쳤다.(공민왕 22년 2월, 홍무 6년)

(納哈出遣文哈剌不花來, 江界萬戶康永殺從者十餘人, 而掠其財, 哈剌不花以 數騎逃去, 王聞之, 遣人招還, 繫永巡衛府, 贖杖一百七)

고가노가 군사 4만 명을 거느리고 강계로 투항했다.(신우 4년 12월, 홍무 11년)

(高家奴以兵四萬來投江界)

첫 번째 인용은 이성계 등이 요양을 공격한 후의 상황이다. 세 번째 인용에서 홍무 11년은 고가노가 이미 명에 투항한 이후이므로 내용이 조금 의심스럽다. 하지만 일부가 강계로 온 것은 사실일 것이다. 이상의 내용으로 볼 때 강계부는 압록강 연안의 중요한 관문이고, 또 강의 북쪽에 대한 전략적 근원지였던 것이다. 그렇다면 강계와 상대할 만한 강의 북쪽 요지는 어디에 있었던 것일까. 또 강계로 온 납합출 등의 교통로는 어느 부근에 있었던 것일까. 이 두 가지는 강계의 위치를 고찰하기 위해 꼭 필요하므로, 번거롭더라도 이제부터 살펴보기로 한다.

강계에 대한 압록강 북쪽의 요지

『고려사』 공민왕 19년 12월 기사에서 강계만호부에 명하여 "요심 지역의 사람들에게 방을 붙여 타이르게 했다"고 했는데, "강을 건너와 백성이 되기를 원하는 자는 관청에서 양식과 종자를 지급하여 각기 생업이 안정될 수 있게 하겠다"고 한 것을 보면, 이른바 요심(遼瀋) 지역은 요양과 심양에서 멀지 않은 강 건너편 지역임이 분명하다. 이 지역이 어디인지 알기 위해서는 공민왕 19년 1월 이성계의 첫번째 북방 정벌 때의 지리 관계를 살펴볼 필요가 있다.

이성계의 북벌

이 정벌은 전년도에 결정된 동녕부 공격 계획을 실행하고자 한 것이므로, 그 목적지가 동녕부 또는 동녕부에 속한 중요한 성지(城池)였다는 것은 의심할 여지가 없다. 『용비어천가』 제39장에 당시의 진행 과정과 전쟁 상황이 기술되어 있다.

고려 공민왕이 태조를 동북면 원수로 삼아, 장차 동녕부를 공격하여 북원과 단절하게 했다. 태조가 기병 5천 명과 보병 1만 명을 거느리고 동북면으로 부터 초황과 설열한 두 고개를 넘어 압록강을 건넜다 (중략) 당시 동녕부의 동지인 이올로첩목아는 태조가 온다는 말을 듣고, 험한 지형에 의지해서 항거하려고 올라산성으로 이동해 주둔했다. 태조가 야둔촌에 이르자 올로첩목아가 와서 도전했으나, 조금 뒤에 무기를 버리고 두 번 절하고 3백여 호를 거느리고 투항했다. 그 우두머리인 고안위가 농성하며 항복하지 않았으므로 우리 군대가 이를 포위했다. 태조가 마침 활과 화살을 가지고 있지 않았으므로 종자의 활을 취하여 편전을 사용하여 쏘니, 무릇 70여 발이 모두 적들의 얼굴에 명중

했다. 성 안의 기세가 꺾이자 고안위가 처자식을 버리고 밤에 밧줄을 타고 성을 내려가 도망갔다. 다음날 두목 20여 명이 백성을 이끌고 나와서 항복하니, 여러 성들이 소문을 듣고 모두 항복했으므로 모두 1만여 호를 얻게 되었다. 노획한 소 2천여 마리와 말 수백 필을 모두 본래 주인에게 돌려주니 북방 사람들이 크게 기뻐했으며, 귀순하는 자들이 몰려 저자거리와 같았다. 동쪽으로는 황성에 이르고, 북쪽으로는 동녕부에 이르며, 서쪽으로는 바다에 이르고, 남쪽으로는 압록강에 이르는 지역이 텅 비게 되었다.

(高麗恭愍王, 以太祖, 爲東北面元帥, 擊東寧府, 以絶北元, 太祖率騎兵五千, 步兵一萬, 自東北面, 踰草黃薛列罕二嶺, 渡鴨綠江 (中略) 時東寧府同知李兀魯帖木兒, 聞太祖來. 欲據險以拒, 移保兀剌山城, 太祖至也頓村, 兀魯帖木兒來挑戰, 俄而棄甲再拜, 率三百餘戶來降. 其酋高安慰, 猶據山城不降, 我師圍之, 時太祖不御弓矢, 取從者之弓, 用片箭射之, 凡七十餘發皆正中其面, 城中奪氣, 安慰棄妻孥, 縋城夜遁. 明日其頭目二十餘人, 率百姓出降, 諸山城望風皆降, 得戶凡萬餘. 以所獲牛二千餘頭, 馬數百餘匹, 悉還其主, 北人大悅, 歸者如市, 東至皇城, 北至東寧府, 西至于海, 南至鴨綠, 爲之一空)

당시의 동녕부

동녕부는 야나이의 연구에 의하면 요양에 있었다.(『만주역사지리』제2권 제5장 4 참조) 아마 원이 동녕로가 다스리던 지역을 고려에 돌려준 후, 그 부가 옮겨왔을 것이다. 다만 『고려사』 및 『용비어천가』에 명백히 "장차 동녕부를 공격하여 북원과 단절하게 했다"고 기록되어 있고, 『용비어천가』 제42장에는 "기새인첩목아가 (중략) 원의 유민을 모아 동녕부에 나누어 주둔했다(奇賽因帖木兒 (中略) 招集亡元遺衆, 割據東寧府)"고 하며 기새인첩목아(奇賽因帖木兒)의 체포를 동녕부에 요구한 일이 있다고 했다. 명에서 만들어진 『요동지(遼東志)』의 「인물지 엽왕전(葉旺傳)」에도 "압록강과 동녕 황성 등의 지방을 정벌했다(征哨鴨綠江與東寧黃城等地方)"고 하는 등, 당시의 기록에는 동녕(東寧)이라는 단어가 많이 보인다. 그러므로 동녕부는 이름만 존재했던 것이 아니라, 그 이름하에 통치되었거나 혹은 동녕부의 관직을 받은 사람이 주재했던 지방이 있었던 것은 아닐까. 고려 정부가 동녕부에 이첩한 것을 보아도 적어도 고려에 대해서는 이 이름으로 교섭하고 왕래했던 관례가 있었다고 상상할 수 있을 듯하다.

압록강 북쪽의 올라산성의 지위

동녕부 동지(同知)라는 호칭을 사칭한 이올로첩목아(李兀魯帖木兒)가 웅거했던 올라산성(兀剌山城)도 역시 동녕부 소속일지도 모르겠다. 어찌 되었든 올라산성은 이성계의 군사를 요격하기 위하여 특별히 설치된 것은 아니고, 이전부터 중요한 성지로서 존재했을 것이다. 따라서 이성계의 북벌의 목적도 이 방면의 정략이거나 또는 요양에 있는 동녕부까지 진군하려 한 것으로, 어느 쪽이든 올라산성 지방은 고려의 북쪽 경계에 임한 굉장히 중요한 진이었다는 것은 분명하다. 그렇지 않다면 이성계는 처음부터 제2회(동년 11월) 북벌 진로인 의주(義州) 방면에서 동녕부(요양)로 향했을 것이기 때문이다. 이 지역은 후년에 이만주(李滿住)가 웅거한 것을 보아도 지세가 뛰어난 지방이다. 그렇다면 올라산성의 위치를 정밀하게 살펴볼 필요가 있을 것이다.

올라산성의 위치

『용비어천가』 주석에 다음과 같은 기록이 있다.

평안도 이산군 앙토리 구자에서, 북쪽으로 압록강과 파저강을 건너 올라산성에 이른다. 넓은 들 가운데에 있는데 사면이 높은 절벽이며, 오직 서쪽으로만 올라갈 수 있다. 이산군에서 거리는 270리이다.

(自平安道理山郡央土里口子, 北渡鴨綠婆猪二江, 至兀剌山城, 在大野之中, 四面壁立高絶, 惟西可上, 距理山郡二百七十里)

『여지승람』역시 이산군(理山郡) 조항에 강 밖의 지역으로 올라산을 기록하고, 다음과 같이 설명했다.

군에서 거리는 270리이다. 앙토구자에서 북쪽으로 압록강과 파저강을 건너면 넓은 들 가운데에 성이 있다. 이름은 올라산성이다.

(距郡二百七十里, 自央土口子, 北渡鴨綠婆猪二江, 大野之中, 有城, 名兀剌山城)

앙토구자(央土口子)는 이산(초산楚山)에 있고, 압록강 연안에서 파저강(동가강佟佳江)과 만나는 지점의 상류에 위치하므로, 이 지역에서 두 강을 건너 도달하는 올라산성은 파저강의 오른쪽 기슭이 된다. 『여지승람』 벽동 조항에도 강 밖의 지역으로 올라산(兀剌山)이 나오므로 이산 보다는 서북쪽에 있음을 알 수 있고, 역시 파저강 오른쪽 연안이 된다. 이를 뒷받침할 더 명확한 자료는 조선 세종 15년(계축) 및 19년(정사) 두 차례에 걸쳐 조선군이 올라산을 공격한 기록인 『서정록(西征錄)』이다.

올라산에 관한 『서정록』의 기사

계축년 전쟁 때는 "한 길은 만포로부터, 한 길은 벽동으로부터 함께 올라 등지로 향했다(一道自滿浦, 一道自碧潼, 共向兀剌等處)"고 작전 계획을 설명한 것 외에 지리에 대한 기술은 보이지 않지만, 정사년 전쟁에 관해서는 기사가 아주 상세하여 대부분의 소재지를 추정할 수 있다. 이 전쟁의 목적은 이만주(李滿住)를 공격하는 것이었지만 그 소재지가 올라산성인지, 또는 오미부(吾彌府)인지 분명하지 않았으므로, 정벌 초에는 양쪽 성에 대해 공격 방법과 계략을 정했던 것이다. 따라서 이 기록은 오미부와 올라산의 지리적 관계를 상세히 알려주며, 올라산성의 소재도 추정할 수 있게 해준다. 『서정록』에 기록된 정벌군의 진행 과정은 다음과 같다.

신축, 박안신이 치보하기를, 이천이 이달 초7일에 군사를 나누어 공격했는데, 상호군 이화는 1천 8백여 인을 거느리고 이산에서 올라산 남쪽 홍타리로 향했고, 대호군 정덕성은 1천 2백여 인을 거느리고 이산에서 올라산 남쪽 아한으로 향했습니다. 이천은 여연 절제사 홍사석과 강계 절제사 이진과 더불어 4천 8백여 인을 거느리고 강계에서 옹촌, 오자점, 오미부 등으로 향했습니다, 라고 했다. 기유, 박안신이 치보하기를, 이달 초7일에 좌군 장군 이화와 우군 장군 정덕성이 산양회에서 압록강을 지나갔고, 이천 등은 만포구자의 앞 여울을 지났고, 11일에 좌우군이 고음한 지방에 들어가 적의 전장을 양쪽에서 공격했는데, 적이 모두 도망하므로 좌군은 홍타리로 향했고, 중군은 오자점에서 강을 따라 내려가며 수색하여 적의 소굴 12호를 찾아 적 35명을 베고 5명을 생포했으며, 소와 말들을 빼앗고 쌓아 둔 곡식을 불태웠습니다. 12일에는 우군이 파저강을 지나서 올라산성과 아한 지방을 수색했으나, 적이 모두 도망하여 숨었으므로 단지 1명만 베고, 그들의 집과 곡식을 태우고는 즉시 파저강을 도로 건넜습니다. 13일 새벽녘에 중군과 우군 군사들이 함께 오미부에 이르러서 그 적의 소굴을 포위했는데, 이미 적이 미리 알고 다 숨어서 결국 그들의 빈집 24호와 쌓아 둔 곡식들을 불태웠습니다. 중군은 즉시 돌아오고 우군은 소토리에 군사를 주둔시키고 좌군을 기다렸는데, 좌군은 적 10명의 목을 베고 남녀 9명을 사로잡아서 홍타리로부터 와서 모였습니다. 이날 해질 무렵에 적이 우군이 진을 치지 않은 틈을 타서 돌입했으나, 이기지 못하고 물러갔습니다. 14일 아침에 적이 또 곧장 좌군을 향해 크게 소리치며 진을 범했으므로 우리 군사가 화포를 쏘니 물러났습니다. 좌우군이 모두 군사를 돌려서 좌군이 앞서고 우군이 뒤에서 오다가, 길에서 적 50여 기가 갑자기 숲 사이에서 나왔으나, 우리 군사가 공격하여 그들의 말 2필을 빼앗았습니다. 16일에 삼군이 모두 개선하여 돌아오니 적을 죽이고 잡은 것이 60명입니다, 라고 했다. 이천 등이 사자을 보내어 첩서를 바친 것이 전후로 다섯 차례였는데, 그 때마다 사인들에게 모두 의복을 차등 있게 내려 주었다.

(辛丑, 朴安臣驅啓, 李蕆於月初七日, 分兵入討, 上護軍李樺, 領一千八百餘人, 自理山向兀剌山南, 紅拖里, 大護軍鄭德成, 領一千二百餘人, 自理山, 向兀剌山南, 阿閭, 李蕆與閭延節制使洪師錫、江界節制使李震, 領四千八百餘人自江界, 向瓮村, 吾自岾, 吾彌府等處. 己酉, 朴安臣驅啓, 今月初七日左軍將李樺, 右軍將鄭德成, 自山羊會, 過鴨綠江, 李蕆等過滿浦口子前灘, 十一日左右軍入古音閑地, 夾攻賊田莊, 賊皆逃遁, 左軍向紅拖里, 中軍自吾自岾沿江而下, 搜索諸賊穴十二戶, 斬賊三十五級, 擒五名, 奪牛馬頭畜, 焚其儲粟, 十二日右軍過婆猪江, 搜索兀剌山城及阿閭地面, 賊皆逃遁, 只斬一級, 焚其廬舍及菽粟, 卽還, 涉婆猪江, 十三日黎明, 中軍及右軍俱到吾彌府, 圍其賊穴, 賊已預知, 皆遁逐, 焚其空舍二十四戶, 及所蓄菽粟, 中軍卽還, 右軍屯兵所土里, 待左軍, 左軍斬賊十級, 虜男女九名, 自紅拖里來會, 是日晡時, 賊來[乘], 右軍未成陣, 突入, 不克而退, 十四日朝, 賊又直指左軍, 大呼犯陣, 我軍放火砲, 賊退, 左右軍皆還師, 左軍先引右軍爲殿, 道遇賊五十餘騎突出林間, 我軍擊之, 奪其馬二匹, 十六日三軍皆凱還, 殺獲賊六十名, 蕆等遣使獻捷, 前後凡五, 其使者皆賜衣有差)

오미부

이산(理山)에서 출발한 군사는 올라산 남쪽으로 향하고, 강계(지금의 강계)에서 출발한 군사는 오미부(吾彌府)로 향했다고 했으므로, 오미부는 올라산의 동쪽에 있다고 추측할 수 있다. 이는 정벌군이 계획을 세우기에 앞서 얻은 다음과 같은 정탐 보고로도 확인된다.

오미부로 향하는 길은, 하나는 강계에서 파저강을 건너 바로 오미동구로 들어가고, 또 하나는 이산에서 파저강을 건너 올라산 동쪽을 경유하여 오미부 서쪽 변두리로 들어가고, 또 하나는 이산에서 파저강을 건너 올라산 남쪽을 경유하여 서쪽으로 꺾어서 들어간다.

(向吾彌府之路, 則一自江界, 涉婆猪江, 直入吾彌洞口, 一自理山, 涉婆猪江, 由兀剌山東, 入吾彌府西邊, 一又自理山, 涉婆猪江, 由兀剌山南, 西折而入)

여기서 말하는 강계는 현 시점의 강계이므로, 첫 번째 길에서 말한 파저강(婆猪江)은 이나바 이와키치(稻葉岩吉)가 주장한 바와 같이 압록강의 오류일 것이다.(『만주역사지리』 제2권 제8장 참조) 두 번째와 세 번째 길의 파저강은 압록강의 오류이거나 혹은 압록강을 빠트린 것일 것이다. 세 번째 길에서 서쪽으로 들어간다고 한 것은 두 번째 길 및 앞의 정벌군의 행동과 대조해 볼 때 동쪽의 오류가 분명하다.

올라산과 오미부의 관계

한편 12일에 이산에서 출발한 우군(右軍)이 파저강을 건너 올라산성 및 아한리(阿閒里)로 향했다가 당일날 돌아와 다시 파저강을 건넜고, 다음 날 아침에 바로 강계에서 온 중군(中軍)과 함께 오미부에 이르렀다고 했으므로, 올라산과 오미부는 파저강을 사이에 두고 서로 마주보는 위치에 있다는 것을 알 수 있다. 올라산이 서쪽에 있고 오미부가 동쪽이라고 했으므로, 올라산은 파저강의 오른쪽 연안이고 오미부는 왼쪽 연안에 있는 것이 된다. 또 파저강의 왼쪽 연안에서 강을 건너 오른쪽 연안의 올라산 및 아한리를 수색하고 당일 다시 강을 건너 왼쪽 연안으로 돌아온 것을 보면, 올라산은 파저강에서 거리가 아주 가깝고, 멀어도 20~30리(한국 리) 밖은 아닐 것이다. 다음 날 새벽녘에 오미부를 다시 공격했다고 했으므로 오미부 역시 파저강에 근접해 있는 것이다. 『여지승람』에 기록된 거리를 살펴보면, 이 산에서 앙토구자를 거쳐 올라산에 이르는 거리가 2백 70리로 되어 있다. 또 이산에서 2백 40리 거리에 간미부(幹眉府)가 있다고 했는데, 이는 오미부를 다르게 표기한 것이므로(이나바 이와키치, 『만주역사지리』 제2권 제8장 참조), 올라산과 오미부의 거리는 30리가 된다. 파저강을 끼고 양쪽 연안 가까이에서 서로 마주보고 있다는 앞의 추측은 『여지승람』 기사와도 잘 부합되는 것이다. 이 경로를 따라 두 성의 위치를 다시 추측해 보면, 오미부는 지금의 회인(懷仁) 부근이고, 올라산은 그 맞은 편 기슭에서 멀지 않은 지역일 것이다. 이에 맞추어 정벌군의 진행 과정을 관찰해 보면 지리상의 형세와도 잘 들어맞는 것을 알 수 있다.

오미부 및 올라산성에 이르는 통로

앞에서 인용한 정탐 보고에는 또 다음과 같은 내용이 있다.

강계에서 2일 노정에 오자점이 있는데 (중략) 오미부와 90리 떨어진 거리입니다. 이산에서 2일 노정에 고음한리가 있는데 (중략) 오미부와 1일 노정의 거리입니다. [앞의] 두 마을의 형세가 고립되었습니다.

(自江界二日程, 有吾自岾 (中略) 距吾彌府九十里也, 自理山二日程, 有古音閑里
(中略) 距吾彌府一日程也, 二里[右二里]勢孤)

이에 의하면 강계(지금의 강계)에서 오미부로 향하는 도로와 이산에서 올
라산으로 통하는 도로는 상당히 떨어져 있다는 것을 알 수 있다. 전자를 이
용한 정벌군은 옹촌(瓮村)과 오자점(吾自岾)을 지나갔다고 했지만, 오자점에
서 강을 따라 내려가서 오미부로 향했다고 한 것을 보면, 이 강은 파저강이
고 오자점은 오미부의 위쪽 90리인 연안일 것이다. "강계에서 2일 노정"이
라고 한 것은 정확하지 않은 듯하다. 옹촌은 『여지승람』 강계부 조항에 "건
주위에 속하며, 만포에서 270리에 있다(屬建州衛, 距滿浦二百七十里)"고 했으
므로, 오자점의 동쪽에 있는 파저강 연안 지역일 것이다. 따라서 이 신군로
는 만포진(滿浦鎭)에서 압록강을 건너 노야령(老爺嶺) 산맥을 가로질러 파저
강 유역으로 나온 다음 강물을 따라 회인 지방으로 서하(西下)한 것이다. 다
음으로 후자인 이산에서 올라산으로 향하는 도로를 이용한 군대는 고음한
(古音閑), 홍타리(紅拖里), 아한(阿閒) 지방으로 나왔는데, 고음한은 앞에서 고
증한 바에 의하면 파저강의 왼쪽 연안이다. 오미부와의 거리는 정탐 보고
에 1일 노정으로 되어 있고, 『서정록』의 별도 조항에 "아한과 고음한 마을
은 오미 대둔과 30리 거리이다(阿閒, 古音閑之里, 距吾彌大屯三十餘里)"라는 기
록도 있으므로, 오미부에서 멀지 않은 위치로 볼 수 있다. 이 전쟁에서 조
선군은 산양회구를 나와서 5일째에 오미부에 도달했는데, 정탐 보고에는
"이산에서 2일 노정"이라고 했다. 앞에서 추정한 바에 의하면 이산과 고음
한 사이의 거리는 230~240리이므로 2일 노정이라고 한 것은 지나치게 짧
은 것 같다. 또 『여지승람』 벽동 조항에는 "고음한 마을은 야인들이 살고
있으며 7일 노정의 거리이다(古音閑之里, 野人所居, 距七日程)"라는 기록도 보

이는데, 이 또한 정밀하게 계산한 것은 아닐 것이다. 아한(阿閒)은 올라산의 남쪽으로 명기되어 있고, 오미 대둔(吾彌大屯)에서 30리 거리라고 했으므로 올라산과 밀접한 지역임을 알 수 있다. 『여지승람』에 이산에서 270리라고 한 것과도 부합된다. 홍타리(紅拖里)도 올라산 남쪽이고, 『여지승람』에도 이산에서 270리로 되어 있으므로 아한리(阿閒里)와 아주 가까웠을 것이다. 그렇다면 이 정벌군은 산양회에서 압록강을 건너 파저강의 왼쪽 연안을 따라 회인의 남쪽으로 나갔을 것이다. 이렇게 두 군대의 진로가 노야령에서 좌우로 이어진 산맥으로 가로막혔다가 회인 지방에서 비로소 만난 것이라면, 앞에서 인용한 정탐 보고와 정벌 기사도 명료하게 해석된다. 오미부는 회인 부근이고, 올라산이 그 맞은편 기슭이라는 것이 분명해졌다고 할 것이다.

올라산성 부근의 여러 성

이야기가 잠시 주제에서 벗어났지만, 이성계가 북벌을 감행했을 때 이올로첩목아(李兀魯帖木兒)가 웅거했던 올라산성의 위치는 대략 파악되었다고 여겨진다. 그런데 앞에서 인용한 『용비어천가』 기사에는 "여러 성들이 소문을 듣고 모두 항복했다"고 했으므로, 올라산성 부근에는 몇 곳의 산채(山寨)가 있었던 것 같다. 오미부도 아마 그 중 하나였을 것이다. 이올로첩목아가 처음에 이성계를 요격했다고 하는 야둔촌(也頓村) 또한 올라산에서 멀지 않은 파저강 연안의 한 지점일 것이다. 『용비어천가』 주석에는 다음과 같은 기록이 있다.

위원군 서쪽으로 강을 건너 30리에 한 동리가 있다. (중략) 이름은 야둔촌이라 한다. 북쪽에 있는 올라성과의 거리는 1일 노정이다.

(渭原郡, 西越江三十里, 有一洞 (中略) 名曰也頓村, 北距兀刺城一日程)

그런데 위원군(渭原郡)에서 압록강을 건너 30리인 지역과 이산군에서 270리에 있는 올라산 사이의 거리가 1일 노정이라고 한 것은 모순이다. "태조가 야둔촌에 이르니 이올로첩목아가 싸움을 걸어 왔다"고 했으므로 올라와 야둔은 가까운 거리인 듯하므로 1일 노정이라고 한 것은 진실에 가까울 것이다. 그렇다면 위원의 북쪽 30리라고 한 것은 오류가 된다. 『여지승람』에도 위원군의 강 밖 지역에 야둔동(也屯洞)이 들어있으므로, 같은 이름의 지역이 위원의 맞은편 연안에도 있는 탓에 오류가 생긴 듯하다. 그렇다면 이성계는 이산 방면(앙토구자 혹은 산양회구자)에서 압록강을 건너 북진했을 것이다.

설한령의 위치

이성계가 넘은 설열한령(薛列罕嶺, 설한령雪寒嶺)은 옛 장진(長津)에서 설한동천(雪寒洞川)을 따라 서쪽으로 꺾은 다음, 그 강물의 근원지에서 독로강의 한 지류의 근원지로 나와 평남진(平南鎭)에서 신광진(神光鎭) 입석참(立石站)으로 나오는 산맥이다. 이 도로는 지금은 없어진 것으로 보이며, 「대동여지도」 등에도 보이지 않는다. 그렇지만 장진(長津)이 여전히 옛 진(鎭)에 있었던 동안에는 함경도에서 평안도의 동북부로 통하는 공도(公道)였던 것이다. 설열한령에 대한 기록들을 찾아보면 다음과 같다.

황초령은 함흥부에서 서쪽으로 130리에 있다. 설열한령은 (중략) 황초령과 130리 떨어져 있다.(『용비어천가』 주석)

(草黃嶺在咸興府西一百三十里, 薛列罕嶺 (中略) 距黃草嶺一百三十里)

설열한령은 부에서 서쪽으로 280리에 있다.(『여지승람』 함흥 조항)

(薛列罕嶺, 在府西二百八十里)

설열한령은 부에서 남쪽으로 360리에 있다.(『여지승람』 강계 조항)

(薛列罕嶺, 在府南三百六十里)

부에서 동남쪽으로, 함흥 지계인 황초령과 1백 리 떨어져 있다. 부에서 서쪽으로, 강계 지계인 설한령과의 거리는 50리이다.(『관북지』 장진부長津部, 옛 장진)

(自府東南, 距咸興界黃草嶺一百里, 自府西, 距江界界雪寒嶺五十里)

설한동천은 부에서 서쪽으로 45리에 있는데, 고개 아래에서 발원하여 한태동천과 합류하고, 성강은 부에서 서남쪽으로 10리 정도에 있는데, 부의 앞 쪽을 흘러 지나서 부의 동남쪽 10리에 이르러 황초령의 많은 물과 합쳐져 아래로 흐른다.(『관북지』 장진부)

(雪寒洞川, 在府西二百四十五里, 發源於嶺底, 與閑台洞川合流, 成江, 于府西南十里許, 流過府前, 到府東南十里, 與黃草嶺衆水合襟而下)

이들 기록도 설열한령이 옛 장진의 서쪽임을 증명해준다. 강계 방면에 대해서는 『동여기략(東與紀略)』에 다음과 같은 기록이 있다.

강계 신광진 입석참에서 동쪽으로 평남진(50리), 진창(30리), 설한령(함흥 경계에서 1백 리, 차령에서 360리에 강계에 이른다).

(自江界神光鎭立石站, 東行平南鎭(五十里), 鎭倉(三十里), 雪寒嶺(百里咸興界, 自此嶺, 抵江界三白六十里))

평남진(平南鎭)에서 동쪽으로 진창(鎭倉)이라는 역리(驛里)가 있고, 설열한령을 넘어서 함경도로 통하는 도로가 있다는 것을 알 수 있다. 또『동여기략』함경도부(部)에는 "장진(옛 장진)에서 한태령을 넘어 평안도 영안 경계에 이른다(自長津踰寒泰嶺, 抵平安道寧安界)"고 했고, 설열한령의 남쪽에 있는 한태령(寒泰嶺,『관북지』의 閑台嶺)을 거쳐 희천(熙川) 혹은 영원(寧遠) 방면으로 통하는 도로도 기록되어 있다. 한태령을 넘는 것은 고려 초에 중강(仲江) 유역의 서여진이 평로진과 영원진으로 온 도로일 것이다.(제16장「고려 동북경의 개척」참조) 그러므로 고려시대부터 조선시대 초기까지는 설열한령도 역시 중요한 공도였을 것이다. 이와 같이 이성계는 신광진 입석참에서 서쪽으로 진격하여 이산의 남쪽으로 나왔을 것이다.『고려사』에 다음과 같이 기록된 리(里) 수는 그 단위가 분명하지 않지만, 함흥과 설한령 사이의 거리가 6백여 리이고 설한령과 이산 사이의 거리가 7백여 리라는 비율은 거의 사실에 부합되는 듯하다.

동북면으로부터 황초령을 넘어 6백여 리를 행군하여 설한령에 이르렀으며, 또 7백여 리를 행군하여 (중략) 압록강을 건넜다.

(自東北面, 踰黃草嶺行六百餘里, 至雪寒嶺, 又行七百餘里 (中略) 渡鴨綠江)

올라산 지방과 강계의 관계

한편 공민왕 19년 5월에 이성계가 정벌하고자 한 목적지, 혹은 그 적군의 주요 근거지가 지금의 회인 부근인 파저강 연안 지방이라면, 그해 12월에 동녕부를 공격한 후 강계부로 하여금 거류민을 불러오게 한 지방도 역시 그곳일 것이다. 다음의「세가」공민왕 20년 조항에 나오는 오로산성(吾老山城)도 야나이의 고증(『만주역사지리』제2권 제5장 부록)에 의하면 올라산성으로 간주해야 할 것이다.

9월, 서경 도만호 안우경, 안주 상만호 이순을 보내 오로산성을 정벌하게 했다. 10월, 우리 군이 오로산성을 함락시키고 원의 추밀원부사 합랄불화를 생포했다.

(九月遺西京都萬戶安遇慶, 安州上萬戶李珣往伐吾老山城, 十月. 我軍克五老山城, 虜元樞密院副使哈剌不花)

따라서 이 지방이 여전히 원의 장수에게 점령당한 상태였고, 고려 역시 끝까지 이 지역을 소탕하려고 한 상황을 알 수 있다. 그렇다면 고려는 강 북쪽의 이 요충지에 대한 특수한 방어지와 전략적 근거지가 필요했을 것이고, 강계부는 바로 이 때문에 설치된 것은 아니었을까. 그리고 그 위치는 지금의 초산(이산) 부근이 아닐까.

요동 각 지방과 강계부 사이의 교통로

회인 부근이 파저강 유역이고 이와 같이 중요한 지역이었다면, 동녕부(요양)와 이 지방 사이에는 공고한 연락이 있었을 것이다. 지도를 살펴보면, 요양에서 태자하(太子河)를 따라 동쪽으로 올라가 공가잠(孔家岑)을 넘으면 바로 동가강(佟佳江, 파저강) 지류 유역으로 들어가 물길을 따라 쉽게 회인 부근에 도달한다. 가는 길이 거의 일직선으로 왕래하기에 아주 편하다. 이 교통로는 원말 명초에 자주 이용되었던 것으로, 이성계의 제1차 정벌이 만약 요양을 칠 계획이었다면 이 길을 이용했을 것이다. 노아산(老鴉山)에 웅거했던 고가노(高家奴)가 고려와 연락한 것도 역시 이 길이었을 것이다. 또 회인보다 상류에 위치한 동가강(파저강)의 한 지류에서 흥경(興京) 지방을 경유하면 심양 및 개원 지방과도 쉽게 연락을 할 수 있다. 개원에 근거를 두었던 납합출(納哈出)이 강계부와 연락한 교통로도 필시 이 길이었을 것이다. 요동의 남부가 이미 명에 귀속된 당시 납합출은 고려로 가기 위해 압록강 하류로 나갈 수는 없었기 때문이다. 그리고 고려의 수도인 개성에서 압록강의 이 방면으로 가는 도로는 안주(安州)에서 태주(泰州), 혹은 운주(雲州)를 경유했을 것이므로, 회인 지방과 고려 사이 교통의 요충지에 해당하는 강계부의 위치가 초산 부근일 것이라는 점은 이를 통해서도 추측할 수 있다. 참고로『요동지』「인물지 서옥전(徐玉傳)」에 홍무 9년 개주(蓋州) 부근에서 납합출과 전투한 사건이 나오는데 다음과 같다.

오랑캐 무리가 패하여 도주하자 추격하여 압록강에 이르러, 오랑캐 관리 금달관홀과 임석화 및 그 군사 백여 명을 붙잡고, 말과 소에까지 이르렀다.

(達衆敗走, 追至鴨綠江, 擒達官忽林石花及獲其軍校百餘, 馬牛稱是)

명군이 압록강의 어느 방면에 이르렀는지는 분명하지 않지만, 납합출의 부하 중 한 부대가 도망쳐 달아난 지역이라면, 앞에서 살펴본 지리적 관계를 바탕으로 파저강 하류 지역으로 추정할 수 있을 듯하다.

황성

한편『요동지』「엽왕전(葉旺傳)」에도 다음과 같은 기록이 있다.

또 제군을 모두 통솔하여 압록강과 동녕, 황성 등의 지방을 정복하니, 획득한 포로와 말과 소가 헤아릴 수 없었다.

(又總率諸軍征哨鴨綠江與東寧黃城等地方, 所獲人口馬牛無算)

이 경략의 날짜는 명기되어 있지 않지만, 홍무 9년(신우 2년) 이후, 21년 (신우 14년) 이전에 기재되어 있으므로, 그 중간 시기로 추정된다. 『고려사』 를 살펴보면 신우 3년(홍무 10년) 7월과 9월 조항에 다음과 같은 기록이 보인다.

북원이 선휘원사 철리첩목아를 보내 정요위를 협공할 것을 청했다.
(北元遣宣徽院使徹里帖木兒, 來請挾攻定遼衛)

강인유가 북원에 있었는데 사람을 보내 보고하기를, 평장 문전성과 대참정 장해마가 승상 납합출과 함께 군사를 훈련시키고 말을 먹이면서 고려군이 오 기를 기다려 정요위를 공격하려 한다고 했다. 당시 우리가 정요위를 협공하자 는 북원의 요청에 불응했기 때문에 다시 독촉한 것이다.
(姜仁裕在北元, 遣人來告曰, 平章文典成, 大參政張海馬, 與丞相納哈出, 鍊兵 秣馬, 待高麗軍來, 欲攻定遼衛, 時我不應攻遼之請, 故又督之)

이때 사신이 어느 방면을 통해 왕복했는지는 분명하지 않지만, 전례에 의하면 강계부를 경유했다고 생각된다. 따라서 엽왕(葉旺)의 압록강 경략은 어쩌면 이 지방을 점령하여 납합출 등과 고려의 연락을 끊으려고 한 것일 지도 모르겠다. 『고려사』 「신우전」에는 10년(홍무 17년) 정월에 "요동 군사 1 백여 기가 강계를 침범하여, 별차 김길보와 백호 홍정을 포로로 잡고 돌아 갔다(遼東兵百餘騎侵江界, 虜別差金吉甫, 百戶洪丁, 以歸)"고 했는데, 이 내용이 반드시 엽왕의 경략과 관계된 것으로 단정할 수는 없지만, 명군이 당시 압 록강 방면에 주둔했다는 점은 확인할 수 있을 것이다. 다음에 살펴볼 철령 위(鐵嶺衛) 설치의 단서는 이미 이 무렵부터 개진되었을 것이다. 따라서 신우 5년(홍무 12년) 8월에는 명에서 고려가 납합출과 함경도를 거쳐 교통하는 것을 질책한 기록이 보인다.

요동도사가 도평의사사에 자문을 보내어 이르기를, 근래 들으니 납합출이 사람을 보내 합라(함흥일 것이다), 쌍성을 경유하여 몰래 고려로 가서 예를 행했다고 한다. (후략)

(遼東都司移咨都評議使司日近聞納哈出遣人, 經由哈剌双城, 潜往高麗行禮 (後略))

10년(홍무 17년) 10월에도 "북원에서 사신을 파견하여 화령부에 당도했다 (北元遣使來至和寧府)"는 기록이 있다. 이에 의하면 엽왕이 압록강을 경략한 무렵부터 납합출은 명 때문에 강계 방면과 연락할 수 없게 되어 함흥 방면으로 고려에 사절을 파견한 것 같다. 그렇다면, 황성(黃城)은 압록강을 사이에 두고 강계와 서로 마주한 위치에 있었을 것이다. 강계부의 소재를 명확히 하기 위해 이 황성의 위치를 좀더 살펴볼 필요가 있다. 『고려사』 신우 9년(홍무 16년) 10월 조항에 다음과 같은 기록이 있다.

이성만호 조민수가 병마사 박백안을 보내 요동을 염탐하게 하니, 박백안이 돌아와서 안산백호 정송의 말을 전하기를, 요동총병관이 황제에게 아뢰어, 달달이 문합자불화를 고려로 보내 함께 요동을 공격하려고 하므로 병사를 보내 구원해 달라고 하니, 황제가 손도독 등에게 전함 8천 9백 척을 이끌고 가서 고려를 정벌하도록 명령했습니다. 손도독이 요동에 도착한 뒤 요동의 군사를 3개로 나누어 배를 타고 고려로 출발했습니다. 마침 달달이 혼하구자를 공격하여 관군을 모두 죽이고 군사를 혼하에 주둔시킨 뒤에 손도독의 군대와 싸웠지만 이기지 못하고 돌아갔습니다, 라고 했다.

(泥城萬戶曹敏修遣兵馬使朴伯顏覘遼東, 伯顏還言, 鞍山百戶鄭松云, 遼東摠兵官奏帝曰韃韃遣文哈剌不花於高麗, 欲與攻遼, 請遣兵救之, 帝命孫都督等, 領戰艦八千九百艘, 征高麗, 孫都督到遼東, 又三分遼東軍, 發船向高麗, 會韃韃擊渾河口子, 盡殺官軍, 屯兵渾河, 都督兵與戰不克還)

달달(韃韃)은 납합출의 병사를 가리킬 것이다. 문맥을 살펴보면 혼하구자(渾河口子)는 파저강 어귀인 듯하지만, 이성만호(泥城萬戶)가 압록강에서 벌어진 전투를 요동에 파견했던 정탐 보고를 통해 알았다고 하는 것이 매우 의심스럽다. 또 당시에 파저강을 혼하(渾河)로 부른 일이 있었는지도 의문이다. 게다가 문합자불화(文哈剌不花)가 납합출의 사절로서 온 것은 공민왕 22년(홍무 6년) 외에는 다른 기록이 없다. 이 기사는 『요동지』에 나온 엽왕의 압록강 경략에 관한 것으로 여겨지지만 이상과 같은 의문이 있으므로 확신할 수는 없다.

황성의 위치

황성에 관해서는 『고려사』 신우 5년(홍무 12년) 3월 조항에 "요동에서 자문을 보내어 (중략) 황성 등지로 이주해 온 자기나라 사람을 돌려보내라고 지시했다(遼東移咨督令 (中略) 刷還黃城等處移來人民)"는 기록이 보인다. 이 사람들은 앞에서 서술한 공민왕 19년 12월의 방유(榜諭)로 고려에 이주해 온 사람들인 듯하다. 그렇다면 황성은 역시 파저강 하류 유역에 있었을 것이다. 『요동지』 「엽왕전」에는 "21년에 군사를 이끌고 철령에 위참을 세우고, 황성에 이르렀다(二十一年, 領軍鐵嶺, 創立衛站, 至黃城)"는 기록이 보인다.

명의 철령위 설치 계획

명의 철령위 설치에 관해서는 다음과 같은 기록들을 참조할 수 있다.

설장수가 경사에서 돌아왔는데, 구선성지에 이르기를, (중략) 철령 이북은 원래 원 조정에 속했던 것이니 아울러 요동에 귀속시키겠다고 했다.(『고려사』신우 14년 2월, 홍무 21년)

(偰長壽還[還自京師, 口宣聖旨曰, (中略) 鐵嶺迤北, 元屬元朝, 並令歸之遼東)

이 해(신우 14년) 2월에 서북면도안무사 최원지가 급히 알리기를, 요동도사가 승차 이사경 등을 보내 압록강에 이르러 방을 붙이기를, 호부에서 성지를 받들어 철령의 이북, 이동, 이서는 본래 개원로에 속해 있었으므로 소속된 군민[인]으로 한인, 여진, 달달·고려는 그대로 요동에 귀속한다고 했습니다, 라고 했다.(『용비어천가』 제9장 주석)

(是年二月西北面都安撫使崔元沚馳報, 遼東都司遣承差李思敬等, 到鴨綠江, 張榜曰, 戶部奉[承]聖旨, 鐵嶺迤北, 迤東, 迤西, 元屬開原, 所管軍民[人], 漢人, 女眞, 達達, 高麗仍屬遼東)

서북면도안무사 최원지가 보고하기를, 요동도사가 지휘 2인을 보내 병사 1천여 명을 데리고 와서 강계에 이르러 철령위를 설치하려 하고 있으며, 황제가 먼저 본 위의 진무 등의 관원을 설치하여 모두 요동에 이르렀습니다. 요동에서 철령까지 70참을 두고, 참마다 백호를 둔다고 합니다, 라고 했다.(『신우전』 14년 3월)

(西北面都安撫使崔元沚報, 遼東都司遣指揮二人, 以兵千餘來至江界, 將立鐵嶺衛, 帝豫設本衛鎭撫等官, 皆至遼東, 自遼東至鐵嶺, 置七十站, 站置百戶)

호부에 명하여 고려왕에게 자문을 보내, 철령의 북쪽, 동쪽, 서쪽 땅은 과거 개원에 속했으니 그 토착의 군민인 여직, 달단, 고려인 등은 요동에서 통할하고, 철령 남쪽의 과거 고려에 속한 인민들은 모두 본국에서 관할할 것을 허락하며, 강역과 경계가 이미 바르게 되었으니 각각 그 영역에 안정하면서 다시는 침범하거나 넘어와서는 안 된다고 했다.(『황명실록皇明實錄』 홍무 20년 12월)

(命戶部咨高麗王, 以鐵嶺北東西之地, 舊屬開元, 其土着軍民女直韃靼高麗人等, 遼東統之, 鐵嶺之南舊屬高麗人民, 悉聽本國管屬, 疆境旣正, 各安其守, 不得復有所侵越)

『용비어천가』의 기사는 『고려사』 「최영전」에도 같은 내용이 실려있다. 그리고 『황명실록』 21년 3월에는 "먼저 조칙을 내려 지휘첨사 유현 등이 철령에 이르는 역참을 세우고, 압록강 이동 무리들을 불러서 위로했다(先是詔指揮僉事劉顯等, 至鐵嶺立站, 招撫鴨綠江以東夷民)"고 되어 있다. 명은 압록강 방면에 위(衛)를 세우고 원의 영토였던 지역을 모두 회수하려고 기획한 것이다.

철령에 대한 고려의 오해
한편 고려는 이 거사를 듣고 크게 놀라서 명에 철령위 설치의 중지를 요청하는 표문을 보냈다.

철령 이북은 역대로 문주, 고주, 화주, 정주, 함주 등 여러 주를 거쳐 공험진에 이르니, 원래부터 본국의 땅이었습니다. 요의 건통 7년에 동여진이 난을 일으켜서 함주 이북의 땅을 빼앗아 점거하니, 예왕이 요에 고하고 토벌할 것을 청하여 병사를 보내어 회복했고, 함주에서 공험진 등까지 성을 쌓았습니다. (중략) 지금 성지를 받들어 보니, 철령 이북, 이동, 이서의 원의 개원에 속한 군민들을 그대로 요동에 속하게 하라고 했습니다. 철령의 산은 왕경으로부터 거리가 겨우 3백 리이며, 공험진을 변방의 경계로 삼은 것은 1, 2년이 아닙니다. (중략) 엎드려 바라건대 폐하께서는 넓은 도량으로 포용하시고, 두터운 덕으로 어루만져 주셔서, 몇 개 주의 땅을 하국의 땅으로 삼아 주십시오.

(鐵嶺迆北, 歷文, 高, 和, 定, 咸等諸州, 以至公嶮鎭, 自來係是本國之地, 至遼乾統七年, 有東女眞等作亂, 奪據咸州迆北之地, 睿王告遼請討, 遣兵克復, 就築咸州及公嶮鎭等城, (中略) 今欽見奉鐵嶺迆北, 迆東, 迆西, 元屬開元所管軍民, 仍屬遼東, 欽此鐵嶺之山, 距王京僅三百里, 公嶮之鎭, 限邊界, 非一二年 (中略) 伏望陛下度擴包容, 德敦撫綏, 遂使數州之地, 仍爲下國之疆)

이처럼 철령위의 철폐를 청하고, 또 이 때문에 이성계에게 명하여 정요위(定遼衛)를 공격하도록 한 것이다.(『고려사』「신우전」14년 조항 참조) 고려 정부는 철령이라는 이름을 듣고 지금의 강원도와 함경도의 경계에 있는 철령으로 생각했겠지만, 이는 같은 이름에서 생긴 오해이다. 명이 이때 설치하려고 했던 철령위는 압록강 방면이었다는 것이 앞의 인용문에서도 분명히 드러난다.

철령위의 위치

철령위의 위치는 분명하지 않지만, 『황명실록』홍무 21년 3월 조항을 참조할 수 있다.

철령위 지휘사사를 설치했다. 이보다 먼저 원의 장수인 김완가가 그 부하인 금천길 등을 이끌고 와서 항복하였고, 이때에 이르러 지휘첨사 이문 고옹, 진무 사석을 파견하여 봉집현에 위를 설치하고 이로써 그 무리를 안무했다.

(置鐵嶺衛指揮使司, 先是, 元將扙[拔]金完哥率其部屬金千吉等來附, 至是遣指揮僉事李文高顒, 鎭撫社錫, 置衛於奉集縣, 以撫安其衆)

봉집현(奉集縣)은 무순(撫順) 부근의 봉집보(奉集堡)인 듯하지만, 그렇게 되면 앞에 인용한 여러 기사와 모순되는 것 같으므로, 이른바 철령이 과연 이 지역이었는지는 조금 의심해 보아야 할 것이다. 『요동지』 철령위(지금의 철령) 조항에는 다음과 같은 기록이 보인다.

옛날에는 철령성이 있었는데, 지금 위의 치소에서 동남쪽 5백 리에 있었으며, <u>고려와 경계를 접했다.</u> 홍무 21년에 그곳에 위를 설치했으며, 26년에 지금의 치소로 옮겼다.

(古有鐵嶺城, 在今衛治東南五百里, 接高麗界, 洪武二十一年置衛于彼, 二十六年徙今治)

이에 따르면 최초의 철령위는 압록강 부근이었을 것이다. 홍무 20년 6월에 납합출이 항복하고 요동 방면이 모두 평정되었으므로, 명은 개원의 옛 지역에 삼만위(三萬衛)를 설치하고 압록강 방면에는 철령위를 설치하여 오랫동안 납합출의 세력 범위에 속했던 지방을 통제하려고 한 것이다. 「신우전」에 "요동에서 철령까지 70참을 두었다"고 한 것은 요동도지휘사사의 소재지인 요양에서 압록강 방면에 달하는 교통로였을 것이므로, 앞에서 살펴본 태자하 유역에서 회인 방면으로 통하는 길이었을 것이다. 따라서 철령위도 역시 파저강 하류 유역에 있었을 것이다.

철령위와 황성의 관계

이제 다시 『요동지』「엽왕전」을 살펴보면, "21년에 군사를 이끌고 철령에 위참을 세우고, 황성에 이르러 강계만호 김완가 등 2천 7백 명을 끌고 갔다(二十一年領軍鐵嶺創立衛站, 至黃城, 招至江界萬戶金完哥等二千七百餘口)"고 했으므로, 황성이 파저강 어귀 부근이라는 것을 알 수 있다. 황성이 이 지역이라면, 그 맞은 편 연안인 강계부는 초산 부근이 될 수밖에 없다. 이 기사의 김완가(金完哥)는 『황명실록』에 나온 김완가와 동일 인물일 것이다. 따라서 『황명실록』에 "압록강 동쪽의 무리들을 불러 위로했다"고 한 것은 주로 강계부 지방을 가리킨다는 것을 알 수 있다.

개괄

이상의 내용을 요약하면, 파저강 하류 유역인 회인 부근은 원말 명초에 압록강 북쪽 지역에서 세력의 중심점으로서, 서쪽은 요양으로 통하고 북쪽은 개원으로 연결되며 부근의 여진의 부락을 통제했고, 남쪽으로는 고려를 압박했던 것 같다. 고려는 이에 대해 강의 남쪽에 강계부를 두고 대비했으며, 때로는 이 지역의 경략을 도모한 일도 있었다. 그렇지만 명이 요동의 남부를 병유하고 요양을 점령한 후, 개원 지방에 북원의 나머지 세력을 가지고 있던 납합출이 강계부를 경유하여 고려와 왕래하는 것을 끊기 위해 이 지역까지 경략하게 되었다. 납합출이 항복하자 명은 이 지역을 완전히 그들의 영토로 삼았고, 나아가 강 남쪽의 강계 방면까지 세력을 미치려고 한 것이다. 이렇게 강계부가 이 지방에 접해 있었다는 점으로 볼 때 그 위치는 파저강 어귀의 맞은편 연안인 지금의 초산 부근으로 추정될 수 있다. 당시 압록강 기슭에서 고려의 방어 지점은 항상 의주와 이성, 강계의 세 진이었다. 이성을 창성이라고 하고, 강계를 초산 부근이라고 한다면, 그 사이의 거리가 거의 같으므로 배치가 아주 적당하다. 특히 초산 부근은 앞에서 서술한 호발도의 침략이나 조선시대 이만주 토벌을 보아도, 강 북쪽 적국의 백성이 침입해 오는 요충지이자 동시에 강 북쪽을 경략하는 전략적 근거지였음을 알 수 있다. 고려말에 압록강 연안에 중요한 진을 설치하려고 했다면 이 지역 외에 다른 곳이 있을 리가 없다. 또 독로강만호(禿魯江萬戶) 박의(朴儀)가 함흥에서 오는 이성계의 군사가 도착하기 전에 강계로 도망갔다는 점으로 보아도, 강계가 독로강의 서쪽임을 추측할 수 있다.

독로강만호부의 위치

독로강만호의 소재지는 지금의 강계부와 같은 상류 지역은 아니고 강의 입구 부근일 것이다. 공민왕 12년 5월 조항에 압록강의 수비에 대해 기술하여 "강계와 독로강 등지에 나누어 진영을 설치하게 했다(分屯江界禿魯江)"고 나오기 때문이다. 대략 위원(渭原) 방면인 듯하다.

고려의 압록강 상류 방면 영토의 한계

고려말의 압록강 방면 경략에 있어서 역사상 확인되는 영토는 이 정도에 머문다. 당시 고려 치하에 속했던 지역은 강가의 위원 부근이 한계이고, 그 남쪽으로는 희주(熙州) 및 운주(雲州)의 관할 구역에 머물렀을 것이다. 동북면에서도 지금의 장진(長津) 부근은 여전히 고려에 귀속되지 않았던 것으로 보인다.(제21장「고려말의 동북경 개척」참조) 장진과 이어진 지금의 강계부 지방도 마찬가지였겠지만, 다만 강계부 주민이었던 여진 부락이 점차 고려에 의지하는 형세가 되었을 것이다.

압록강 방면과 갑산, 길천 방면을 연결하는 지역의 소속

『고려사』「신우전」 8년 7월 조항에 "호발도가 동북면 사람들을 노략질해 갔다(胡拔都虜掠東北面人民而去)"고 했고, 이듬해 9년 7월에는 다음과 같은 사건이 발생했다.

요동과 심양의 초적 40여 기가 단주를 침략하자 [이두란이] 단주[상]만호 육려, 청주[상]만호 황희석 (중략) 등과 함께 서주위와 해양 등지까지 추격해 괴수 6인의 목을 베니 나머지는 모두 달아났다.

(遼瀋草賊四十餘騎侵掠端州, [豆蘭與] 端州萬戶[上萬戶]陸麗, 靑州萬戶[上萬戶] 黃希碩 (中略) 等, 追至西州衛, 海陽等處, 斬渠魁六人, 餘皆遁去)

이 초적은 『용비어천가』 제57장에 의하면 호발도인 것 같은데, 「신우전」 9년 8월 조항에도 "우리 태조가 길주에서 호발도를 크게 물리쳤다(我太祖大破胡拔都于吉州)"는 기록이 보인다. 호발도는 자주 압록강 방면으로 쳐들어왔으며, 이 해 정월에도 "호발도가 이성을 약탈했다(胡拔都來掠泥城)"는 기록이 있고, 8년 정월에는 "요동의 호발도가 병사 1천 명을 이끌고 압록강을 몰래 건너 돌연 의주에 이르렀다(遼東胡拔都率兵一千, 潛渡鴨江, 突至義州)"는 기록이 보인다. 이렇게 압록강 하류 방면에 출몰했던 호발도가 단주와 길주 방면에 나타났다면 압록강 방면에서 갑산 지방을 경유하여 동쪽으로 나아간 것인데, 전쟁 후 왕에게 올린 이성계의 헌책에 다음과 같은 기록이 있는 것 역시 이를 뒷받침한다.

북계는 여진, 달달, 요심과 경계가 서로 이어져 있어 실로 국가의 요충지입니다. (중략) 지금 이 지역의 주민들은 매번 저들과 서로 물자를 교역하여 나날이 서로 친해져서 이제는 혼인까지 하게 되었습니다. 그리하여 그 족속들은 그들의 땅에 거주하면서 우리 백성들을 유인해 가고 또 길잡이가 되어 들어와 약탈하기를 그치지 않고 있습니다. (중략) 저들 군대가 우리의 서북지역 근처에 있는데 어떤 계획도 도모하지 않으므로, 많은 이익을 노려 멀리 있는 우리 오읍초, 갑주, 해양의 백성들을 꾀어서 유인하고 있습니다. 지금 또 단주와 독로올 지역을 급습하여 인명과 재물을 노략질하고 있습니다.

(北界與女眞, 達達, 遼瀋之境相連, 實爲國家要害之地, (中略) 今其居民, 每與彼俗互市, 日相親狎, 至結婚姻, 而其族屬在彼誘引而去, 又爲鄉導入寇不已 (中略) 彼兵所據, 近我西北, 舍而不圖, 乃以重利遠啗我吾邑草, 甲州, 海陽之民, 以誘致之, 今又突入端州禿魯兀之地, 驅掠人物)

여기서 "우리 오읍초, 갑주, 해양"이라고 했지만, 해양(海陽)도 당시 고려의 영토였다고는 볼 수 없으므로(제21장「고려말의 동북경 개척」참조), 갑주(甲州) 또한 마찬가지일 것이다. 호발도 등이 그 지역에서 횡행했다는 것은 바로 고려의 위력이 미치지 못한 지역임을 나타내는 것이다. 서주위(西州衛)와 오읍초(吾邑草)의 소재는 아직 상세히 밝혀진 바가 없다. 또「신우전」10년 (홍무 17년) 11월 조항에는 다음과 같은 기록이 있다.

요동도사가 여진천호 백파파산을 파견하여 70여 기를 인솔하고 북청주를 기습하게 했다. 이에 만호 김득경이 군사를 인솔하여 거짓으로 피하는 척하면서 밤에 그 진영을 불태운 뒤 공격하여 40인을 죽이니, 백파파산이 도망갔다. 이전에 이원굉 등이 요동에 갔을 때, 요동도사가 군대를 합랄과 쌍성으로 파견하여 오랑캐 사신을 중간에서 막으려는 것을 알고서 몰래 사람을 보내 도당에 보고했다. 즉시 첩문을 보내 김득경으로 하여금 미리 대비시킨 것이었다.

(遼東都司遣女眞千戶白把把山, 率七十餘騎, 奄至北青州, 萬戶金得卿引兵陽避之, 乘夜, 焚其營, 擊斬四十人, 把把山遁歸, 初李元紘等至遼東, 知都司, 將遣兵至哈剌, 双城邀截胡使, 密遣人來報都堂, 卽移牒, 使得卿豫之備云)

이른바 "오랑캐 사신(胡使)"이란 전 달 기사에 "북원에서 사신을 파견해 와서 화령부에 당도했다(北元遣使來, 至和寧府)"고 한 것으로, 요동의 관헌이 동북면에서 온 북원의 사신을 체포하려고 한 것일 것이다. 당시에 납합출은 여전히 개원에서 세력을 유지하고 있었고, 요동의 군사는 북청으로 나가려면 두만강 방면을 경유해야만 했으므로, 이 또한 압록강을 통과했을 것이다. 이러한 상황으로 추론해보면, 자성강(慈城江) 유역에서 갈응령(曷鷹嶺)을 넘거나, 또는 지금의 강계에서 아득령(牙得嶺)을 넘어 장진으로 나가는 통로 등은 여전히 고려의 영유는 아니었고, 명의 군사나 압록강 방면에 있는 초적들이 자유롭게 왕래할 수 있었을 것이다.

압록강의 하류 방면

압록강 방면에서 고려는 처음에 원의 쇠멸을 틈타 강의 북쪽을 경략하려 했지만, 명이 요동을 통일하게 되자 오히려 명 쪽에서 강의 남쪽 주민들을 불러 가는 상황에 이르렀다. 그렇지만 명의 철령위 설치도 여진이 점령한 곳이었던 까닭으로 경략의 실효를 거두지 못했다. 얼마 안 가 철폐되고, 그 이름을 옮겨 개원의 남쪽에 철령위를 설치하게 된 것이다. 앞에서 인용한 『요동지』 기사 및 『황명실록』 홍무 20년(조선 태조 2년) 4월 조항에 "요동의 철령위 치소를 심양과 개원의 경계인 옛 효주 지역으로 옮겼다(徙遼東鐵嶺衛治於瀋陽開元兩界古嚚州之地)"고 명백히 기록되어 있다. 따라서 압록강 연안의 철령위는 처음부터 거의 공명(空名)에 지나지 않았을 것이다. 이렇게 파저강 유역은 여진의 영유가 되었고, 고려는 자연히 압록강으로 여진과 경계를 삼은 것이다. 그 하류에서는 여전히 의주(義州) 바깥의 강물이 명에 대한 북쪽 경계가 되었는데, 「신우전」 10년 10월 조항에 "정요위에서 황제의 명령에 따라 압록강을 건너 와서 교역을 시도하니, 조정에서는 의주에서의 교역만 허락했다(定遼衛奉帝命欲渡鴨綠江互市, 許留義州互市)"고 한 점에서 확인된다.

고려가 원말 명초의 혼란기에 영토의 신장을 도모한 것은 앞에서 이미 서술했지만, 고려 정부는 항상 해당 지역에 역사적 인연이 있었다는 점을 구실로 주장했다. 공민왕 19년 12월 동녕부에 이첩한 공문에도 다음과 같이 기술되어 있다.

요심 지역은 원래 우리나라의 옛 경계 지역인데, 사대를 한 이래로 인척관계를 맺고 사위와 장인의 관계가 되어 행성이 관할하도록 맡겼다.

(遼瀋元係本國舊界, 事大以來, 結親甥舅, 任爲行省管轄)

강계부로 하여금 강 건너 기슭에 방을 붙여 널리 알리게 한 문장 중에도 같은 내용의 말이 있었다. 또 『용비어천가』 제42장에 보이는 금복주(金復州) 등지의 방문(榜文)에는 다음과 같은 문장이 있다.

원조가 통일하자 공주를 시집보내면서 요심의 땅을 탕읍으로 삼도록 하고 성을 나누어 설치했다.

(元朝一統, 釐降公主, 遼瀋地面, 以爲湯邑, 因置分省)

하지만 이들은 모두 거짓말이다. 탕읍(湯邑)에 관해서는 『고려사』 「후비

전(后妃傳)」 제2 「충렬왕 제국대장 공주전(齊國大長 公主傳)」에 "안동 경산부를 탕목읍으로 삼았다(以安東京山府爲湯沐邑)"고 한 것 외에 역사상 다른 기록이 없다. 경산부(京山府)는 지금의 경상도 성주(星州)이며, 안동은 상주(尙州)일 것이다. 따라서 요동의 요충지를 공주가 탕목(湯沐)한 읍(邑)으로 삼는 일은 있을 수가 없다. 고려가 구실로 삼은 역사적 인연은 이처럼 허구인 것이다. 공험진에 관한 고려인의 주장의 변천을 보아도 그들의 의도를 파악할 수 있다.(제21장 「고려말의 동북경 개척」 참조) 역사가는 그 교활하고 간교한 수단에 미혹되지 말아야 할 것이다.

❖ 동가강 지방을 답사한 도리이 류조(鳥居龍三)는 올라산성을 회인(懷仁)의 서북쪽, 동가강의 오른쪽 기슭에 있는 오녀산(五女山)으로 비정했다.(동양협회 조사부 강연, 1923. 7, 8) 오녀산의 지형이 『용비어천가』의 주석에 보이는 올라산에 부합한다는 점과 '올라'라는 발음이 오녀(五女, 오년五年, 오룡五龍이라고도 쓴다)와 비슷하다는 점을 근거로 들었다. 필자는 도리이의 주장에 찬성하는 바이다. 본고의 서술과도 결론적으로 일치하므로 덧붙여 언급하여 본고의 고증에서 부족한 부분을 보충한다.

21. 고려말의 동북경 개척

부도 9. 고려말의 동북경 참조

1) 원말의 화주 이북과 북청 이남 수복

화주 이북과 정주 이남 수복

화주(和州) 이북 지역이 원에 복속되어 쌍성총관부 치하로 들어가고 9년 후, 공민왕 5년에 이르러 고려는 이 지방의 회복을 계획하여 유인우(柳仁雨)를 시켜 공략하게 했다. 이에 관한 『고려사』 「세가」 및 「지리지」의 기사는 제19장 「원대 고려의 동북경」에서 살펴보았다. 본 장에서 덧붙여 살펴보고자 하는 것은 다음의 「세가」 공민왕 3월 조항이다.

이때 기씨 일족이 황후의 세력에 기대어 횡포하니, 어떤 사람이 밀고하기를 기철이 쌍성의 반란민과 몰래 통하여 당을 결성하고 반역을 꾀하고 있다고 했다.

(時, 奇氏族倚后勢暴橫, 人有密告奇轍潛通双城叛民結爲黨援謀逆)

그리고 10월 조항에 수록된 원에 대한 상표(上表)에는, 쌍성(双城) 지방이 예전에 조휘(趙暉) 등의 난에 의해 여진의 영유가 되었다고 한 후 다음과 같이 기록했다.

근래 역신 기철, 노책, 권겸이 추장들과 결탁하여 도망가 있는 자들을 불러 모아 역모를 일으킬 때 내응하기로 약속했습니다. 기철 등은 이미 죽었고, 많은 잔당들이 저들에게로 도주했기에 수색을 명령했는데, 저들이 도리어 군사를 동원하여 역적을 도우니 어쩔 수 없이 군사 행동을 하게 되었습니다.

(比來逆臣奇轍, 盧頙, 權謙交結酋長, 召集逋逃, 及其謀逆, 約爲聲援, 轍等旣死, 支黨多奔于彼, 故令搜索, 彼反用兵助逆勢, 不獲已, 以致行師)

수복의 동기

위의 인용에 의하면 공민왕 5년 7월에 이루어진 쌍성총관부 공격은 2월 이전 역모로 죽임을 당한 기철(奇轍)의 잔당을 제거하기 위한 것이었던 듯하다. 그렇지만 『고려사』에 보이는 기철의 행위를 보면 그의 횡포는 단순히 원 황제의 외척으로서 대국의 위세를 빌린 것에 불과할 뿐, 쌍성같은 지방에 무리를 이루고 있었던 것 같지는 않다. 쌍성의 거류민도 그의 모의에 간여할 수 있는 지위와 세력을 가진 것은 아니었을 것이다. 위의 표문에 "추장들과 결탁"했다고 했는데, 총관 조소생(趙小生)과 천호 탁도경(卓都卿) 두 사람을 직접 거론하지 않고 애매하게 표현하고 있다. 따라서 기철이 쌍성에 일당을 거느리고 있었다는 것은 믿기 어렵다. 「기철전」에도 그러한 흔적은 보이지 않는다. 『고려사』「세가」를 다시 살펴보면 유인우의 쌍성 함락과 인당(印璫)의 파사부 방면 경략이 함께 기록되어 있다는 점에서 관련된 사건임을 알 수 있다.

평리 인당을 (중략) 서북면병마사로 임명하여 (중략) 압록강 서쪽의 8참을 공격하게 했다. 밀직부사 유인우를 동북면병마사로 삼아 (중략) 쌍성 등지를 수복하게 했다.

(以評理印璫 (中略) 爲西北面兵馬使 (中略) 攻鴨江以西八站, 以密直副使柳仁雨, 爲東北面兵馬使 (中略) 收復雙城等地)

하지만 압록강 방면에 관해서는 기철의 내란이 이와 관련된 것처럼 보이는 기록은 없다.

허구의 구실

이상의 사정과 더불어, 압록강 경략에 대한 원의 힐책에 고려가 인당을 베어 사죄하면서 한편으로 쌍성의 수복이 정당함을 있는 힘을 다해 주장했다는 점을 보면, 표문 중의 기철에 관한 말은 사실이 아닌 것으로 보인다. 쌍성 함락의 이유를 변명하기 위해 날조한 구실에 불과한 것이다. 「세가」 공민왕 3월 조항의 내용은 환조(桓祖)와 관련하여 『용비어천가』 제24장에도 보이는데, 이 상표를 기초로 한층 더 글의 짜임새를 갖춘 것이다. 고려는 오랫동안 원의 억압과 대국에 연줄이 있는 세도가문의 전횡으로 고통스러웠으나, 원의 위세가 두려워 그들이 하는 대로 맡겨둘 수밖에 없었는데, 원의 세력이 점점 쇠약해지는 시기에 우연히 기철의 일이 있었고, 마침내 원에 반항의 태도를 취하기로 결정한 것 같다. 기씨를 멸족함과 동시에 군사를 두 방면으로 보내 크게 국위를 떨치고자 기도한 것이다. 6월에 원의 연호를 정지시킨 것도 당시의 형세를 말해준다. 요컨대 쌍성의 수복은 특수한 사정이 있었던 것이 아니라 원의 쇠약을 틈타 옛 강역을 회복하려는 희망에서 나온 것이다.

그런데 여기서 자세히 살펴보아야할 것은 당시에 유인우가 회복했던 지역이다. 먼저 남쪽 경계를 보면, 「세가」와 「지리지」는 모두 화주, 등주, 정주, 장주, 예주(豫州), 고주, 문주, 의주(宜州) 및 선덕진, 원흥진, 영인진, 요덕진(耀德鎭), 정변진(靜邊鎭)의 여러 진들이 모두 이 시기에 회복된 것처럼 기록했다. 그렇지만 문주, 등주 등의 주치가 이보다 먼저 옛 지역으로 돌아가 있었다는 점은 앞에서 이미 설명했다. 따라서 유인우가 회복한 것은 쌍성(화주) 이북 지방이 될 수밖에 없으므로, 이 기사는 신뢰하기 어렵다.

「지리지」 기재에 관한 의문

문주 등이 이 시기에 회복된 것이 아니라는 점은 「지리지」의 별도의 조항에 분명히 나타나있다. 그렇다면 어째서 이렇게 모순되는 기사가 만들어졌는지 생각해볼 필요가 있다. 「지리지」에는 "지도를 살펴보고 (중략) 수복했다(按地圖收復(後略))"라는 문구가 있고, 「조돈전(趙暾傳)」 및 『용비어천가』 제24장에도 같은 문구가 보인다. 전쟁에서 토지를 빼앗는데 하나하나 여러 주(州)의 지도를 살핀 후에 점령할 필요는 없을 것이고, 후대의 역사가가 영토의 수복을 기록하면서 이유도 없이 이와 같은 글귀를 사용할 리도 없다. 따라서 이 글귀는 『용비어천가』와 『고려사』의 사료가 되었던 당시의 기록에 있었던 것으로, 특수한 의미를 지닌 것이 될 듯하다. 즉 이 기사는 유인우의 쌍성 함락으로 비로소 이들 여러 주진(州鎭)을 단번에 수복했다는 것이 아니고, 화주 이북의 수복과 함께 이들 여러 주진의 관할 구역을 옛 시대의 지도에 의해 획정했다는 의미일 것이다. 쌍성총관부 치하에 있던 지방에서 옛 시대의 지방 구획은 대부분 소실되었던 것 같고, 앞서서 옛날 주치였던 성으로 돌아간 여러 주들도 그 영토가 오랫동안 방치되었었기 때문에 관할 구역이 어수선하여 정리할 겨를이 없었을 것이다. 따라서 쌍성 지방을 수복함과 동시에 철령 이북의 전반에 걸친 지방 행정 구역을 획정하고 정리할 필요가 있었을 것이고, 이를 위하여 지도를 살피지 않을 수 없었을 것이다. 「지리지」가 수복 기사에 이어서 "수춘군 이수산이 도순문사가 되어 강역을 정하고 다시 동북면이라 불렀다(以壽春君李壽山, 爲都巡問使, 定疆域, 復號東北面)"고 한 것이 이러한 과정을 가리키는 것이 아닐까. 「이수산전(李壽山傳)」에는 "동북면도순문사로 나아가 여진의 강역을 정했다(出爲東北面都巡問使, 定女眞疆域)"는 기록도 있지만, '여진'이라는 두 글자에 지나치게 얽매일 필요는 없다. 이상의 추론에 의하면 「지리지」 등의 기사는 유인우의 수복 지역이 쌍성(화주) 이북이라는 사실과 모순되는 것이 아님을 알 수 있다. 다만 문장이 막연한 것뿐이다. 덧붙여서 말하자면, 이 방면에 관한 공민왕 5년 이후의 『고려사』 기록을 보면, 진(鎭)에 대한 언급이 한마디도 보이지 않는다. 대체로 고려 이남의 지방에서도 그 주치가 먼저 이미 귀환했으니, 여러 진들은 아마 특별히 다시 설치되지 않고 저절로 폐치되어 이후에도 재건되지는 못했을 것이다. 그렇다면 당시 여러 주의 관할 구역을 정리할 필요가 있었다는 것도 명확해진다. 「지리지」의 수복 기사에 여러 진의 이름이 나열된 것도 그것이 지도에만 존재하는 것이었다는 점을 보여주는 것이 아닐까. 그렇다면 북쪽 경계는 어디였을까. 고종 시대에 조휘 등이 인솔하여 원에 귀부한 지역이라면, 바로 정주(定州) 이남 지역이다.

함주 이북의 점령

「조돈전」을 보면 다음과 같이 기록되어 있다.

쌍성총관부를 공격하여 격파했더니, 조소생과 탁도경이 처자를 버리고 이판령(마천령) 북쪽 입석 땅으로 도망쳐 들어갔다.

(攻破雙城摠管府, 小生, 都卿棄妻子逃入伊板嶺北立石之地)

정신계가 군사를 거느리고 이판령을 지나다가 여진과 싸워 대승을 거두고 그 괴수 첩목아를 참수하여 머리를 개경으로 보냈다. 유인우가 처음 이르렀는데 단천[주] 이북 수천 수백 리가 순순히 남쪽을 따랐다.

(臣桂領兵過伊板, 與女眞戰, 大捷, 斬其魁帖木兒, 傳首于京, 仁雨之初至也, 端川[州]以北千數百里, 靡然南向)

이에 의하면 고려는 쌍성 함락 후 이어서 군사를 함주(咸州) 이북으로 보낸 듯하다. 조소생과 탁도경이 달아났다고 하는 입석(立石)은 『용비어천가』 제53장 주석에 다음과 같이 설명되어 있다.

알합은 지명이다. 지금의 경성부에서 남쪽으로 120리에 있다. 그 땅에 둥그런 돌이 우뚝 서 있는데 높이가 가히 2백여 장이다. 서쪽에 맹안천이 있고, 본류가 [동쪽으로 흘러] 입석 아래를 지나서 또 북쪽으로 흘러 바다로 들어간다. 그곳 사람들이 입석을 알합이라고도 불렀으므로 이로써 그 지명으로 삼은 것이다.

(斡合, 地名, 在今鏡城府南百二十里, 其地有圓石屹立, 高可二百餘丈, 西有孟安川, 本[東]流過立石下, 又北流, 入于海, 其俗謂石爲斡合, 故因名其地焉)

따라서 입석은 『여지승람』 경성부(鏡城府) 조항에 "입암은 부의 남쪽 알합리에 있다(立巖在府南斡合里)"고 한 지역인 듯하다. 조소생과 탁도경이 도망간 지역에 대해서는 다음과 같은 기록도 참조할 수 있다.

조소생과 탁도경이 해양으로 도망쳐 웅거하자 해양 사람 완자불화가 군사

1천 8백인을 거느리고 투항해 왔다.(『세가』 공민왕 7년)

(小生, 卓都卿逃據海陽, 海陽人完者不花率兵千八百人來投)

여진의 다루가치인 <u>소음산</u> 총관 불화가 조소생, 탁도경 및 그들의 가족과
부하 50여 인을 살해했다.(공민왕 11년)

(女眞達魯花赤, 所音山摠管不花殺趙小生卓都卿及家口麾下五十餘人)

해양(海陽)이 지금의 길주라는 것은 이미 정설이므로 조소생과 탁도경
등이 길주 방면으로 도망간 것은 의심할 여지가 없다. 소음산(所音山)도 그
부근일 텐데, 『여지승람』 길성현(吉城縣) 조항에 "소파온고성은 현의 남쪽
89리에 있다(所波溫古城, 在縣南八十九里)"고 한 소파온성(所波溫城)일 것이다.
소파온성은 『북관지』에 의하면 지금의 성진(城津)이다. 그렇지만 앞의 「조
돈전」에 이판령 북쪽으로 진군했다고 한 것은 의문이다. 만나서 싸운 여진
이 누구인지 설명하지 않고 막연히 그 괴수 첩목아를 참수했다고 했으므로
근거 없는 거짓일 것이다. 단천[단주] 이북이 순순히 남쪽을 따랐다는 것도
심한 과장이므로 믿기 어렵다.

북청 이남의 할양 요구

『고려사』 「세가」 공민왕 조항을 다시 살펴보자.

<u>쌍성과 삼살</u>은 원래 우리나라 강역이었는데, 선신 충헌왕 무오년에 조휘
와 탁청 등이 죄를 범한 뒤에 주살을 두려워하여 여진을 꾀어 불러들였다. 우
리가 생각지 못하고 있는 틈을 타서 관리들을 살육하고 남녀들을 묶어서 모두
노비로 삼았으니, 부로들은 지금까지도 이를 이야기하면서 눈물을 흘리고 그

를 가리켜 피맺힌 원수로 여깁니다. (중략) 엎드려 바라건대 우리의 옛 강역인 쌍성과 삼살 이북을 돌려주시고, 관방을 세우는 것을 허락해 주십시오.(공민왕 5년 10월)

(双城三撒元是小邦之境先臣忠憲王戊午, 趙暉卓靑等犯罪懼誅, 誘致女眞, 乘 我不虞, 殺戮官吏, 繫累男女, 皆爲奴婢, 父老至今言之流涕, 指爲血讎 (中略) 伏乞 歸我舊疆, 双城三撒以北許立關防)

도당이 행성에 글을 올려 말하기를, 쌍성과 삼살 등지를 살펴보면 원래 본국의 영토로 북쪽으로는 이판령이 경계로 되어 있었습니다. 앞서 관방을 상실하여 여진인이 우리 주현의 관리들을 모두 살해하고 토지와 인민을 차지했습니다. (중략) 그 후 화주를 쌍성으로 고치고 총관부와 천호소를 설치하게 되자 그 자손들이 다시 본국에서 부역을 피해 도피한 백성과 관리를 불러왔고, 아울러 관청과 개인의 노비로서 도망친 자들을 차지하여 사사로이 부리는 것이 한이 없습니다. (중략) 이판의 좁은 입구에 관방을 설치하여 출입을 통제하게 하면 후환이 없을 것입니다. (중략) 요양행성에 자문을 보내 자세히 살펴 시행하도록 해 주시기 바랍니다, 라고 했다.(공민왕 6년 8월)

(都堂呈行省書曰, 照得雙城三撒等處元是本國地面, 北至伊板爲界, 在先因失關 防, 致被女眞人衆盡殺州縣官吏, 就得地土人民 (中略) 及將和州更名雙城設置摠管 府千戶所, 其子孫又行召誘本國避役民吏, 幷官私逃驅影占私役, 無有紀極, (中略) 若於伊板隘口, 設置關防, 以謹出入, 庶無後患 (中略) 轉咨遼陽行省照詳施行)

5년 조항의 기사는 원에 올린 표문의 일부이다. 그리고 6년 조항을 보면 고려는 전투 후 바로 이 지방의 할양을 원에 정식으로 요구한 것 같다. 때문에 다음과 같이 기록한 것이다.

함주 이북은 고종 무오년부터 원이 차지했는데 지금 모두 수복했다.(「세가」 공민왕 5년 7월)

(咸州以北, 自高宗戊午沒于元, 今皆復之)

대개 함주 이북의 합란, 홍헌, 삼철 지역은 본래 우리 강토였는데, 조휘 등이 반역하여 원에 몰수된 지 무릇 99년 만에 이제 모두 수복한 것이다.(「조돈전」)

(蓋咸州以北, 哈蘭洪獻三撒之地, 本爲我疆, 自暉等叛, 沒于元凡九十九年, 今皆復之)

『용비어천가』 제24장에도 역시 합란(함주) 이북 삼산(參散, 북청) 이남 지역을 이때에 점령한 것처럼 되어 있다.

고려 정부의 관용적 수단

위의 인용문에서는 함주 이북이 고종 때 조휘의 난 때문에 원에 귀속된 것처럼 말하고 있는데, 이곳은 윤관 때 이미 잃었던 지역이므로 명백한 오류이다. 당시 쌍성 이북, 정주 이남의 회복에 이어 함주 이북에까지 세력을 얻은 것을 이렇게 잘못 기재한 것인지, 혹은 함주 이북의 할양을 원에 요구하기 위해 일부러 거짓된 말을 한 것인지는 알 수 없다. 근거도 없는 사실을 날조하여 영토의 역사적 유래를 과시하는 것은 고려 정부의 관용적인 수단이므로 이 또한 그러한 사례의 하나일 것이다. 신우 14년에 명에 철령위의 철폐를 요구한 표문도 마찬가지이다.

철령 이북은 역대로 문주, 고주, 화주, 정주, 함주 등 여러 주를 거쳐 공험진에 이르니, 원래부터 본국의 땅이었습니다. 요의 건통 7년에 동여진이 난을 일으켜서 함주 이북의 땅을 빼앗아 점거하니, 예왕이 요에 고하고 토벌할 것을 청하여 병사를 보내어 회복했고, 함주에서 공험진 등까지 성을 쌓았습니다. 원의 초기 무오년에 몽고의 산길대왕, 보지관인 등이 병사를 거느리고 여진을 정복하던 때에 본국 정주의 반란민인 탁청과 용진현 사람인 조휘가 화주 이북 지방을 가지고 나아가 항복했습니다.(『신우전』신우 14년 2월)

(鐵嶺迤北, 歷文高和定咸等諸州, 以至公嶮鎭, 自來係是本國之地. 至遼乾統七年, 有東女眞等作亂, 奪據咸州迤北之地睿王告遼請討, 遣兵克復, 就築咸州及公嶮鎭等城, 及至元初戊午年間, 蒙古散吉大王普只官人等領兵收附女眞之時, 有本國定州叛民卓靑龍津縣人趙暉, 以和州迤北之地迎降)

함주 이북은 동여진에 빼앗겼는데, 예종 때에 윤관이 동여진을 격퇴하여 몰아내고 9성을 쌓았다. 고종 때에 조휘와 탁청 등이 반란을 일으켜 화주 이북을 원에 바쳤고, 원에서 쌍성총관부를 두었다.(『용비어천가』제3장 주석)

(咸州迤北沒於東女眞, 睿宗時尹瓘擊逐東女眞, 築九城, 高宗時趙暉卓靑等叛, 以和州迤北附于元, 元置双城摠管府)

함주 이북지역은 동여진에 편입되었다. 예종 2년에 평장사 윤관이 원수가 되어 지추밀원사 오연총을 부원수로 삼아 병사를 거느리고 여진을 쳐서 쫓아내고 9성을 두었으며, 공험진의 선춘령에 비석을 세워 경계로 삼았다. (중략) 고종 45년에 몽고 병사가 침입하자 용진현 사람 조휘와 정주 사람 탁청이 반란을 일으켜 (중략) 화주 이북의 땅을 들어 몽고에 귀부했다. 이에 몽고는 화주에 쌍성총관부를 설치했다.(『고려사』「지리지」)

(咸州迤北沒於東女眞. 睿宗二年以平章事尹瓘爲元帥, 知樞密院事吳延寵副之, 率兵擊逐女眞, 置九城, 立碑于公嶮鎭之先春嶺, 以爲界, (中略) 高宗四十五年蒙古

兵來侵, 龍津縣人趙暉, 定州人卓靑叛 (中略) 以和州迆北附于蒙古, 蒙古乃置雙城
惣管府于和州)

허구의 구실이 사실이 되다

함주 이북을 고종 때 원에 빼앗겼다고 한 것이 공민왕 5년, 6년 및 신우
14년에 원 및 명에 올린 표문에서 말한 바와 완전히 똑같다. 영토 요구의
구실로 삼았던 허구가 한번 기록에 나타난 후 사실로 전해지게 된 것이다.
앞에서 인용한 바와 같이 공민왕 5년의 상표에는 삼살(三撒)의 북쪽에 관방
을 세울 것을 요구했는데, 이듬해에는 한 걸음 더 나아가 이판(伊板)의 좁은
입구(마천령)에 관방을 설치하자고 했다. 이는 고려의 욕망이 해가 갈수록
커졌음을 보여주는 것이며, 동시에 그 말에 믿을 수 없는 점이 많다는 것을
증명하는 자료이다. 삼살 이남은 윤관이 한번 정복했던 지역이므로 이곳을
옛 강역으로 칭한 것이 반드시 부당하지는 않지만, 이판령 이남을 고려의
땅이었다고 한 것은 완전히 거짓말이다.(제17장「윤관 정략지역고」참조)

북청 이남의 실제 점령지

당시 고려는 어느 부근까지 영유하는 성과를 올렸던 것일까.「세가」공
민왕 11년 조항에 "조소생이 납합출을 유인하여 삼살과 홀면 지역을 약탈
했다(趙小生誘引納哈出, 入寇三撒忽面之地)"는 기록이 있고, 『고려사』 및 『용비
어천가』가 모두 이 시기에 덕산동(德山洞, 함흥부의 동쪽 40리), 달단동(韃靼洞,
홍원현의 남쪽 30리) 및 함흥평(咸興平)의 전쟁을 기록한 것이 아주 상세한데,
삼살은 북청이고 홀면(忽面)은 『용비어천가』 제53장의 주석에 의하면 홍원
(洪原)이다. 13년 조항에는 다음과 같은 기록이 보인다.

여진의 삼선, 삼개 등이 홀면, 삼살 지역을 약탈하고, (중략) 함주를 함락시켰다. (중략) 화주 역시 궤멸되어 철관으로 퇴각하여 방어하니, 화주 이북 지역이 모두 함락되었다. (중략) 태조가 서북면으로부터 군대를 이끌고 철관에 이르러, (중략) 공격하여 삼선 등을 크게 물리치고 화주와 함주 등을 모두 수복했다.

(女眞三善三介等寇忽面, 三撒, (中略) 陷咸州, (中略) 和州亦潰, 退保鐵關, 和州以北皆沒 (中略) 太祖自西北面引軍至鐵關, (中略) 進攻三善等大敗之悉復和咸等州)

또 21년 조항에 "왜구가 안변과 함주를 노략질했다(倭寇安邊咸州)", "왜구가 또 함주와 북청주를 노략질하여 만호 조인벽이 병사를 매복시켜 크게 물리치고 70여 급의 목을 베었다(倭又寇咸州, 北靑州, 萬戶趙仁璧伏兵大破之)"는 기록도 보이므로, 북청주 이남은 확실히 고려가 영유한 것이 분명하다. 『여지승람』을 보면 다음과 같다.

공민왕 5년에 우리 환조에게 명하여 쌍성을 공격하여 깨트리고, 옛 영토를 수복하여 지함주사로 했다. 후에 만호부로 고치고 영을 설치했으며, 강릉, 경상, 전라도 등의 군마를 모아 지키게 했다. 18년에 목으로 승격시켰다.(함흥 조항)

(恭愍王五年命我桓祖, 攻破双城, 收復舊疆, 爲知咸州事, 後改萬戶府, 置營, 聚江陵慶尙全羅等道軍馬防守, 十八年陞爲牧)

공민왕 5년에 옛 지경을 수복하여 안북천호방어소를 설치했고, 21년에 지금 이름으로 고쳐 안무사겸만호를 두었다.(북청 조항)

(恭愍王五年, 收復舊境, 置安北千戶防禦所, 二十一年改今名爲州, 置安撫使兼萬戶)

고려는 적어도 이 두 곳에 행정 관청 및 진수(鎭戍)를 두었음을 알 수 있다. 단 함주에 처음에 지사를 두었다가, 나중에 만호부로 고쳤다는 것은 조금 이상하다.

이원과 단천 지방

한편 북청의 북쪽은 어떠했을까. 공민왕 시대의 역사에는 이원(利原)과 단천(端川) 지방에 관한 기록이 없다. 앞에서 인용한 납합출 및 삼선(三善), 삼개(三介)의 침략에 대해서도 이원 이북에서 이를 방어한 흔적이 있다고 보기 어렵다. 그러므로 공민왕 시대에는 이 지방에 고려 관헌이 주재한 일이 없었고, 병비 기관이 설치된 일도 없었음을 알 수 있다. 즉 이 지역이 아직 고려의 영토로 들어오지 않았다고 추측할 수 있는 것이다. 『여지승람』의 단천과 이성(利城, 이원) 조항에 다음과 같은 기록이 있다.

윤관이 여진을 쫓아내고 성을 쌓고, 복주방어사를 설치했다. (중략) 나중에 원에 빼앗겼고 독로올이라고 불렀다. 공민왕이 이것을 수복하고, 신우 때 단주안무사로 고쳤다.

(尹瓘逐女眞築城, 置福州防禦使 (中略) 後沒于元, 稱禿魯兀, 恭愍王收復之, 辛禑時改端州安撫使)

고려 때에 복주에 속했으며, 본조에 이르러 복주를 단천으로 고치고 그대로 소속시켰다.

(高麗時屬福州, 至本朝改福州爲端川, 仍屬之)

이 두 기록은 서로 모순되며 단주(端州)의 설치 시기가 분명하지 않지만,

공민왕 때 설치된 것이 아니라는 점은 확인할 수 있을 것 같다. 다만 「신우전」9년 조항에 단주만호(端州萬戶)라는 칭호가 보이는데, 그 무렵의 장관은 안무사가 아니고 만호라고 불렸는지도 모르겠다. 두 번째 인용문인 이성 조항에 나온 복주(福州)는 단주의 잘못이라고 해석할 수도 있다. 다만 단천이 윤관 시대에 설치된 복주가 아닌 것은 분명하다. 그렇다면 첫 번째 인용에서 단천을 "공민왕이 수복했다"고 한 것은 과장된 말일 뿐 사실이 아니다. 마찬가지로 경성(鏡城)과 길성(吉城, 길주)에도 동일한 문구가 나오는데 이에 관해서는 뒤에서 언급하기로 한다.

공민왕 5년 점령 지역의 한계

이상에서 살펴본 바에 따르면 쌍성 회복에 이어서 고려의 영토에 추가된 것은 북청 이남으로 한정된 것이다. 고려 정부가 그 해 처음으로 원에 점령의 승인을 요구한 것은 바로 이곳이었던 것이다. 이곳은 바로 윤관이 정략한 지역의 옛 경계이며, 함주 이북, 북청 이남이 이 시기에 회복된 것으로 기록한 『용비어천가』 및 『고려사』 「조돈전」 기사와도 부합한다. 『용비어천가』제13장에는 이성계가 공민왕에게 올리는 글이 수록되어 있는데, 공로의 서술에 다소의 과장이 있기는 하지만 당시의 정복 지역에 대한 기술은 이제까지 살펴본 내용과 일치한다.

신은 병신년(공민왕 5년) 6월에 아버지인 신 아무개를 따라서 현릉(공민왕)의 명을 받아, 쌍성을 평정하여 옛 강역을 회복했습니다. 남은 힘에 의지하여 청주까지 땅을 넓혀서 번진으로 삼아 동쪽을 돌아봐야 하는 근심을 없앴습니다.

(臣於丙申六月, 陪先父臣某, 受命玄陵平双城, 復舊疆, 憑供[藉]餘力, 拓土至靑州以爲藩鎭, 使無東顧之憂)

앞에서 인용한 『여지승람』 북청 조항에서 공민왕 21년에 청주의 이름을 고치고 주를 설치했다고 했고, 이어서 "본조 태조 7년에 청주부로 고쳤고, 태종 17년에 같은 이름으로 청주목을 두었다가 다시 북청으로 고쳤다(本朝太祖七年改靑州府, 太宗十七年以與淸州牧同音,復稱北靑)"고 되어 있으므로 청주는 곧 북청이다. 다만 고려 말에 북청으로 불렀고 조선시대에 청주로 고쳤다는 것은 좀 의심스럽다. 북청은 북쪽의 청주라는 뜻이므로 청주라는 이름이 그 지역에 먼저 사용된 후에 다시 붙여졌을 것이다. 따라서 고려 말에 처음으로 주가 설치되었을 때 이름은 청주였을 것이다. 그렇다면 이 듬해 고려가 이판령 이남의 영유를 원에 주장한 것은 단지 욕심을 부린 것일 뿐, 당시 고려의 실력이 이원 이북에 미쳤던 것은 아닌 것이다.

북청 이남의 주민

북청 이남도 그 주민은 여진족이며 종래의 여러 부락이 여전히 존재하고 있었다. 「세가」 공민왕 20년 조항을 보자.

여진 천호 이두란첩목아가 백호 보개를 보내어, 이로써 1백호와 함께 내투했다.

(女眞千戶李豆蘭帖木兒, 遣百戶甫介, 以一百戶投)

이두란(李豆蘭)은 『용비어천가』 제53장에 의하면 삼산(북청)의 맹안(猛安)이다. 제57장에는 "이두란은 모친상으로 청주에 있었다(李豆蘭以母喪在靑州)"는 문장도 보이므로, 북청이 그가 태어난 곳이라는 것은 의심할 여지가 없다. 또 제53장에는 이두란에 이어 이성계에게 귀부한 여진의 수장이 나열되어 있는데, 다음과 같은 이름이 보인다.

합란(함주)의 다루가치 해탄가랑합, 홍긍(홍원)의 맹안 괄아아올난

(哈蘭達魯花赤奚灘訶郞哈, 洪肯猛安括兒牙兀難)

따라서 홍원과 함주도 예전처럼 여진 부락의 자치(自治)에 맡겨져 있었다고 추측할 수 있다. 쌍성 이북 지방은 원의 영토였지만 주도면밀하게 통치할 수 없었으므로 각 지역의 토추(土酋)에게 공물과 조세를 징수하며 관리하는 데 그쳤을 것이고, 원이 쇠약해지면서 그 구속도 느슨해졌을 것이다. 고려가 쌍성을 공격하여 함락하고 이 부근까지 위세가 미치게 되자 함주 이북의 토추도 스스로 고려에 귀부해 온 것이다. 고려가 이 지역을 쉽게 영유할 수 있었던 것은 이 때문이며, 고려는 원의 영토를 공략하여 빼앗았다기보다는 원에 등을 돌린 이들 토추를 위력으로 굴복시킨 것이라고 해야 할 것이다. 고려가 그들을 너그럽게 받아들이고 옛 지위를 유지시켜 준 것도 일리가 있다고 하겠다.

이씨와 여진

이성계의 경우 교묘하게 그들을 모두 농락하여 자신의 발판으로 삼았을 것이다. 그가 후년에 이 방면을 근거로 세력을 떨치게 된 것도 이들 여진족이 그의 부하가 된 것이 하나의 요인이었을 것이다. 이씨의 선조가 여진족의 땅에서 일어나 세력과 인망을 얻었다고 하는 전설 또한 이성계와 이 지방 여진족의 관계를 반영하는 듯하다.

점령지의 중심

함주 이북 지역이 이러한 상태였다면 이 시기에 수복된 지역의 중심은 함주 이북이 아니고 여전히 정주 이남에 있었을 것이다. 공민왕 11년 납합

출이 침략해 왔을 때 이성계가 달단동(韃靼洞) 전투 후 함주를 방어하려고 하지 않고 정주로 돌아와 전쟁 준비를 정돈했다는 점에서도 그 상황을 알 수 있다. 『용비어천가』의 기록은 다음과 같다.

군사를 돌려 정주에 진영을 치고 며칠을 머무르면서 장수와 군사들을 휴식시키고 먼저 요충지에 복병을 배치했다. 이어서 3군으로 나누어 좌군은 성곶(함흥부 북부에 있으며 사람들이 위진산이라 불렀다)을 경유하여 진격하게 하고, 우군은 도련포(함흥부에서 남쪽으로 30리에 있다)를 경유하여 진격하게 하며, 본인은 중군을 거느리고 송원(함흥에서 동남쪽으로 14리에 있는 운전사이다)으로 나아가다 납합출과 함흥평(함흥부의 서쪽에서 남쪽에 이르는 큰 평원으로 모두 함흥평이라 불렀다)에서 마주쳤다.

(還屯定州, 留數日, 休士卒, 先設伏要衝, 乃分三軍, 左軍由城串(在咸興府北府人稱爲鎭山) 右軍由都連浦(在咸興府南三十里), 自將中軍, 當松原(在咸興東南十四里雲田社), 與納哈出, 遇[遇於]咸興平(咸興府西及南有大野皆稱咸興平))

이 당당한 군대의 위용은 대체로 과장된 것이겠지만, 지리적 형세를 알기에는 충분하다. 또 「세가」 공민왕 21년에는 함주 방면에 왜구가 나타났을 때 방어책으로 "우리 태조를 화령부윤으로 삼고, 이어서 원수로 삼아 왜적을 방어하게 했다(以我太祖爲和寧府尹, 仍爲元帥, 以禦倭賊)"고 한 것을 보면, 이 지방의 중심이 화령부(和寧府) 즉 화주(和州)에 있었다고 볼 수 있을 듯하다. 『여지승람』 영흥 조항을 보면 다음과 같다.

공민왕 5년에 군사를 보내어 수복하고 화주목으로 했다. 18년에 화령부로 승격시키고, 부윤, 소윤, 판관을 두었다.

(恭愍王五年遣兵收復, 爲和州牧, 十八年陞爲和寧府, 置府尹, 少尹, 判官)

　　화주를 승격시켜 화령부로 삼았다는 것은 그곳이 정치적 권력의 추축이
었기 때문일 것이다. 쌍성총관부가 있었던 역사적 유래로 보아도 당연한
것이다. 이씨의 경우도 이 지역을 근거로 서서히 그 세력을 축적해 갔을 것
이다.

이씨의 근거지

　　환조(桓祖)의 묘는 『여지승람』에 의하면 함흥부에서 동쪽으로 10리에 있
는 귀주동(歸州洞)에 있다. 그렇다면 환조는 공민왕 10년 무렵에 함흥에 있
었던 것 같다. 『여지승람』에는 또 함흥에 있는 경흥전(慶興殿)이 태조의 아
들 정종과 태종이 태어난 옛 터라는 기록이 있는데, 정종은 공민왕 6년에,
태종은 16년에 태어났으므로 이 무렵에 태조도 함흥에 있었던 것 같다. 그
렇지만 환조는 쌍성의 거류민 출신으로 공민왕 5년 쌍성 회복의 거사에 관
계했고, 태조 역시 그를 따라서 활동했다. 그 후 동북면의 정치적 수뇌부가
화주에 있었다는 것은 앞에서 서술한 바와 같으므로, 이 무렵에 그들이 함
흥에 거주했다고는 볼 수 없다. 따라서 이들의 전설은 아마 거짓일 것이다.
화주와 함주 사이는 겨우 130여 리에 불과하므로, 함흥이 만약 도조(度祖)
이래의 고향이라면 그 지역이 사저(私邸)였을 수도 있겠지만, 이들의 전설
을 믿을 수 없다는 것은 이미 언급한 바와 같다. 다만 그 정치적 세력의 근
거지가 화주라는 것은 분명한 듯하다.

2) 길주 지방의 귀부

길주 지방 여진 부락의 귀부

공민왕 5년에 고려의 영유로 귀속된 지역이 북청 이남이었다는 점은 앞에서 설명한 바와 같다. 당시 원의 세력은 이미 궤멸에 가까워서 여진을 제어할 수 없었으므로 북청 이북의 여진 부락들이 점차 고려에 귀부하게 된 것도 사실이다. 앞에서도 인용했지만 『고려사』「세가」에 의하면 일찍이 공민왕 7년에 해양(海陽) 사람 완자불화(完者不花) 등이 투항해 온 일이 있고, 이어서 다음과 같은 기록이 있다.

여진 소음산의 소응가, 아두라 등이 항복하기를 요청했으므로, 삭방에 거주하게 했다.(공민왕 14년 3월)

(女眞所音山所應哥阿豆剌等請降, 處之朔方)

여진의 만호 궁대가 토산물을 바치고, 부락 1백호를 정릉에 예속시켜 줄 것을 청했다.(공민왕 19년 1월)

(女眞萬戶弓大獻方物, 以部落一百戶, 請隸正陵)

여진의 달마대가 사신을 파견하여 땅을 바치니, 달마대를 대장군 진변도호부사로 삼고 옷을 하사했다.(공민왕 19년 11월)

(女眞達麻大遣使獻地, 以達麻大爲大將軍鎭邊都護府使賜衣)

해양 만호 궁대 및 진변원수 달마대가 사신을 보내 와서 신년을 하례했다.(공민왕 20년 2월)

(海陽萬戶弓大及鎭邊元帥達麻大遣使賀正)

소음산(所音山)이 길주의 남쪽에 있는 성진(城津)이라는 것은 앞에서 서술한 바와 같고, 궁대(弓大)의 부락은 이듬해인 20년 기록을 보면 길주 방면이다. 달마대(達麻大)의 거주 지역은 분명하지 않지만, 21년에도 "진변원수 달마대와 여진 만호 궁대가 왕의 탄신을 하례했다(鎭邊元帥達麻大, 女眞萬戶弓大遣使賀誕辰)"는 기사가 보이므로 궁대와 같은 태도를 취하고 함께 행동했음을 알 수 있다. 역시 길주에서 멀지 않은 지역일 것이다. 공민왕 19년에 달마대가 처음으로 귀부한 다음 달에는 "예부상서 장자온을 진변도호부 안무사로 삼았다(以禮部尙書張子溫, 爲鎭邊都護府安撫使)", "달마대를 원수부 원수로 삼고 은도장 1개를 하사했다(以達麻大爲元帥府元帥, 賜銀印一顆)"고 했으므로, 그의 근거지가 북쪽의 요지였다고 추측되지만 확언할 수는 없다. 한편 이와 같이 길주 방면의 여진이 점차 고려로 귀순하여 항복했지만, 공민왕 7년 완자불화의 귀부는 "내투(來投)"했다고 기록되어 있으며, 14년에 항복한 소응가(所應哥)와 아두라(阿豆剌) 등도 내지(內地)로 이주한 것이다. 따라서 정말로 그 지역에 있으면서 고려에 복속된 것은 공민왕 19년의 궁대와 달마대가 처음이라고 해야 할 것이다.

단천 지방의 귀부

길주 방면의 여진 부락이 고려에 귀부해 왔다면, 길주 남쪽의 단천(端川) 지방도 이 추세에 따랐을 것이다. 『용비어천가』 제53장에 태조에게 복속된 여진의 수장이 열거되어 있는데 다음과 같은 이름이 보인다.

해양의 맹안 괄아아화실첩목아, 독로올의 맹안 협온불화, 아사의 맹안 주호

인답홀

(海洋猛安括兒牙火失帖木兒, 禿魯兀猛安夾溫不花, 阿沙猛安朱胡引答忽)

독로올은 단천이고, 아사(阿沙)는 이성(이원)이라는 것이 해당 주석으로도 명확하다. 이들이 귀순해 온 시대는 분명하지 않지만, 아마 공민왕 말년이나 신우 초기일 것이다. 「신우전」 8년 조항의 다음 기사를 보면 당시에 이미 독로올이 고려의 세력 범위였다고 여겨진다.

해양만호 금동불화가 그 아들 부야개를 인질로 보냈다.

(海陽萬戶金同不花, 遣其子夫耶介爲質)

금동불화가 자기 관할 하의 백성들을 데리고 투항해 오니, 그들을 독로올의 지역에 거주하게 했다.

(金同不花, 以所管人民來投, 處之禿魯兀之地)

단천 지방의 관헌 설치

신우 9년의 다음과 같은 사건도 당시 단주(端州)에 고려의 관헌이 주재한 일이 있음을 보여준다.

요동과 심양의 초적(호발도) 40여 기가 단주를 침략하자 단주[상]만호 육려, 청주[상]만호 황희석 (중략) 등이 서주위와 해양 등지까지 추격해 괴수 6인의 목을 베니 나머지는 모두 달아났다.

(遼瀋草賊四十餘騎侵掠端州, 端州萬戶[上萬戶]陸麗, 靑州萬戶[上萬戶]黃希碩 (中略) 等追至西州衛, 海陽等處斬渠魁六人, 餘皆遁走)

앞에서 인용한 『여지승람』의 "신우 때 단주안무사로 바꾸었다"는 기록을 단주를 새로 설치한 것으로 이해하면 이 기사와 들어맞는다. 그리고 『고려사』 9년 조항에 실린 이성계의 헌책을 보면 해양과 함께 갑주(갑산) 지방의 수장도 당시 고려에 귀부해 있었던 것 같다.

저들 군대(호발도)가 우리의 서북지역 근처에 있는데 어떤 계획도 도모하지 않으므로, 많은 이익을 노려 멀리 있는 우리 오읍초, 갑주, 해양의 백성들을 꾀어서 유인하고 있습니다. 지금 또 단주와 독로올 지역을 급습하여 인명과 재물을 노략질하고 있습니다.

(彼兵所據, 近我西北, 舍而不圖, 乃以重利遠啗我吾邑草, 甲州, 海陽之民, 以誘致之, 今又突入端州, 禿魯兀之地, 驅掠人物)

『용비어천가』에는 갑주 맹안 운강괄(雲剛括)이라는 이름이 보인다. 서주위(西州衛)와 오읍초(吾邑草)의 소재는 분명하지 않다.

길주와 갑산 지방의 복속 상태

신우 시대에 해양과 갑산 지방에 고려의 관헌이나 진수(鎭戍)의 설치는 없었던 것 같다. 관련 기록을 보면 다음과 같다.

길주 (중략) 공민왕 때 옛 영토를 수복했다. 공양왕 2년에 웅길주등처관군민만호부를 설치했다.(『지리지』)

(吉州 (中略) 恭愍王時收復舊疆, 恭讓王二年, 置雄吉州等處管軍民萬戶府)

갑산[주]부는 본래 허천부로, 오랫동안 여진이 기거하던 곳으로 자주 전란을 겪어 사람이 살지 않았다. 공양왕 3년에 비로소 갑주라 부르면서 만호를 설치했다.(『지리지』)

(甲山[州]府, 本虛川府, 久爲女眞所據, 屢經兵火, 無人居, 恭讓王三年始稱甲州, 置萬戶府)

공민왕 때에 수복했다. 공양왕 2년에 길주등처관군민만호부를 설치했다. 영주진 및 선화진 등이 모두 주에 속했다.(『여지승람』 길성현吉城縣 조항)

(恭愍時收復, 恭讓二年置吉州等處管軍民萬戶府, 英州及宣化等鎭, 皆屬于州)

『여지승람』 갑산 조항 및 『용비어천가』 갑산 주석에는 "공양왕 3년에 비로소 갑주만호부를 설치했다(恭讓王三年始置甲州萬戶府)"고 되어 있다. 신우시대에는 단지 여진 부락을 기미한 정도였을 것이다. 당시 고려가 단천에 관헌을 두고도 길주까지 세력을 미치지 못한 것은 길주가 단천과 달리 마천령 북쪽에 있다는 지리적 사정에서 비롯된 자연적인 순서로 볼 수 있다. 진변도호부(鎭邊都護府)는 달마대의 거주지가 분명하지 않아서 위치를 알기 어려운데, 이 명칭이 앞서 인용한 조항 외에는 보이지 않으므로 아마 달마대를 귀순시키기 위해 부여한 호칭일 뿐 실제 설치한 관청은 아닐 것이다. 안무사도 이 때문에 임시로 파견되었을 뿐일 것이다. 그렇다면 그 위치가 길주 지방이었다고 해도 그 지방의 경영이 공민왕 말년부터 행해졌다고는 볼 수 없다.

길주가 윤관이 설치한 옛 위치가 아니라는 것은 제17장 「윤관 정략지역 고」에서 밝힌바와 같다. 『고려사』 「지리지」에 "웅길주등처관군민만호부를 설치했다"고 했고, 『여지승람』 길성현(吉城縣, 길주) 조항에 "영주진 및 선화진 등이 모두 주에 속했다"고 한 것은 단지 공명(空名)을 열거한 것에 지나지 않으며, 당시에 이러한 주진이 존재하지 않았다는 것은 새삼 말할 필요도 없다. 또 갑주부의 옛 이름이 허천부(虛川府)라고 하여 일찍이 고려의 영토였던 것처럼 기록한 것도 근거가 없는 거짓이 분명하다.

개괄

이상에서 살펴본 바를 요약하면, 단천 이북, 길주 이남, 그리고 갑산 지방의 여진 부락은 공민왕 말년부터 신우 초년에 걸쳐서 고려에 귀부했고, 고려는 신우 시대에 단천에 관헌을 두었으며, 공양왕 시대에 이르러 마천령 및 후치령(厚峙嶺)의 북쪽인 길주 및 갑주에 만호부를 설치했다는 것이다.

갑산 방면에서 고려의 세력 범위는 명확하게 한정되지는 않았겠지만 갑주 부근을 벗어나지 않았을 것이다. 서쪽(함흥의 북쪽) 영토의 한계도 분명하지 않지만, 서북면에서 지금의 강계 지방은 여전히 고려에 귀속되지 않은 듯하다.(제20장 「고려말의 압록강 연안 영토」 참조) 또 『여지승람』 함흥 조항에 "서쪽으로 평안도 강계부 경계까지 280리이고, 북쪽으로 삼수군 경계까지 210리(西至平安道江界府界二百八十里, 北至三水郡界二百十里)"라고 한 함흥의 북쪽 경계는 역사적 유래가 있다고 여겨지므로, 중강(仲江) 유역의 지금의 장진(長津) 부근도 당시 고려에 들어가지 않았을 것이다. 그런데 공양왕 시대에는 실권이 이미 이성계의 손에 있었고 공양왕 4년에 결국 왕씨를 대신하여 왕위에 올라 조선 시대를 열었으므로, 고려의 이름으로 행해진 동북경 개척은 이때에 이르러 종말을 고하게 된 것이다.

이씨의 근거지

신우 및 공양왕 시대의 동북면의 경략이 대부분 이성계의 손으로 행해진 것은 전후 사정으로 보아 명백하지만, 당시 그의 근거지가 어디였는지는 분명하지 않다. 다만 그가 왕조를 연 후에 함주(함흥)를 부친과 조부의 분묘가 있는 지역으로 삼고 역사적 인연이 많은 것처럼 말한 점으로 볼 때 고려 말년에는 함주가 본거지였다고 여겨진다. 그의 세력 범위가 북쪽으로 확장되면서 근거지를 화령(和寧, 영흥)에서 북진하여 함흥으로 옮긴 것은 자연스러운 순서일 것이다.

두만강 방면 여진 부락의 초유

고려 말의 영토는 길주 지방으로 한정되었지만, 더 북쪽에 있는 여진 부락이 고려에 사빙을 보낸 일도 없지는 않다. 『고려사』 「세가」를 살펴보자.

우리 태조가 의견을 올려, 사람을 보내어 방문을 가지고 동여진 지역의 여러 부락을 초유하게 했다. 이에 여진인 중 귀순한 자들이 3백여 인이었다.(공양왕 3년 7월)

(我太祖獻議, 遣人賫牓文招諭東女眞地面諸部落, 於是, 女眞歸順者三百餘人)

올량합과 알도리의 귀순과 항복

다음 기사들에 의하면 고려말 이성계는 두만강 방면의 여진을 초유하려고 했고, 올량합(兀良哈)과 알도리(斡都里)는 이에 따라 먼저 내조했음을 알 수 있다.

올량합이 내조했다.(공양왕 3년 8월)

(兀良哈來朝)

전 상원군사 이용화를 보내 알도리와 올량합을 선위하게 했다. 알도리는 곧

동여진이다.(공양왕 3년 9월)

(遣前祥原郡事李龍華, 宣慰斡都里, 兀良哈, 斡都里卽東女眞也)

올량합 및 알도리 등이 내조했는데, 사관에서 다투었다. 알도리가 말하기를, 우리들이 온 것은 장관을 다투려는 것이 아니다. 옛날 시중 윤관이 우리 땅을 평정하고 비석을 세워 고려지경이라 했으니, 이제 경내의 인민들이 모두 제군사(이성계)의 위신을 사모하여 왔을 뿐이다. 비록 제군사 집의 마구간 옆에 거처하더라도 그가 후대한다고 감격할 것인데, 하물며 화려한 집에서 무슨 동서의 차이가 있겠는가. 다만 주상과 제군사를 빨리 뵙고 싶을 뿐이다, 라고 하며 드디어 다투기를 그만두었다.(공양왕 4년 2월)

(兀良哈及斡都里等來朝, 爭舍館, 斡都里曰吾等之來, 非爭長也, 昔侍中尹瓘平吾土, 立碑曰, 高麗地境, 今境內人民皆慕諸軍事威信而來耳, 雖處以諸軍事之第, 馬廐之側, 猶感其厚, 況華屋何有東西之異哉, 第願利見主上與諸軍事耳, 遂不與爭)

알도리와 올량합이 궁궐에 나아와 토산물을 바쳤다. 왕이 존장을 두고 다투었다고 들었기 때문에 사자를 보내어 말하기를, (중략) 무릇 귀화해 온 자들은 먼저 복종한 자를 존장으로 삼는다고 했다. 올량합이 드디어 알도리에게 존장 지위를 양보했다.(공양왕 4년 2월)

(斡都里, 兀良哈詣闕, 獻土物, 王聞爭長, 故使謂之曰, (中略) 凡向化來者, 先服者爲長, 兀良哈遂推斡都里爲長)

알도리와 올량합의 여러 추장들에게 모두 만호, 천호, 백호 등의 관직을 차등 있게 내려주고 또한 미곡, 의복, 마필을 하사하니, 여러 추장들이 감읍하여 모두 경내로 옮겨와서 번병이 되겠다고 했다. 또 여러 부락에 방을 붙이기를,

홍무 24년(공양왕 3년) 7월, 이필 등을 차출하여 방문을 가지고 여진 지역인 두만 등지에 가서 초유했다. 올해에 알도리, 올량합 만호, 천호, 두목 등이 바로 귀부하니, 상을 내리고 명분을 하사하여 모두 각각 소유한 본업에 복귀하게 했다. 속빈, 실적면, 몽골, 개양, 실련, 팔련[린], 안둔, 압란, 희랄올, 올리인, 고리한, 노별, 올적개 땅은 원래 우리나라의 공험진 경내여서 이미 초유했으나, 지금까지도 귀부하지 않고 있으니 도리에 어긋난다. 이에 다시 이필 등을 차출하여 방문을 가지고 가서 초유하게 하니, 방문이 이르는 날에 각각 와서 귀부한다면 상과 명분을 하사하는 것이 모두 바라는 바에 미치게 할 것이며, 먼저 귀부한 알도리와 올량합의 예와 똑같이 해줄 것이다, 라고 했다.(공양왕 4년 3월)

(斡都里兀良哈諸酋長皆授萬戶, 千戶, 百戶等職, 有差, 且賜米穀衣服馬匹, 諸酋感泣皆內徙爲藩屏, 又牓諭諸部落曰, 洪武二十四年七月差李必等, 賫牓文前去女眞地面豆萬等處招諭, 當年斡都里, 兀良哈萬戶, 千戶頭目等卽使[便]歸附, 已行賞賜, 名分俱各復業所有, 速頻, 失的覓[覓], 蒙骨, 改陽, 實憐, 八憐[隣], 安頓押蘭喜刺兀兀里因古里罕魯別, 兀的改地面, 原係本國公嶮鎭境內, 旣已曾經招諭, 至今未見歸附, 於理不順, 爲此再差李必等, 賫牓文, 前去招諭, 牓文到日各各來歸, 賞賜名分及凡所欲一如先附斡都里, 兀良哈例)

고려말 이성계의 행동

고려말 이성계의 행동에 관한 역사상의 기재는 과장된 것이 매우 많으므로 반드시 문장 그대로 믿을 수는 없다. 뒤에서 언급하겠지만 즉위 후의 두만강 방면 경략도 만년에 이르러 개시된 것이므로(제22장 「조선초기의 두만강 방면 경략」 참조), 이상의 기록들도 역시 의심스러운 점이 있다. 그렇지만 이미 길주 지방에서 세력을 가진 그는 더욱더 북쪽으로 손을 뻗치려 했을 것이고, 방을 붙여서 여진 부락을 초유한 사례는 압록강 방면에도 있다.(제 20장「고려말의 압록강 연안 영토」참조) 또 올량합과 알도리의 내빙을 특별히 고려 말의 사건으로 부회할 이유도 없는 듯하므로, 앞의 기사들에 얼마간의 과장과 공험진 관련 같은 명백한 허구가 혼재하기는 해도 여진에 대한 초유와 두 부족의 내빙은 사실로 볼 수 있을 듯하다. 이성계의 부하에 속하거나 혹은 그에게 회유당한 여진 부락이 있었다는 것은 앞에서 서술했으므로, 그들과 다소 연락이 있었다고 여겨지는 두만강 방면의 부족을 그들을 이용하여 초유했다는 것은 이상한 일이 아니다. 그렇지만 이 두 부족 외에는 여전히 고려에 귀순하지 않았다는 것은 방문에 "지금까지도 귀부하지 않고 있다"고 한 점으로 보아 분명하므로, 고려의 위력이 북쪽에 미친 것은 올량합과 알도리에 한한 것이다. 이 두 부족의 거주지는 모두 두만강에 근접한 지역이므로 이들만 내조하여 복종의 뜻을 알렸던 것이다.

고려의 위력이 미친 한계

공양왕 말년까지 그 외의 여러 부족은 아직 귀부하지 않았으므로 고려의 위력은 결코 두만강 부근을 벗어나지 못했음을 알 수 있다. 올량합과 알도리 부족의 내조도 그저 고려에 사빙을 보냈다는 것을 의미할 뿐, 그 거주지가 고려의 영토로 들어온 것은 아니다. 길주 이북에 경성부(鏡城府) 및 경흥부(慶興府)가 새로 설치된 것은 조선시대에 들어선 후의 일이므로, 고려말에는 두만강 안쪽 지역조차 아직 확실한 영토는 아니었던 것이다. 따라서 고려말의 강역은 길주 지방을 북쪽 경계로 보는 것이 타당할 것이다. 『용비어천가』제53장에 오롱소(吾籠所)의 맹안(猛安) 난독고로(暖禿古魯)가 복속된 것을 기록하고 다음과 같이 주기(注記)했지만, 귀순해 온 시대는 분명하지 않다.

오롱소는 강 이름으로 종성 녹양현에서 동림성을 지나 북쪽으로 흘러 두만 강으로 들어간다. 경원에서 서북쪽으로 겨우 60리 거리이다.

(吾籠所, 水名, 自鍾城綠楊峴, 北流過東林城, 入豆漫江, 西北距慶源僅六十里也)

이성계의 두만강 경략 전설의 오류

『용비어천가』 제54장에 다음과 같은 기록이 있다.

조무는 원의 장수인데, 원이 쇠약하매 무리를 거느리고 공주를 점거했다. 이때에 태조는 동북면에 있었는데 휘하에게 이르기를, 이 사람은 종국에 반드시 난리를 일으킬 것이니 그냥 둘 수는 없다고 하였다. 이에 군사를 거느리고 이를 쳤으나, 그 사람의 용감하고 날랜 것을 아깝게 여겨 철 화살을 쏘지 않고 나무 화살로 쏘아 수십 번을 맞히니, 조무가 말에서 내려와 절하므로 마침내 그를 사로잡았다.

(趙武元將也, 元衰, 率衆據孔州之地, 時太祖在東北面, 謂麾下曰, 此人終必爲 亂, 不可置之, 乃率衆擊之, 惜其人勇銳, 不用鐵矢, 以撲頭射, 中數十, 武下馬而 拜, 遂擒之)

이에 의하면 원 말기 공민왕 시대에 이성계는 이미 두만강 방면의 경략에 종사했던 것 같다. 그렇지만 이상에서 살펴본 형세에 비추어 보면 이 사건은 아주 의심스럽다. 조무(趙武)라는 이름도 이 방면에서 행동한 원의 장수 같지 않으므로 이 기사는 아마 허구일 것이다.

『용비어천가』 제53장에는 또 경흥부 남쪽 적지(赤池)에 있는 목조(穆祖)의 능을 기록한 조항에 다음과 같은 일화가 나온다.

태조가 제군사를 맡았는데, 이때에 웅길주안무찰리사 이원경으로 하여금 가서 시찰하게 했다. 그곳의 진무인 백충신은 본래 이원경의 휘하로서, 이원경과 같은 때에 붙잡혀 온 사람이었다. 원래 지리를 알고 있었으므로 원경에게 일러 말하기를, 이 능은 반드시 왕이 되는 자손이 있을 것이라고 했다. 원경이 이를 말리며 다시는 그런 말을 하지 말라고 했다.

(太祖爲諸軍事, 時使雄吉州安撫察理使李原景往視之, 其鎭撫白忠信本原景麾下, 與原景同時就擒者, 素知地理, 謂原景, 日此陵必有子孫興王者, 原景止之曰, 汝勿復言)

이 일화는 조선시대 이후 날조된 것이 분명하므로, 이원경(李原景)의 시찰도 역시 사실인지 의심스럽다. 웅길주안무찰리사(雄吉州安撫察理使)라고 했는데 웅주(雄州)는 역사상 공명(空名)이므로 당시에 이러한 호칭이 있었을 리가 없다.

『북로기략(北路紀略)』에는 "태조가 17세에 개강 정장으로, 가서 원의 몽가독을 광성에서 방어하였다(太祖十七歲以价江亭長, 往禦元人蒙哥毒於匡城)"는 기록이 보이는데, 이성계가 17세인 충정왕 3년에는 화주(和州)가 여전히 원에 복속되어 있던 시대이므로 이 기사도 새삼 말할 필요도 없이 거짓이다. 후세 사람들은 허망하고 터무니없는 거짓을 계속 보탠 것이다. 요컨대 여러 문헌에 고려 시대에 이성계가 두만강 부근을 경략한 것처럼 기록된 것은 모두 믿을 수 없다.

3) 부록 – 올량합과 알도리의 거주지 및 날조된 공험진의 위치

올량합과 알도리의 거주지

앞에서 살펴본 바와 같이 고려는 공양왕 2년에 길주를 설치하고, 그 이듬해에 두만(豆萬) 등지에 방을 붙여 여진을 초유했다. 두만이 두만강(豆滿江) 부근이라는 것은 분명하지만, '등(等)' 자가 포함하는 범위는 분명하지 않다. 따라서 먼저 초유에 응하여 귀순해 온 올량합과 알도리의 거주지도 이것만으로 추단하기는 어렵다. 그렇지만 고려의 영토에 근접하여 가장 빨리 그 세력을 감지한 부족이 가장 먼저 복속되는 것이 자연스러운 순서일 것이다. 즉 길주에서 멀지 않은 지역을 상정할 수 있고, 따라서 올량합과 알도리의 거주지가 두만강 부근이었다고 추측할 수 있을 듯하다. 그렇지만 이는 단순한 상상에 불과할 뿐, 어떠한 특수한 사정이 있어서 멀리 떨어진 부족이 재빨리 내빙했을지도 모른다. 따라서 이 두 부락의 거주지는 다른 관점에서 관찰해볼 필요가 있다.

올량합과 토문

먼저 올량합에 대해 살펴보면, 『용비어천가』 제53장, 태조에게 항복해 온 여진 수장의 목록에 다음과 같은 기록이 있다.

올량합은 즉 토문의 괄아아팔아속이다.

(兀良哈, 則土門括兒牙八兒速)

토문의 맹안은 고론패리이다.

(土門猛安古論孛里)

토문은 지명이다. 두만강 북쪽에 있으며, 남쪽으로 경원까지의 거리는 60리
이다.

(土門, 地名, 在豆漫江之北, 南距慶源六十里)

같은 토문(土門)에 있는 팔아속(八兒速)과 패리(孛理)의 관계에 관해서는
알 수 없지만, 토문의 괄아아팔아속이 올량합이라는 것은 분명하다. 그리
고 토문은 경원의 북쪽 60리에 있다고 했으므로, 두만강의 북쪽 연안에서
가까운 지역임은 의심할 여지가 없다. 참고로 『여지승람』의 경원 조항에는
"북쪽 두만강까지 16리이다(北至豆滿江十六里)"라는 기록이 있다. 또 『용비
어천가』 제4장, 목조의 알동(斡東)에서의 사적(事蹟)을 기록한 조항에는 별
도로 다음과 같은 주석이 있다.

우리나라에서는 속칭으로 알동 등지의 올량합, 올적합 및 여진의 여러 종족
을 야인이라고 불렀다.

(我國之俗通稱斡東等處兀良哈, 兀狄哈, 及女真諸種為野人)

이 문장은 알동에 올량합 부족이 있다는 의미인 것 같지만, 문장이 아주
애매하고 어느 시기의 상태를 말하는 것인지 분명하지 않다. 그러므로 고
려 공양왕 혹은 조선 태조 시대의 올량합이 알동과 어떠한 관계를 가지고
있었는지는 알 수 없다. 결국 『용비어천가』에서 찾을 수 있는 얼마 안 되는
사료에서 명확하게 올량합으로 추단할 수 있는 것은 토문에 있는 팔아속
부락뿐이다. 그리고 그가 조선의 태조에게 귀순해 왔다는 점으로 미루어
공양왕 때 귀순해 온 올량합도 역시 이 부족이라고 해야 할 것이다. 따라서
올량합의 거주지는 토문 지방이라고 하지 않을 수 없다. 물론 팔아속의 부

락이 올량합이라는 것은 이 부락만 올량합이라는 증거는 아니다. 따라서 당시의 고려인이 올량합이라고 부른 부족이 토문에 있는 이 여진뿐인지 아니면 또 다른 부족이 있었는지는 여전히 해결되지 않은 의문이다. 적어도 그 무렵의 사실을 전하는 현존하는 문헌에는 이 외에 명확하게 올량합이라고 볼 수 있는 기록은 보이지 않는다.

알도리와 회령

알도리에 대해서는, 『여지승람』 회령 조항에 "태종 시대에 알타리 동맹가첩목아가 비어 있는 틈을 타서 들어와 살았다(太宗朝, 斡朶里童孟哥帖木兒乘虛入居)"는 기록이 있고, 『용비어천가』 제53장에는 태조에 항복해 온 알타리(斡朶里) 두만(豆漫)의 협온맹가첩목아(夾溫猛哥帖木兒)라는 이름이 있는데, 이 두 사람은 동일인이다. 알타리가 알도리라는 것은 이의가 없을 것이다. 따라서 공양왕 때 이성계의 초치에 응하여 내조한 알도리는 바로 태종 때에 회령에 있었던 동맹가첩목아의 부락임을 알 수 있다. 다만 그가 공양왕 혹은 태조 때부터 이미 회령에 있었는지 여부는 아직 분명하지 않다. 그렇지만 앞에서 인용한 『고려사』 공양왕 4년 조항에 나온 것처럼 이 알도리 부족이 토문의 올량합과 함께 고려에 왔고 또 먼저 복속되었다면, 이 부족도 역시 두만강에서 멀리 떨어지지 않은 지역에 있었다고 추측할 수 있을 것이다. 『여지승람』 회령 조항에 동맹가첩목아가 태종 시대에 회령으로 들어온 것처럼 되어 있는 것은 반드시 믿을 수 있는 것은 아니다. 만약 그렇다 하더라도 태종 시대에 '두만강 안쪽'으로 들어왔다는 의미이고, 이때 처음으로 '두만강 바깥쪽' 혹은 그 부근에 왔다는 것은 아니다. 조선은 항상 두만강 안쪽이 자국의 영토라고 주장했으므로 특별히 "들어와 살았다"고 하여 강 안쪽으로 왔다는 것을 나타낸 것이다. 이 부분에 대해서는 뒤에서 다시 언급할 것이다.(제22장 「조선 초기의 두만강 방면 경략」 참조) 여기서는 알도리의 거주지역에 대한 고증에 집중하기로 하자.

알도리의 고향

『용비어천가』를 좀 더 살펴보자.

알타리는 지명이고, 해서강 동쪽에 있으며 화아아강 서쪽이다. 화아아 역시 지명으로 두 강의 합류 지점의 동쪽에 있으며 강 이름을 지명으로 한 것이다. 탁온 역시 지명으로 두 강의 합류 지점에서 아래쪽에 있다. 두 강은 모두 서쪽에서 북쪽으로 흐른다. 3성은 강가를 따라 서로 이어져 있다.(제53장 주석)

(斡朶里地名, 在海西江之東, 火兒阿江之西, 火兒阿, 亦地名, 在二江合流之東, 蓋因江爲名也, 托溫, 亦地名, 在二江合流之下, 二江皆自西而北流, 三城相次沿江)

알타리, 화아아, 탁온의 삼성은 그들의 속칭으로 이란두만이라고 하는데 삼만호와 같은 말이다. 대개 만호 3인으로 그 지역을 나누어 통솔했으므로, 이렇게 불렀다. 경원부에서 서북쪽으로 가서 한 달이면 이른다.(제53장 주석)

(斡朶里, 火兒阿, 托溫三城, 其俗謂之移蘭豆漫, 猶言三萬戶也, 蓋以萬戶三人, 分領其地, 故名之, 自慶源府, 西北行, 一月而至)

알타리는 원래 지명이며, 야인들이 그 지역에 살았다. 우리나라 사람들이 알타리라고 불렀다.(제75장 주석)

(斡朶里, 本地名, 野人之居其地者, 國人稱爲斡朶里)

이 해서강(海西江)이 송화강(松花江)이고, 화아아강(火兒阿江)은 다음의 『요동지』에 보이듯이 홀아해하(忽兒海河), 즉 지금의 호이객아(瑚爾喀阿)이다.

홀아해하는 성(개원)에서 동북쪽으로 1천 리에 있는데, 발원지인 담주성 동 제산에서 나와 북쪽으로 흘러 곡주성 동쪽과 타리성을 거쳐 북쪽으로 흘러 송 화강으로 들어간다.

(忽兒海河, 城東北一千里, 源出潭州城東諸山, 北流谷州城東, 經朶里城, 北流 入松花江)

따라서 알타리가 송화강과 호이객아의 합류 지점에 가깝고 그 중간에 있으며, 『요동지』의 타리성(朶里城)이 바로 그것으로 지금의 삼성성(三姓城) 맞은편 기슭 지방임을 알 수 있다.(『만주역사지리』 제2권 제5장 6의 4 참조) 고려 말에 이성계의 초치에 응했던 알도리도 역시 일찍이 이 지역에 있었던 부 락인 듯하다. 그리고 조선 태종 때 '두만강 안쪽'에 있는 회령에 거주했던 알타리 역시 동일 부락인 것이 분명하므로 이 부락 또는 그 일부는 어느 때 인가 삼성 지방인 옛 지역을 떠나 두만강 방면으로 이주했을 것이다.

알도리의 이주 시기

알도리가 옮겨간 시대에 대해서는 역사상 아무런 기록이 남아 있지 않 다. 그렇지만 이 시대야말로 고려에 내왕했던 알도리의 거주지를 알 수 있 는 관건이므로 자세히 고찰할 필요가 있다. 잠시 본론의 주제를 벗어나겠 지만 이를 위해 모련위(毛憐衛) 및 건주위(建州衛)의 상태를 살펴보도록 하자.

올량합의 고향 모련위

토문에 있는 올량합의 팔아속(八兒速)에 대해서는 『황명실록』 영락 3년 조항에 다음과 같은 기록이 있다.

　　모련 등지의 야인 두목 파아손 등 64인이 내조했으며, 명하여 모련위를 설
치하고, 파아손 등을 지휘천백호 등 관으로 삼았다.

　　(毛憐等處野人頭目把兒遜等六十四人來朝, 命設毛憐衛, 以把兒遜等爲指揮
千百戶等官)

　　올량합의 팔아속이 모련위의 파아손(把兒遜)이라는 것은 이케우치 히로
시(池內宏)의 고증을 통해 이미 상세히 밝혀졌다. 또 모련(毛憐)이라는 이름
이 오소리강(烏蘇里江, 우수리강)의 지류인 목릉하(穆稜河)에서 왔다는 것도 야
나이의 논구(『만주역사지리』 제2권 제6장)로 명백해졌다.

올량합이 토문으로 이주한 시기
　　모련위가 창설된 영락 3년은 조선 태종 5년이므로, 이때 팔아속의 부락
은 이미 토문에 있었던 것이다. 그렇지 않으면 태조 때 항복해 온 팔아속
을 '토문 괄아아(土門括兒牙)'라고 기록할 리가 없다. 그런데 모련위라는 명
칭이 그의 거주지인 목릉하에서 왔다면, 팔아속은 모련위가 창설되었을 때
목릉하 지방에도 그 부족을 가지고 있었고 오히려 그곳이 본거지였다고 보
는 것이 타당하다고 여겨진다. 그렇지 않다면 그의 부락에 모련위라는 칭
호가 붙을 리가 없기 때문이다.

모련위와 토문과의 관계
　　이상의 사실은 목릉하 연안에 있던 여진 부락의 일부가 남하하여 두만
강 방면으로 이주했고 그것이 조선 태조 시대 이전에 행해졌다는 것, 또 두

만강 연안의 부족도 고향에 잔류한 부족과 함께 한 사람의 수장 아래 통치되었음을 나타내는 것이다. 굳이 의문을 제기하자면, 세종 시대에 편찬된 『용비어천가』에 "올량합은 즉 토문의 팔아아팔아속이다"라고 한 것은 후대의 상태를 바탕으로 역으로 추정한 것일 수도 있으므로, 태조 때 팔아속 부락이 토문에 있었다는 확증으로 삼기는 어렵다고 할 수도 있을 것이다. 하지만 전후로 열거된 여러 부락의 수장 이름에 지명이 붙어 있는 것은 내조했거나 사빙을 보냈을 당시 그 부락이 그 지역에 있었다는 것으로 해석해도 무방하므로, 올량합에 대해서만 의문을 제기할 수는 없을 것이다. 또 뒤에 다시 언급하겠지만, 태종 시대 팔아속이 경원(慶源)으로 쳐들어왔을 때 조선군이 토문에서 싸운 것은 명백한 사실이므로, 그들은 적어도 이 침략 이전에 토문 지역을 차지하고 있었던 것이 분명하다. 따라서 태조 시대부터 이미 그러했다고 추정하는 데 문제가 없다.

건주위의 고향

모련위와는 방향을 달리하는 건주위 부족의 이전도 마찬가지 상태에 있었다고 여겨진다. 『황명실록』 영락 원년 조항에 의하면 다음과 같다.

여진 야인 두목 아합출 등이 내조했다. 건주위 군민지휘사사를 설치하고, 아합출을 지휘사로 삼았다.

(女眞野人頭目阿哈出等來朝, 設建州衛軍民指揮使司, 以阿哈出爲指揮使)

이 아합출(阿哈出)이 알도리와 마찬가지로 태조와 통교했던 여진의 수장으로, 『용비어천가』 제53장에 기록되어 있는 "화아아 두만의 고론아합출(火兒阿豆漫古論阿哈出)"일 것이다. 화아아강(火兒阿江)이 홀아해강(忽兒海江)

이라는 점에서 그 본거지는 호이객하(瑚爾喀河)의 동쪽 기슭에 있는 지금의 삼성성(三姓城) 부근이라는 것도 밝혀져 있다.(야나이·이나바,『만주역사지리』제 2권 제5장 6, 제8장 2 참조)『황명실록』에는 홍무 15년 조항에 속가첩목아(速哥帖木兒) 등 여진 지방에 관한 보고가 나오는데, 다음과 같은 구절이 있다.

요양은 불출혼에서 3천 4백 리에 있으며, 불출혼에서 알타련까지는 1천 리이다. 알타련에서 탁온만호부까지는 180리이고, 탁온의 불사목애구까지는 180리이다. 불사목은 호리개까지 190리이다.

(遼陽, 至佛出渾之地, 三千四百里, 自佛出渾, 至斡朶憐, 一千里, 斡朶憐至托溫萬戶府一百八十里, 託溫之佛思木隘口, 一百八十里, 佛思木, 至胡里改一百九十里)

호리개(胡里改)라는 지명은 『원사』「지리지」에 보이는데, 야나이가 홀아해(忽兒海, 화아아)와 같은 것으로 설명한 호리개만호부(胡里改萬戶府) 및 호리개강(胡里改江)과 표기가 같으므로, 이 호리개도 역시 홀아해(화아아)인 것 같다. 그렇지만 그 위치가 탁온(託溫)의 북쪽인 것처럼 기록되어 있으므로 삼성성 부근은 아닌 듯하다.『황명실록』의 기록은 실지를 답사한 보고이므로 그 내용은 확실하다고 보아야 하겠지만, 화아아라는 명칭은 화아아강 즉 홀아해하에서 온 것이므로 그 지역이 탁온의 북쪽, 즉 호이객하의 합류 지점에서 멀리 떨어진 송화강 하류에 있다고 보기는 어렵다. 따라서 이 호리개는 아합출의 수장인 화아아와는 다른 부족인데 우연히 이름이 비슷했던 것일지도 모르겠다. 이에 대해서는 향후의 연구를 기대하기로 한다.

건주위 명칭의 기원

이상에서 살펴본 바에 의하면 아합출이라는 부족은 삼성성 부근에 있었다는 것이 분명한데, 명에게 받은 건주위라는 이름은 어디에서 유래한 것일까. 그가 명에 조공하고 이 이름을 얻은 후, 해서 지방의 여러 여진 부락은 경쟁하듯 그 예에 따라 아무개 위(衛)라는 칭호를 사칭하기에 이르렀다. 그 이름들은 『황명실록』, 『요동지』, 『명일통지』에 기재된 것을 보건대 모두 여진어로 된 산이나 강 이름 등이고, 건주(建州)와 같은 한어(漢語)는 전혀 없다. 따라서 건주라는 칭호는 명 정부가 아합출을 위해 특별히 명명했거나, 또는 그 부락과 관계된 지역에 이전부터 건주라고 불린 지명이 있었기 때문일 것이다. 그런데 원대에도 건주라고 불린 지역이 있었고 그 이름이 명초에도 남아있었으므로, 명이 아합출에게 건주위라는 이름을 준 것은 당시 사람들이 숙지하고 있던 지명을 채택한 것으로 이해하는 것이 타당하다고 여겨진다.

건주위의 위치

원대의 건주는 야나이의 고증에 의하면 지금의 길림 부근인데(『만주역사지리』제2권 제5장 6), 삼성성 부근의 아합출 부락이 무슨 이유로 건주라는 이름을 받은 것일까. 명 정부는 아합출이 조공을 했을 때 그의 고향 및 행정(行程)을 들어서 알고 있었을 것이다. 또 삼성 방면에 관한 다소의 지리적 지식도 가지고 있었을 것인데, 아합출의 거주지가 삼성 지방이었다면 멀리 떨어진 길림 부근의 건주라는 이름을 채택하여 그 부족에게 부여했다는 것이 의문이다. 원대의 옛 이름을 따온다면, 건주보다 삼성에 가까운 고주(古州), 담주(潭州) 등도 있다. 야나이에 의하면 고주는 영고탑(寧古塔) 부근, 담주는 영고탑의 서남쪽인 필이등호(畢爾騰湖)의 서쪽으로 추정된다.(『만주역사지리』제2권 제6장) 그렇다면 명이 아합출에게 건주라는 이름을 준 것은 그의 부락(혹은 그 일부)이 건주 지방에 있었고, 그곳에서 조공했기 때문이 아닐까. 이렇게 이해하는 것 외에 다른 방도가 없을 것이다. 『황명실록』 영락 10년 조항을 참조해보자.

건주위 도지휘 이현충(납합출의 아들), 지휘 패속조알 도류불안 등이 모두 가족을 데리고 건주에 거주했다.

(建州衛都指揮李顯忠指揮字速趙歹都劉不顔等悉挈家就建州居住)

이 기록은 이현충(李顯忠)이 건주 주성(州城) 지역으로 이주했다는 내용일 뿐, 그와 부하들이 이전부터 건주 부근에 있었다는 것을 부정하지는 못한다. 그리고 이 해에 그가 건주로 이주한 것은 멀리 삼성의 고향에서 갑자기 나왔다기보다는 이전부터 이 지방과 깊은 관계가 있었기 때문이라고 보는 쪽이 사리에 맞을 것 같다.

홀아해위

다시 『황명실록』을 살펴보면 영락 7년 조항에 "홀아해위를 불제위로 고쳤다(改忽兒海衛, 爲弗提衛)"는 기록이 보인다. 앞에서 말한 호리개처럼 여진의 지명 및 부족 명칭은 유사한 것이 많으므로, 명칭이 같다는 것만으로 동일 부족임을 증명할 수는 없다. 하지만 같은 시대 같은 관청에서는 문자 표기에 일정한 관례가 있었을 것이다. 따라서 이러한 문서를 바탕으로 했다고 여겨지는 『요동지』 및 『명일통지』가 호이객하를 홀아해라고 표기한 것은 간과할 수 없다. 앞에서 살펴본바와 같이 홀아해강 연안 부족은 아합출로 대표되므로, 명이 홀아해위(忽兒海衛)라는 명칭을 부여했다면 그것은 아합출 부락과 밀접한 관계가 있는 것으로 추측할 수 있다. 그런데 건주위가 홀아해강에 있었다면, 동일 부락에 별도로 홀아해위라는 이름을 줄 리가 없을 것이다. 따라서 건주위는 영락 초기부터 홀아해강 연안 삼성성 부근에 있었던 것은 아니었다.

참고로 홀아해위를 새로 설치한 연대는 분명하지 않다. 여진 부락의 귀순과 위 설치에 관한 『황명실록』 기재로는 영락 원년에 시작된 듯하지만, 그 이후 영락 7년 이전일 것이다. 『명일통지』에는 7년에 새로 설치했다고 되어 있다. 두 기록 사이에 무언가 착오가 있는 듯하지만, 『실록』에는 영락 7년 이후에 홀아해위라는 이름이 여러 차례 보이므로 홀아해위라는 이름이 영락 7년 전후에 존재했었다는 것은 분명할 것이다.

홀아해위가 이상의 추론과 같이 홀아해강 부근의 부족이라면, 『황명실록』 영락 3년 조항에 "홀리합 두목 역칭가, 건주위 두목 고려 등 123명이 내조했다(忽里哈頭目亦稱哥, 建州衛頭目古驪等百二十三人來朝)"고 한 홀리합도 역시 같은 부족으로 볼 수 있을 듯하다. 건주위와 함께 행동하고 있는 것으로 보아 양자는 밀접한 관계로 추측할 수 있다. 그렇다면 건주위가 홀아해하 연안에 존재하지 않았다는 것은 영락 3년부터 이미 그랬을 것이다. 뒤에 언급하겠지만 『황명실록』 영락 6년 조항에는 해랄하(海剌河)의 여진이 건주위에 복속된 일이 나오는데, 이 해랄하가 포이합도하(布爾哈圖河)로 유입되는 해란하(海蘭河)라면, 여진이 예속된 건주위는 결코 삼성 방면의 멀리 떨어진 지역이 아니라 길림 부근이었던 것이 된다.

홀아해 부락이 건주로 이주한 시기

이상의 추론과 『용비어천가』의 납합출에 관련 기사를 종합하면, 삼성 부근에 있는 홀아해(화아아) 부락의 일부는 영락 원년 이전에 지금의 길림 부근인 건주 지방으로 이주했고, 고향에 잔류한 사람과 함께 아합출의 지배하에 통솔되었다고 여겨진다. 건주위 설치 후 곧바로 고향의 부락이 독립했다는 것은 앞에서 말한 바와 같다. 영락 원년은 조선 태종 3년이므로, 태조 및 고려 공양왕 말년에는 이미 이러한 상태였을 것이다. 납합출이 여진 부락 중 가장 빨리 명에 복속의 뜻을 나타낸 것도, 그 거주지가 건주 지방에 있었으므로 일찍부터 개원(開元)의 명 세력에 접근했기 때문이라고 볼 수도 있을 것이다.

알도리의 이주 시기

이상 살펴본 바와 같이 모련위와 건주위가 모두 고려 말에 부족민의 일부가 고향을 떠나 하나는 두만강 부근으로, 하나는 건주(길주) 부근으로 이주했다. 그렇다면 이 두 부락과 가장 밀접한 알도리 부족 역시 같은 시기에 두만강 방면으로 이주한 인구가 있었다는 추측도 결코 불가능하지는 않을 것이다.

건주위와 모련위의 관계

목릉하(穆稜河)와 호이객하(瑚爾喀河)는 서로 먼 거리가 아니었으므로 팔아속과 아합출 부족은 밀접한 관계였을 뿐만 아니라, 『황명실록』 영락 9년 조항에는 다음과 같은 기록도 보인다.

건주위 지휘첨사에게 맹가불화 등 18명을 모련 등 위의 지휘사, 천호 백호 등의 관리로 삼도록 명하였다. (중략) 대개 건주위지휘 이현충의 천거에 따랐다.

(命建州衛指揮僉事猛哥不花等十八人, 為毛憐等衛指揮使, 千百戶等官 (中略) 蓋從建州衛指揮李顯忠所舉也)

맹가불화는 아합출의 아들이자 이현충의 아우이므로, 그가 건주위에서 나와 모련위의 수장이 되었다는 것은 이 두 부족이 이전부터 친밀한 관계를 가지고 있었다고 볼 수밖에 없다.

건주위와 알도리의 관계

한편 회령에 거주했던 알타리 맹가첩목아(孟哥帖木兒)는 『황명실록』 영락 15년 조항에 "건주좌위 지휘를 맹가첩목아 등에게 하사하고 연회를 베풀었다(賜建州左衛指揮猛哥帖木兒等宴)"고 한 인물인데,(야나이·이나바, 『만주역사지리』 제2권 제5장 6 및 제8장 3) 선덕(宣德) 9년 조항에는 다음과 같은 기록이 보인다.

건주좌위 도독첨사 범찰이 상주하여, 지난해 야인 목답홀, 목동가, 합당가 등이 칠성 야인을 규합하여 쳐들어가 약탈하고 도독 맹가첩목아 및 그의 아들 아고 등을 죽였다고 하였다.

(建州左衛都督僉事凡察奏, 去年野人木荅忽, 木多哥, 哈當加等糾合七姓野人, 寇掠殺死都督猛哥帖木兒及其子阿古等)

조선 사서에도 세종 15년(선덕 8년)에 알타리의 맹가첩목아가 사망한 기사가 산견되므로, 알도리가 건주좌위라는 호칭을 사칭할 정도로 건주위와 친밀한 관계를 가지고 있었음을 알 수 있다. 알도리, 화아아가 탁온과 함께 이란두만(移蘭豆漫)으로 불렸던 것을 보면, 이 관계의 유래가 오래되었다는 것도 짐작된다. 그렇다면 모련과 건주 두 부족의 동요는 분명 알도리 부족의 이전도 초래했을 것이다. 갑 부락의 이전은 근접한 을 부락의 동요를 일으키고, 나아가 병 부락까지 영향을 미치게 되어 파란이 이어지는 것이 민족 이동의 항례(恒例)라는 것도 알 수 있다. 이들 민족의 이동이 일어난 이유는 분명하지 않지만, 원이 멸망하면서 종래 그들을 구속했던 올가미가 느슨해졌는데 그를 대신할 만한 권력이 북쪽에 나타나지 않았던 것이 하나의 동기였던 것은 아닐까. 명의 세력은 개원 이북까지 미치지 못했고, 고려 역시 근근이 함주와 북청 방면을 개척하는데 지나지 않았던 시기이다. 그렇다면 팔아속과 아합출 부락이 명초, 고려 말에 이동을 시작한 것도 이해가 되고, 맹가첩목아 부락의 절반 역시 이들과 함께 두만강 방면으로 옮겼을 것이다. 알도리의 옛 땅과 두만강 연안의 식민지를 함께 그가 통솔하게 한 것 역시 마치 모련위와 건주위의 경우와 같았을 것이다.

알도리의 이분

『황명실록』 영락 11년 조항에 "알타륜위를 설치했다(置斡朶倫衛)"는 기록이 있는데, 알타륜(斡朶倫)은 『원사』에 알타련(斡朶憐)으로 기록된 것과 마찬가지로 알타리를 말하는 것이다. 두만강 연안의 식민지가 건주좌위라는 호칭을 사칭한 후에 고향의 유민이 분리 독립했을 것이다. 건주좌위의 설치 연대는 분명하지 않지만, 『명일통지』에는 영락 10년(조선 태종 12년)으로 되어 있다. 따라서 이 무렵부터 맹가첩목아의 부락은 둘로 나뉘었다가, 공양왕 및 조선 태조 시대에는 두 지역 모두 맹가첩목아에게 예속되었을 것이다.

올량합과 알도리의 고려에 대한 관계

이상 불필요한 고찰을 길게 서술한 감이 있지만, 공양왕 시대에 내조한 알도리가 토문에 있는 올량합과 함께 두만강 부근 지역에 거주한 부족이라는 추측에 다소의 근거를 제시할 수 있었다고 믿는다. 앞에서 언급한 바와 같이 두만강 등지에 방을 붙여 초유한 결과 최초로 귀순해 온 부족이 멀리 삼성 부근이라고는 생각할 수 없고, 그 중 하나인 올량합이 토문에 있었다는 것은 명백하므로, 다른 하나인 알도리도 올량합과 멀지 않은 지역에 거주했다고 하는 것이 사리에 맞을 것이다.

조선 초기에 왕래한 강 밖의 여러 부족

『용비어천가』제53장에는 태조 때 내왕했던 여러 부족의 이름이 자주 거론되는데, 화아아인 아합출 외에 탁온두만의 고복아알(托溫豆漫高卜兒闊), 이란두만의 맹안(移蘭豆漫猛安) 보역막올아[주](甫亦莫兀兒[兒住])라는 이름도 있다. 고복아알은 『황명실록』영락 2년 조항에 보이는 보로호(甫魯胡)일 것이다.

탁온강 여직의 야인 두목 <u>보로호</u> 등이 내조하여 원자위 백호 등 관직을 하사했다.

(托溫江女直野人頭目甫魯胡等來朝, 授以元者衛百戶等官)

이처럼 『용비어천가』는 삼성성 지방의 부족이 귀순해 온 것 같이 말하고 있는데, 알도리가 두만강 부근에서 일찍이 고려와 내왕했을 때부터 그 일이 멀리 북쪽의 고향에 전해졌고, 그 결과 아합출과 복아알(卜兒闊)도 사빙을 보내게 되었을 것이다. 공양왕 때 알도리가 올량합과 함께 내조하면서 화아아와 탁온을 동반하지 않은 것에서도 이면의 사정을 엿볼 수 있다. 공양왕 4년에 게시한 방문에 강 밖의 여러 부족을 나열했지만 화아아와 탁온 등의 이름이 없다는 것을 볼 때, 당시 고려 사람의 인식에 알도리는 있지만 화아아와 탁온은 없었음을 알 수 있고, 내조했던 알도리의 거주지가 삼성 방면이 아니라는 것이 확인된다.

화아아와 탁온의 고려에 대한 관계

이처럼 올량합과 알도리 두 부락의 고려 혹은 조선에 대한 관계는 화아아 및 탁온과는 약간 다르다. 전자가 계속 밀접한 관계를 가지고 있었던 것과 달리 후자는 한 번 사빙을 보낸 일은 있지만 그 후 아무 교섭도 없었다. 참고로 건주위와 조선의 교섭은 후년의 일이며 태조 시대의 왕래와 아무 관계가 없다. 또 전자는 최초에 내조했을 때도 그 목적은 차치하더라도 후자의 통빙과는 사뭇 태도를 달리했던 것 같다. 올량합과 알도리의 내조는 역사상 대서특필된 반면 그 외의 부족은 겨우 『용비어천가』에 명칭이 한꺼번에 열거되는 데 그친 것으로 보아, 아합출 등의 사절도 변경까지만 왔을 뿐 도성까지 들어오지는 않았다고 생각되기 때문이다. 올량합과 알도리가 고려와 이렇게 특수한 관계였다는 것은 역시 그 거주지가 두만강 부근으로 영토가 근접했음을 말해준다. 좀 더 추측을 확대하자면, 두만강 부근의 여러 부족이 고려에 복속되기 전에 이 두 부족이 먼저 귀순의 뜻을 나타낸 것은 그들이 외부에서 온 이주민이었기 때문에 고려의 위세를 빌려 약한 세력을 키우고자 한 것일지도 모르겠다.

알도리 식민지의 위치

그렇다면 알도리의 식민지는 두만강 부근의 어느 지역이었을까. 『여지승람』 경원 조항에는 훈춘강(訓春江, 혼춘하渾春河)에 대해 "알타리 야인이 살고 있다(斡朶里野人所居)"고 되어 있지만, 어느 때의 상태를 말하는 것인지 알 수 없으므로 고려 말 알도리 거주지의 연구에 도움이 되지는 못한다.

알도리와 공험진

『고려사』에 인용된 알도리 사람의 말에 의하면 그 영토에 윤관이 세운 비가 있다고 했고, 『용비어천가』 제75장에는 동일한 내용이 주석으로 삽입되어 있다.

경원부에서 동북쪽으로 7백 리에 선춘령이 있으니, 곧 윤관이 비를 세운 곳이다. 그 비의 4면에 글이 새겨져 있었으나 호인이 그 글자를 깎아 버렸는데, 뒤에 사람들이 그 밑을 팠더니, 고려지경이라는 네 글자가 있었다.

(慶源府東北七百餘里, 有先春嶺, 卽瓘立碑處, 其碑四面有書, 爲胡人剝去其字, 後有人堀其根, 有高麗之境四字)

이와 더불어 『고려사』 「지리지」 동계(東界) 조항에 "윤관이 (중략) 공험진의 선춘령에 비를 세웠다(尹瓘 (中略) 立碑于公嶮鎭之先春嶺)"고 한 것을 참조하면, 고려 혹은 조선인은 공험진을 알도리 지역에 있었다고 생각한 것 같다. 공험진이 북청(北青) 지방이라는 것은 이미 제17장 「윤관 정략지리고」에서 상세히 설명한 바 있고, 그 위치가 두만강 밖이 될 수 없다는 것은 분명하다. 하지만 『고려사』 및 『용비어천가』에 이러한 기사가 있다면 고려 혹은 조선인이 공험진 유적의 소재지로 비정한 지역이 알도리와 관계가 있을지도 모르므로, 알도리의 거주지 추정에 이들 기사를 등한시 할 수는 없을 것이다. 따라서 다시 조금 논지에서 벗어나더라도 공험진의 옛 터가 어디로 비정되는지 고찰하지 않을 수 없다.

공험진으로 비정되는 세 지점

『고려사』 「지리지」를 살펴보면 동계의 공험진 조항에 다음과 같이 주기

되어 있다.

공주 혹은 광주라고도 한다. 혹은 선춘령 동남쪽, 백두산 동북쪽에 있다고
도 한다. 혹은 소하강 변에 있다고도 한다.

(一云孔州, 一云匡州. 一云在先春嶺東南, 白頭山東北, 一云在蘇下江邊)

이 가운데 광주(匡州)는 『여지승람』 경원 조항에 "옛날에는 공주라 불렀
고 광주라고도 했다(古稱孔州, 一云匡州)"는 기록이 있으므로 공주(孔州)와 동
일 지역이다. 따라서 공주, 선춘령(先春嶺) 아래, 소하강(蘇下江) 강변 세 지
역에 공험진의 옛 터가 있다고 여겨졌음을 알 수 있다.

공주

공주는 두만강 안쪽, 옛 경원부 및 경흥부의 고읍(지금의 무이보撫夷堡 부근)
인 듯하다.(제22장「조선 초기의 두만강 방면 경략」 참조) 선춘령 및 소하강에 관해
서는 다소 고증이 필요하다.

소하강

편의상 먼저 소하강에 대한 문헌 기록을 조사해보면 다음과 같다.

경원부 서쪽에 장백산이 있는데, 일명 백두산이라 한다. 산이 대개 3층으로
되어 있다. 정상에 큰 못이 있으니, 남쪽으로 흘러 압록강이 되고, 북쪽으로 흘
러 소하강이 되며, 동쪽으로 흘러 두만강이 된다.(『용비어천가』 제4장)

(慶源府西有長白山, 一名白頭山, 山凡三層, 其頂有大澤, 南流為鴨綠江, 北流
為蘇下江, 東流為豆漫江)

백두산은 즉 장백산이다. 부에서 서쪽으로 7, 8일 노정 거리에 있으며, 산이 대개 3층으로 되어 있다. 높이는 2백 리, 가로는 1천 리에 뻗어있고, 그 봉우리에 못이 있는데 둘레가 80리이다. 남쪽으로 흘러 압록강이 되고, 북쪽으로 흘러 송화강과 혼돈강이 되며, 동북쪽으로 흘러 소하강과 속평강이 되며, 동쪽으로 흘러 두만강이 된다.(『여지승람』 회령부 조항)

(白頭山, 卽長白山也, 在府西七八日程, 山凡三層, 高二百里, 橫亘千里, 其嶺有澤, 周八十里, 南流爲鴨綠江, 北流爲松花江, 爲混同江, 東北流爲蘇下江, 爲速平江東流爲豆滿江)

수빈강은 그 근원이 백두산에서 나와서 북쪽으로 흘러서 소하강이 되는데 속평강이라고도 한다. 공험진, 선춘령을 지나 거양에 이른다. 동쪽으로 1백 20리를 흘러 아민에 이르러 바다로 들어간다.(『여지승람』 경원 조항)

(愁濱江, 源出白頭山, 北流爲蘇下江, 一作速平江, 歷公險鎭先春嶺, 至巨陽, 東流一百二十里, 至阿敏入海)

이들 기록에 의하면 소하강이 백두산에서 나와 북쪽 혹은 동북쪽으로 흐르는 강이라는 점은 분명하다. 그런데 『여지승람』 경원 조항의 편자가 수빈강(愁濱江) 또는 속평강(速平江)이라는 다른 이름을 붙인 것은 생각해 볼 필요가 있다.

속평강

속평강은 『용비어천가』 제53장에도 "그 근원은 고주 경계에서 나와 동쪽으로 흘러 바다로 들어간다(速平江, 源出古州界, 東流入于海)"는 기록이 있으므로 바다로 흐르는 것은 분명하다. 하지만 백두산에서 나와 북쪽 또는 동쪽으로 흘러서 바다로 들어가는 강물은 송화강과 두만강 밖에 없으므로 속평강이 송화강이나 두만강이 아닌 이상 백두산에서 나왔을 리가 없다.

훈춘강 방면의 역로

속평강은 거양성(亘陽城)을 지난다고 했는데, 이 지역에 대해서는 『여지승람』 경원 조항에 다음과 같은 기록이 있다.

현성은 진의 북보에서 회질가천을 건너면 넓은 들 가운데에 토성이 있으니, 현성이라고 불렀다.

(縣城, 自鎮北堡, 渡會叱家川, 大野中有土城, 名曰縣城)

현성의 북쪽으로 90리 되는 곳의 산 위에 옛 석성이 있으니, 이름이 어라손참이다. 그 북쪽으로 30리에 허을손참이 있고, 그 북쪽으로 60리에 유선참이 있으며, 그 동북쪽으로 70리에 토성 터가 있으니, 곧 거양성이다.

(縣城北九十里山上有古石城, 名曰於羅孫站, 其北三十里, 有虛乙孫站, 其北六十里, 有留善站, 其東北七十里有土城基, 卽巨陽城)

경원에서 거양성(亘陽城)에 이르는 역참을 열거했다. 문장 중의 현성(縣城)에 대해서는 같은 조항에 별도로 "현성평은 부의 동쪽 25리에 있으며 (중략) 이 다음은 두만강 밖의 지역이다(縣城坪, 在府東二十五里 (中略) 係豆滿江外之地)"라고 했고, 어라손참(於羅孫站)은 "훈춘강의 동북쪽 70리쯤 되는 곳에 어라손의 옛 참이 있어서 이렇게 이름 붙인 것이다(訓春江東北七十里許, 有於羅孫古站, 故名)"라고 했다. 『용비어천가』 제53장에는 "경원에서 북쪽으로 하루를 가면 아라손참을 지난다(自慶源北行一日經阿剌孫站)"라는 기록도 보인다. 방위와 거리에 약간 차이가 있지만, 경원을 기점으로 두만강을 동쪽으로 건넌 후 동북쪽으로 나아가는 역로(驛路)는 대체로 훈춘강(혼춘강琿春江) 유역으로 추측된다. 이 방면에서 나아가 도달하는 거양성이 바다로 흐르는 하천의 연안이라면, 그 하천은 수분하(綏芬河) 밖에는 없다. 인용문에 제시된 거리에 의하면 경원에서 거양성까지는 대개 270여 리로, 두만강과 수분하 사이의 실제 거리에 비해 지나치게 짧기는 하지만, 강 밖의 거리가 정밀하다고 할 수 없으므로 여기서는 주로 방위를 따라가도록 한다. 『용비어천가』에는 속평강이 고주의 경계에서 나온다고 되어 있다. 그렇지만 고주는 앞에서도 언급한 바와 같이 영고탑 부근이므로 이 방면을 발원지로 하고 동쪽으로 흘러 바다로 들어가는 하천은 수분하가 분명하다. 그리고 수빈강과 속평강, 수분하의 명칭이 유사하다는 것도 역시 이를 뒷받침한다. 『여지승람』 경원 조항에는 "야춘산은 부의 동쪽 70리인 수빈강 가에 있다(也春山, 在府東七十里, 愁濱江邊)"는 기사도 있지만, 거리가 반드시 주요한 근거가 될 수는 없다는 것은 앞에서 언급한 바와 같다. 이상에서 속평강이 백두산에서 나오는 강이 아니라는 점은 분명해졌다고 할 것이다.

소하강과 백두산

그렇다면 소하강과 백두산의 관계는 어떨까. 『여지승람』 회령 조항을 보자.

고령진에서 두만강을 건너 고라이를 넘어서 오동참, 영소참을 경유하여 소하강에 이른다. 강가에 공험진의 옛 터가 남아있으며, 남쪽으로 구주, 탐주와 이웃하고 북쪽으로는 견주와 이웃한다.

(自高嶺鎭, 渡豆滿江, 踰古羅耳, 歷吾童站, 英哥站, 至蘇下江, 江濱有公嶮鎭古

基, 南鄰具州, 探州, 北接堅州)

소하강이 회령을 기점으로 하여 고령진(高嶺鎭)에서 두만강을 서쪽으로
건너 도달하는 방면에 있다는 것이 분명해진다. 문장 속에 나오는 역참의
소재지는 같은 조항에 두만강 밖의 지역으로 고라이(古羅耳)가 언급된 것
외에 다른 문헌에서도 전혀 보이지 않는 지명들이다. 따라서 고증할만한
근거가 없지만 대체로 회령에서 서쪽 혹은 서북쪽으로 나아가는 통로 지역
이라고 추측할 수 있다. 한편『여지승람』종성(鍾城) 조항에는 다음과 같은
기록이 있다.

동관보에서 두만강을 건너 보청포를 가로질러서 사춘천을 건너면 옛 성이
있는데 남경이라고 불렀다.

(自潼關堡, 渡豆滿江, 徑甫靑浦, 渡舍春川, 有古城, 號南京)

종성부에서 북쪽 18리에 있는 동관진(潼關鎭)과 남경(국자가局子街 부근)의
통로를 나타낸 것이다.

해란하 유역의 통로

종성은 수주(隨州, 愁州) 지역이므로 이 통로는『요동지』제9권에 "개원에
서 동쪽으로 육로를 통해 조선 후문에 이른다(開元東陸路至朝鮮後門)"고 한
남경(南京)에서 수주를 거쳐 산삼(散三, 북청) 방면으로 통하는 옛 길과 같았
을 것이다. 따라서 이것을 연장하면 야나이가 고증한 바와 같이 해란하 유
역에서 부이합하(富爾哈河) 유역으로 나와 납단(納丹) 방면에 도달하는 도로
가 될 것이다.(『만주역사지리』제2권 제6장 참조) 이렇게 종성을 기점으로 해란

강 유역을 서쪽으로 향해 나아가는 큰 길이 있고, 또 뒤에 언급하겠지만 회령에서 갈합리하(噶哈里河)의 물길을 거슬러 올라가 북쪽의 영고탑 방면으로 통하는 도로도 별도로 기재되어 있는 것을 보면, 회령에서 서쪽 또는 서북쪽으로 향하는 통로는 아마 포이합도하(布爾哈圖河)의 강물을 따라갔을 것이다.

포이합도하 유역의 도로

그렇다면 앞의 인용문 속에 열거된 역참 중 영가참(英哥站)은 그 명칭으로 볼 때 포이합도하의 상원지(上源地)가 있는 영액산(英額山) 부근일지도 모르겠다. 포이합도하는 해란강보다 북쪽에 있고 회령은 종성보다 남쪽이므로, 이 두 길과 기점의 관계가 조금 의심스럽기는 하다. 그렇지만 남경에서 해란하 유역을 따라 가는 길의 기점을 종성으로 한 것은 원대 이후의 옛 관례에 따른 것이고, 포이합도하 유역의 통로를 회령에서 나온다고 한 것은 회령이 이 방면에서 가장 중요한 지역이 된 후의 기사이기 때문일 것이다. 두만강 방면에서 동쪽으로 나가는 것은 경원부터이고, 서쪽 및 북쪽으로 나가는 것은 회령부터라는 것이 상례였던 것 같다. 이렇게 소하강이 회령에서 서북쪽으로 통하는 도로에 해당하고 포이합도하를 거슬러 올라가 영액산을 넘어 도달하게 되는 지역에 있으며, 북쪽 혹은 동북쪽으로 흐르는 강이라면 호이객하(瑚爾喀河) 외에는 해당되는 것이 없다. 호이객하를 백두산에서 나온다고 한 것은 정확한 지식은 아니지만 지형 상으로 큰 오류는 아닐 것이다.

소하강과 속평강의 혼동

이상에서 살펴본 바에 의하면 소하강은 호이객하이고, 속평강은 수분하로서, 두 강은 결코 같은 것이 아니다. 그렇다면 어째서 두 강이 동일시되었던 것일까. 아마 지리적 지식의 결핍으로 호이객하가 수분하의 상류라고 오인했기 때문일 것이다. 『용비어천가』 제53장에 "고주는 지명이며 속평강 옆에 있다(古州地名, 在速平江之傍)"고 했는데, 앞에서 말했듯이 고주가 영고탑 부근이라면 호이객하 강변이지 수분하 쪽은 아니다. 『용비어천가』의 필자가 정확한 지리 지식을 가지고 있었다면 결코 이렇게 기록할 수는 없었을 것이다. 이러한 오류가 있게 된 것은 영고탑 부근을 흐르는 호이객하를 수분하의 상류로 생각했기 때문이다. 『용비어천가』가 별도로 "속평강은 그 근원이 고주 경계에서 나온다(速平江源出古州界)"고 한 것을 참조하면, 조선인은 호이객하가 영고탑 지방에서 동남쪽으로 꺾어져서 수분하가 되는 것으로 생각한 듯하다. 영고탑의 동남쪽과 수분하 상류 지방의 지도를 본다면 이같은 오인도 이해가 될 것이다.

강 밖의 4개의 큰 도로

『용비어천가』 제53장에 다음과 같은 기록이 있다.

회령부에서 북쪽으로 이틀을 가면 아적랑귀에 이르고, 다시 하루를 가면 상가하에 이르며, 다시 나흘을 가면 고주에 이른다.
(自會寧府北行二日, 至阿赤郎貴, 又行一日, 至常家下, 又行四日, 至古州)

아적랑귀(阿赤郎貴, 阿赤郎耳)와 상가하(常家下)는 『여지승람』 회령 조항에 두만강 밖 야인의 땅으로 기재되어 있으며, 『용비어천가』에는 별도로 다음과 같은 설명이 있다.

토문은 지명으로 두만강 북쪽에 있으며 남쪽으로 경원과는 60리이고, 서쪽으로 상가하와 하루 정도의 거리이다.

(土門, 地名, 在豆滿江之北, 南距慶源六十里, 西距常家下一日程也)

상가하가 경원의 북쪽에 있는 토문의 서쪽에 해당한다고 했다. 지금 회령에서 강을 나와 왼쪽 기슭을 따라 북쪽으로 대략 2백 리를 가면 포이합도하(布爾哈圖河)와 갈합리하(噶哈里河) 두 강이 만나는 지점에 이르는데, 회령에서 이틀 거리라고 한 아적랑귀는 바로 이 부근일 것이다. 따라서 상가하는 그보다 조금 북쪽인 갈합리하 연안일 것이다.

갈합리하 유역의 통로

갈합리하 하류에서 동쪽인 경원의 북쪽에 있는 강 밖의 지역에 이르는 거리가 대략 60~70리이므로 하루 노정이라고 한 것과도 부합한다. 그렇다면 여기에서 북쪽으로 가서 고주에 이르는 통로는 갈합리하를 따라 거슬러 올라가는 길일 것이다. 고주가 영고탑 지방이라는 것이 이 기사에 의해 더욱 분명해졌다고 하겠다. 한 가지 덧붙일 것은, 위 문장에 의해 당시 두만강 지방에서 강 밖의 여진 땅으로 통하는 4개의 큰 도로가 있었음을 알 수 있다는 점이다. 첫째, 경원에서 강을 건너 혼춘강을 거슬러 올라가 동북쪽의 수분하 방면에 이르는 길. 둘째, 회령에서 강을 건너 포이합도하의 물길을 따라 서북쪽의 호이객하 상류로 나가는 길. 셋째, 회령에서 강을 건너 갈합리하 유역에서 영고탑 방면으로 통하는 길. 넷째, 종성(鐘城)을 기점으로 하여 해란하를 따라 거슬러 올라가서 송화강 상류에 이르는 길이다.

소하강 연안의 공험진

이상에서 살펴본 바와 같이 소하강이 곧 호이객하라면, 그 강가에 있다고 하는 공험진의 위치를 아는 것은 어렵지 않다. 『여지승람』 회령 조항에 소하강에 이르는 통로를 기록한 후 다음과 같은 언급이 있다.

강가에 공험진의 옛 터가 있다. 남쪽으로는 구주, 탐주와 이웃하고 북쪽으로는 견주에 접해 있다.

(江濱有公嶮鎭古基, 南鄰具州, 探州, 北接堅州)

구주(具州)는 『요동지』에 나오는 고주(古州)이고, 탐주(探州)는 담주(潭州)이며, 견주(堅州)는 건주(建州)이다. 수주(隨州)가 愁州로 표기된 것과 같다. 고주는 영고탑 지방, 건주는 길림 방면, 담주는 영고탑의 서남쪽인 필이등호(畢爾騰湖)의 서쪽이라는 것은 앞에서 언급했다. 현재 길림에서 필이등호 호반에 있는 사란참(沙蘭站)을 거쳐 영고탑에 이르는 큰 도로가 있는데 호이객하에 가까운 지역은 악묵화색라참(鄂默和索羅站) 부근이다. 이곳에서 동쪽으로 가면 사란과 영고탑으로 통하며, 서쪽으로 가면 길림에 이르고, 또 회령에서 포이합도하를 거슬러 올라가서 부이가합하(富爾佳哈河)로 내려가 호이객하의 본류로 나오면 이 지역에서 만나게 된다. 그렇다면 소하강 연안으로 비정되는 공험진의 옛 터는 아마 이 지역일 것이다. 길림을 북쪽에 있다고 하고, 사란 지방 및 영고탑을 남쪽에 있다고 한 것은 사실에 맞지 않는 것 같지만, 큰 도로가 이 지역을 통과할 때 동남쪽에서 서북쪽으로 향하는 부분이 있었으므로 그렇게 기록했을지도 모르겠다. 조선인이 방향을 기록하는 것이 대략 이러하기 때문이다.

선춘령

소하강 연안으로 비정되는 공험진의 위치가 파악되었으므로, 다음은 선춘령(先春嶺)을 살펴보도록 하자. 『용비어천가』 제53장에 고주의 위치를 기록한 후 "서쪽으로 4일 정도의 거리에 선춘령이 있다(西距先春嶺四日程也)"고 했지만, 지금 영고탑에서 서쪽으로 통하는 큰 도로는 앞에서 언급한 길림 가도이며, 이 길로 4일 정도 걸리는 지점은 악묵화색라(鄂默和索羅)의 서쪽일 것이다. 『성경통지(盛京通志)』는 영고탑과 악묵화색라 사이의 거리를 250리라고 했고, 『북로기략(北路紀略)』에는 영고탑과 오모소리(吾毛所里, 악마화색라鄂摩和索羅) 사이가 3백로 나와 있다. 이 차이는 전해들은 것이 달랐기 때문으로, 어느 쪽이든 3일 정도의 노정인 듯하다. 따라서 4일 정도 걸리는 지역은 여기서 서쪽으로 멀지 않은 지역이며, 령(嶺)이라고 했으므로 호이객하와 송화강의 분수산맥인 숭령(崇嶺) 부근의 통로임을 알 수 있다. 선춘령은 아마 이것일 것이다.

선춘령 아래의 공험진

공험진은 선춘령의 동남쪽, 백두산의 동북쪽에 있다고 했다. 선춘령의 동남쪽 산기슭은 바로 악묵화색라참 부근인데, 이곳을 백두산 동북쪽이라고 하는 것은 아주 거친 표현이기는 하지만 사실에 어긋나는 것도 아니다. 그렇다면 공험진을 선춘령에 있다고 하는 것은 바로 소하강 연안에 있다는 것이 된다. 한쪽은 산을 기준으로 설명하고, 한쪽은 강을 가지고 말한 것일 뿐 같은 지역인 것이다.

『여지승람』 경원 조항에 속평강 연안에 있는 거양성을 "서쪽으로 선춘령과 60리 정도(西距先春嶺六十里許)"라고 한 것은 앞에서 본 행정(行程)과 맞지 않는다. 같은 조항에 "수빈강은 (중략) 공험진과 선춘령을 지나 거양에 이르러 동쪽으로 흐른다(愁濱江 (中略) 歷公嶮鎭先春嶺至巨陽東流)"는 내용이 있으므로, 선춘령을 거양성의 서쪽 가까운 거리에 있다고 생각하여 이렇게 설명했을 것이다. 더 거슬러 올라가 생각해 보면, 편자가 소하강과 속평강을 혼동한 탓에 이렇게 기술하게 되었을 것이다. 또 앞에서 인용한 『용비어천가』의 주석에는 선춘령을 경원부에서 동북쪽으로 7백 리라고 했는데, '동북'이라는 방위 오류도 경원을 나와서 두만강을 건널 때 동북쪽으로 향했기 때문일 것이다. 경원에서 고주를 거쳐 선춘령에 이르는 거리를 7백 리로 계산하면 사실과 큰 차이는 없다.

가짜 공험진이 두 곳에 있는 이유

이상에서 살펴본 바에 의하면, 공험진의 옛 터로 비정되는 곳은 지금의 경흥 부근과 악묵화색라 부근 두 곳이다. 이 사이의 거리는 아주 멀기 때문에 이러한 이설(異說)이 생긴 것은 잘못 전해진 탓이 아니라 별도로 유래하는 바가 있을 것이다. 공험진의 유적을 북쪽으로 비정한 것은 고려인 혹은 조선인이 자국의 영토를 광대하게 하기 위해, 그 지역에 역사적 유래가 존재한다는 것을 주장하려고 억지로 끌어다 붙인 것이다. 윤관 때 설치된 길주가 북청 부근인데, 그 이름을 북쪽에 있는 지금의 길주로 옮겨 사용한 것과 동일한 동기에서 나온 것이다. 따라서 공험진에 관한 두 가지 설은 각각 다른 사정을 지닌 특수한 목적으로 만들어졌다고 추측할 수 있다. 그렇다면 이러한 이설은 어느 시기부터 생겨난 것일까.

공험진을 북쪽에 비정한 유래와 역사

『고려사』를 살펴보면 고려인이 공험진 이남을 그들의 영토로 요구한 것은 신우 14년 명의 철령위 설치에 항의한 것이 최초인 듯하다.(제20장 「고려

말의 압록강 연안 영토」 참조) 그 이전에는 북청 및 이판령(伊板嶺) 남쪽이 옛 영
토라고 주장했지만 특별히 공험진을 드러내어 구실을 삼지는 않았던 것 같
다. 그렇지만 이 항의 때는 다음과 같이 언급했을 뿐 영토가 어느 지역인지
를 명시하지 않은 것을 보면, 까마득히 먼 북쪽 지역에 억지로 끌어다 붙이
려고 한 것은 아닌 것 같다.

철령 이북은 문주, 고주, 화주, 정주, 함주 등 여러 주를 거쳐 공험진에 이르
니, 원래부터 본국의 땅이었습니다.

(鐵嶺迤北, 歷文, 高, 和, 定, 咸諸州, 以至公嶮鎭, 自來係是本國之地)

『용비어천가』 제73장 및 『고려사』 「세가」 공양왕 4년 조항에 보이는 알
도리 사람의 말은 허구임이 명백하지만, 같은 해에 두만강 방면에 내건 방
문에는 명백히 공험진을 강변 여러 부락의 북쪽에 있다고 했다. 그렇지만
이때도 그 소재지를 명시하지 않은 것은 지리적 지식이 결핍되어 있었고
또 특정 지점에 공험진을 비정하려는 계획이 없었기 때문일 것이다. 공험
진을 공주(孔州) 또는 소하강 강변 선춘령 아래라고 한 것은 조선시대에 들
어선 후의 일일 것이다. 전자는 두만강 연안의 경략에 착수한 시대이며, 후
자는 그 이후 북방의 지리를 조금 알 수 있게 된 시대에 억지로 끌어다 붙
였을 것이다.

조선 초에 내왕한 부족의 명칭

『용비어천가』 제53장에는 태조에게 귀부한 두만강 밖 여진의 수장이 열
거되어 있는데, 앞에서 살펴본 올량합(兀良哈), 알도리(斡都里), 화아아(火兒
阿), 탁온(托溫) 외에 다음과 같은 이름이 있다.

뉴실[인출]활실 맹안 주호완자(뉴실[인출]활실은 지명이다. 경흥부에서 북쪽으로 하루를 걸어 두만강을 건너면 도달할 수 있다. 남쪽의 알동까지 거리는 90리 정도이고, 동쪽으로 안춘까지의 거리는 하루 노정이며 그 지역에 큰 못이 있다. 진주를 생산하기 때문에 그곳 사람들은 진주를 뉴[인]출활실이라고 부른다. 그로 인해 그 지역 이름을 붙였다.)

(紐失[紉出]闊失猛安朱胡完者(紐失[紉出]闊失地名, 自慶興府, 北行一日, 渡豆滿江而至, 南距斡東九十里許, 東距眼春一日程, 其地有大澤, 産眞珠, 其俗謂眞珠, 爲紐[紉]出闊失, 故因名其地焉))

활아간 올적합은 즉 안춘 괄아아독성개(활아간 올적합은 부족명이다. 물가에 거주하며 고기를 잡아서 살아간다. 안춘은 지명으로 동쪽 바다의 남쪽 기슭에 있다. 남쪽으로 경흥과의 거리는 120리이고, 서쪽으로 해관성과의 거리는 150리이다.)

(闊兒看兀狄哈, 則, 眼春括兒牙禿成改(闊兒看兀狄哈, 部種名, 水居, 以捕魚爲生者也, 眼春地名, 在東海南岸, 南距慶興一百二十里, 西距奚關城一百五十里也))

남돌 올적합은 속평강의 남돌 아라합백안(남돌 올적합은 부족명이다. (중략) 속평강의 근원은 고주 경계에서 나와 동쪽으로 흘러 바다로 들어간다.)

(南突兀狄哈, 則, 速平江南突阿剌哈伯顔(南突兀狄哈, 部種名 (中略) 速平江, 源出古州界東流入于海))

혐진 올적합은 고주의 괄아아걸목나, 답비나, 가아답가(혐진 올적합은 부족명이다.)

(嫌眞兀狄哈, 則, 古州括兒牙乞木那, 答比那, 可兒答哥(嫌眞兀狄哈, 部種名))

아목라 당괄 해탄고지[옥]노(아목라는 지명이다. 경원에서 북쪽으로 하루를 가서 아랄손참을 지나 다시 5일을 가면 다다른다. 동쪽으로 실린 고성까지는 3일 정도의 거리이고, 남쪽으로 두만강 까지는 2일 정도의 거리이다.)

(阿木剌唐括奚灘古至[玉]奴(阿木剌地名, 自慶源北行一日, 經阿剌孫站, 又行五日而至, 東距實隣古城三日程, 南距豆滿江二日程[也]))

실안춘 맹안 해탄탑사(실안춘은 지명이다. 경원[부]에서 북쪽으로 2일 노정이다. 동쪽으로 해관성까지는 1일 노정이고, 남쪽으로 두만강까지는 2일 노정이다.)

(實眼春猛安奚灘塔斯(實眼春地名, 自慶源[府]北行二日程也, 東距奚關城一日程, 南距豆滿江二日程))

올아홀리 맹안 협온적올리(올아홀리는 지명이다. 실안춘에서 북쪽으로 5일 노정이면 닿는다. 동쪽으로 안춘까지의 거리는 3일 노정이고, 북쪽으로 두만강까지의 거리는 2일 노정이면 닿는다.)

(兀兒忽里猛安夾溫赤兀里(兀兒忽里地名, 自實眼春北行五日程而至, 東距眼春三日程, 北距速平江二日程也))

해통 맹안 주호귀동(해통은 지명이다. 실안춘에서 북쪽으로 3일을 가면 닿는다.)

(海通猛安朱胡貴洞(海通地名, 自實眼春北行三日而至))

아도가 맹안 오둔완자(아도가는 지명이다. 이란두만에서 동쪽으로 4일 정도 가면 닿는다.)

(阿都哥猛安奧屯完者(阿都哥地名, 自移蘭豆漫東行四日而至))

이들 부족 및 토지는 주석에 설명이 있지만 서로 방위 및 이정(里程)이 다소 어긋나는 부분이 있어서 위치를 정확하게 알 수 있는 것이 많지 않다.

여진 부족의 위치

그렇지만 뉴실[인출]활실(紐失[紐出]闊失)은 『여지승람』 경흥 조항에 "진주 못은 바로 무이보(지금의 경흥부치 부근)의 동쪽이며, 큰 못이 있으며 바다로 통한다. 용이 있다고 전해지며, 진주를 생산한다(眞珠池直撫夷堡之東, 有大澤 通于海, 俗傳有龍, 産眞珠)"는 기록이 있는 진주못 부근이다. 안춘(眼春)은 경흥 의 동쪽에 해당하는 해변일 것이다. 주석에 보이는 해관성(奚關城)은 『여지 승람』[『용비어천가』] 제4장 주석에 "해관성은 동쪽으로 훈춘강과 7리 거리이 고, 서쪽으로 두만강과 5리 거리이다(奚關城東距薰春江七里, 西距豆漫江五里)" 라고 되어 있으므로, 앞에서 인용했던 『여지승람』 경원 조항에서 두만강 동쪽의 현성(縣城)을 여기에 비정한 것은 대략 맞을 것이다.

속평강이 수분하이고 고주가 영고탑 지방이라는 것은 앞에서 서술한 바 와 같다. 또 아목라(阿木剌), 올아홀리(兀兒忽里)는 혼춘강(琿春江)의 상류 방 면이고, 실안춘(實眼春)은 경원의 동북쪽이며, 통안(海通)은 갈합리하(噶哈里 河) 부근이고, 아도가(阿都哥)는 오소리강(烏蘇里江) 방면인 듯하다. 그렇다면 이들 여러 민족은 이란두만(移蘭豆漫)이 멀리 삼성성(三姓城) 부근인 것을 제 외하면 대체로 갈합리하, 혼춘강, 수분하 유역에 있는 것으로, 고주(古州)를 가장 북쪽으로 삼는다. 앞에서 인용한 『고려사』 공양왕 4년 조항에 보이는 여러 부족은 "원래 우리나라의 공험진 경내"였다고 했지만, 속빈(速頻)이 속평(速平), 올적개(兀的改)가 올적합(兀狄哈)이라는 것만 추측할 수 있다. 실 린(實隣)이라는 이름은 『용비어천가』에 나오는 것 외에는 달리 보이는 바가 없으므로 그 위치를 추정할 방법이 없다.

그런데 이들 여러 부족은 당시 사빙을 보낸 일은 있었지만, 결코 이씨에 게 복속된 것은 아니었다. 따라서 『용비어천가』의 기사는 신뢰하기 어렵지 만, 두만강 밖에 이러한 부족이 있었다는 것은 사실일 것이다.

공험진을 북쪽으로 생각한 의의

이상의 상황을 참조하여 공험진이 고주의 북쪽으로 비정된 점을 다시 생각해보면, 공험진을 숭령(嵩嶺) 부근에 비정한 것은 이들 여러 부락의 북쪽 경계이기 때문임을 알 수 있다. 당시 조선인의 지식으로 들어온 두만강밖 여러 부족의 가장 북쪽 경계를 공험진의 옛 터로 삼고, 이들 여러 부족이 조선에 복속해야 할 역사적 이유가 있다는 것을 과장하여 말하려고 한 것에 다름 아니다.

포이합도하 방면의 부족

한편 공험진이 회령에서 포이합도하 유역을 거쳐 이르게 되는 소하강 연안에 있다고 한 것을 보면 조선인이 이 방면의 부족을 몰랐을 리가 없는데, 조선초의 형세를 설명한 『용비어천가』에는 관련 내용이 전혀 없다. 이들 지방이 건주위의 세력 범위에 들어가서 조선과 교섭이 없었기 때문인 듯하다. 『황명실록』 영락 6년(조선 태종 8년) 조항에 다음과 같은 기록이 있다.

홀적하, 법호하, 탁아하, 해랄하 등지의 여직 야인 두목 합랄 등이 내조했고, 마침내 그 땅을 병합하여 건주위에 넣었다.

(忽的河, 法胡河, 卓兒河, 海剌河等處女直野人頭目哈剌等來朝, 遂併其地入建州衛)

이 기록은 태조 시대보다 조금 나중의 일이지만 상황을 참고하기에는 충분하다. 이들 강물의 흐름을 『수도제강(水道提綱)』과 대조해 보면, 홀적하(忽的河)는 갈합리하(噶哈里河)의 오른쪽 기슭으로 유입되는 활아하(活兒河)이고, 법호하(法胡河)와 탁아하(卓兒河)는 포이합도하의 지류이며, 부아합(付

兒哈) 및 달아합하(達兒哈河)인 해랄하(海刺河)는 해란하인 듯하다.

고려 및 조선이 요구한 북쪽 경계의 변천

요컨대 고려가 요구한 북쪽 경계는 처음에는 북청(北靑)이었지만(공양왕 5년, 원에 대한 상주上奏), 다음에는 이판령(伊板嶺)이 되었다가(공양왕 6년, 원에 대한 상주), 나중에는 북쪽으로 옮겨서 막연히 두만강 연안이라고 했고, 조선시대에 들어와서는 때로는 공주(孔州, 가짜 공험진 1), 때로는 선춘령 아래 소하강 연안(가짜 공험진 2)이 되었던 것이다. 그러므로 고려말 알도리의 거주지가 공험진과 관계가 있는 것처럼 기록한 『용비어천가』 및 『고려사』의 기사가 당시의 고려인에 의해 날조된 것이라면, 이른바 공험진은 앞에서 설명한 두 곳 모두 틀린 것이다. 또 조선시대에 들어선 이후 억지로 끌어다붙인 것이라면 공험진은 둘 중 한 곳이 되겠지만 고려말 알도리의 거주지를 이를 통해 모색한다는 것은 타당하지 않다. 공험진의 옛 터를 북쪽이라고 하는 것이 이미 허구에서 나온 주장이므로 역사상 흔적도 남아있지 않다. 고려말에 앞의 두 곳과 또 다른 어딘가로 비정되었을 지도 모르지만 과연 그러한 일이 있었는지도 분명하지 않다. 또는 후세 사람들이 고려말의 알도리와 가짜 공험진의 위치 사이에 무언가 관계가 있었음을 알고 이상과 같은 설을 만들었다고 보기도 어렵다. 그렇다면 인용한 문헌 기록들이 만들어진 것은 공험진을 북쪽에 비정하고자 하는 과정에서 미처 그 곳을 결정하지 못한 채 막연히 두만강 부근의 알도리 부족에 끌어다 붙인 결과일 것이다. 추정컨대 대략 고려말이나 조선초, 아직 공주 혹은 소하강 연안으로 정해지기 이전에 만들어진 일일 것이다. 지금까지 고려말 알도리의 거주지를 알기 위해 가짜 공험진의 소재를 탐구한 것은 헛수고로 끝난 듯하다.

두 가지 추정, 회령과 남경 부근

고려말 알도리의 거주지는 결국 알 수 없었지만, 두 가지 추정을 해 볼 수 있을 것 같다. 그 중 하나는 그들이 이때 이미 뒷날의 회령 지역에 거주했다는 것이다. 『여지승람』 회령 조항에 "태종 때 알타리의 동맹가첩목아가 허술한 틈을 타서 들어와 살았다(太宗朝斡朶里童孟哥帖木兒乘虛入居)"고 했지만, 이를 바로 신뢰할 수는 없다. 그 이유에 대해서는 조선초의 두만강 경략을 살펴본 다음에 설명하는 것이 편리하므로 제22장 「조선 초기의 두만강 방면 경략」에서 상세히 언급하도록 하겠다.

두 번째 추정 거주지는 두만강 밖 포이합도하와 해란하의 합류 지점 부근이다. 알도리가 뒷날 회령에 들어와 살았다는 것은 분명하므로, 삼성 방면의 고향에서 두만강을 건너 회령으로 들어오는 순로를 고려하면 우선 포이합도하 하류 지방에 머물렀다고 볼 수 있을 듯하기 때문이다. 또 홀아해부(忽兒海部)의 이주를 참조하면, 삼성 방면에서 호이객하를 거슬러 올라가 고주 부근에서 서쪽으로 더 나아가면 길림으로 갈 수 있고, 남쪽으로 갈라지면 갈합리하 유역을 거쳐 포이합도하 강변에 이를 수 있다. 혹은 악묵화색라(즉 가짜 공험진) 지방에서 분리되어 서쪽으로 가면 길림에 이르고, 남쪽으로 가면 포이합도하 유역으로 들어간다. 인접해 있는 홀아해와 알도리 두 부족이 전후로 고향을 떠나서 하나는 갑(甲)의 경로로, 또 하나는 을(乙)의 방향을 택하여 이동한 것은 지리상의 자연스러운 형세일 것이다.

남경 지방과 교통로

포이합도하 강변의 남경(국자가 부근)에서 수주(종성)를 거쳐 산삼(북청) 방면으로 통하는 큰 도로가 원대부터 존재했었다는 것은 앞에서 서술한 바와 같다. 알도리가 과연 이 지방에 있었다면 강 북쪽의 여러 민족 중 가장 빨리 고려에 내왕한 이유도 설명될 수 있다. 또 알도리는 올량합과 행동을 같이 했는데, 그들의 거주지가 토문이라고 한다면 같은 두만강 밖이고 멀지 않은 지역인 포이합도하의 하류에 알도리가 살았다는 추정은 형세상 잘 부합된다. 『용비어천가』 제53장에 두만강 동북쪽 여러 민족의 거주지를 열거했지만 그 중에 알도리의 거주지가 보이지 않는 것도 이상의 추정이 타당하다는 증거가 될 수 있을 듯하다. 만약 알도리가 혼춘강 방면에 있었다면 토문의 올량합 등과 함께 알도리를 이 지방에 포함시켜 기록했을 것이다. 『용비어천가』에 알도리의 거주지에 대해 삼성이 고향이라고 한 것은 그 본국을 설명한 것일 뿐이다. 고려말에 두만강 연안의 식민지도 본국에 있는 부족과 함께 맹가첩목아의 지배 아래 예속되어 있었던 것은 앞에서 언급한 바와 같다. 고려에 사빙을 보낸 것은 식민지 부족이겠지만, 추장의 이름으로 보내고 고려인에게 본국의 문서로 칭했을 것이다.

가짜 공험진과 남경

이상의 두 가지 추정을 통해 생각해보면, 고려말 혹은 조선초에 공험진은 알도리의 거주지인 포이합도하 방면(남경 부근)으로 비정된 일이 있을지도 모르겠다. 태조 2년에 기록된 정총(鄭摠)의 정릉비(定陵碑)에는 목조(穆祖)를 남경 5천호소의 다루가치라고 했는데, 『용비어천가』는 그를 경흥 부근인 알동(斡東)에 거주한 5천호소 다루가치라고 했다. 공험진이 알도리 지역에 있다고 여겨진 것과 상관없이 알도리와 특별한 교섭이 없었던 공주(경흥)로 비정된 것을 보면, 양자 사이에 같은 경향의 사상이 있었다고 할 수 있다. 앞에서 공주 및 소하강 연안 외에 고려말에 별도로 공험진으로 비정된 지역이 있는지는 알 수 없다고 한 것은 불분명한 알도리의 거주지를 이를 통해 추측하는 것이 불가능했기 때문이다. 그렇지만 이미 다른 경로를 통해 알도리의 거주지를 추측할 수 있었으므로, 그 지역에 공험진이 비정된 일이 있었다고 볼 수도 있을 것이다.

❖ 본문 319~320쪽에서 「지리지」 및 『용비어천가』 제53장의 주석을 근거로 하여 갑주를 공양왕 3년에 창치된 것으로 설명했는데, 함께 인용한 『고려사』 「신우전」 7년 조항에도 이성계의 헌책에 갑주의 이름이 나와 있었다. 두 가지의 모순을 깨닫지 못한 것은 나의 허술함이다. 이성계의 헌책을 신뢰한다면 갑주는 신우 때 이미 존재한 듯하다. 헌책에 "오읍초, 갑주, 해양"으로 나열되어 있는데, 호발도와 관련된 전장이 "서주위, 해양"이므로 '서'를 '갑'으로 잘못 옮기고 '위'가 탈락된 것일 수도 있겠지만, 오읍초(吾邑草)의 소재가 명확하지 않으므로 단언하기 어렵다. 『용비어천가』 제57장에 호발도와 싸운 회전지를 길주평이라고 하고, 주석에 "길주는 (중략) 옛 주치가 서지위에 있다. 지금은 단평으로 옮겼다. (중략) 길주평은 곧 서지위이다(吉州 (中略) 古州治在西之委, 今徙端平, (中略) 吉州平卽西之委)"라고 되어 있다. 이 서지위(西之委)가 서주위(西州衛)일 것이다. 그렇지만 갑주의 설치와 관련하여 「지리지」 등의 내용과 모순되는 기사는 이성계의 헌책 외에는 달리 보이는 것이 없고, 이성계에 관한 『고려사』 기사에는 믿기 어려운 것들이 적지 않게 혼입되어 있으므로 유일한 증거로 채택하는 것도 약간 위험할 듯하다. 여기서는 단지 본문에 결함이 있음을 밝히는 것에 그치고, 갑주 창치 시기에 관해서는 일단 의문을 남겨둔다. 아울러 본문에 인용한 이케우치 히로시의 주장은 곧 간행될 『임진왜란(文錄慶長の役)』(역사조사보고서 제3권) 별책을 참조 바란다.

22. 조선 초기의 두만강 방면 경략

부도 10. 조선초의 동북경 참조

1) 태조·태종 시대의 경략

태조 시대에 설치된 두 개의 진성

고려 말 동북면의 영토가 길주 지방으로 한정되었다는 것은 앞 장에서 설명한 바와 같다. 우선『여지승람』에서 경성(鏡城)과 경원(慶源) 조항을 확인하면 다음과 같다.

본래 명칭은 우롱이다. (중략) 본조 태조 7년에 비로소 지금의 이름으로 불렀으며 만호를 두었다.(경성 조항)

(本號亏籠耳 (中略) 本朝太祖七年始稱今名, 置萬戶)

옛 명칭은 공주라 한다.(광주라고도 했다. 후세 사람이 땅을 파다가 동인을 얻었는데, 그 새긴 글에 광주방어지인이라고 되어 있었다.) (중략) 본조 태조 7년에 옛 터에 의지하여 석성을 쌓았다. 그 땅에 덕릉, 안릉의 두 능이 있고 처음 왕업을 일으킨 땅이므

로, 지금의 이름으로 고치고 승격하여 부로 삼고 경성부를 나누어 용성 이북을 이에 소속시켰다.(경원 조항)

(古稱孔州(一云匡州, 後人堀地得銅印, 其文曰匡州防禦之印) (中略) 本朝太祖七年因古趾築石城, 以其地有德陵安陵, 且肇基之地, 改今名陞爲府, 割鏡城府龍城以北屬之)

길주 이북에 진성(鎭城)이 설치된 것은 이 두 개가 처음 나오는 것이므로 두만강 방면의 경략은 태조 7년에 비로소 착수한 것 같다.

경성 및 경원의 위치

경성이 지금의 경성과 같은 곳이라는 데는 이견이 없지만, 경원의 위치에 관해서는 한 마디 해 둘 필요가 있다. 위의 인용에서 경원은 옛 공주 지역임을 알 수 있고,『용비어천가』제53장에도 "공주는 바로 지금의 경원이다(孔州卽今慶源之)"라고 되어 있다. 그런데『여지승람』에는 또 다음과 같은 내용이 이어진다.

태종 9년에 치소를 소다로 옛 영으로 옮기고, 목책을 설치하고 살았다. 10년에 여진 군대가 쳐들어와 백성을 옮겨 경성군에 합쳤으므로 그 지역이 비게 되었다. 17년에 경성 두롱이현 이북의 땅을 나누어 부가참에 다시 읍을 세우고 도호부로 삼았다(바로 옛 부거회수역 지역이다). 세종 10년에는 또 부치를 회질가 지역으로 옮기고 남쪽 지방의 백성들을 옮겨서 채웠다.(경원 조항)

(太宗九年移治于蘇多老古營, 設木柵以居, 十年因女眞入寇, 徙民戶, 幷于鏡城郡, 遂虛其地, 十七年割鏡城豆籠耳峴迤北之地, 復置邑於富家站, 爲都護府(卽古富居懷綏驛之地) 世宗十年又移府治于會叱家之地, 徙南界民戶, 以實之)

옛 공주 지역이다. 경원부가 이미 회질가로 부치를 옮기고, 세종 때 공주의 옛 땅이 거리가 멀어 수어하기에 어려웠으므로 다시 공주의 옛 성을 수축하고 만호를 차임하여 공주등처첨절제사를 겸하게 했다. 17년에 근방의 민호 3백 호를 떼어 붙여서 별도로 현을 설치하고 공성으로 일컫고 첨절제사로써 현사를 겸하게 했다. 19년에 목조가 왕업을 처음 일으킨 땅이므로 군으로 승격시켜 지금의 이름으로 고쳤다.(경흥 조항)

(古孔州之地, 慶源府旣移治於會叱家, 世宗以距孔州古地隔遠難於守禦, 復修孔州舊城, 差萬戶兼孔州等處僉節制使, 十七年割傍近民戶三百屬之, 別置縣, 稱孔城, 以僉節制使兼縣事, 十九年以穆祖肇基之地, 陞爲郡, 改今名)

이와 같이 경원은 수차례 이전을 거쳐 세종조에 이르러 그 옛 터에 경흥부가 설치되었으므로, 옛 공주의 위치는 곧 세종 시대의 경흥부 지역인 것이다. 『용비어천가』 및 『여지승람』에 경원이 옛 공주라고 되어 있는 것은 경원부의 역사적 유래 및 창설 지역에 대해 말한 것이고, 『용비어천가』 및 『여지승람』 편찬 시대의 경원이 곧 옛 공주 지역이라는 것은 아니다. 경원부가 처음 설치된 지역이 뒷날의 경흥이라는 것은 분명하다.

부거

다만 『여지승람』의 부령(富寧) 조항에 다음과 같은 기록이 있는 것은 조금 이상하다.

부거[폐현]는 부의 동쪽 60리에 있다. (중략) 본래 경성의 부거참이었는데, 본조 태조 7년에 떼어내 경원부에 붙이고 치소로 삼았다. 세종 10년 경원의 치소를 회질가로 옮기고 여기에 별도로 현을 설치하고 부거현감으로 불렀다. 31년에 현을 줄이고 합쳤다. 지금의 회수역이 바로 그 자리이다.

(富居[廢縣], 在府東六十里 (中略) 本鏡城富家站[站], 本朝太祖七年割屬慶源府爲
治所, 世宗十年移慶源治于會叱家, 而別置縣于此, 稱富居縣監, 三十一年省縣來
合, 今之懷綏驛是其地也)

이에 따르면 태조 7년에 설치된 경원은 지금의 회수역(懷綏驛)인 듯하
지만, 이는 태종 17년에 경원부를 회수역에 설치한 것(『여지승람』 경원 조항)을
잘못 전한 기록일 것이다. 『서정록(西征錄)』 정사년 7월 계해 조항에 수록된
김종서의 상소에 따르면 공주는 경원이기 때문이다.

태조께서는 하늘이 낳으신 성무로서 (중략) 서북으로는 압록강까지 닿았으
며, 동북으로는 두만강까지 이르러서, 공주, 경성, 길주, 단천, 북청, 홍원, 함
흥의 일곱 고을을 두셨으니, 진실로 동방이 개국한 이래 일찍이 없었던 성업
입니다. 태종께서 대를 이으시어 (중략) 지키는 신하들이 방어를 잘못하여 경성
이북이 도둑의 소굴로 되었으므로, 태종께서 진념하시어 우선 경원을 부거에
설치해서 은근히 복구할 뜻을 보이셨습니다.

(太祖天縱聖武 (中略) 西北抵于鴨綠, 東北至于豆滿, 爰置孔, 鏡, 吉, 端, 靑, 洪,
咸, 七州, 誠東方關國以來未有之盛業也, 太宗繼世 (中略) 守臣失禦, 鏡城以北, 陷
爲賊藪, 太宗軫念姑置慶源於富居, 微示復舊之意)

경원이라는 이름이 명명된 시기

위의 문장에 의하면 태조 때는 공주라고 불렀고 경원이라고 하지 않았
고, 경원이라는 이름은 태종 때 부거(富居)로 옮겨 설치했을 때부터인 듯하
다. 하지만 『서정록』 계축년 11월 무술 조항에 실려 있는 세종의 수서(手書)

를 보면 "태조께서는 경원을 공주에 두었고, 태종께서는 경원을 소다로에 두었다(太祖置慶源於孔州, 太宗置慶源於蘇多老)"라는 문장이 있다. 경원이라는 이름은 태조 때 명명된 것이고, 공주는 수주(隨州, 愁州)와 마찬가지로 원대부터 내려온 옛 호칭일 것이다. 그런데 경원부가 처음 설치된 옛 공주가 훗날의 경흥이라는 것은 『여지승람』 외에는 명백한 증거가 없지만, 『서정록』 정사년 7월 계해 조항에 수록된 세종의 수서에 의하면 공주가 부거보다 북쪽임을 알 수 있다.

경인년의 변에 여러 의논하는 신하들이 말하기를, 혹은 공주는 사방이 트인 곳이라 방수가 지극히 어려우니 혁파하는 것만 못하다고 했고, 혹은 경내 수백 리의 땅을 버려서 오랑캐에게 주는 것이 옳겠냐고 했다. (중략) 혁파하자는 의논에 따랐다. 그 뒤에 전해 듣자니 명이 공주 땅에 위를 세운다고 하여, 조의가 크게 놀라 즉시 경원을 부거에 다시 설치했다.

(庚寅之變, 諸議臣或曰孔州四散之地也, 防守極難, 不如革罷之爲愈也, 或曰境內數百里之地棄而與之夷狄可乎 (中略) 從革罷之議, 其後風聞大明欲建衛於孔州之地, 朝議大驚, 卽復慶源於富居)

근년 이래에 올량합 수백 호가 공주 등지에 침입하여 들어오므로, 내가 이를 쫓아내려고 여러 대신들에게 의논하니, 모두 말하기를 야인들을 강제로 몰아내는 것은 불가하니 그대로 두고 위무하는 것이 옳다고 한다. (중략) 요사이 또 장 내관이 공주 등지에 머물며 겨울을 지내고, 해청과 토표를 잡아 가지고 돌아갔다.

(近年以來兀良哈數百戶駸駸入於孔州等處, 予欲黜[黜之], 議諸大臣, 皆曰野人不可强驅, 因存而撫之可也 (中略) 近又有張內官, 營於孔州等處, 留連過多, 打捕海

靑土豹而歸)

공주와 경흥

위 기록은 올량합의 거주지가 두만강 밖이라는 점으로 미루어, 공주 지방이 그곳과 멀지 않은 강 안쪽 지역임을 알려주는 자료라고 할 수 있을 것이다. 『용비어천가』에는 다음과 같은 기록도 보인다. 여기에는 강 밖 여러 여진 부족의 수장 이름도 열거되어 있다.

동북면 1도는 원래 왕업을 처음으로 일으킨 땅으로서 위엄을 두려워하고 은덕을 생각한 지 오래 되어, 야인의 추장이 먼 데서 오고 이란두만도 모두 와서 태조를 섬기었다.

(東北一道本肇其地也, 畏威懷德久矣, 野人酋長遠至移闌豆漫, 皆來服事)

태조가 즉위한 뒤에 적당히 만호와 천호의 벼슬을 주고, 이두란을 시켜서 여진을 불러 위로했다. 피발하는 풍속을 모두 관대를 띠게 하고, 금수와 같은 행동을 고쳐 예의의 교화를 익히게 하여 (중략) 공주 이북에서 갑산에 이르기까지 읍을 설치하고 진을 두어 백성을 다스렸다. (중략) 강 밖은 풍속이 다르나 서로 다투어 의를 사모해서, 혹은 친히 내조하고 혹은 자제들을 보냈다. (중략) 강 근처에 사는 자들이 우리나라 사람과 쟁송하는 일이 있으면, 관청에서 그 곡직을 판단하여 혹은 가두고 혹은 매를 쳤는데 감히 원망하는 자가 없었다.

(太祖卽位, 量授萬戶千戶之職, 使李豆蘭招安女眞, 被髮之俗, 盡襲冠帶, 改禽獸之行, 習禮義之教, (中略) 自孔州迤北, 至于甲山, 設邑置鎭, 以治民事 (中略) 江外殊俗爭相慕義, 或親來朝, 或遣子弟 (中略) 近江而居者, 有與國人爭訟, 則官辨其曲直, 或囚之, 或笞之, 莫敢有怨)

이 문장도 조선이 북쪽 경계를 두만강으로 삼았고, 공주가 그 경계에 있다는 것을 보여준다고 여겨진다. "공주 이북에서 갑산에 이르기까지"라는 구절은 두만강 하류에서 강을 거슬러 올라가서 압록강 상류에 이르는 동북면 일대의 북경을 말하는 것이다. '이북'이라고 한 것은 공주가 두만강 하류에 있고 그 북쪽에 경원(지금의 경원) 등의 성지(城池)가 존재한다는 것을 암시할 것이다. 그렇다면 공주가 경흥 지역이라는 것은 의심할 여지가 없을 것이다. 그런데 당시의 경흥은 지금의 경흥보다는 조금 남쪽에 있었고, 현재 고읍(古邑)의 명칭이 있다. 『여지승람』을 살펴보자.

바다는 부의 남쪽 40리에 있다.

(海在府南四十里)

적지는 부의 남쪽 10리에 있다.

(赤池在府南十里)

마전도는 부의 북쪽 40리에 있다.

(麻田島, 在府北四十里)

추도는 부의 북쪽 45리에 있다.

(楸島在府北四十五里)

이에 의하면 그 위치가 대략 훗날의 무이보(撫夷堡) 부근인데, "무이보는 부의 북쪽 26리에 있다(撫夷堡在府北二十六里)"고 한 당시의 위치가 지금의 부치(府治)에 가까울 것이다.

태조 시대 조선 영토의 한계

이렇게 태조 때 설치된 최북단의 주치(州治)인 경원이 두만강 어귀에서 멀지 않은 지역이었다면, 당시 확실하게 조선 영토에 들어간 것은 경성 이북의 두만강 하류에 이르는 해안 일대에 지나지 않을 것이다. 무산령(茂山嶺)에서 동쪽으로 이어지는 분수산맥 이북, 두만강에 의해 삼면이 한정된 지역은 그 사이에 있는 부락이 때때로 귀순해 온 일이 있다고 해도 조선의 영토가 되었다고 인정할 수는 없을 것이다. 그리고 태조의 북방 경략이 이 해안 방면에서 먼저 시작된 것은 지리상 자연스러운 순서일 것이다. 고려의 북쪽 경계에서 남경(포이합도하 하류, 국자가 부근)을 거쳐 개원 방면으로 통하는 큰 도로는 원대부터 존재했고, 그것이 상국(上國)과의 교통로였으므로, 고려인은 멀리 두만강 방면을 생각할 때 자연히 남경이라는 이름을 막연히 떠올렸을 것이다.(제21장 「고려말의 동북경 개척」 부록 참조)

두만강변의 지식과 자연지리적 현상

공험진을 북방에 비정하기 위해 우선 이 지역을 선택한 흔적이 있다는 것은 앞에서 서술했는데, 정총(鄭摠)의 정릉비(定陵碑)에 목조의 임지가 이 지역으로 새겨진 것도 어쩌면 그러한 사상과 다소 관계가 있을지도 모르겠다. 그런데 조선초에 이르러 사실상 경략을 개시하게 되면서 무산령 북쪽 지역이 경성, 부령 방면과 분수산맥으로 나뉘는 별개의 지역이고 쉽사리 그 사이로 돌입할 수 없다는 것을 깨달았을 것이다. 반면 연해 지방에는 진로를 방해할 자연적 경계가 없으므로 조선인은 이 방면으로 나아가서 손쉽게 두만강 어귀 부근에 이를 수 있었던 것이다. 그렇게 그 강가에 설치된 경원(지금 경흥의 남쪽)은 조선이 여진 지역에 들어간 최북단의 중진(重鎭)이 된 것이다.

목조에 관한 전설

목조의 유적이 남경 외에 특별히 이 지역에 비정되고, 알동에 임시로 머문 전설이 만들어진 것 또한 이 이후의 형세에서 나왔을 것이다. 그 의미는 이씨가 두만강 하류 방면에 오랜 역사적 인연이 있음을 드러내어 그 영유의 정당성을 주장하고, 이씨의 북방 개척이 우연이 아님을 증명하고자 한 것이 아닐까. 이씨가 선조의 공적을 두만강 방면에 끌어다 붙인 것에는 앞에서도 서술했듯이 이성계와 여진의 관계도 반영되었을 것이다. 또 허구를 감추기 위해 해당 지역을 사람들이 알지 못하는 먼 곳에서 찾았을 수도 있을 것이다. 그렇지만 경흥 지방 비정은 그 방면의 경략과 함께 이루어졌을 것이므로 다소 정치적 의미도 있을 것이다. 이렇게 볼 때 태조 시대에 강 안쪽 지역이 모두 조선의 국토가 된 것처럼 기록한 『용비어천가』의 기사를 신뢰하기 어렵다는 점은 분명하다. 『용비어천가』에 열거된 강 밖의 여러 부족도 결코 조선에 복속된 것은 아니고 사절이 경계 지점에 온 일이 있다는 데 불과할 것이다.

참고로 이들 여러 부족의 내빙에 대해 언급하자면 그 시기가 분명하지 않다. 『국조보감(國朝寶鑑)』에는 태조 6년 조항에 넣어서 이두란이 초유한 결과인 것처럼 기록했지만, 문자의 선택이나 배열이 아주 애매하여 내빙과 초유를 반드시 같은 해의 일로 해석할 수도 없을 듯하다. 이두란의 초유가 사실이라면 경원부가 처음 설치된 전후의 일이므로 서로 관련된 행동으로 여겨지지만, 귀순해 왔다는 여러 부족에 함흥, 단천 방면의 수장까지 있는 것을 보면 그가 과연 강 밖의 부족들을 초유한 것인지 매우 의심스럽다.

태종의 경영과 경원부 이전

한편 태종조에는 한걸음 더 북진하여 강 안쪽 지역을 모두 영유하려고 시도한 것 같다. 경원부가 소다로(蘇多老)로 옮겨진 것이 바로 이 정책을 보여주는 것이다. 소다로는 『여지승람』 경원부 조항에 "소다로영은 동림성의 북쪽 5리에 있다(蘇多老營, 在東林城北五里)"고 했으므로, 지금의 경원부에서 동남쪽으로 30여 리인 강변에 있었을 것이다.

올량합 등의 반항

『서정록』 임자년 12월 병오 조항에 수록된 상주안(上奏案)에 다음과 같은 내용이 있다.

영락 8년 3월 사이에 올적합과 모련위의 올량합 등의 무리가 군사를 이끌고 몰래 함길도 경원부 지방에 침입하여, 그 때의 병마사였던 한흥보와 군사 10여 명을 아울러 때려죽이고 우마를 약탈하여 돌아갔습니다. 본도 찰리사 조연이 군사를 거느리고 두문 지방까지 추격하여 앞에 언급한 야인들을 상대로 서로 싸워 죽였는데, 그때 올량합 팔을속 등 지휘 4명이 화살을 맞고 죽었습니다.

(永樂八年三月間, [有]兀狄哈、毛憐衛兀良哈等類, 領軍潛入咸吉道慶源府地面, 將兵馬使韓興寶, 竝[幷]軍士一十餘名[兵]打殺, 搶奪牛馬回去. 本道察理使趙涓領兵追到豆門地面, 與上項野人等對手廝殺, 時分內中兀良哈八乙速等指揮四名也中箭身死)

두문(豆門)이 『용비어천가』에 올량합의 거주지로서 기록된 토문(土門)이고, 팔을속(八乙速)이 팔아속(八兒速)이라는 것은 이케우치가 이미 고증한 바와 같다. 따라서 이 문장에 토문에서 멀지 않은 것으로 기록된 경원이 지금의 경원에서 동남쪽으로 30~40리 정도에 있었다는 것은 분명하다. 이 사변이 일어난 영락 8년, 즉 태종 10년이 경원부가 이 지역으로 옮겨진 이듬해라는 점으로 보면, 올량합 등의 이러한 행동은 어쩌면 조선의 북방 경략에 대한 반항은 아니었을까.『서정록』병진년 11월 정사 조항을 보아도, 그들의 침입은 조선인이 도발한 것으로 보인다.

본조의 신하 곽승우는 8지휘를 유인해 죽이고 마침내 그 처자까지 죽여서 경인년(태종 10년)의 병화를 초래했다.

(本朝臣郭承祐誘殺八指揮, 遂殲其妻孥, 以開庚寅之禍)

강 안팎이 모두 여진의 거주지로서 강물이 부족의 세력을 구획하는 것도 아니었으므로, 태종의 북진 정책이 그들의 반감을 초래한 것은 당연하다.

경원부의 퇴진

그리고 "10년에 여진이 침입해 왔으므로 민호를 옮겨 경성군으로 합치고 마침내 그 땅을 비웠다(十年因女眞入寇, 徙民戶, 倂于鏡城郡, 遂虛其地)"는『여지승람』기록에서 알 수 있듯이 조선은 같은 해에 바로 부를 철폐하고 멀리 경성으로 퇴진했다. 여진족이 사변을 일으키자 태조 때 경략의 단초를 열었던 두만강 어귀 부근까지 포기하게 된 것을 보면, 북방에서 조선의 세력이 극히 빈약했음을 알 수 있다. 어쩌면 알타리도 이 시기에 이미 회령 지방을 점령한 것이 아닐까.

알타리가 회령에 들어간 시기

『서정록』계축년 11월 경자 조항에 수록된 세종의 교서에는 알타리가 회령에 들어간 시기를 태조 때로 말하고 있다.

태조 때 맹가첩목아가 귀순해 와서 번리가 되기를 청했다. 태조께서 사방의 오랑캐에 대한 염려를 다스리고자 우선 허락하셨다.

(太祖之世, 猛哥帖木兒効順來歸, 請爲藩籬, 太祖軫守在四夷之慮, 姑庸許之)

그런데 『여지승람』에는 "태종조에 알타리의 동맹가첩목아가 빈틈을 타서 들어와 살았다(太宗朝, 斡朶里童孟哥帖木兒乘虛入居)"고 했다. 태조 때는 조선의 세력이 아직 이 지방에 미치지 못한 시기이므로, 태조가 맹가첩목아의 귀순을 허락했다는 것은 과장이 분명하다. 『여지승람』의 기사도 함부로 무시할 수는 없지만, 년도를 분명하게 밝히지 않은 것을 보면 정확한 사료에 의한 것이 아닌 듯하므로 비중 있게 받아들이기는 어렵다. '빈틈을 타서' 들어왔다는 어구에 의하면 태종 10년 경원부가 철폐된 이후로 볼 수도 있겠지만, 이러한 표현은 『여지승람』 종성(鍾城) 및 온성(穩城) 조항에 "본래 고구려의 옛 땅인데 여진이 빈틈을 타서 들어와 살았다(本高句麗舊地, 女眞乘虛入居)"고 한 것과 마찬가지이다. 이 지방을 한반도의 옛 영토인 것처럼 과장해서 말하는 조선인의 관용적인 필법이므로 받아들일 수 없다. 또 경원이 소다로에 있었던 것은 겨우 일 년도 되지 않았고 결코 회령 방면을 제어할 세력은 못되었던 것 같다. 따라서 경원의 존폐가 그 지역에 미친 영향은 없었을 것이다.

경원의 철폐와 알타리

결국 알타리가 회령에 들어온 것을 태종 10년 경원 철폐 이후로 볼 수 있는 증거는 존재하지 않는 것이다. 건주좌위의 설치가 『명일통지』에서 말하는 것처럼 영락 10년 즉 태종 12년이라고 해도, 이 칭호를 얻은 것과 회령으로 들어간 것 사이에 어떤 관계가 있다고 할 수도 없다. 따라서 세종의 교서에 나온 내용은 북쪽 경계의 개척을 억지로 태조에게 끌어다 붙인 것에 불과하므로 애초부터 신뢰할 수 없는 것이다. 알타리가 입거한 시기는 결국 역사 기록을 통해서는 밝힐 수 없을 것 같다. 제21장의 부록에서 고려 말 알타리의 거주지를 회령 또는 강 바깥의 멀지 않은 지역으로도 볼 수 있다고 한 것은 이 때문이다.

한 가지 덧붙여 살펴볼 것은 『서정록』 병진년 6월 을묘 조항에 수록된 세종의 교서에 경인년에 경원을 침입한 자들을 알타리로 말하고 있는 점이다.

경인년(태종 10년)에 알타리 등이 감히 날뛰어 경원을 침략해서, 도둑이 양민을 죽이고 해가 진의 장수에게 미쳤다. 우리 태종께서 토벌하기를 명하시니 적이 결국 태도를 고쳐서 순순히 항복하여, 그 땅을 가지고 내조하는 자가 길에 줄을 이어 거의 30년이 되려 한다.

(歲在庚寅, 斡朶里等敢肆跳梁, 侵掠慶源, 賊殺良民, 害及鎭將, 我太宗命將致討, 賊終革面順服, 執壤來庭者絡繹, 殆將三十年矣)

혼춘강과 알타리

이에 의하면 알타리는 경원 부근에 거주한 적이 있는 것 같다. 『여지승람』 경원 조항에도 "훈춘강(혼춘강)은 (중략) 알타리 야인이 사는 곳이다(訓春江 (中略) 斡朶里野人所居)"라는 기록이 있다. 그렇지만 조선초의 알타리에 관한 문헌 기록을 통람해 보아도 세종의 교서 외에는 알타리가 경원 방면과 교섭한 기록은 찾을 수 없다. 그리고 앞에서 인용한 상주안에는 경인년의 변을 분명히 올량합 등의 소행이라고 했고, 알타리가 관여했다는 말은 없었다. 교서는 문장이 세밀하지 않지만 상주안은 아주 상세하게 사실을 기록하여 양쪽 장수의 이름까지 들고 있으므로, 이쪽의 내용이 진실로 여겨진다. 교서의 내용은 아마 오류일 것이다. 교서에서 조선군이 알타리를 토벌하여 적이 모두 복속된 것처럼 말한 것도 사실이 아니다. 그렇다면 알타리가 혼춘강변에 있다고 한 『여지승람』의 기사도 근거가 없는 것이다. 세종의 교서처럼 알타리가 경원으로 침략해 왔다는 와전을 바탕으로 그 거주지를 경원의 맞은 편 기슭인 혼춘강변이라고 했을지도 모르겠다.

부거의 경원부

태종은 이렇게 일단 경원을 철폐했지만, 북방 경략의 정책을 완전히 포기한 것은 아니었다. 특히 태조 때 이미 점유했던 두만강 하류 지역을 적의 손에 맡긴 것은 참을 수 없었을 것이다. 앞에서 인용한 『여지승람』 기사에서 보았듯이 7년 후 얼마간 북쪽으로 나아가 지금의 부거(富居)에 경원부를 다시 설치하는데, 그 동기가 공주(孔州) 방면을 유지하려는 준비였다는 것은 앞에서 살펴본 세종 및 김종서의 말에서 확인된다. 물론 명이 공주에 위(衛)를 세우려 했다는 소문은 사실이 아니었을 것이다.

『서정록』 계축년 11월 무술 조항에 다음과 같은 세종의 교서가 실려 있지만, 이 또한 과장된 것이다.

태조께서는 경원을 공주에 두었고, 태종께서는 경원을 소다로에 두었는데, 그 뒤에 한흥부가 전사하고 곽승우가 계속 적에게 패했건만, 태종은 여전히 차마 버리지 못하여 부거참에 목책을 설치하고 군사를 주둔시켜 지키게 하셨다. 이것은 조종이 알목하로써 지경을 삼으려 한 마음인 것이다. 일찍이 이것을 마음속에서 잊은 일이 없었다.

(太祖置慶源於孔州, 太宗置慶源於蘇多老, 其後韓興富戰死, 郭承祐敗績, 太宗猶不忍棄之, 設柵[木柵]于富居站, 屯兵守之, 是祖宗以斡木河爲界之心, 未嘗忘

于懷也)

　같은 책 11월 경자 조항에는 또 "알목하는 곧 두만강의 남쪽, 우리 경내에 있다(斡木河直豆滿江之南, 在吾境內)"고 했지만, 알목하(斡木河, 회령)는 일찍이 조선의 영토에 들어 온 일이 없다. 이는 두만강을 조선의 자연적 경계로 삼고 그 안쪽의 영유를 희망한 것에서 나온 말로서, 세종의 다음과 같은 말도 같은 맥락이다.

　두만강이 우리의 국경을 둘러싸고 흐르니 하늘이 만든 험애로서, 옛 사람이 큰 강으로 못을 삼는다고 한 뜻과 매우 합치한다.(『서정록』 계축년 10월 무술 조항)
　(豆滿江迥抱我疆, 天作之險, 甚合古人大江爲池之意)

　조선인은 이런 희망을 바로 사실인 것처럼 말한 것이다.

무산 방면의 경계
　이상은 주로 동북쪽인 두만강 방면 영토의 변동을 살펴본 것인데, 서북쪽 경계는 대략 지금의 무산(茂山) 방면으로, 두만강 상류로 흐르는 강물과 바다로 들어가는 여러 물줄기의 분수 산맥인 듯하다. 『서정록』 병진년 11월 무오 조항을 보면 다음과 같다.

　경성의 서쪽 4~5리에 보동이 있는데 동북쪽 적인들이 나오는 지름길이다. 적들이 만약 빨리 말을 달려서 나온다면 이틀이 되지 않아 성 밑에 이르게 될 것이다.
　(鏡城之西四五里有甫洞, 是東北賊人出來捷逕, 賊若疾馳而來則不出二日, 可

至城下)

4~5리는 40리의 오류이고, 동북(東北)은 동량북(東良北)에서 '良' 자가 빠진 듯하다. 『여지승람』 부령(富寧) 조항을 대조하면 알 수 있다.

본래 경성군 석막 지역이다. 세종 13년에 이 땅이 동량북 여진이 왕래하는 요충이 된다하여 비로소 영북진을 설치하고 절제사로 하여금 판경성군사를 겸하게 했다.

(本鏡城郡石幕之地, 本朝世宗十三年, 以東良北女眞往來之衝, 始置寧北鎭, 以節制使兼判鏡城郡事)

전자는 리(里) 수와 "이틀이 되지 않아"도착한다는 점이 조금 어긋나지만 여진족의 거주지가 경성에서 멀지 않다는 것은 알기에 충분하다. 후자는 같은 조항에 "서쪽으로 야인 땅의 경계까지 35리이다(西至野人地界三十五里)"라는 기록이 있고, 동량(東良)이 지금의 무산 관할구역이라는 것을 참조하면 부령(富寧)이 바로 여진 지역에 접했다는 것을 알 수 있다. 그렇다면 경성 방면의 영토는 아주 협소했다는 것이 된다.

동량

동량북에 대해서는 『용비어천가』 제4장에 다음과 같은 기록이 있으므로 두만강 상류에 해당한다.

두만강은 동량북에서 가파른 지역을 지나(회령보다는 상류 지방일 것이다) 아목하(회령), 수주(종성), 동건, 다온(온성), 미장(미전) 등지를 지나 회질가에 이르고,

남쪽으로 흘러서 소다로를 지나 동림, 오롱소(오롱초), 아오지 등지와 경흥을 거치고, 동쪽으로 23리를 흘러 사차마도에 이르러 갈라져 5리 정도 흘러서 바다로 들어간다.

(豆滿江自東良北, 歷斜地, 阿木河, 隨州, 童巾, 多溫, 迷障等處, 至回叱家, 南流過蘇多魯, 東林, 吾籠所, 阿吾智等處, 歷慶興, 東流二十三里, 至沙次麻島, 分流五里入海)

'북(北)'이 붙은 것은 『여지승람』 길주 조항에 '서북(西北)', '사하북(斜下北)' 등의 지명도 보이므로 '동(洞)'과 같은 칭호인 듯하다. 따라서 동량북은 지금의 무산 부근의 어느 지점을 가리키는 것 같다. 그렇지만 『여지승람』 갑산 조항에 "동쪽으로는 건주위 동량북계까지 105리이다(東至建州衛東良北界一百五里)"라고 한 것을 보면 동량북이라는 이름은 무산 부근에서 갑산의 동쪽에 이르는 지역의 총칭으로 사용된 것도 같다. 또 『여지승람』 회령 조항에 강 밖의 지역으로 상동량(上東良), 중동량(中東良), 하동량(下東良)이라는 명칭이 나오고, 부령 조항에는 "무산보 동량동 봉수는 부의 북쪽 20리에 있다(茂山堡東良洞烽燧在府北二十里)"고 한 것을 보면 동량이라고 불린 지역은 하나가 아닌 듯하다. 참고로 회령 조항에 강 밖이라고 한 것은 반드시 두만강 밖이 아니라, 오히려 회령의 관할 밖이라는 의미로 해석해야 할 것이다. 그렇다면 상·중·하의 동량도 역시 지금의 무산 부근일 텐데, 이렇게 구별된 것은 그 지역이 조금 넓기 때문인 듯하다. 본고에서는 편의상 임시로 차수령(車輪嶺) 밖인 지금의 무산 관할을 총칭해서 동량 지방으로 부르기로 한다.

■ 부록 - 경원 퇴진 이후 두만강 방면의 상태

올량합의 강 바깥쪽 침략

태종 11년 경원부의 철퇴 후 두만강 방면이 어떠한 상태가 되었는지는 분명하게 알 수 없다. 그렇지만 『서정록』 정사년 7월 계해 조항, 세종이 김종서에게 준 교서에 의하면 강 밖의 여진 부락 특히 올량합이 항상 지금의 경원과 경흥 지방에 횡행했음을 알 수 있다.

근년 이래에 올량합 수백 호가 공주 등지에 침입하여 들어왔다.
(近年以來兀良哈數百戶駸駸入於孔州等處)

경원이 부거에 있을 때 적의 무리들이 강을 건너 들어와서 여러 날 머물러 있는 것을 우리 군사가 이를 추격했는데, 역시 1, 2식에 불과했으므로 적이 손쉽게 건너서 돌아갔다.
(慶源在富居之時, 賊徒越江而入, 累日乃至, 我軍追之, 亦不過一二息, 故賊安然而行, 還越而歸)

모련위와 건주위의 관계

한편 올량합이 모련위라는 것은 이미 앞에서 서술했는데, 당시 모련위의 일부는 멀리 서쪽에 있으면서 건주위와 섞여 살았던 것 같다. 『황명실록』 선덕 4년(세종 11년) 3월 조항에 다음과 같은 기록이 있다.

고 모련위사 도독동지 맹가불화의 아들 살만답실리에게 명을 내려 도독첨사를 승습하여 모련위의 소임을 맡게 했다.

(命故掌毛憐衛事都督同知猛哥不花子撒滿荅失里, 襲為都督僉事, 仍掌毛憐衛)

이 해부터 모련위의 수장은 살만답실리(撒滿荅失里)였다는 것인데, 정통 3년(세종 20년) 6월 조항을 보면 당시 모련위가 둘로 나뉘었다는 것을 알 수 있다.

건주위 장위사 도지휘 이만주가 지휘 조알인합을 보내어 아뢰기를, (중략) 돌아가신 숙부 맹가불화는 도독동지에 임명되어 일찍이 모련위의 일을 맡았는데, 그 위의 인신을 지휘 아리가 받아서 차지하여 숨기고 주지 않았다. 지금 맹가불화의 아들 살만답실리가 승습하여 모련위의 소임을 맡았는데, 인신을 주기를 청하여 이로써 조공과 상주하기에 편리하게 하려 하였다. 아리가 인신를 사용하는 것을 허락하지 않아, 이 일을 행재 예부 병부에 내려 논의하게 하였다. (중략) 아리는 현재 모련위에 거주하고 부하가 많으니 인신을 주는 것이 합당하다. 살만답실리는 건주위에 살고 있는데 모련위와 서로 멀리 떨어져 있고, 또한 부하가 없으니 인신을 주기 어렵다. 그의 조공과 상주에 관한 일은 마땅히 이만주에게 명하여 인신과 문서를 주는 것이 적당하겠다, 라고 하였다. 이에 따랐다.

(建州衛掌衛事, 都指揮李滿住遣指揮趙歹因哈奏, (中略) 故叔猛哥不花任都督同知, 曾掌毛憐衛事, 其衛印被指揮阿里占藏不與, 今猛哥不花男撒滿荅失里襲職, 仍掌衛事, 乞給與印信, 以便朝貢奏事, 阿里印信不許行用, 事下行在禮部兵部議 (中略) 阿里見住毛憐衛, 部下人衆宜與印信, 撒滿荅失里, 住建州衛, 與毛憐衛隔遠, 又無部下, 難與印信, 其朝貢奏事, 宜令李滿住給與印信文書為便, 從之)

둘로 나뉜 모련위

둘로 나뉜 모련위의 한 쪽은 살만답실리가 인솔하여 건주위에 있었고, 또 한 쪽은 아리(阿里)가 다스리는 것으로 다른 방면에 있었다는 것을 알 수 있다. 『서정록』 계축년 윤8월 경신 및 갑인년 10월 을묘 조항에 수록된 명 황제의 칙유에는 또 다음과 같은 문장이 있다.

파저강의 야인 모련위 토관 도독첨사 살만답실리

(婆豬江野人毛憐衛土官都督僉事撒萬答失里)

건주 모련위 도독 살만답실리

(建州毛憐衛都督撒萬答失里)

뒤에서 다시 언급하겠지만 당시 건주위가 파저강 방면에 있었다는 점으로 볼 때 살만답실리가 건주위에 있었다는 것은 분명하다. 『서정록』 갑인년 5월 을미 조항도 이를 뒷받침한다.

평안도 병마도절제사에게 명하여 건주위에 이첩하여 말하기를, 조선국 평안도 병마도절제사는 예조의 관문을 의거하건대, 관문에, 본조는 중국 황제의 요청에 따른 왕명을 공경히 받들어 이미 획득한 인구, 마필, 재산 등의 물건을 돌려보냈는데, 이제 도독 첨사 살만답실리가 여러 차례 사람을 시켜 아직 돌려보내지 아니한 인구, 마필, 재산 등의 물건을 요구했다.

(令平安道兵馬都節制使移建州衛曰朝鮮國平安道兵馬都節制使見准禮曹關本曹敬奉王旨該欽奉勅諭已將所獲人口頭匹財産等物送回去後, 今據都督僉事撒滿答失里屢甞[常]使人索要, 未還人口頭畜財産等物)

살만답실리는 아합출의 손자이자 맹가불화의 아들로, 건주위의 수장인 이만주와는 종형제 사이이므로 이러한 관계였다는 것도 이상한 일은 아니다. 그렇다면 『서정록』에 나오는 다음의 올량합은 살만답실리의 부하인 모련위 사람인 듯하다.

이만주 관하의 올량합(임자년 12월 병오 조항)
(李滿住管下兀良哈)

파저강 등지에 흩어져 사는 올량합(계축년 3월 경신 조항)
(婆豬江等處散住兀良哈)

올량합 2천 7백의 기병이 와서 여연성을 포위했다.(을묘년 정월 경인 조항)
(兀良哈二千七百騎來圍閭延城)

올량합 5백여 기병이 여연, 조명간 구자에 왔다.(병진년 5월 무자 조항)
(兀良哈五百餘騎到閭延, 趙明干口子)

『황명실록』 8년(세종 15년 계축) 조항의 다음 기사는 위의 『서정록』에서 말하는 이들이 침범해 온 것으로 추측되는 것이다.

이에 앞서 조선국왕이 아뢰기를, 모련과 건주 사람들이 위장하여 홀라온 야인으로 꾸미고 (중략) 조선 변경을 침범했다고 하였다.
(先是, 朝鮮國王奏, 毛憐建州之人, 詐為忽刺溫野人裝束 (中略) 犯朝鮮邊境)

다만 파저강 방면에 있는 올량합과 건주위 사람은 항상 행동을 같이 한 듯하므로 조선인은 이들을 혼동했을 수도 있다. 따라서 올량합으로 지목된 것이 반드시 모두 모련위 사람이라고는 할 수 없을 듯하다. 올량합이라는 호칭은 대략 이 무렵부터 혼란이 생기기 시작했을 것이다.

두만강 연안의 모련위

모련위 부족의 절반 정도는 건주위에 붙게 되었지만 나머지 절반은 여전히 두만강 방면에 있었을 것이다. 훗날 세조 시대에 조선인에게 죽임을 당한 올량합 낭복아합(浪卜兒哈)을 『황명실록』이 "모련위 도독 낭복아합(毛憐衛都督郞卜兒哈)"이라고 기록한 것을 보면, 그들이 조선의 북쪽 경계 가까이에 거주했음을 알 수 있다. 『서정록』 병진년 7월 신해 및 11월 정사 조항에 보이는 올량합 복아한(卜兒罕, 복아간卜兒看), 『황명실록』 선덕 8년 2월 조항에 "모련위 지휘사 복아객을 도지휘첨사로 삼았다(毛憐衛指揮使卜兒客, 爲都指揮僉事)"고 한 인물, 정통 2년 11월 조항의 "모련위 도지휘동지 낭복아한(毛憐衛都指揮同知郞卜兒罕)"도 모두 동일 인물일 것이다. 영락 14년 정월 조항에 보이는 낭복아한 역시 같은 인물일 것이다. 또 『황명실록』 선덕 원년 3월 및 3년 2월 조항의 기록을 참조하면, 모련위가 회령에 있는 건주좌위에서 멀지 않은 위치임을 알 수 있다.

모련위 지휘첨사 올한출 등 8인을 초유하고 양만피가 도반하여 경에 이르니, 초 및 채폐를 하사하고 안팎으로 껴입을 옷 등의 물건을 차등 있게 내려 주었다.

(毛憐衛指揮僉事兀罕出等八人招諭逃叛楊滿皮至京, 賜鈔及綵幣表裏襲衣等物有差)

건주좌등위 천호 답답홀과 아울러 원래 초유를 위해 파견되었다가 돌아온 백호 조쇄고노 등에게 초와 채폐의 표리, 그리고 모시 습의를 차등 있게 내려 주었다. 조쇄고노는 본래 삼만위 백호였는데 양목답올 등을 따라 배반하고 갔다가 선덕 원년 같은 위 천호 양만피가 귀순해 오자, 드디어 두 사람을 보내어 함께 칙서를 가지고 양목답올 등을 초유하게 했다. 양목답올은 양만피와 함께 고주에 갔고, 오직 조쇄고노만은 사인 속고 등과 와서 말을 바쳤다. 답답홀 등이 이들을 호송하여 경에 이르니, 이에 모두 상을 준 것이다.

(賜建州左等衛千戶荅荅忽, 并原遣招諭回還百戶趙鎖古奴等鈔綵幣表裏并紵絲襲衣, 有差, 趙鎖古奴, 本三萬衛百戶, 先隨楊木荅兀等叛去, 宣德元年同千戶楊滿皮來歸, 遂遣二人, 同賫[齎]勅[敕]招諭楊木荅兀等, 而楊木荅兀同楊滿皮俱往古州, 惟趙鎖古奴同舍人速古等來貢馬, 荅荅忽等送之至京, 故併賞之)

또 『황명실록』 정통 2년 11월 조항 및 5년 10월(건주좌위가 조선을 떠나 건주위 지역으로 옮긴 후) 조항, 7년 2월 조항에 다음과 같은 기록을 보아도 모련위는 조선의 국경에 있었음이 분명하다.

건주좌위 도독 맹가첩목아의 아들 동창이 아뢰기를, 신의 부친은 칠성야인에게 죽임을 당했고, 신과 숙부인 도독 범찰 및 백호 고조화 등 5백여 민호는 몰래 조선 땅에 들어와 살고 있습니다. 함께 모두 요동으로 나가 거주하기를 바라지만 조선국에게 억류당할까 두렵습니다. 불쌍히 여겨 주시기를 바랍니다, 라고 하였다. 상이 조선국왕 이도에게 칙령을 내려 범찰 등의 가족을 모련위에 보내주게 시키고, 모련위 도지휘동지 낭복아한에게 다시 칙령을 내려 사람을 시켜 경계 바깥으로 호송하여, 침해받는 일이 없도록 하였다.

(建州左衛都督猛可帖木兒子童倉奏, 臣父為七姓野人所殺, 臣與叔都督凡察及百戶高早化等五百餘家, 潛住朝鮮地, 欲與俱出遼東居住, 恐被朝鮮國拘留, 乞賜矜憫, 上勑朝鮮國王李祹, 俾將凡察等家送至毛憐衛. 復勑毛憐衛都指揮同知郎卜兒罕, 令人護送出境, 毋致侵害)

건주좌위 도독 범찰, 지휘 동산에게 유시하여 이르기를 (중략) 너희들이 다시 상주하여, 관할하는 인민 및 개원의 여직 마합랄 등이 조선국을 따랐다가 돌아왔는데, 그 중 170여 가구는 조선국에 붙잡혀 머물고 있다. 토인 백호 고조화 등 41 가구가 모련위 도지휘 낭복아한 등에게 붙잡혔다고 했다. 짐은 이미 조선국왕 이도 및 모련위 도지휘 낭복아한에게 칙령을 내려 보내 모두 머물던 곳으로 돌려보내고 막아서 가지 못하게 하는 것을 불허한다고 명했다.

(諭建州左衛都督凡察, 指揮董山曰 (中略) 爾等又奏所轄人民及開原女直馬哈剌等從朝鮮國回, 內一百七十餘家, 爲朝鮮所留, 土人百戶高早化等四十一家, 被毛憐衛都指揮郎卜兒罕等所留朕已遣勑[勅]諭朝鮮國王李祹及毛憐衛都指揮郎卜兒罕等, 令悉還所留, 不許沮遏)

동산에게 칙유하여 이르기를, 네가 상주하기를, (중략) 고조화가 조선 변경에 있으므로 취하여 데려오고자 한다고 했다. 일찍이 네가 이 일을 아뢰었기에, 이미 모련위 도지휘 이합아독 등에게 명하여 그들을 조사하여 이들이 지금도 아직 있는지 여부를 알아보고, 그 회부를 기다려 처치하게 했다.

(勑董山曰, 爾奏 (中略) 高早化在朝鮮邊境, 欲乞取回, 爾往歲嘗奏此事, 已勑毛憐衛都指揮李哈兒禿等, 令其挨查, 此人今尚存否, 候彼回奏處置)

이 기록들을 통해 볼 때 위에서 말한 아리(阿里)는 두만강 지방에 있는 모련위의 수장이었을 것이다. 『서정록』 계축년 10월 을사 조항에 보이는 모련위 지휘 아아체(阿兒替)가 혹시 그일지도 모르겠다. 그 거주지는 올량합이 공주 방면에 침입해 온 사실을 통해 추측해 보면, 아마 여전히 토문(土門)이었을 것이다.

『북로기략』에 "세종 26년 동량북에 거주하는 올량합의 낭보야은두가 내조했다(世宗二十六年東良北住兀良哈浪甫也隱豆來朝)"고 한 올량합은 모련위 사람인지 확실하지 않다. 설령 이 기사가 당시의 기록에 의한 것이라 해도 이 무렵부터 올량합이라는 호칭은 조금 혼란스러워지는 듯하기 때문이다.

모련위의 거주지에 관한 와전

『북로기략』에는 또 다음과 같은 기록이 있다.

세조 5년 초에 모련위 올량합의 낭복아합이 대대로 [우리나라] 회령 지방에 살면서 우리나라 인민과 더불어 서로 혼인을 하여 호적에 편입된 백성과 다름이 없었으며, 그 아들 역승가는 왕성에 와서 살면서 아내를 맞이하고 벼슬살이를 했는데, 나중에 낭복아합이 변장과 다투고 역승가와 더불어 같이 모의하여 유인하고 여러 부락을 선동했으므로 나치하여 법대로 조치했다.

(世祖五年初毛憐衛兀良哈浪卜兒哈, 世居會寧[我國會寧]地面, 與我國人民世相婚嫁, 無異編氓, 其子亦升哥來住王城, 娶妻從仕, 後浪卜兒哈與邊將忿爭, 與亦升哥煽誘諸部落同叛, 拿之致法)

『연려실기술』 권5에도 같은 기사가 있는데, 낭복아합은 앞에서 언급한 바와 같이 건주좌위가 회령에 있었을 때부터 두만강 연안 모련위의 수장이었던 자이므로, "대대로 우리나라 회령 지방에 살았다"고 한 것은 오류이다. 당시의 기록인 『황명실록』과 대조해 보자.

모련위 도지휘 상동합에게 칙서를 보내기를, 지난번에 네가 상주하여, 도독 낭복아합이 조선 국왕에게 해를 당했다고 했는데, 이미 일찍이 관원을 보내어 그들의 실상을 힐문했다. 지금 조선 국왕이 상주하기를, 낭복아합과 그의 아들 역승가가 회령에서 난리를 일으키려는 모의를 하여 이로 인해 이들을 죽였다고 하였다. 그의 처 이사가 등 5인이 현재 살아있다고 하고 또 낭복아합의 차남 아비거가 인마를 규합하여 여러 차례 원수를 갚고자 했다고 하였다.(천순天順 4년 5월)

(勅毛憐衛都指揮尙冬哈, 頃日爾奏, 都督郎卜兒哈被朝鮮國王誘害, 已嘗遣官詰彼情實, 今朝鮮國王奏, 郎卜兒哈與其子亦升哥, 謀欲會寧作亂, 因是殺之, 伊妻已沙哥等五人見在, 又言郎卜兒哈次子阿比車糾合人馬, 屢欲報讎)

조선 국왕 이유가 상주하기를, 본국의 알타리 동우사합, 무응가 등이 대대로 회령진에 살았는데, 이들이 아비거와 공모하여 변경을 침범했다고 했다.(4년 10월)

(朝鮮國王李瑈奏, 本國斡朶里童亐沙哈無應歌等世居會寧鎭, 比與阿比車通[道]謀犯邊)

"대대로 회령진에 살았다"는 것은 알타리이며, 모련위가 아님을 알 수 있다. 이 내용이 사실과 부합되며, 『북로기략』 등에서 인용한 기사는 오류임이 분명하다.

고향에서의 모련위

영락(永樂) 초에 모련위의 본거지가 목릉하(穆陵河) 연안에 있었고, 두만강 밖으로 이주한 동족과 함께 팔아속(八兒速) 휘하로 들어갔다는 것은 이미 서술했지만, 그 후 본거지의 상태에 관해서는 역사상 아무런 기록도 남아 있지 않다. 선덕, 정통 시대에는 모련위가 건주위 거주 집단과 두만강 밖거주 집단으로 양분되었다는 것은 앞에서 언급한 바와 같고, 당시 목릉하 강가에 잔존한 사람들이 있었다고 볼 만한 증거는 없다.

칠성야인

잠깐 『요동지』의 기록을 살펴보자.

건주삼위의 여직은 (중략) 그 지역이 동남쪽으로는 조선 국경에 접해 있고, 남쪽은 삼강의 월호성에 접해 있으며, 동쪽은 모련위, 칠성야인, 흑룡강, 노아간의 여러 오랑캐와 접해 있고, 동북쪽과 북쪽은 거의 모두 해서 4백여 위에 이르렀으며, 야인여직은 서북쪽 태령위, 부여위, 타안위의 3위에, 건주는 실제로 그 가운데에 위치했다.

(建州三衛女直 (中略) 其地東南接朝鮮界, 南接三江月虎城, 東接毛憐衛, 七姓野人, 黑龍江, 奴兒干諸夷, 東北洎北率皆海西四百餘衛, 野人女直, 西北泰寧, 夫餘, 朶顔三衛, 建州實處其中)

칠성야인(七姓野人)은 목릉하 방면의 부족도 포함한 것으로 여겨지므로 여기에 모련위가 나란히 열거되고 있는 것으로 볼 때 그 지역과는 관계가 없는 듯하다. 이 기사는 건주가 삼위(三衛)가 된 정통 7년 이후의 상태이지만, 칠성야인이라는 칭호는 선덕 시대에 이미 존재했다.

이상의 상황을 종합해보면, 동북쪽 본거지에 있었던 자들은 어떤 사정으로 멀리 서남쪽으로 옮겨져 건주위에 부속되었고, 두만강 밖의 부족은 모련위라는 칭호를 사칭하면서 저절로 갈라진 상태가 된 듯하다. 두만강

방면에서 조선인이 올량합과 교섭한 기록에 맹화불화(猛花不花) 및 살만답
실리(撒滿答失里)라는 이름을 전혀 나오지 않는 것을 보면, 그들은 두만강
연안의 식민지를 통제하지 않았던 것 같다. 건주위에 부속된 것은 살만답
실리이기 때문이다.

목륜하위

한가지 덧붙이자면, 『황명실록』에 목륜하위(木倫河衛, 몰륜하위沒倫河衛)라
는 호칭이 있으므로 목릉하 강가의 부락을 가리키는 것으로 생각할지도 모
르겠다. 하지만 모련위 설치 이듬해인 영락 4년 2월 조항에 다음과 같은 기
록이 있다.

목륜하의 야인 두목 마아장 등이 내조했다. 합삼, 합랄. 합고분하에 세 천호
를 설치하고, 마아장에게 명하여 천백호로 삼았다.

(木倫河野人頭目馬兒張等來朝, 置哈三哈剌哈古賈河三千戶, 命馬兒張等爲
千百戶)

목륜하의 달단여직 야인 두목 묘불화 등 108인이 내조하여 말을 조공으로
바쳤다.

(木倫河韃靼女直野人頭目卯不花等百八人來朝朝貢馬)

이에 의하면 목륜하는 목릉하와 별개인 듯하므로, 목륜하위는 모련위와
는 관계가 없을 것이다.

회령의 건주좌위

한편 올량합의 서남쪽에는 알목하(斡木河, 회령)에 건주좌위라는 이름을 가진 알타리가 있었다고 했다. 『서정록』 병진년 9월 정미 조항에 의하면 그 부족의 일부는 부근 지역에도 산재했다고 여겨진다.

무아계에서 회령부까지는 120리 정도인데, 보아하 및 길의 양쪽 좌우에 알타리가 여기저기 거주하는 자가 많았다.

(自無兒溪, 至會寧府一百二十里程, 甫兒下及路傍左右, 斡朶里散住者多)

보아하(甫兒下)는 『여지승람』 회령 조항에 "보을하진은 부의 서쪽 25리에 있다(甫乙下鎭, 在府西二十五里)"고 한 보을하(甫乙下)일 것이다. 무아계(無兒溪)는 『여지승람』에 강 바깥쪽 지역에 있다고 되어 있는 무을계(無乙界)인데, 『서정록』 9월 기해 조항에 의하면 홀라온(忽剌溫)이 회령으로 침입한 도로인 듯하므로 회령과 해란하 유역의 중간일 것이다.

올적합 및 칠성야인

올량합 및 알타리의 동북쪽에 있는 여러 부족은 대개 조선인에게 올적합(兀狄哈)으로 불렸는데, 그들의 중심이 된 부족은 당시에 칠성야인이라고 불렸던 것 같다. 이들은 조선과 직접적인 교섭은 없었지만, 알목하에 있어서 알타리의 운명과 밀접한 관계가 있으므로 잠시 살펴보고자 한다. 『여지승람』에 의하면 "세종 15년에 올적합이 맹가 부자를 죽였으므로 알목하에 추장이 없었다(世宗十五年兀狄哈殺孟哥父子, 斡木河無酋長)"고 했으므로 건주좌위의 맹가첩목아를 죽인 것은 올적합이다. 『서정록』 계축년 1월 무인 조항에도 "올적합이 알목하를 공격하여 관독의 부자 및 관하 사람을 죽였다(兀

狄哈攻斡木河, 殺管禿父子及管下人)"라는 기록이 보인다.

맹가첩목아의 살육 사건

『서정록』은 같은 해 1월 을사 조항에 맹가첩목아 등이 살해당한 사정을 상세히 기록하고 있는데, 이 해에 명 조정의 사절로서 알목하에 온 배준(裵俊)의 보고서에 의한 것이다. 이는 올적합에 관해 조금 분명한 지식을 전해 주는 기록이다.

봉칙장이 관군 1백 60명을 거느리고 알목하 등지에 가서 양목답올의 관하에 흩어져 있는 인구들을 불러모았다. (중략) 윤 8월 (중략) 15일에 도중에 갑자기 양목답올이 고주 야인 아답올 등과 함께 대략 3백이 넘는 인마로 앞에 달려 나와서 약탈과 살해를 당했습니다. 맞서서 그들과 대적했는데, 도지휘 범찰, 지휘 아곡 등 8명이 함께 협동으로 적과 상대했습니다. (중략) 도독 동맹가첩목아 등이 인마를 수합하여 당직 군관과 강의 북쪽까지 추격하여 대적했습니다. 야인이 말하기를, 지휘를 기다린다. 유 지휘가 요전에 우리들의 부모를 살해했으므로, 지금 와서 원수를 갚는 것이다. 초유 관군을 기필코 살해할 것이다, 라고 했습니다. 또 맞서서 싸워 야인 1명을 살해하고 추격하여 큰 산 아래에 이르니, 양목답올이 말을 버리고 높은 산기슭으로 올라갔습니다. (중략) 당직장이 관군을 거느리고 조선국 길 어귀의 관하 진영에 도착했습니다. (중략) 윤9월 초3일에 모련위 지휘 아아가 번갈아 보고하기를, 탑독한의 인솔 아래에 있는 야인 3백여 명이 그의 관하 진영에 있으면서 초유 관군이 돌아오는 것을 정탐하면서 기다렸다가 길을 막고 약탈하려 한다고 했습니다. 보고에 의거하여 당직이 범찰, 아곡 등 3백여 명과 함께 앞서가서 정탐하니, 과연 야인들이 오래도록 기다리다가 돌아가 버렸습니다. 따라서 저들을 재촉해서 초치한 인구의 백호인 낭사아답 등의 집에 돌아가기로 하여, 지휘 아곡 등과 함께 10월 19일 묘시에 출발했습니다. 그 동안에 양목답올이 각처의 야인 8백여 명을 규합했습니다. 인마가 각기 갑옷을 입고 와서, 맹가첩목아, 범찰, 아고대도 등의 집, 당직 영채의 건물을 포위하고 불을 질러 소각시켰습니다. 그러다가 신시가 되어, 아곡의 집 대문이 타서 없어지고 담이 공격으로 무너져 열린 것을 보고는 적들이 집안으로 들어왔습니다. 맹가첩목아, 아곡 등의 남자는 모두 살해되고 부녀자들은 다 붙잡혀 갔습니다.

(奉勅將領官軍一百六十負名往幹木河等處, 招取楊木答兀下漫散人口 (中略) 閏八月 (中略) 十五日 (中略) 到於中途, 忽被楊木答兀, 同古州野人阿答兀等約有三百餘人馬前來搶殺, 當與對敵, 間都指揮凡察指揮阿谷等八名協同對敵, (中略) 都督童猛哥帖木兒等收拾人馬, 仍與當職官軍, 追至河北, 對敵, 野人說稱候指揮劉指揮比先殺了我每的爺孃, 今來報讎, 務要殺了招諭官軍, 當又殺死野人一名, 追捍 [趕]至太[大]山下, 楊木答兀棄馬上, 陡峻山崖 (中略) 當職將領官軍到於朝鮮國路口下營 (中略) 閏九月初三日, 有毛憐衛指揮阿兒替報說, 塔禿罕領下有野人三百餘名, 在彼下營等, 候招諭官軍, 回還截搶, 據報當職同凡察阿谷等三百員名, 前去哨探, 果有野人, 候久回還去訖, 仍回到彼催取人口百戶郎捨兒荅等家同指揮阿谷等, 於十月十九日卯時分起程, 間有楊木答兀糾合各處野人約有八百餘名, 人馬各被明甲, 到來猛哥帖木兒, 凡察, 阿古歹都等家, 幷當職營寨, 圍繞房屋, 放火燒毀, 困至申時, 見得阿谷大門, 燒毀, 及攻開墻垣, 賊人入內, 將猛哥帖木兒阿谷等男子俱被死殺, 婦女盡行搶去)

사건의 원인

이에 따르면, 맹가첩목아를 공격하여 죽인 것은 양목답올(楊木答兀) 및 고주(古州) 올적합인 아답올(阿答兀) 등이며, 그 동기는 요동도지휘 배준에 대한 반감 때문인 것 같다. 양목답올이 고주로 도망간 것은 앞에서 인용한 『황명실록』의 기사와 같고, 그가 건주좌위를 원망하고 동시에 배준을 적대시한 것은 맹가첩목아가 양목답올에게 포로가 되었던 명나라 사람을 송환하고 배준이 이것을 수령하려고 왔기 때문이므로, 이 보고의 내용은 확실한 사실일 것이다. 『황명실록』 선덕 9년 2월 조항에도 이와 부합되는 기사가 있다.

건주좌위 도지휘첨사 범찰을 올려서 도독첨사로 하였다. 이어서 건주위의 일을 맡게 하고 나머지도 순서에 따라 차등을 두어 승진시켰다. 이에 앞서 도지휘 배준을 보내어 가서 알목하를 초유하게 했다. 도중에 적을 만나 싸우게 되었는데 중과부적이었다. 범찰 등이 무리를 이끌고 구원하러 가서 적을 죽이고 공을 세웠다. 이로 인하여 빨리 승진하게 된 것이다.

(陞建州左衛都指揮僉事凡察, 爲都督僉事, 仍掌衛事, 餘陞秩有差, 先時[是]遣都指揮裴俊, 往斡木河招諭, 遇寇與戰, 而衆寡不敵, 凡察等率衆往援, 殺賊有功, 故超陞之)

칠성야인

그런데 『황명실록』을 좀 더 살펴보면 다음과 같은 기록이 있다.

건주좌위 도독첨사 범찰이 상주하여, 작년에 야인 목답홀, 목동가, 합당가 등이 칠성야인을 규합하여, 공격하여 약탈하고 도독 맹가첩목아 및 그의 아들 아고 등을 죽이고, 그 적[재물]을 모두 빼앗았으니 군대를 일으켜 문죄하기를 청했다.(선덕 9년 4월)

(建州左衛都督僉事凡察奏, 去年野人木答忽, 木多哥哈當加等糾合七姓野人,

寇掠殺死都督猛哥帖木兒及其子阿古等, 盡取其賊[財], 請發兵問罪)

건주좌위 도독 맹가첩목아의 [아들] 동창이 아뢰기를, 신의 부친은 칠성야인
에게 죽임을 당했다고 하였다.(정통 2년 11월)

(建州左衛都督猛哥帖木兒童倉[子童倉]奏臣父爲七姓野人所殺)

정통 6년 2월 조항에 인용된 조선왕의 상주문에도 "맹가첩목아가 (중략)
칠성 등의 야인에게 공격을 당하여 죽임을 당했다(猛哥帖木兒 (中略) 被七姓等
野人功殺之)"고 되어 있으므로, 맹가첩목아를 공격한 올적합은 칠성야인으로
고주의 야인만은 아니었던 것이다. 칠성(七姓)은 일곱 부족이라는 뜻인데,
위 문장에 의하면 고주 야인이 그 중에 포함된다는 것은 분명하다. 그 외에
는 어떤 부족이 있었던 것일까.

아속강 야인

『황명실록』 선덕 10년 3월 조항에 다음과 같은 기록이 보인다.

아속강 등 위의 야인 두목 불답합 등에게 칙유하여 원래 잡아갔던 사람과
건주좌위의 인마와 재물을 돌려보내라고 [요구했다]. 이보다 앞서 건주좌위 도
독첨사 범찰이 상주하기를, 아속강 등 위를 깨트렸는데[위에 당했는데], 그의 형
맹가첩목아 등을 죽이고 아울러 인마와 재물을 약탈해 갔으니 소탕하여 잡을
군사를 청했다. 선종 황제가 병부신에게 이르기를, 오랑캐가 복수하고 죽이는
것은 습속이 그러하니 군사를 고생시킬 필요가 없다. 그저 사신을 보내어 칙서
를 가지고 가서 타일러서 약탈해간 것을 돌려주게 하라고 하였다. 사신이 돌아
왔다는 보고가 아직 없으므로, 이때에 이르러 다시 이러한 명령이 있었다.

(勅諭阿速江等衛野人頭目弗答哈等貴[責]還原虜建州左衛人馬財物, 先是建州左衛都督僉事凡察奏破[被]阿速江等衛, 殺其兄猛哥帖木兒等, 并掠去人馬財物, 請兵勦捕, 宣宗皇帝謂兵部臣曰, 蠻夷仇殺, 習俗則然, 不必勤兵, 但遣使齎勅往諭, 俾還所掠, 使回未報, 至是, 上復有是命)

이에 의하면 아속강위(阿速江衛)도 칠성야인의 하나임을 알 수 있다. 아속강은 『요동지』개원 조항에 "성의 동북쪽 2천 6백 리에 있는 고주 백산이 발원지이며, 북쪽으로 흘러 송화강으로 들어간다(城東北二千六百里源出古州百山, 北流入松花江)"라는 설명이 있다. 야나이가 지금의 오소리강(烏蘇里江)으로 비정한 것(『만주역사지리』부도「원·명대 만주 교통로도」참조)은 정당하다고 여겨진다. 고주가 발원지라는 것을 보면 오소리강의 큰 지류인 목릉하(穆陵河)가 이 이름에 포함되었다고 볼 수 있다.

칠성야인의 범위 및 위치

칠성야인이 이렇게 고주 및 아속강 방면의 부족을 포함한다면 『황명실록』9년 11월의 조항에 그 거주지가 흑룡강 방면으로 이어진 것처럼 기록된 것도 지리상의 형세에 부합된다.

상이 처음에 목란하 등 위의 지휘 올고리의 말을 듣기를, 흑룡강의 칠성야인이 조선을 침략할 것을 의논했다고 하였다. 이때에 이르러 조선 사신이 돌아가니, 국왕에게 칙유를 내려 수비하는 장수를 경계시켜 엄하게 방비하도록 했다.

(上初聞木蘭河等衛指揮兀苦里等言, 黑龍江七姓野人議侵朝鮮, 至是朝鮮使還, 賜勅諭國王, 令戒飭守將, 嚴爲之備)

따라서 칠성야인은 영고탑 및 그 동북쪽까지 걸쳐 호이객하, 목릉하, 오소리강 연안에 있었던 부족으로, 어쩌면 수분하의 상류 방면도 포함되었을 것이다. 그렇다면 앞에서 인용한 『요동지』 기사에서 "건주삼위의 (중략) 동쪽은 모련위, 칠성야인, 흑룡강, 노아간의 여러 오랑캐와 접해 있다"고 한 것은 지리적 순서에 따라 나열한 것임을 알 수 있다. 이른바 칠성야인은 일찍이 올량합(모련위), 홀아해(건주위), 알타리(건주좌위) 등이 서남쪽으로 내려온 것처럼 남쪽의 비옥한 땅으로 나가고자 하는 경향이 있고, 따라서 건주좌위, 모련위 등의 배후를 칠만한 세력이 있었을 것이다. 『황명실록』 정통 6년 2월 조항에 수록된 조선왕의 상주문에는 다음과 같이 기술되어 있다.

맹가첩목아 등이 심처에 거주하는 우[궁]적합에게 갑자기 공격을 당해 스스로 존립할 수 없게 되었습니다. 신의 조부께서는 그들을 불쌍히 여겨 만호 관직을 제수하고 공해를 지어주었습니다.

(猛哥帖木兒等被深處亏徠[于狄][弓狄]哈攻刼, 不能自存, 臣祖憫之, 授以萬戶職事, 爲創公廨)

알타리가 알목하에 들어온 것을 심처(深處)의 올적합에게 공격을 당했기 때문이라고 한 것은 믿을 수 없지만, 조선인이 이렇게 말한 것은 종래 맹가첩목아가 심처의 올적합과 충돌한 사실이 있었기 때문일 것이다. 여기서 말하는 "심처의 우[궁]적합"이 바로 칠성야인들이라는 것은 지리상으로 추측할 수 있다. 고주 및 아속강 방면의 야인은 이러한 경향이 있었다고 짐작할 수 있으며, 때마침 양목답올의 선동으로 이와 같은 행동에 나섰던 것이다.

2) 세종시대의 경략

부거의 경원부

태종이 일단 두만강 방면을 포기한 이래 그 지역은 완전히 여진 부족의 손에 맡겨졌고, 수년 후 부거로 옮겨진 경원부가 겨우 북쪽의 관액으로 국경 수비를 담당했다는 것은 앞 장에서 이미 살펴보았다.

석막의 영북진

『여지승람』 부령 조항에 다음과 같은 기록이 있는 것은 세종조에도 여전히 조선의 세력 범위가 지금의 부령으로 한정되었음을 증명한다.

본래 경성군 석막의 땅이다. 본조 세종 13년에 이 땅이 동량북 여진이 왕래하는 요충이 된다하여 비로소 영북진을 설치하고 절제사로 하여금 판경성군사를 겸하게 했다.

(本鏡城郡石幕之地, 本朝世宗十三年, 以東良北女眞往來之衝, 始置寧北鎭, 以節制使兼判鏡城郡事)

『서정록』 정사년 7월 계해 조항에 보이는 김종서의 상서에는 다음과 같이 기록되어 있다.

지난날 조정에 있는 여러 신하들이 헌의하기를, 경원을 용성으로 물리면 북방의 방어 계책이 편리하고 백성의 폐단이 다 없어진다고 하니, 성상께서는 조종께서 지키시던 땅은 비록 한 척의 땅이라도 버릴 수 없다 하시며 불가함을 고집하여 여러 의논을 따르지 않으셨습니다. (중략) 이에 미신에게 명하시어 대신에게 가서 의논하게 하시고, 영북진을 석막에 더 설치하여 국가의 경계를 정하도록 하셨습니다.

(曩者, 在朝群臣獻議曰, 蹙[縮]慶源於龍城, 則北方措[布]置得宜, 而民弊盡去矣, 聖上以爲祖宗所守, 雖尺地寸土, 不可棄也, 固執以爲不可, 不從群議 (中略) 乃命微臣, 往議大臣, 加置寧北鎭于石幕, 以定界域)

이 기록은 석막(石幕)조차 아주 멀다고 생각했던 당시의 상황을 잘 보여준다. 『관북기문(關北紀聞)』에 "태종 18년 무술, 부거참에 성을 쌓아 경원의 백성을 옮기고 영북진이라 불렀다(太宗十八年戊戌, 築城于富居站, 移慶源之民, 號曰寧北鎭)"고 한 것은 17년에 있었던 경원부의 이치(移置)를 잘못 전한 것일 것이다. 영북진이 세종 때 석막에 설치된 것은 김종서의 상서에서 분명히 확인될 뿐만 아니라, 부거에 설치된 진성(鎭城)을 경원부로 불렀다는 것은 앞에서 인용한 세종의 교서를 보아도 의심의 여지가 없다. 그런데 세종 15년(선덕 8년)에 알목하에 있는 건주좌위 맹가첩목아가 올적합의 공격으로 사망한 사건은 조선이 다시금 북방 전략에 착수하는 좋은 기회가 되었다. 마침내 두만강 안쪽 지역을 수중에 넣게 된 것이다.

두만강 방면 경략의 계획

『서정록』 계축년 11월 무술 조항에 실린 세종의 교서는 다음과 같다. 세종은 사변을 듣고 곧바로 북방 경략의 뜻을 정한 것이다.

나는 그곳의 허술한 틈을 타서 영북진을 알목하에 옮기고, 경원부를 소다로에 옮기고자 한다.

(予欲乘其虛, 移寧北鎭於斡木河, 移慶源府於蘇多老)

영북진 이치와 회령진 신설

『여지승람』 회령 조항을 보면 다음과 같다.

16년(선덕 9년) 드디어 석막의 영북진을 백안수소로 옮겼다. 바로 알목하의 서북쪽 적의 요충지에 해당하고 또 알타리 유종이 살고 있으므로, 특별히 성보를 설치하고 영북진 절도사로 하여금 이를 겸하여 다스리게 했다. 그런데 그 땅이 영북[진]과 거리가 너무 멀리 떨어져 있어 성원이 미치지 못하기 때문에 이 해 여름에 따로 진을 설치하고, 알목하, 풍산, 원산, 세곡, 유동, 고랑기, 아산, 옛 부거, 부회환 등지로써 경계를 삼고, 회령진이라 불렀다.

(十六年遂移石幕寧北鎭于伯顏愁所, 尋以斡木河西北當賊衝, 且斡朶里遺種所居, 特設城堡, 令本鎭節制使兼領之, 然其地距寧北[距鎭]阻隔, 聲援縣絶, 是年夏, 別置鎭于斡木河, 以豐山, 圓山, 細谷, 宥洞, 高郞歧, 阿山, 古富居釜回還等地爲界, 稱會寧鎭)

이에 의하면 바로 이듬해에 백안수소(伯顏愁所)로 영북진을 옮기고, 알목하에 회령진을 설치한 것이다. 풍산(豐山)은 『여지승람』에 회령부의 남쪽 55리에 있다고 한 지금의 옛 풍산이고, 원산(圓山)은 부의 동[서]쪽 35리에 있다고 한 원산이며, 세곡(細谷)은 『관북지(關北志)』에 부에서 동쪽으로 50리에 있다고 한 세곡사(細谷社)이고, 고랑기(高郞歧)는 역산(櫟山) 옆에 바다로 흘러 들어가는 고랑기천(高郞歧川)이 있으므로 그 부근일 것이다. 유동(宥洞)과 아산(阿山)은 아직 자세히 밝혀지지 않았다. 부회환(釜回還)도 명백하지 않지만 옛 부거의 북쪽, 고랑기천 부근일지도 모르겠다. 회령의 관할 구역은 무산령(戊山嶺)에서 동남쪽으로 이어지는 분수산맥에 의해 부령의 북쪽에 접하고, 서북쪽의 두만강에서 동남쪽 바다에 이르게 되는 것이다. 백안수소는 『여지승람』 종성 조항에 "북도절도사 행영, 백안수소는 영북진의 옛 성이다. 부의 남쪽 85리에 있다(北道節度使行營, 伯顏愁所, 寧北鎮古城也, 在府南八十五里)"고 했는데 지금의 행영인 듯하다. 회령 조항에 알목하가 "진과 거리가 멀리 떨어져 있어 성원이 미치지 못한다"고 한 것과는 모순되는데, 여러 문헌에서 모두 이것을 행영이라고 한 것을 보면 이 구절은 필자의 과장일 것이다. 그리고 같은 종성 조항을 통해 이 지역으로 옮겨진 영북진이 이듬해에 종성으로 개칭되었다는 것도 알 수 있다.

세종 16년에 이미 별도로 회령진을 알목하에 설치하고, 이듬해에 영북본진(바로 백안수소이다)에 군을 설치하고 종성으로 불렀다.

(世宗十六年, 旣別置會寧鎮于斡木河, 明年於寧北本鎮(卽伯顏愁所)置郡, 號鍾城)

조선은 이렇게 회령 방면에 진성을 새로 설치함과 동시에 경원도 태종 때의 옛 지역 가까이로 옮겼다.

회질가의 경원부

『여지승람』 경원 조항과 부거 조항을 보면 다음과 같다.

세종 10년에 다시 회질가 지역으로 부치를 옮기고 남쪽 지방의 민호를 이주시켜 채웠다.(경원 조항)

(世宗十年又移府治于會叱家之地, 徙南界民戶, 以實之)

세종 10년에 경원의 치소를 회질가로 옮겼다.(부거 조항)

(世宗十年移慶源治于會叱家)

『북관지』등의 기록도 모두 이와 같다. 그렇지만 앞에서 인용한 세종의 교서에서 보았듯이, 경원을 북쪽으로 옮긴 것은 맹가첩목아의 사망으로 인해 계획된 북방 경략의 한 계책임이 분명하므로 반드시 16년 이후가 될 수밖에 없다. 13년에 영북진이 비로소 석막에 설치되었는데, 그 지역조차 여전히 지나치게 북쪽으로 여겨 용성(龍城)을 경원부의 치소로 삼자는 논의까지 있었던 상황을 생각하면, 그 3년 전에 경원부가 회질가로 옮겨졌다는 것은 있을 수 없는 일이다.(회질가는 지금의 부치 소재지이다.) 그리고 앞에서 본 김종서의 상서에 "이미 회령성을 쌓았고 또 경원성을 쌓았으니, 역사가 때를 넘기지 않고 일을 마치게 되었습니다(旣築會寧, 又築慶源, 役不踰時, 功乃告訖)"라고 했는데, 이 상서는 세종 19년에 올린 것이다. 따라서 19년 이전에 경원부 성의 축조가 이루어졌다면 회령진의 새로운 설치와 거의 동시에 치소가 이전되었다고 볼 수 있으므로 대략 16년일 것이다.

경흥부의 설치

한편 『여지승람』 경흥 조항을 보면 다음과 같은 기록이 있다.

경원의 치소를 이미 회질가에 옮겼는데, 세종 때 공주의 옛 땅과 거리가 너무 멀어 수어하기 어렵다고 하여, 다시 존[공]주의 옛 성을 수축하고, 만호를 차임하여 공주등처 첨절제사를 겸하게 했으며, 17년에 근방의 민호 3백 호를 떼어다가 붙였다.

(慶源旣移治於會叱家, 世宗以距孔州古地隔遠難於守禦, 復修存[孔]州舊城, 差萬戶兼孔州等處僉節制使, 十七年割傍邊民戶三百屬之)

같은 해에 경흥부도 역시 경원부가 처음에 설치되었던 옛 지역인 공주에 만들어진 것이다. 따라서 세종 18년의 동북경 상태를 기록한 『서정록』병진년 10월 을축 및 11월 정사 조항에 "네 읍을 새로 설치했다(新設四邑)"고 한 것은 앞에서 말한 회령, 종성, 경원, 경흥의 4성을 가리킬 것이다. 이와 같이 두만강 안쪽 지역은 완전히 조선의 영토로 들어온 것이다.

회령의 건주좌위

두만강 안쪽은 조선의 영토가 되었지만, 건주좌위의 알타리를 이후에도 여전히 회령에 남아있도록 허락했다는 것을 다음과 같은 기록으로 알 수 있다.

신상이 아뢰기를, 이번에 온 알타리가 본조에 고하기를, 이제 알목하에 진을 설치하는데 그대로 우리를 살게 할 것인지, 쫓아버릴지 두렵다고 했다고 하였다. 임금이 말하기를, 우리 백성이 되기를 원한다면 어찌 쫓아내겠으며, 나가려고 한다면 어찌 구속하겠냐고 하였다.(『서정록』 갑인년 정월 병오)

(申商啓曰今斡朶里告本曹曰, 今作鎭于斡木河, 仍令我輩居住乎, 蓋恐其黜之也, 上曰願爲氓則何逐之, 若欲徙則何拘之)

계축, 올적합이 알목하를 공격하여 맹가 관독을 죽였는데, 오직 범찰과 이 등이 다행히 난을 면하여 우리나라 사람을 보고 애걸하기를, 경원 시반 등지로 옮기기를 원한다고 하였다. 여러 신하의 의견이 불가하다고 했다. 당시에 경원은 내지에 있었고, 범찰의 부락은 후에 회령에 속했는데 그 땅에 그대로 살게 했다.(『북로기략』)

(癸丑, 兀狄哈攻斡木河, 殺猛哥管禿, 惟凡察伊等幸免, 見本國人哀訴, 願徙慶

源時反等處, 群臣議不可, 時慶源在內地也, 凡察部後屬會寧, 仍居其地)

『북로기략』의 기사는 출처가 상세하지 않지만, 이 일이 만약 진실이라면 맹가첩목아의 사망 후에 범찰 등은 올적합의 공격을 두려워하여 내지로 깊이 들어와 조선의 보호에 의지하려 했던 것 같다. 경원이 내지(부거일 것이다)에 있었을 때라면 이 일은 세종 15년 말이나 16년 초인 듯한데, 북방 경략이 아직 개시되지 않았던 때이다. 시반(時反)의 소재지는 알 수 없다.

『서정록』 병진년 9월 기해 조항에 의하면, 이 알타리들은 세종 18년에 홀라온이 회령에 쳐들어왔을 때 조선군과 함께 그들을 쫓아내기도 했다.

홀라온의 가은독이 8월 25일에 회령에 침략하여 남녀 9명과 말 1필을 노략해 가니, 이징옥이 휘하의 무사 손효은으로 하여금 군사를 거느리고 추격하게 했다. 범찰의 관하 또한 따라갔는데, 무아계에 이르러 가은독의 아우 탕기, 수고 등 2명을 붙잡고, 사로잡아 갔던 사람과 말을 모두 빼앗아 돌아왔다.

(忽剌溫家隱禿八月二十五日寇會寧, 擄男婦九名馬一匹而去, 李澄玉令麾下士孫孝恩率兵追之, 至無兒溪, 執加隱禿弟湯其愁古等二名, 奪還所虜人馬)

조선인의 건주좌위에 대한 의심

그렇지만 조선 관헌은 항상 이들에 대해 의심하는 마음을 품은 듯하다. 『서정록』 병진년 11월 정사 조항을 보자.

김종서가 다음과 같이 상서했다. 알타리의 동자음파가 말하기를, 범찰과 올량합인 복아간, 도아온 등이 홀라온과 화호를 맺고 명년 봄에 인민을 사로

잡아 [사오리] 등지로 옮겨가 살려고 한다고 했습니다. 또 알타리 마자화는 말하기를, 우리 알타리 등은 이 절제사의 위력이 두려워 모두 먼 곳으로 옮겨가 살고자 한다고 했습니다. 지금 회령 절제사 이징옥이 와서 자음파의 말을 신에게 알리고, 또 말하기를, 범찰의 간사한 음모는 일조일석에 이루어진 것이 아니니 이 적이 마침내는 반드시 우환이 될 것이다. 내가 이를 알고 있는데 일찍이 제거하지 못한 것이 한스럽다. 전날 사건으로 인하여 이를 목 베고자 했으나 심도원, 정흠지 등이 이를 말린 까닭으로 즉시 죽이지 못하였는데, 지금 깊이 뉘우치고 있다. 지금 속히 아뢰어서, 그 추장 서너명을 주벌하고 그 무리들을 무휼하여 관독의 세 살 먹은 아들을 세워서 추장으로 삼아 통속이 있게 한다면, 큰 간흉은 제거되어 알타리, 올량합의 무리들은 각기 그 마음이 안정될 것이니, 이것이 좋은 계책이다. 혹은 이들을 다 멸망시켜 남는 종족이 없도록 하여 훗날의 우환을 근절시킨다면 더욱 좋은 계책이다. 이 기회를 놓친다면 후회한들 소용이 없을 것이다, 라고 하였습니다. 그 말이 절박하여 그치지 않았습니다. 신이 생각하건대, 지금 새로 설치한 4읍은 다만 회령에만 석성을 쌓았을 뿐 나머지는 모두 쌓지 못했으며, 또 군량이 넉넉치 못하고 방비가 아직 그다지 튼튼하지 못하며 군사도 그다지 많지 않은데, 서쪽에는 홀라온이 있고 북쪽에는 혐진이 있어서 모두 이미 원한을 맺고 틈을 노려 엿보고 있습니다. 이징옥의 계책과 같이 능히 범찰을 잡아 이를 주벌한다면, 남은 무리들이 놀라서 동요하는 일이 없겠습니까. 남의 아버지를 찔러 죽이고 그 자식을 어루만져서 평안을 구하는 것과 무엇이 다르겠습니까. 어찌 이런 이치가 있겠습니까. 다만 그 무리들뿐만 아니라 올량합도 또한 말하기를, 오늘은 범찰을 죽였으니 내일은 다음 순서가 나에게 미칠 것이라고 하였습니다. 서로 함께 결탁하여 화를 일으킨다면 비단 다시 하나의 적이 생길 뿐만 아니라, 장차는 멀고 가까운 곳에서 올적합과 결탁하여 함께 모의하여 우리에게 화를 더하게 될 것이니, 신은 경인년의 화가 다시 일어날까 두렵습니다.

(金宗瑞上言曰, 斡朶里童者音波言, 凡察及兀良哈卜兒看, 都兒溫等與忽剌溫
結好, 欲於明春擄掠人民移居 □□□□ [沙吾里] 等處, 又斡朶里馬自和言, 我斡朶里
等憚李節制使威嚴, 皆欲移居遠處, 今會寧節制使李澄玉以者音波之言來告臣, 因
謂曰, 凡察姦謀非一朝一夕, 此賊終必爲患, 我因 [固知之], 恨不早除也, 前日欲因
事誅之, 沈道源鄭欽之等止之, 故不卽誅之乃今深悔焉, 今可速啓誅其酋長三四人,
仍撫恤其衆, 援立管禿三歲子爲酋長, 使有統屬, 則大姦去, 而斡朶里兀良哈之類
各安其心, 此策之善者也, 或盡滅之無遺種, 以絶後日之患, 策之尤善者也, 失此事
機, 則悔將何及, 其言迫切不但已也, 臣以謂今新設四邑唯會寧築石城, 其餘皆未
築, 且餉糧未足, 守禦未甚固, 軍卒未甚衆, 而西有忽剌溫, 北有嫌眞, 皆已結怨, 彼
皆乘隙而窺伺矣, 借如澄玉之計, 能執凡察而誅之, 餘黨得無驚動乎, 何異刺人之
父而殺之, 撫其子欲安寧, 有是理哉, 不唯其類, 兀良哈亦曰今日誅凡察, 明日次及
我矣, 相與構禍, 則非徒更生一敵, 將結遠近兀狄哈同謀, 駕禍於我, 臣恐庚寅之禍
復作矣)

건주좌위의 이전

알타리도 역시 안심하고 그 지역에 머물지 못하고 결국은 멀리 건주위
지역으로 이주하고자 결심하게 된 듯하다. 다음의 『황명실록』 기록도 이를
증명한다.

건주좌위 지휘 이올흑에게 명하여 칙서를 가지고 가서 그 두목 도독 범찰
등을 타이르게 하여 말하기를, 이올흑이 상주한 바를 보니, 너희들의 거주지
가 조선과 인접하여 여러 차례 그 나라 사람의 침해를 당했고, 또 전에 내린 칙
지에 따라 건주위로 옮겨 가서 살고자 했으나 조선의 저지를 당했다고 했다.

하지만 조선국은 이전부터 법도를 [삼가] 준수하고 위를 섬기는 일에 있어 일찍이 도리에 어긋난 적이 없으니, 아마 반드시 너희들이 말하는대로 마땅히 건주로 옮기게 해 줄 것이다. 만일 다시 저지한다면 사실을 갖추어 와서 아뢰라. 짐이 처리할 것이다.(정통 2년 2월, 세종 19년)

(命建州左衛指揮李兀黑, 賚勅諭其頭目都督凡察等曰, 得李兀黑奏, 爾等居隣朝鮮, 數被其國人侵擾, 且言欲遵先勅移建州衛, 又被朝鮮沮之, 然朝鮮國自先朝格[恪]守法度, 事上交隣, 未嘗違理, 恐未必然誠如爾言, 宜遷建州, 果復再[爾]阻, 具實來聞, 朕為處之)

건주 좌위 도독 맹가첩목아의 아들 동창이 아뢰기를, 신의 부친은 칠성야인에게 죽임을 당했고, 신과 숙부인 도독 범찰 및 백호 고조화 등 5백여 민호는 몰래 조선 땅에 들어와 살고 있습니다. 함께 모두 요동으로 나가 거주하기를 바라지만 조선국에게 억류당할까 두렵습니다. 불쌍히 여겨 주시기를 바랍니다, 라고 하였다. 상이 조선국왕 이도에게 칙령을 내려 범찰 등의 가족을 모련위에 보내고, 모련위 도지휘동지 낭복아한에게 다시 칙령을 내려 사람을 시켜경계 바깥으로 호송하여, 침해받는 일이 없도록 하였다.(정통 2년 11월)

(建州左衛都督猛哥帖木兒子童倉奏, 臣父為七姓野人所殺, 臣與叔都督凡察及百戶高早化等五百餘家, 潛住朝鮮地, 欲與俱出遼東居住, 恐被朝鮮國拘留, 乞賜矜憫, 上勅朝鮮國王李祹, 俾將凡察者[等]家送至毛隣[憐]衛, 復勅毛憐衛都指揮同知郎卜兒罕, 令人護送出境, 毋致侵害)

처음에 건주 등 위의 도지휘 이만주 등이 아뢰기를, 도독 범찰과 지휘 동창 등이 조선이 초유하는 것을 듣고 우리를 배반하고 갔다고 하였다. 쫓아서 수색하라는 조서가 있자 조선국왕 이도가 상주하기를, 명으로부터 역대로 변경을 안정시키라는 조칙이 있었음을 진술하였다. 상이 칙유하여 이르기를, 이만주 등이 거짓말을 꾸며서 주청한 것과 일찍이 칙유가 있었음을 상주에서 얻었으니, 동창과 범찰 등이 그대로 경성 지역에 거주하게 하는 것 등을 들어주고, 이에 갖추어 (중략) 동창, 범찰 등은 이미 그곳에 있으며 편안히 생업하고 있으니 반드시 옮길 필요는 없다고 하였다.(정통 4년 4월, 세종 11년)

(初建州等衞都指揮李滿住等奏, 都督凡察, 指揮童蒼等聽朝鮮招引, 叛去, 有詔追索, 朝鮮國王李祹上奏, 自明, 并陳述累朝安邊詔勅, 上賜勅諭之日, 得奏李滿住等虛捏奏情及曾有勅諭, 聽令童倉凡察等仍在鏡城地面居住等, 因具悉 (中略) 童倉凡察等旣在彼, 安生樂業, 不必般移)

정통 4년 기사를 보면 명 정부는 반드시 알타리의 이주를 종용하려 한 것은 아닌 듯하다. 하지만 이듬해 5년(세종 22년) 10월에는 다음과 같은 기록이 있다.

조선국왕 이도에게 칙유하여 말하기를, 범찰 등이 건주로 도망가 이만주의 거처에서 거주하니 그들이 불화를 일으켜 변방을 시끄럽게 할까 염려된다는 상주문을 보고, 짐이 즉시 범찰 등에게 칙유를 보내어 그전대로 경성으로 돌아가게 하였으나, 그들이 의심을 품고 돌아가지 않을 듯하다. 이만주와 같이 거처함은 허용하되 왕의 변경만은 침범하지 말게 했다. (중략) 이제 범찰 등이 상주하기를, 장차 무리를 이끌고 돌아가려고 하는데 왕의 군마가 따라와 죽이고, 안에는 1백 70여 가가 있는데 막고 놓아주지 않는다고 했다. (중략) 칙서가 이르거든 사람을 보내어 진상을 조사하되, 과연 남은 인민이 1백 70여 가가 있다면 곧 보내 주어 함께 모여 살게 하라고 하였다.

(勅諭朝鮮國王李祹曰得奏凡察等逃居建州李滿住所, 慮其生釁擾邊, 朕卽遣勅

諭凡察等, 仍還鏡城, 如其懷疑不還, 聽與李滿住同處, 但不許侵犯王之邊境, (中略)
今凡察等奏將率衆還, 爲王軍馬追逐搶殺, 內有一百七十餘家, 阻當不放 (中略) 勑
至, 可遣人覈實, 果有所遣人民一百七十餘家, 卽遣去完聚)

건주좌위 도독 범찰 등에게 칙유하여 이르기를, 예전에 이미 너희들에서 칙령으로 조선의 경성에 돌아가 거주하도록 했는데, 지금 총병진수관이 다시 아뢰기를, 너희들이 이미 조선 경성을 떠나 동원판사 군마합랄 등 40가가 소자하 가구에 이르러 왔는데 양식을 구하기가 어렵다고 하였다. 지금 이미 요동 총병관 조의 등에게 조서를 내렸다. 너희들은 삼토하 및 파저강 이서인 동고하의 두 경계 사이에 편안하게 자리잡고 이만주와 함께 거주하도록 하라.

(勑諭建州左衞都督凡察等曰郷已勑爾等, 回朝鮮鏡城居住, 今總兵鎭守官又奏,
爾等已離朝鮮鏡城, 同原叛土軍馬哈剌等四十家, 來至蘇子河家口, 糧食艱難, 今
已勑遼東總兵官曹義等, 安插爾等於三土河及婆猪江迆西多古河兩界間, 同李滿住
居處)

이에 의하면 건주좌위의 중심은 이 해에 서쪽으로 옮겼음을 알 수 있다. 당시의 건주위는 지금의 경흥 지방에 있었는데, 이에 대한 것과 삼토하(三土河), 동고하(冬古河)의 위치는 뒤에 다시 언급하기로 한다. 여기서 건주좌위의 소재지를 경성으로 한 것은 조선이 예로부터 알목하 즉 회령을 경성 관하로 칭했기 때문이다. 이어서 정통 6년(세종 23년) 2월 조항을 보자.

범찰은 옛 거처가 경성 알목하였는데, 바로 태조 고황제가 다시 하사하신 땅입니다. 그의 친형 맹가첩목아 등이 심처의 올적합에게 공격을 당해 스스로 살아갈 길이 막연했으므로, 신의 조부가 불쌍히 여기시어 만호직을 제수했습니다. (중략) 후에 칠성 등 야인의 공격으로 죽임을 당했습니다. 그의 아들 아고도 죽었고 그의 집과 재물을 모두 불태우고 약탈했으므로 범찰 등은 모두 처소를 잃게 되어, 신이 그들을 무휼했습니다. (중략) 최근 몇 해 사이에 먼저 농경과 사냥을 이유로 가족을 거느리고 본국의 변경인 동량 지방으로 이주했는데, 나중에 이만주와 같은 곳으로 몰래 도망쳤습니다.

(彼凡察, 舊居鏡城阿木河, 即太祖高皇帝賜復之地, 其親兄猛哥帖木兒等被深處亏狄哈攻刦, 不能自存, 臣祖憫之, 授以萬戶職事, (中略) 後被七姓等野人攻殺之, 并殺其子阿古, 悉焚掠其房屋財物, 凡察等俱各失所, 臣撫恤之, (中略) 忽於近歲, 先以耕農打圍為由, 移住本國邊陲東良地面, 後乃潛逃與李滿住同處)

회령에 잔류한 자

범찰 등은 먼저 일시적으로 회령을 떠나 아직 조선의 세력권 안에 들지 않은 동량(東良)으로 옮긴 듯한데, 그곳 또한 영주할 지역은 아니라고 생각했을 것이다. 그렇지만 여전히 회령 부근에 머물러 있는 사람도 적지 않았던 것 같다. 다음 기록들에도 그러한 상황이 나타난다.

동산에게 칙서를 주어 말하기를, 너의 상주문에, (중략) 고조화가 조선 변경에 있으므로 취하여 데려오고자 한다고 했다. 일찍이 네가 이 일을 아뢰었기에, 이미 모련위 도지휘 이합아독 등에게 명하여, 그들을 조사하여 이 사람들이 지금 그대로 있는지 여부를 알아보고, 그 회보를 기다려 처치하게 했다.(정통 7년 2월)

(勅董山曰爾奏 (中略) 高早化在朝鮮邊境, 欲乞取回, 爾往歲嘗奏此事, 已勅毛憐衛都指揮李哈兒禿等, 令其挨查, 此人今尚存否, 候彼回奏處置)

칙서에서 범찰에게 말하기를, (중략) 경성에 있는 친속 가구를 보내는 것은, 이미 지휘 오량을 보내어 조선 국왕에게 칙유를 가지고가서, 조사하여 살펴서 돌려보내도록 하라고 했다.(정통 7년 2월)

勅凡察曰 (中略) 所遣親屬家口在鏡城住者, 已遣指揮吳良, 齎勅諭朝鮮國王, 令查審發還)

건주우위 장위사 도독동지 범찰에게 칙유하여 말하기를, 근래 네가 경성에 인구를 남겨두었기 때문에 조선과 각자 이야기가 다른 것이 오래되어 그치지 않고 있으니, 짐은 너희들의 원한이 나날이 깊어갈 것을 염려한다. 특별히 금의위 지휘첨사 오량 등을 보내어 칙유를 가지고 조선국왕 이도에게 명하여 앞에서 말한 인구를 잡게 하고, 여러 사람을 대면 조사하여, 과연 거처를 옮겨 돌아오기를 원하는 자는 바로 돌아오게 통솔하고, 조선에 남기를 원하는 자는 역시 들어주어 그곳에 안주하게 하였다. 지금 오량 등이 회보하였는데, 너와 같은 두목 관적 및 조선 위관 심득, 동아합리 등 85명이 모두 조선에 대대로 오래 살며 부모의 묘 자리가 모두 있고, 또한 본국의 벼슬을 받아 돌아가기를 원치 않았다. 그 나머지는 이미 죽은 자도 있고 먼 곳으로 이사한 자도 있으며, 원래 관속이 아닌 자도 있고 그 이름조차 알지 못하는 자도 있다. 조사한 내용이 분명하여 모두 조선이 잡아서 가둔 것이 아니었다.(정통 7년 5월)

(勅諭建州右衛掌衛事都督同知凡察曰, 比因爾遣下鏡城人口, 與朝鮮各執一詞, 積久不已, 朕慮爾等構怨日深, 特勅錦衣衛指揮僉事吳良等齎勅諭朝鮮國王李祹令拘前項人口對衆面審, 果願還爾處者, 卽待領回, 願留朝鮮者, 亦聽在彼安住, 今吳良等回奏, 同爾頭目款赤及朝鮮委官審得, 童阿哈里等八十五名俱稱世居朝鮮, 父母墳塋皆在, 又受本國職事, 不願回還, 其餘, 有已故者, 有先徙遠處者, 有原非管屬, 不識其名者, 俱審實明白, 皆非朝鮮拘留)

또 조선국왕 이도에게 유시하였다. 이르기를, 상주문은 상세히 보았다. 이 만주의 처소에 돌려보낸 10인은 이미 건주에 송부했고, 그 범찰이 찾는 사람은 이미 돌아가기를 원하지 않았으니 그들이 편한대로 들어줄 것이다. 대개 그곳에 안정되어 이사하기를 좋아하지 않는 것은 사람마다 사정이 같은데, 하물며 그 어버이의 분묘가 있고 왕의 어루만짐이 더욱 후하니 차마 떠나가지 못하는 것은 역시 양심이다. 이미 범찰에게 엄중히 경계하였고, 다시 찾는 것을 허락하지 않겠다, 고 하였다.(정통 7년 5월)

(又諭朝鮮國王李祹曰覽奏具悉所遣回李滿住處十人已送付建州, 其凡察所索之人, 既不願回, 聽其所便, 蓋安土重遷, 人人同情, 況其親之墳墓所在, 王之撫綏加厚, 不忍違去, 亦是良心, 已嚴戒凡察, 不許復索之矣)

후세까지 번호(藩胡)라고 불리며 강 안쪽에 거주했던 여진 부락에는 이들의 후예도 있었을 것이다.

북쪽 변경의 소요

세종의 두만강 경략은 이와 같이 마침내 건주좌위를 쫓아내기에 이르렀지만 북쪽 변경이 반드시 고요하고 평온해진 것은 아니었다. 18년에는 홀라온 등이 침입해 왔는데, 『서정록』의 기록은 다음과 같다.

9월 26일에 올적합의 군사 3천여 명이 와서 경원을 포위하므로, 판관 이백경과 호군 우안덕 등이 나누어 나가서 협공하여 3급을 베었으며, 도진무 조석강이 원병을 거느리고 이르니 적군이 조금 물러가는지라, 두만강까지 추격하였는데 해가 저물어 되돌아 왔습니다.(병진년 10월 을축)

(九月二十六日兀狄哈三千餘兵來圍慶源, 判官李伯慶及護軍牛安德等分出夾

攻, 斬首三級, 都鎭撫趙石岡以援兵至, 賊稍却, 追至豆滿江, 日暮乃還)

홀라온이 회령에서 도로가 평탄하고 또 가까우니, 지난 9월에 3천여 명이 뜻밖에 나와서, 멀리 험한 길을 경유하여 와서 경원성을 포위했다.(병진년 10월 무진)

(忽刺溫之於會寧, 道路平易且近, 去九月, 三千餘人, 出其不意, 遠由險路, 來圍 慶源城)

지금 경원의 적은 수빈강의 올적합이 많은데, 우리 국경 가까이 있으면서 우리의 어염을 먹고 우리의 포백으로 옷을 해 입으면서, 하루아침에 우리의 큰 덕을 잊고 동건 올적합 1, 2인과 몰래 결탁하여, 아무런 이유도 없이 침입하여 우리의 인민을 죽이고 우리의 인축을 사로잡아 갔다.(병진년 11월 경자)

(今慶源之賊, 率多愁濱江兀狄哈, 近在我境, 食我魚鹽, 衣我布帛, 一朝忘我大 德, 潛結童巾兀狄哈一二人, 無故入侵殺我人民, 虜我人畜)

『서정록』의 이 적들은 혹은 홀라온, 혹은 수빈강의 올적합으로 기록되어 있는데, 『관북기문』에는 다음과 같이 올량합의 소행으로 나와 있다. 어느 것이 맞는지는 모르겠다.

병진년에 올량합이 군사를 일으켜, 동림성의 동안원동을 포위하고 들판의 사람과 가축을 노략질하여 갔다.

(丙辰兀良哈起兵, 圍東臨城洞安原洞, 掠布野人畜而去)

종성의 이전과 온성의 신설

이상과 같은 상황이므로 조선은 북방의 경비를 한층 굳건히 하고자 한 듯하다. 종성을 강변(지금의 위치)으로 옮기고, 새로 온성(穩城)을 설치했는데, 먼저 『여지승람』 종성 조항을 보면 다음과 같다.

세종 22년 수주가 강의 굽이진 곳으로 깊숙이 들어가서 적로의 요충이므로, 드디어 군치를 이곳으로 옮겼다.

(世宗二十二年, 以愁州陡入江隈, 賊路要衝, 遂移郡治于是)

수주(愁州)는 『용비어천가』 제4장 주석에 隨州로 되어 있다. 이는 이미 언급한 바와 같이 『요동지』에 나오는 주(州) 이름으로 원대부터 있었던 호칭일 것이다. 『여지승람』 온성 조항은 다음과 같다.

세종 22년에 비로소 군을 설치하고 지금의 이름으로 고쳐, 경원 및 고[길]주의 남쪽과 안변의 북쪽에 있는 여러 고을의 민호를 옮겨 채웠다.

(世宗二十二年始置郡, 改今名, 徙慶源及古[吉]州南, 安邊北諸邑民戶, 實之)

고주(古州)란 영고탑인 듯한데, 그렇다면 늘 그렇듯이 과장된 말일 것이다. 조선인은 이러한 일조차 명백한 허언을 한다. 『관북기문』의 다음 기사는 과장된 말이 없으므로 확실한 근거를 바탕으로 했을 것이다.

세종 23년 신유, 체찰사 황보인, 출척사 정갑손, 절제사 김종서 등에게 명하여, 고읍을 수주 강변으로 옮기고 종성부로 삼았다. 경원의 민호를 나누어 다온강변의 온성부로 삼고, 본도 주민 중 1처 5백호를 내보내 회령, 종성, 경원,

경흥에 나누어 소속시켰다.

(世宗二十三年辛酉, 命體察使皇甫仁, 黜陟[陟]使鄭甲孫, 節制使金宗瑞等, 移古邑于愁州江邊, 爲鐘城府, 分慶源民于多溫江邊爲穩城府, 發本道民一千五百戶, 分屬于會寧, 鐘城, 慶源, 慶興)

다만 여기서 23년이라고 한 것은 『여지승람』 기사와 1년의 차이가 있다.

관방 장성의 축조

『관북기문』에는 23년에는 다음과 같은 기사가 있다.

무산, 풍산, 고령, 방원, 영건, 훈융, 아산, 무이, 조산 등의 보를 설치하고 만호를 두었다. 이 해 봄에 강변에 장성을 쌓기 시작했는데, 훈융에서 시작하여 보을하에 이르기까지 쌓아 올리기도 하고 깎아 내리기도 하여 가을에 공역을 마쳤다.

(設茂山, 豊山, 高嶺, 防垣, 永建, 訓戎, 阿山, 撫夷, 造山等堡, 置萬戶, 是年春始築江邊長城, 起訓戎, 至甫乙下, 或築或 削+土, 秋而訖功)

이에 의해서도 북쪽 변경의 방비에 주의를 기울였다는 것을 알 수 있다. 이들 여러 성보 가운데 무산(茂山)은 『여지승람』 부령 조항에 "무산보는 부의 북쪽 18리에 있다(茂山堡, 在府北十八里)"고 한 것으로 지금은 옛 무산이라 칭한다. 참고로 『관북지』에는 무산보의 축조를 세종 20년이라고 했다. 후에 정덕(正德) 4년에 이르러 서쪽 25리 지역으로 옮겼는데, 이것이 지금은 철폐된 무산이다. 풍산(豊山)은 『여지승람』 회령 조항에 "풍산보는 부의 남쪽 55리에 있다(豊山堡, 在府南五十五里)"고 했고, 지금은 옛 풍산이라고 한다. 아산(阿山)은 경원 조항에 "옛 아산보는 부의 동쪽 59리에 있다(古阿山堡, 在府東五十九里)"고 한 것이다. 또 무이(撫夷)는 경흥 조항에 "무이는 부의 북쪽 26리에 있다(撫夷在府北二十六里)"고 했고 지금의 경흥부 치소 부근이다. 고령(高嶺), 방원(防垣), 영건(永建), 訓戎(훈융), 조산(造山)은 지금도 같은 이름이고, 보을하(甫乙下)는 앞에서 언급했다. 이 장성은 두만강과는 다소 거리가 있는 것 같은데, 다음 기록을 참조할 수 있겠다.

세종 29년 정묘, 우의정 황보인이 건의하여, 장성 밖에 수호 둔전을 설치하기를 청했다. 이에 따랐다.(『관북기문』)

(世宗二十九年丁卯右議政皇甫仁建議, 請於長城外設守護屯田, 從之)

김종서가 특별한 인정을 받고 다시 육진을 개척하니, (중략) 그때 두만강 이내에 거주하는 번호들이 살던 곳을 떠나 옮겨 가는 것을 걱정하여 그대로 두만강 이내에 살면서 영원히 배반하지 않고 딴마음을 먹지 않는 신하가 되기를 청했는데, 그 세력이 일시에 모두 쫓아내기 어렵고 원한이 생길 것이므로 조정에서는 부득이 강변에 장성을 쌓고, 무릇 강 안쪽 땅으로 장성의 밖에 있는 것을 떼어주어 번호가 거주하게 하였다.(『북관지』 무산 조항)

(金宗瑞際遇英席, 復開六鎭 (中略) 其時藩胡之居在江內者, 以離土徙去爲悶, 請仍居江內, 永爲不叛不二之臣, 其勢有難一時盡逐挑其仇怨故自, 朝廷不得已築長城於江邊, 而凡江之內地, 在長城之外者, 割而與之, 使藩胡居之)

『북관지』의 기사는 남구만(南九萬)의 상표(上表)를 인용한 것이다. 이에 의하면 여진 부락은 이 중간 지역에 거주한 것처럼 보인다. 『북로기략』에 "제승방략을 상고하면 여러 부락이 있는 곳은 성 밑 또는 5리, 10리 이내에 있었다(攷制勝方略, 諸部落所居, 或在城底, 或在五里十里之內)”는 기록이 있지만, 반드시 이렇게 일정하지는 않았을 것이다.

국경

다만 강물을 국경으로 삼은 것은 분명하다. 북방 경략의 동기가 강 안쪽 지역을 손에 넣고자 한 것이었고, 『여지승람』에 강변의 여러 진들의 거리가 모두 두만강을 한계로 기록되어 있다는 점을 보아도 의심의 여지가 없다.

동량 방면

두만강 상류 지역인 동량(東良) 방면은 여전히 여진 부족의 수중에 있었으며 조선은 전혀 손을 댈 수 없었다. 앞에서도 인용했지만 『여지승람』 부령 조항에 “서쪽으로 야인의 경계까지는 35리이다(西至野人地界三十五里)”라고 했고, 『관북기문』에는 “부령의 형세는 의지할 곳이 없고 약했으며 또한 적의 소굴에 가까웠다(富寧形勢孤弱, 且近賊窟)”고도 했다. 또 『여지승람』 경성 조항에 “허수라현은 부의 서쪽인 부령의 북쪽 경계에 있다. 적의 통로를 초탐하는 곳이다(虛修羅峴, 在府西, 富寧北界, 賊路哨探處)”라고 했으므로 허수라현(虛修羅峴)이 서쪽 경계였던 것이다. 『관북기문』에는 다음과 같이 허수라를 오랑캐 땅이라 했다.

세조 6년 (중략) 이 해에 우의정 신숙주, 도원수 홍윤성이 (중략) 변경을 순시하여 잘잘못을 고찰했다. 드디어 (중략) 옛 무산을 거쳐 오랑캐 땅으로 들어가, 허수라, 정승령에 이르렀으며, 황보인이 주둔한 곳의 형세를 살펴보고 돌아왔다.

(世祖六年 (中略) 是年右議政申叔舟, 都元帥洪允誠 (中略) 巡視邊塞, 考察能否,

遂 (中略) 由古茂山入胡地, 至虛修羅, 政丞嶺, 皇甫仁下營處, 審視形勢而還)

허수라는 허수라천 연안의 한 지점으로 허수라현이 그 수원일 것이다. 정승령(政丞嶺)은 현종조에 올린 남구만의 상계(上啓)에 다음과 같이 나와 있는 정승(政丞)으로, 차수령(車輪嶺)의 서쪽일 것이고, 황보인이 주둔한 곳은 앞의 『관북기문』 기사에 의하면 회령의 서쪽인 듯하다.

차수령 밖, 무산에서 북쪽으로 120여 리를 가서 정승, 파오달, 죽돈, 모노, 동량동, 노토 부락 등지를 지나 강변에 이른다.

(車輪嶺外, 自茂山北行一百二十餘里, 歷政丞, 破吾達, 竹頓, 毛老, 東良洞, 老土部落等地, 至江邊)

『관북기문』에는 또 다음과 같은 기록이 있는데, 무산, 운두성(雲頭城), 부령, 종성의 네 지역에서 오랑캐 땅으로 들어갔다고 했다.

이 해 10월에 (중략) 군사를 넷으로 나누어, 강순이 (중략) 무산에서 나가고, 곽연성이 (중략) 부령에서 나가고, 양정이 (중략) 운두성에서 나가고, 신숙주가 (중략) 종성에서 나가서 오랑캐지역으로 들어가 그 소굴을 소탕한 뒤에 돌아왔다.

(是年十月 (中略) 分軍爲四, 康純 (中略) 出茂山, 郭連城 (中略) 出富寧, 楊汀 (中略) 出雲頭城, 申叔舟 (中略) 出鐘城, 入胡地二百里, 焚蕩巢穴而還)

운두성은 『관북기문』 회령 조항에 "운두성은 부의 서쪽 50리에 있다(雲頭城在 府西五十里)"는 기록이 보인다. 또 『여지승람』 종성부 조항의 관방(關防)에는 다음과 같은 것들이 보인다.

주을온은 부의 남쪽 32리에 있다.

(朱乙溫府在南三十二里)

오촌보는 부의 서쪽 20리에 있다.

(吾村堡府在西二十里)

어유간보는 부의 북쪽 35리에 있다.

(魚遊澗堡府在北三十五里)

부령 조항에는 무산보 외에 "양영만동보는 부의 북쪽 50리에 있다(梁永萬洞堡府在北五十里)"라는 기록도 있는데, 모두 동량 방면의 오랑캐를 방비하기 위해 설치된 것이 분명하다. 따라서 경성 및 부령의 서쪽 경계가 두만강의 지류와 동해로 흐르는 여러 하천들의 분수 산맥이었다는 것은 의심할 여지가 없다. 『여지승람』에서 두 부의 관할에 속한 산천 및 봉수가 모두 이 산맥을 한계로 하고 있는 것도 이 사실을 뒷받침한다.

동량 지방과 건주위

동량 지방은 『여지승람』 갑산 조항에 "동쪽으로는 건주위 동량북계까지 105리이다(東至建州衛東良北界一百五里)"라고 했으므로 건주위에 속한 것 같지만, 이 기사가 확실한 것인지는 분명하지 않다.

앞에서 서술한 회령, 부령, 종성의 서쪽 경계는 명대가 끝날 때까지 변동이 없었다. 이에 관해서는 이케우치가 노토(老土) 부락에 관한 고증에서 상세히 논한 바 있으므로 여기서는 생략한다.(『임진왜란(文祿慶長の役)』 별편 참조)

23. 조선 초기 압록강 상류 지방의 영토

부도 10. 조선초의 동북경 참조

1) 태종·세종 시대의 경략

고려 말의 상태

동북면에서 압록강 상류 방면을 경략한 단초는 고려 공양왕 3년 갑주(甲州) 만호부 설치에서 출발하지만, 당시의 강역은 명확하게 정해져 있지 않았을 것이다. 서북면에는 고려말에 이미 강계부가 설치되었지만 그 위치가 지금의 초산(楚山) 부근이었을 것이고 독로강(禿魯江) 유역은 여전히 여진의 영유였다.(제20장 「고려말의 압록강 연안 영토」 참조)

태종 시대의 상태

조선시대에 들어서 이 방면의 개척이 어떻게 진척되었는지는 역사상 명확한 증거가 없는데, 태종 시대에 갑주부와 강계부의 중간은 압록강 연안에 이르기까지 이미 조선의 영토였다.

강계부

서북면부터 보면, 『여지승람』 강계부 조항은 다음과 같다.

본조 태종 원년에 입석과 등이언 두 지역을 합쳐서 석주라 칭했다가, 3년에 강계부로 고쳤고, 13년에 상례에 따라 도호부로 고쳤다.

(本朝太宗元年以立石, 等伊彦二地, 合之, 稱石州, 三年改爲府, 十三年例改都護府)

등이언(等伊彦)이 무엇인지 분명하지 않지만, 입석(立石)은 같은 조항에 "입석역은 부의 남쪽 165리에 있다(立石驛, 在府南一百六十五里)"고 한 것으로 보아, 희천군(熙川郡) 경계의 적유령(狄蹂嶺)에 가까운 지역일 것이다. 따라서 압록강 연안에 있었던 강계부가 지금의 독로강변으로 옮긴 것은 태종 원년에 석주(石州)로 개칭되었던 시기일 것이고, 이를 통해 당시 독로강 유역이 이미 조선의 영유였음을 알 수 있다.

갑산부

동북면에 대해서는 『여지승람』 갑산 조항에 "본조 태종 13년에 지금의 이름으로 고쳐서 군으로 삼았다(本朝太宗十三年, 改今名爲郡)"는 기록이 있으므로, 이 무렵에 이미 이 지방 개척의 실마리를 잡았다는 것을 알 수 있다. 강계 조항에는 다음과 같은 기록도 있다.

여연 폐부는 (중략) 본래는 함길도 갑산부의 여연촌이었다. 본조 태종 16년에 군현과 거리가 멀어 소훈두 서쪽을 나누어 여연군으로 삼고 본도에 속하게 했다.

(閭延廢府 (中略) 本咸吉道甲山府之閭延村, 本朝太宗十六年, 以距郡懸遠, 割小薰豆以西, 爲閭延郡, 屬本道)

이를 통해 압록강 연안 지역이 이미 갑산의 관할 구역으로 귀속되었음을 알 수 있으므로, 허천강(虛川江) 유역 서쪽이 조선의 영유였다고 추측할 수 있다. 그렇다면 태종 초년에는 동쪽은 허천강에서 서쪽은 독로강에 이르고, 북쪽은 압록강에 달하는 지역이 이씨의 영유였던 것이다.

여연

이상의 추측은 세종조의 파저강 방면 야인에 대한 교섭 사건을 통해 증명할 수 있을 것이다. 『서정록』을 보면, 세종 15년 정월 계유 조항에 "파저강의 적들이 (중략) 임인년에 우리 여연을 침략했다(婆猪之賊 (中略) 歲在壬寅, 侵我閭延)"고 했고, 세종 15년 4월 을유 조항에 인용된 명에 보낸 표문에 "영락 20년 10월에 야인 30여 명이 압록강 가에 이르러 벼 베는 소년 4명을 붙잡아 갔다(永樂二十年, 十月日, 野人三十餘名到來鴨綠江邊, 將刈禾童男四名, 捉拏回去)"고 했으며, "본년(같은 해) 12월에 야인 2백여 명이 여연 땅에 이르렀다(本年十二月日. 野人二百餘名, 到來閭延地面)"는 기록이 있다. 임인년은 곧 영락(永樂) 20년(세종 4년)이므로, 당시에 여연이 조선의 영토였다는 자료들이다. 또 『서정록』 권두에는 다음과 같이 기록되어 있다.

임자(세종 14년) 12월 갑오, 평안도 도관찰사 박규가 치계하기를, 야인 4백여 기가 여연에 쳐들어 와서 인민을 표략하여 갔으므로, 강계 절제사 박초가 군사를 거느리고 그들을 추격했다.

(壬子十二月甲午, 平安道都觀察使朴葵馳啓, 野人四百餘騎突入閭延, 摽掠人

民, 江界節制使朴礎率兵追之)

자성

이 사건은 『여지승람』 강계 조항에 다음과 같이 기록되어 있다.

자성폐군은 본래 여연부 시번강의 자작리였다. 세종 6년에 소보리 등 8곳의 거류민을 시번의 장항에 모아서 보호하며 목책을 세우고 방수했다. 14년에 파저강의 야인들이 사람을 죽이고 노략질을 해 갔는데, 여연과 더불어 그 땅이 강계와 서로 떨어져 있어 구하는 데 미치지 못했으므로, 이듬해에 두 고을 중간 자작리에 성을 쌓고 군을 두어 지금 이름으로 고쳐 강계부 소관으로 삼았다.

(慈城廢郡, 本閭延府時番江之慈作里, 世宗六年以小甫里等八處居民, 聚保時番之獐項, 樹柵防戍, 十四年, 婆猪江野人殺掠人口而去, 以其地與閭延江界相隔, 不及相救, 明年就兩邑中慈作里, 築城, 置郡, 改今名, 爲江界府所管)

이때 야인의 침략을 당한 곳은 자성강(慈城江) 방면임을 알 수 있다. 또 그 지방이 여연군 관하였다는 것과, 강계부와 여연군의 관할 구역이 연접해 있었고 압록강 남쪽이 모두 조선의 영유였다는 것도 추측할 수 있다.

조명간구자

앞에서 인용한 『서정록』 세종 15년 4월 을유 조항의 표문도 또한 이를 뒷받침해준다.

본년(15년) 3월 11일 압록강변 조명간구자의 서쪽 기슭에 파저강 야인 9명이 왔으므로, 파절군들이 온 사유를 물으니, 홀라온 야인들이 조명간구자에 들어

와서 도둑질하려고 한다고 대답하고 돌아갔습니다.

(本年三月十一日, 鴨綠江邊, 趙明干口子江西岸, 有婆猪江野人等九名, 到來把
截軍等問其爲來事因, 本人等回說忽刺溫野人等欲要趙明干口子入來作賊, 如此說
罷回去)

이 지방 군치(郡治)의 위치를 살펴보면, 여연은 『여지승람』 강계 조항에
다음과 같이 설명되어 있다.

동쪽으로 무창 다락구비까지 45리이며, 남쪽으로 자성 신로현까지 1백 5
리이고, 서쪽으로 우예 하무로 북쪽까지 65리이며, 북쪽으로 압록강까지 4리
이다.

(東至茂昌多落仇非四十里, 南至慈城新路峴一百五里, 西至虞芮下無路北六
十五里, 北至鴨綠江四里)

이 곳은 「대동여지도」에 의하면 지금의 부흥리(富興里) 부근인 듯하다.
자성(慈城)은 『여지승람』에 "북으로 상토보까지 120리(北距上土堡一百二十
里)"라고 되어 있다. 「대동여지도」에 지금의 자성에서 서쪽인 압록강변에
구성동구(舊城洞口)라고 기입된 곳일 것이다. 『여지승람』에는 여연군이 갑
산에서 분립했으며 자성군이 다시 여연군에서 분립하여 강계부 소속이 되
었다는 것도 기록되어 있고, 이 외에 다음과 같은 내용도 보인다.

무창폐군은 (중략) 본래 여연부 상무로보였는데, 세종 18년에 만호를 두었
다. 22년에 이 보가 여연과 거리가 멀리 떨어져서 성원이 미치지 못하므로, 여
연부의 출합, 손량, 후주, 보산 등지의 민호를 갈라서 무창현을 설치했다. 24

년에 군으로 승격시켰다.

(茂昌廢郡 (中略) 本閭延府上無路堡, 世宗十八年置萬戶, 二十二年以堡距閭延阻遠, 聲援不及, 割閭延府出哈孫梁, 厚州, 甫山等地民戶, 置茂昌縣, 二十四年陞爲郡)

우예폐군은 (중략) 본래 여연부의 우예보였는데, 처음에 만호를 두었다가 세종 23년에 우예보가 본부와 거리가 멀리 떨어졌다 하여, 본부의 유파, 조명간, 소우예 및 자성군의 태일 등지의 민호를 갈라서 군을 설치하고 강계부의 관할로 삼았다.

(虞芮廢郡 (中略) 本閭延府虞芮堡, 初置萬戶, 世宗二十三年以堡距本府遙隔, 割本府楡坡, 趙明干, 小虞芮及慈城郡泰日等地民戶, 置郡, 爲江界府所管)

무창, 우예

이에 의하면 무창군(茂昌郡)과 우예군(虞芮郡)이 연달아 여연군에서 분립했고, 압록강으로 삼면이 제한되어 있는 이 지방은 무창, 여연, 우예, 자성의 4군이 되었으며, 동시에 평안도 소속이 된 것이다. 각 군치는 『여지승람』에 다음과 같이 기록되어 있다.

무창폐군은 동쪽으로 함경도 갑산부 마상화까지 160리, 남쪽으로 자성군 죽전현까지 88리, 서쪽으로 여연부 소온량까지 233리, 북쪽으로 압록강까지 2리이다.

(茂昌廢郡東至咸鏡道甲山府磨尙咊一百六十里, 南至慈城郡竹田峴八十八里, 西至閭延府所溫梁, 二百三十三里, 北至鴨綠江二里)

우예폐군은 동쪽으로 여연 무로까지 30리, 남쪽으로 자성 잉질항까지 10리, 서쪽으로 강까지 1리, 북쪽으로 조명간까지 23리이다.

(虞芮廢郡東至閭延無路三十里, 南至慈城芿叱項五十里, 西至江一里, 北至趙明干二十三里)

조명간보(趙明干堡)는 "옛 우예의 북쪽 25리에 있다(在古虞芮北二十五里)"고 했으므로 압록강 연안, 여연과 자성의 중간에 있었을 것이다.

삼수군

평안도 소속으로 4군이 설치됨과 동시에 함길도 소속의 갑산부에서는 삼수군(三水郡)이 분리되어 설치되었다.

삼수군은 본래 갑산군 삼수보였는데, 본조 세종 23년에 만호를 두었다가, 적로를 막는 요충지라 하여 28년에 삼수군을 설치했다.(『여지승람』)

(三水郡, 本甲山郡三水堡, 本朝世宗二十三年置萬戶, 以扼賊路, 二十八年三水郡)

갑산군은 경계가 야인의 땅과 이어져 있으므로 이에 앞서 다만 익에 속한 성을 지키는 제색군만 설치하고 유방군을 설치하지 않았다.(『서정록』 계축년 5월 경진)

(甲山郡境連野人地面, 前此只說翌[設翼]屬諸色軍而不設留防軍)

『서정록』 같은 조항에는 "혜산과 가사 두 구자의 밖은 (중략) 주민은 7, 8호에 불과하다(惠山, 家舍兩口子之外, (中略) 居民不過七八戶)"는 내용도 보이므로 당시에는 방비가 아주 빈약했고, 따라서 새로 군을 설치하여 경계를 엄히 하고자 했던 것이다. 혜산(惠山)은 지금의 혜산진이고, 가사(家舍)는 『여지승람』 강계 조항에 "가사동보는 옛 무창의 서쪽에 있다(家舍洞堡在古茂昌西)"고 한 지역일 것이다. 이때는 아직 무창군이 설치되기 이전을 말한다.(위의 인용문 참조)

삼수군치의 위치

삼수군치(三水郡治)는 지금의 가을파지보(加乙坡知堡)라는 것을 『관북지』를 통해 알 수 있다.

부의 북쪽에 있는 가을파지는 압록강 남쪽 기슭으로, 그 땅이 오랑캐에 가깝고 또한 지세가 좁고 험하여 거주민이 불편하므로, 세종 9년 군수 송진선이 감사에게 보고하자, 감사가 조정에 청하여 성을 지금의 지역으로 옮기고 그 지역에 첨사를 두었다. 바로 새로 설치된 가을파지진이다.

(府北茄乙坡知, 鴨綠江南岸, 以其地近胡且狹隘不便居民, 世宗九年郡守宋震善報於監司, 監司請於朝廷, 移城於今地, 以其地置僉使, 卽新茄乙坡知鎭也)

다만 여기서 세종 9년이라고 한 것은 오류가 분명하다. 한편 『여지승람』을 통해서도 삼수군치는 가을파지보임을 알 수 있다.

동쪽으로 갑산부 경계까지 125리, 남쪽으로 함흥부 경계까지 140리, 서쪽으로 평안도 옛 무창군 경계까지 110리, 북쪽으로 압록강까지 1리이다.

(東至甲山府界一百二十五里, 南至咸興府界一百四十里, 西至平安道古茂昌郡界一百十里, 北至鴨綠江一里)

이와 더불어 어면강(魚面江, 장진강長津江)이 군의 서쪽 2리에, 인차외천(因遮外川)이 군의 동쪽 70리에, 옛 가을파지보(加乙坡知堡)가 군의 서쪽 14리에 있다고 되어 있다. 여기서 삼수군의 경계라고 하지 않고 갑산부의 경계라고 한 것은 삼수군 설치 이전의 기록에 따랐을 것이다. 무창군의 설치는 세종 22년이고 삼수군은 28년이다. 그런데 "서쪽으로 평안도 옛 무창군 경계까지 110리"라는 것은 의심스럽다. 무창군의 동쪽 경계는 강계 조항에 "동쪽으로 함경도 갑산부 마상화까지가 160리"라고 했는데, 마상화(磨尙哴)는 잘 알 수 없지만 같은 조항에 "후주보는 옛 무창에서 동쪽으로 133리에 있다(厚州堡在古茂昌東一百三十三里)"고 되어 있다. 이 후주보(厚州堡)가 지금 후주의 옛 읍이라고 불리는 지역일 것이므로, 동쪽 약 30리에 후주의 옛 읍이 있는 이 지역은 충천령(衝天嶺) 부근일 것이다. 그리고 갑산의 서쪽 경계를 이 지역이라고 하면 여기에서 나뉘어 설치된 삼수군의 서쪽 경계도 이와 같았을 것이다. 따라서 삼수군치에서 무창군의 경계에 이르는 거리는 30~40리에 불과한 것이 된다. 삼수군의 산천 조항에 "봉수가 군의 서쪽 21리에 있다(烽燧在郡西二十一里)"고 했는데, 가을파지의 서쪽 봉우리를 한계로 삼았다는 것을 알 수 있을 것이다.

■ 부록 - 건주위 및 홀라온에 대하여

여연을 침략한 야인

여연 지방을 침략한 야인은 『서정록』 임자년 12월 병오 조항에 의하면 홀라온 사람인 것 같다.

이만주의 관하 올량합 천호 유아합 등 2인이 문첩을 가지고, 붙들려 갔던 남녀 7인을 거느리고 여연군에 와서 말하기를, 이만주는 성지를 받들고 토표를 잡았었는데, 홀라온 올적합 1백여 명이 그가 없는 틈을 타서 여연, 강계 지방에 와서 남녀 64명을 사로잡아 돌아갔다. 이만주가 5백여 명의 군사를 거느리고 산골짜기의 요로를 잘라 막고 모두 빼앗아 보호하고 있으니, 사람을 보내어 거느리고 돌아가기를 청한다, 라고 했다.

(李滿住管下兀良哈千戶劉兒哈等二人齎文牒, 率被虜男婦七名到閭延, 言滿住承聖旨捕土豹, 忽剌溫兀狄哈百餘騎乘其無也, 到閭延江界, 掠男婦六十四名以還, 滿住率五百餘兵, 截山谷要路, 盡奪而留養之, 乞遣人率還)

그런데 조선에서는 이만주의 부하가 홀라온을 가장하거나 혹은 홀라온을 유인해서 왔다고 온 것으로 여겼다. 다음 기록들도 이러한 인식을 보여준다.

알목하 주민이 말하기를, 조선국의 여연군을 소란하게 한 홀라온 올적합은 다만 40명이고, 그 나머지는 모두 이만주의 관하에 매인 사람으로서, 떼를 지어 인도하여 도둑질하고는 거짓 홀라온을 칭탁했다고 했다.(『서정록』 계축년 3월 경신)

(幹木河住人說稱, 朝鮮國閭延郡作耗忽剌溫兀狄哈但四十名, 其餘俱係李滿住管下人成群指人[引作賊詐稱忽剌溫)

도둑 3명이 얼굴에 거짓 자형을 그리고, 소보리 동원 지방에 돌아와 새벽밥을 먹을 때 눈 녹인 물로 먹으로 그린 자형을 씻어 다 없앴으니, 그 간사함이 명백했다.(『서정록』 계축년 3월 경신)

(賊人三名詐畫面上刺形, 回到小甫里洞原地面蓐食, 時以雪水洗墨畫, 盡去刺形, 其詐顯顯著)

이보다 먼저 조선 국왕이 상주하기를, 모련위와 건주위 사람들이 거짓으로 홀라온 야인으로 꾸며 무릇 4백여 기가 조선의 변경을 침범하고 군민을 겁탈하고 죽였다고 했다. 건주위와 모련위 또한 상주하기를, 홀라온 야인두목 목답올 등이 조선 사람을 노략질하고, 조정이 보낸 내관을 만나서 이미 이들을 따라 돌아갔는데, 조선에서는 진실로 건주위의 소행이라 한다고 하였다.(『황명실록』 선덕宣德 8년 6월, 세종 15년)

(先是朝鮮國王奏, 毛憐建州之人詐爲忽剌溫野人裝束, 凡四百餘騎, 犯朝鮮邊境, 劫殺軍民, 建州毛憐二衛亦奏忽剌溫野人頭目木答兀等掠朝鮮人口, 遇朝廷所差內官, 已追還之, 朝鮮謂實建州所爲)

그렇다면 당시의 건주위는 어느 곳에 있었고, 또 홀라온은 어떤 부락인 것일까.

이만주

이만주(李滿住)는 이현충(李顯忠)의 아들이고, 그 이름은 『황명실록』에 홍희(洪熙) 원년(세종 7년)부터 보인다. 선덕(宣德) 5년(세종 12년) 조항에 다음과 같은 기록이 있으므로, 이때에 이미 아버지를 대신하여 건주위를 통솔한 것으로 보인다.

건주위 도지휘 이만주 등이 아뢰기를, 조선과 무역을 하고자 했으나 조선이 들어오지 못하게 했다고 하였다.

(建州衛都指揮李滿住等奏, 欲於朝鮮市易, 而朝鮮不納)

압록강 상류에서의 건주위와 조선의 접촉

위의 문장에 의하면 당시 건주의 세력 범위가 조선과 접해있었다는 것
이 분명하다. 그리고 그 지점이 압록강 상류 방면이었다는 것은 세종 14년
이만주의 부하 야인이 여연에 침입한 사건 등을 통해 추측할 수 있다.

지금 파저강에 사는 야인들은 악한 일을 거듭하면서 고칠 줄을 모르고, 동
류의 야인 4백여 기를 규합하여 사람마다 얼굴에 먹으로 자형을 그려서 홀라
온 야인처럼 꾸미고는, 변군인 강계, 여연 등지에 돌입하여 군민 남녀를 살해
하고 사람과 마소, 재산 등을 약탈했다.(『서정록』 계축년 4월 을유)

(今來婆猪江住野人等, 稔惡不悛, 糾合同類野人四百餘騎, 於各人面上, 墨畵刺
形, 假做忽剌溫野人貌樣, 突入邊郡江界閭延等處, 殺害軍民男婦, 刮掠人口牛馬
財産)

선덕 원년(세종 8년) 6월에 건주위 도사 이만주가 지휘 임흑노를 보내어 앞서
와서 분을 내어 말하기를, 도망해 온 인구를 기꺼이 돌려보내지 않으면 장차
너희 나라 강가의 주민들을 몇 배로 사로잡아서 심처 올적합 지방에 전매하겠
다는 말을 마치고 돌아갔다.(『서정록』 계축년 3월 경신)

(宣德元年六月日建州衛都司李滿住, 差指揮林黑奴前來, 發憤言說, 逃來人口
不肯發還, 將爾國江邊住民倍數虜掠, 轉賣於深遠處住兀狄哈地面, 說罷回)

선덕 7년(세종 14년) 7월에 지휘 임합라 등 9명이 이만주의 비답문을 가지고
여연에 이르러서 도망해 온 인구를 찾기를 요구하고 돌아갔다.(『서정록』 계축년 3

월 경신)

(宣德七年七月日指揮林哈剌等九名, 齎李滿住批文到閭延索要逃來人口回去)

　금년 8월에 앞에 말한 임합라 등 5명이 여연군 강가에 이르러 벼를 베는 박
강금을 잡아 묶고는 소리쳐 말하기를, 우리의 노비를 너희 나라에서 수용해
두고 돌려보내지 않으므로 지금 이 사람을 잡아가서 우리의 노비가 있는 곳을
묻겠다고 말하고 돌아갔다.(『서정록』계축년 3월 경신)

(本年八月日前項林哈剌等五名到閭延郡江邊, 將刈禾人朴江金捉拿綁縛, 聲言
我的奴婢爾國容留不還, 今捉此人將去問我奴婢在處, 說罷回去)

　따라서 이 강변이 압록강 연안의 여연 지방임을 알 수 있고, 또 이만주
의 세력이 선덕 초부터 이미 파저강 방면에서 압록강까지 이르렀음을 추측
할 수 있다. 이들 기록에 의하면 앞에서 인용한 영락 20년의 여연 침략도
역시 이만주 부하의 행위였을 수도 있다.

건주위와 파저강

　이만주의 세력이 압록강 연안까지 미친 것은 그가 영락 10년 이후의
근거지였던 건주(길림 지방)를 떠나 스스로 파저강으로 이주했기 때문인 듯
하다. 『황명실록』 정통(正統) 원년(세종 18년) 조항에 다음과 같은 기록이 보
인다.

　요동총병관 도독동지 무개 등에게 명하여 말하기를, 지금 건주위 지휘첨사
이만주의 주문을 보니, 원래 은혜로운 명을 받들고 파저강 가까운 곳에 살고
있는데, 홀라온 야인에게 침해를 당하여 요양의 초하로 옮겨 거주하고자 한다

고 했다. 짐이 아직 장애의 유무를 알지 못하니, 너희들이 마땅히 편안하게 살 곳을 의논하여 변방의 방비가 해이해지지 않도록 하고 오랑캐의 마음을 상하게 하지 말라.

(勅遼東總兵官都督同知巫凱等曰, 今得建州衞指揮僉事李滿住奏, 原奉恩命, 在婆猪江住坐, 近被忽刺溫野人侵害, 欲移居遼陽草河, 朕未知有無妨礙, 爾等宜計議安置處所, 母弛邊備, 母失夷情)

이에 의하면 이만주가 선덕 연간(세종 8~17년)에는 파저강변에 본영을 두었다는 것은 의심할 수 없는 사실이다.

건주위의 위치

이만주가 파저강 유역의 어느 지방에 있었는지 알기는 매우 어렵다. 이제부터 조금 살펴보고자 하는데, 우선『서정록』을 보면 계축년 정월 갑오 조항에 다음과 같은 기록이 있다.

전 소윤 박호문과 호군 박원무를 이만주, 심타납노, 임합라 등이 있는 곳에 보내어, 야인들이 도둑질한 진위와 종류의 다소, 산천의 험난함과 평탄함, 도로의 멀고 가까운 것들을 자세히 살피게 했다.

(遣前少尹朴好問, 護軍朴原茂于李滿住、沈吒納奴、林哈剌處, 審察野人等入寇眞僞及種類多少, 山川險夷、道路遐邇)

이에 따르면 조선인은 이만주의 본영을 심타납노(沈吒納奴) 및 임합라(林哈剌)의 근거지와 같은 지방으로 생각한 것이 분명하다. 한편 파저강 토벌군의 계획을 기록한 계축년 3월 경신 조항에는 다음과 같은 내용이 있다.

한 길은 만포에서, 또 한 길은 벽동에서 함께 올라 등지로 향하고, 또 한 길은 감동에서 마천 목책 등지로 향하여 동쪽과 서쪽을 함께 거사하게 하고, 신은 소보리에서 타납노와 합라가 있는 곳으로 향하고자 합니다.

(一道自滿浦, 一道自碧潼, 共向兀剌等處, 一道自甘洞向馬遷木柵等處, 令東西齊擧, 臣則欲自小甫里向吒納奴, 哈剌居處)

파저강 토벌군의 부서

위의 기록은 이만주의 거주지를 밝히기에는 부족하지만, 실전 부서를 기술한 5월 기미 조항 기사에서는 이만주의 본거지도 타납노 및 임합라 등의 근거지와 동시에 공격했음을 알 수 있다.

4월 초 10일 강계부에 모여서 군사를 나누었는데, 중군 절제사 이순몽은 군사 2천 5백 15명을 거느리고 적괴 이만주의 채리로 향하고, 좌군 절제사 최해산은 2천 70명을 거느리고 군[거]여 등지로 향하며, 우군 절제사 이각은 1천 7백 70명을 거느리고 마천 등지로 향하고, 조전 절제사 이징석은 군사 3천 10명을 거느리고 올라 등지로 향하며, 김효성은 군사 1천 8백 88명을 거느리고 임합라의 부모가 있는 채리로 향하며, 홍사석은 군사 1천 1백 10명을 거느리고 팔리수 등지로 향하고, 신은 군사 2천 5백 99명을 거느리고 곧장 정적 임합라의 채리로 향합니다.

(四月初十日, 會江界府, 分軍, 中軍節制使李順蒙領兵二千五百十五, 向首賊李滿住寨里, 左軍節制使崔海山領兵二千七十, 向軍[車]餘等處, 右軍節制使李恪領兵一千七百七十, 向馬遷等處, 助戰節制使李澄石領兵三千一十, 向兀剌等處, 金孝誠領兵一千八百八十八, 向林哈剌父母寨里, 洪師錫領兵一千一百一十, 向八里水等處, 臣領兵二千五百九十九, 直趨正賊林哈剌等寨里)

임합라와 타납노는 이만주의 부하 장수인 듯한데, 『서정록』의 전후 기사를 살펴보면 여연 방면과 가장 밀접한 관계가 있었던 것은 임합라인 것 같다. 출병 계획에서 임합라와 타납노의 진영으로 향하는 군사의 출발점이 된 고보리(小甫里)는 『여지승람』 강계부 조항에 옛 자성(慈城)의 관할 구역으로 되어 있으므로 자성강 어귀 부근일 것이다. 공격군의 상태를 좀 더 살펴보자.

여러 장수들이 함께 약속하기를, 오는 19일에 모두 적의 소굴에 들어가는데 만일 비바람으로 날씨가 어두우면 20일로 기약했다. 윤덕이 소탄 아래 시번동구에서 강을 건너 강변에 주둔하니, 강가에 네 마리 들노루가 스스로 영으로 들어오므로 군사들이 잡았다. 윤덕이 말하기를, 노루는 곧 들짐승인데 지금 스스로 와서 잡혔으니, 실로 야인을 섬멸할 조짐이라고 하였다. 어허강 가에 이르러 군사 60명을 유둔시켜 목책을 설치하고, 19일 날이 샐 무렵에 임합라의 채리를 공격했다. 이어서 타납노의 채리의 거주지는 모두 무너졌고, 강가에서는 적 10여 명이 활을 쏘았다. (중략) 20일에 홍사석의 군마가 도착하여 윤덕과 연합했다. 사석의 군사가 31명을 생포하니, 적이 뒤에서 도전하여 그 나머지 26명을 베었다. 타납노의 동산에서 합라의 채리에 이르기까지 두루 탐색하고서 저물녘에 석문의 진영으로 물러났다.

(與諸將約, 以十九日, 幷擣賊穴, 若風雨晦冥, 以二十日爲期, 潤德自所灘下時番洞口, 過江, 駐師江邊, 有四麞自投營中, 營軍護之, 潤德曰, 麞乃野獸也, 今自來見獲實野人殲滅之兆也, 至魚虛江邊, 留兵六十, 設柵十九日昧爽攻林哈剌寨里, 仍住管沈吒納奴寨里, 皆潰去, 江邊虜十餘輩出射 (中略) 二十日, 洪師錫軍馬至與潤德會, 師錫生擒三十一, 虜從後挑戰, 乃斬其餘虜二十六, 自吒納奴東山, 至哈剌寨里, 遍歷搜捕, 日暮, 退營石門)

이에 따르면 임합라와 타납노의 근거지로 향하는 총사령관 윤덕(潤德)은 바로 시번강(時番江, 자성강) 어귀에서 출군한 것이다. 그리고 임합라, 타납노 등의 근거지가 서로 가까운 거리였다는 것도 알 수 있는데, 두 사람은 모두 파저강 상류(어허강魚虛江인 듯하다) 지역에 있었을 것이다.

이만주의 근거지

다만 이때 이만주의 근거지로 향한 중군(中軍)의 행동에 관해서는 아무 기술도 보이지 않는데, 우군(右軍)의 행동에 대해서는 조금 엿볼 수 있는 기록이 있다. 우군은 마천(馬遷) 등지로 향했다고 했는데, 마천은 감동(甘洞)에서 출군해야 하는 위치로 되어 있다. 감동은『여지승람』강계 조항에 옛 여연의 관할구역에 있다고 한 감음동(甘音洞)으로 여겨지므로, 우군이 향한 곳은 모아산(帽兒山)의 동쪽이 아니면 파저강 유역의 동쪽 끝이 되어야 한다. 토벌군이 목적지를 항상 파저강이라고 한 것을 보면 대략 후자일 것이다. 좌군이 향한 군[거]여(軍[車]餘) 지역에 관해서는 아무런 자료가 없지만, 당시의 부서를 보면 총사령관이 자성강 어귀에서 출발하여 합라(哈剌) 등의 목책으로 향했는데 별도로 중군이 있어서 이만주의 목책으로 향했고, 그리고 왼쪽에 위치한 올라(兀剌) 방면으로 향한 것 외에 따로 좌군이 있었다. 따라서 이 좌우 군대는 전체 토벌군의 좌우가 아니라, 이만주의 근거지로 향한 군사의 좌우임을 알 수 있다. 그렇다면 중군과 좌군의 위치도 우군과 멀지 않은 지점일 것이므로, 이만주의 근거지는 타납노와 합라 등보다 동쪽인 파저강의 발원지 지방이었던 것 같다. 그렇지만 조선인의 정찰 결과가 정확한지는 알 수 없고, 토벌군의 보고에도 이만주의 진영에 관한 것이 빠져있을 정도이므로 이상의 고찰이 반드시 확실하다고 보증할 수는 없다. 이때 토벌군 중에는 올라산(兀剌山, 회인懷仁의 맞은편)으로 향한 부대가 있으므로 그 지역이 이만주의 세력 범위라는 것을 짐작할 수 있다. 하지만 이만주의 부하가 여연 방면에만 오고 초산(楚山) 지방에는 온 일이 없는 것을 보면, 그의 본거지가 이와 같은 파저강 하류 지역이 아니었다고 볼 수도 있을 듯하다.

오미부와 올라산

하지만 『서정록』세종 19년의 파저강 토벌 기사에 의하면, 해당 토벌군은 강계와 이산 방면에서 출병하여 오미부(吾彌府) 및 올라산(회인 부근 및 그 맞은편 지방)으로 향했다.(제20장「고려말의 압록강 연안 영토」참조) 특히 다음과 같은 기록도 있으므로, 수년 후에 이만주는 본거지를 옮겨서 파저강 하류에 있었던 것 같다.

이만주가 지금 오미부에 있는데, 혹은 올라산성으로 옮겨 들어가 있다고도 하고, 모두 적확하게 알지 못했습니다.

(李滿住今在吾彌府, 或移入兀剌山城, 皆未的知)

이 토벌군의 보고에는 이만주에 관한 어떤 기록도 전해지지 않고 『서정록』정사년 7월 기유 조항에도 다음과 같이 기록되었을 뿐이다. 따라서 이것만으로는 이상의 추측 역시 마땅한 것인지 확신할 수 없다.

올라산성과 아한 지방을 수색했으나, 적이 모두 도망하여 숨었으므로 (중략) 오미부에 이르러서 그 적의 소굴을 포위했는데, 이미 적이 미리 알고 다 숨었다.

(搜索兀剌山城及阿閒地方, 賊皆逃遁 (中略) 到吾彌府, 圍其賊穴, 賊已預知, 皆遁)

이만주의 이주

한편 『황명실록』 정통(正統) 3년(세종 20년) 6월 조항에는 다음과 같은 기록이 있다.

건주위 장위사 도지휘 이만주가 지휘 조알인합을 보내어 아뢰기를, 예전에 파저강에 살고 있었는데 자주 조선국 군마에게 약탈 살해당하여 안온할 수 없어, 지금 조돌산 동남쪽의 혼하로 옮겨 살면서 예전처럼 조정에 온 힘을 다 바치고 감히 어긋남이 없도록 하고자 한다고 하였다. (중략) 사안을 행재의 예부와 병부에서 의논하게 하였는데, 혼하의 수초가 편리하고 변경의 성에서 가깝지 않으므로 거주하는 것을 허락했다.

(建州衛掌衛事都指揮李滿住遣指揮趙歹因哈奏, 舊住猪婆江, 屢被朝鮮國軍馬搶殺, 不得安穩, 今移住竈突山東南渾河上, 仍舊與朝廷効力不敢有違 (中略) 事下行在禮部兵部議, 渾河水草便利不近邊城, 可令居住)

이 이주는 전년도에 벌어진 조선군의 올라 방면 토벌의 결과라는 것을 미루어 알 수 있다. 따라서 그의 본거지가 이때 올라 지방에 있었던 것은 사실일 것이다.

혼하, 초하

이나바 이와키치(稻葉岩吉)에 의하면 혼하(渾河)는 지금의 혼하와 같고, 조돌산(竈突山)은 흥경(興京) 지방으로 비정된다고 한다.(『만주역사지리』 제2권 제8장 3 참조)

앞에서 인용했지만 『황명실록』에는 이만주가 정통 원년(세종 18년)에 올린 상소도 인용되어 있다.

원래 은혜로운 명을 받들고 파저강 가까운 곳에 살고 있는데, 홀라온 야인에게 침해를 당하여, 요양의 <u>초하</u>로 옮겨 거주하고자 합니다.

(原奉恩命, 在婆猪江住居, 近被忽剌溫野人侵害, 欲移居遼陽草河)

초하(草河)는 지금도 같은 이름을 가지고 있는 초하일 것이고, 이만주가 이 지역으로 이주하려고 한 것은 지리적 형세로 볼 때 이미 이곳과 연접한 파저강 하류에 있었기 때문일 것이다. 이 계획이 실행되지 못했다는 것은 정통 3년에 혼하로 이주하겠다는 상소를 보면 분명하다. 이상을 종합하면, 이만주가 처음에 길림 지방에서 와서 파저강 방면으로 이주한 곳은 그 상류 지방이었던 것 같다. 선덕 연간에 그의 부하가 홀라온과 함께 조선의 여연 방면을 침략한 것은 이때였을 것이다. 그런데 이만주 부락도 역시 홀라온에게 공격을 당했고, 조선 군대의 공격까지 받았으므로 그는 이를 피하여 하류로 옮겨 올라와 오미 지방에 근거를 둔 것 같다. 하류 유역이 토지가 넓고 경작과 목축에 편리하다는 이유도 있었을 것이다. 그리고 여전히 홀라온에게 추격을 당하자 다시 초하로 옮기고자 했으며, 조선에게 공격을 당하기에 이르러서는 다시 혼하로 옮기려고 했던 것은 아닐까.

봉주

『서정록』에는 또한 세종 19년 파저강 토벌 계획 중에 "이만주가 이미 봉주로 옮겼다(滿住已移鳳州)"는 풍문이 있었던 연유를 설명한 부분이 있는데, 봉주(鳳州)는 『요동지』의 방주(房州)로, 휘발하(輝發河)의 상류인 산성자(山城子) 부근일 것이다.(『만주역사지리』 제2권 제6장 1, 제8장 6 참조) 이만주는 파저강 연안을 떠나기 위해 초하 또는 휘발하의 상류 등 여기저기 거주지를 모색하다가 결국 혼하 상류로 결정한 것일지도 모르겠다. 참고로 『요동지』 권

7, 한빈(韓斌)의 행실을 기록한 조항에는 이만주가 소자하(蘇子河)에 살았다는 기록이 있다.

건주의 오랑캐 영은 옛날에 방주에 있었는데, 변경에서 가면 한 달 남짓인 여정이었다. 영락 연간에 오랑캐 추장 이만주가 변방에서 귀순하여 가까운 곳에서 농사와 유목할 곳을 구하자, 이에 소자하를 주었다.

(建州虜營, 昔居房州, 去邊月餘程, 永樂間, 虜酋李滿住欵塞, 求近邊種牧, 乃卽蘇子河與之)

건주영(建州營)이 영락 이전에 방주에 있었다는 것은 이만주가 영락 연간에 소자하 어귀로 이주했다는 것과 함께 오류일 것이다. 정통 5년(세종 22년)에 건주좌위가 이만주와 함께 지내게 되었을 때, 삼토하(三土河)와 파저강 서쪽 동고하(冬古河)의 양쪽 경계 사이에 거주하는 것을 허락받고 소자하 어귀로 왔다는 것은 앞 장에서 서술한 바와 같다.

삼토하와 동고하 방면

삼토하는 삼둔하(三屯河)이고, 동고하는 동악하(董鄂河)이며, 소자하는 지금도 그 이름 그대로이므로(『만주역사지리』 제8장 4 참조), 당시 삼둔하, 휘발하, 혼하, 초하의 상류 지방은 모두 건주위의 세력 범위였던 것이다. 이만주의 본거지는 혼하 방면으로 옮겨졌지만 결코 파저강 유역을 잃은 것이 아니었다. 이는 그가 이후에도 자주 건주위 및 건주좌위와 조선 사이에서 교섭했고, 성화(成化) 3년(세조 12년) 명 군사의 건주 토벌 때 조선군 역시 함께 출동하여 도왔으며, 올라산에서 이만주를 공격하여 죽인 것을 보아도 알 수 있다. 『여지승람』 의주 조항에 "압록강은 (중략) 이산군의 산양회에 이르러 포주강(발원지는 건주위이다)과 합친다(鴨綠江 (中略) 至理山郡山羊會, 與蒲州江(源出建州衛)合)"라고 한 설명에 의하면 포주강은 파저강이 분명하다.

그런데 이만주는 무슨 이유로 길림 지방을 떠나 이렇게 파저강 연안으로 이주한 것일까. 자세한 고찰을 위하여 우선 홀라온이 어떤 부족인지 알 필요가 있다.

홀라온, 올자위

홀라온(忽剌溫)은 원래 토지에 대한 호칭이고 부족 이름은 아니었다. 『황명실록』에 다음과 같은 기록이 있다.

홀라온 등지의 여직 야인두목 서양합, 쇄실합 등이 내조하여 말 130필을 조공했다. 올자위를 설치하고 서양합을 지휘사로, 쇄실합을 지휘동지로 하였다.(영락 원년 12월)

(忽剌溫等處, 女直野人頭目西陽哈, 鎖失哈等來朝, 貢馬百三十匹, 置兀者衛, 以西陽哈為指揮使, 鎖失哈為指揮同知)

총병관 도지휘사 주흥 등이 군사를 인솔하여 개원에 이르러 서양합이 흑송림에 있다는 것을 듣고, 지휘 장덕으로 하여금 수군을 이끌고 뇌온강을 따라 홀라온 착로구로 내려가게 했다. 이때 보병 역시 나아가 홀라온강에 이르러 세 길로 나누었는데, 송성이 지휘 전충장 왕[옥]로진의 군사를 인솔하여 강의 서북쪽을 경유하여 아양합의 목책에 이르렀고, 유진이 지휘 방관의 군사를 인솔하여 송화강의 북쪽 기슭과 동남쪽 착로구를 경유하여 몽고산의 목책에 이르렀으며, 지휘 경성주의 승군이 가운데 길인 홀라온강 동북쪽을 경유하여 동불의 목책으로 나왔다. 자미하의 흑송림 등지에서 야인 순지를 붙잡았는

데, 말하기를 서양합은 이미 2월에 강물이 얼었을 때 송화강을 지나갔다고 했다.(홍무 28년 6월)

(總兵官都指[指揮]使周興等率師至開元, 聞西陽哈在黑松林, 使指揮莊德領舟師順腦溫江, 下忽剌溫黽盧口, 時步軍亦進至忽剌溫江, 分為三道, 宋晟率指揮錢忠張王[玉]盧震軍, 由西北同河, 至阿陽哈寨, 劉真率指揮房寬軍, 由松花江北岸東南黽盧口, 至蒙古山寨, 指揮景誠朱勝軍由中道忽剌溫江東北, 出銅佛寨, 者迷河黑松林等處, 獲野人詢之, 云西陽哈已於二月河凍時, 過松花江)

서양합은 홀라온강 부근에 웅거했던 사람인 것 같다.

홀라온강

홀라온강은 『요동지』에 "성(개원)의 북쪽 9백 리에 있으며, 발원은 북산에서 나와 남쪽 송화강으로 유입된다(城北九百里, 源出北山, 南流入松花江)"고 했으므로, 지금의 호란강(呼蘭江)일 것이다.(『만주역사지리』 제2권 부도 「원명시대의 만주교통로도」 참조) 그러므로 홀라온은 홀라온강 부근의 송화강 북쪽 연안 지방의 총칭이다. 영락 2년 4월 조항에 "탁온강의 여직야인 두목 보노호 등이 내조하자, 올자위 백호 등의 관직을 주었다(托溫江女直野人頭目甫魯胡等來朝, 授以兀者衛百戶等官)"는 기록이 있지만, 올자위(兀者衛)가 홀라온 지역에 설치되었던 것을 참조하면 탁온강(托溫江, 지금의 둔하屯河) 부근 지역도 이렇게 총칭되었을 것이다. 또 영락 2년 정월 조항에 다음과 같은 기록이 있는 것을 보면, 멀리 있는 노아간(奴兒干) 지방도 이렇게 불렀음을 알 수 있다.

홀라온 등지의 여직야인 두목 파라답합이 내조했다. 노아간위를 설치하고 파라답합과 아라손 등 4명을 지휘동지로 삼았다.

(忽剌溫等處, 女直野人頭目把剌答哈來朝, 置奴兒干衛以把剌答哈阿剌孫等四
人, 爲指揮同知)

그런데 영락 3년 3월 조항에는 "여직 및 노아간, 흑룡강 홀라온 지역의
야인여직에게 하사했다(賜女直及奴兒干, 黑龍江, 忽剌溫之地野人女直)"고 하여,
노아간, 흑룡강이라는 명칭을 홀라온과 병기하고 있다. 따라서 보통 홀라
온이라는 명칭을 적용한 것은 홀라온강 부근과 탁온강변에 이르는 지역이
었을 것이다. 한편 앞에서 말한 올자위(兀者衛)의 경우처럼 명에서는 이 지
방의 여러 여진 부락에게 각각 위(衛)라는 명칭을 주었다. 영락 4년 윤7월
조항에서도 확인할 수 있다.

홀라온 삼각 등지의 여직야인 두목 길흑[리]길납자가난 등이 내조했다. 쌍
성, 살라아, 역마라, 탈륜, 복안 등에 5위를 설치하고, 길리길납 등을 지휘, 천
호, 백호 등의 관원으로 삼았다.

(忽剌溫三角等處女直野人頭目吉黑[里]吉納者哥難等來朝, 置双城, 撒剌兒, 亦
馬剌, 脫倫, 卜顔五衛, 以吉里吉納等爲指揮千百戶等官)

파하위, 가하위

이 외에 이른바 해서여직(海西女直)의 여러 위에도 이 지방의 것이 적지
않겠지만 그 위치는 명료하지 않다. 『황명실록』에서 관련 자료를 찾아보면
다음과 같다.

올자, 파하 등의 위가 아뢰기를, 화령왕 아로대 부락 무리들이 여러 차례 그
지역을 지나니, 그들이 침범하여 시끄러워지는 것이 두려워 병사로 그들을 막

고자 한다고 했다.(선덕 8년 2월)

(兀者把河等衛奏, 和寧王阿魯臺部衆数經其地, 恐其侵擾, 欲以兵拒之)

가하위의 지휘 내랄독 등이 지휘 복안독래를 보내어 아서 아뢰기를, 화령왕 아로대 부락의 무리들이 홀라온 지방에서 옮겨와 우리 경계 가까이로 들이닥치니 후환이 생길까 두렵다고 했다.(선덕 8년 3월)

(嘉河衛指揮乃剌禿等差指揮卜顔禿來奏, 和寧王阿魯臺部屬徙於忽剌溫之地, 迫近本境, 恐其為患)

처음에 비하위 도지휘 별리격이 아뢰기를, 올량합이 그 부리는 사람을 붙잡아 죽였다고 하여, 조정이 보복을 허락하였다. 별리격이 마침내 구한하위 도독 이합답 등과 함께 무리를 인솔하여 격로곤질련에 이르러 올량합 두목 졸적 안출 등과 싸워 그들을 크게 패배시켰다. (중략) 이때 올자위의 지휘 망랄이 별리격을 따라 여러 부에 가서 교역을 하였다. 격로곤질련의 싸움에서 달구가 그 물건을 모두 약탈하자 망랄은 그 포악함에 분해하여 다시 조정에 청하여 무리를 인솔하고 추격하여 죽이고자 하니, 이에 따랐다.(정통 9년 9월)

(初肥河衛都指揮別里格奏, 兀良哈拘殺其使人, 朝廷許其報復, 別里格遂同嘔罕河衛都督儞哈荅 等, 率衆至格魯坤迭連, 與兀良哈頭目拙赤安出等戰大敗之 (中略) 時, 兀者衛指揮莽剌随別里格, 往諸部互市, 格魯坤迭連之戰, 達寇悉掠其所齎, 莽剌忿其強暴, 復請於朝, 欲率衆追殺, 從之)

구한하위, 비하위

이들 기록에 의하면, 비하위(肥河衛), 가하위(嘉河衛), 구한하위(嘔罕河衛) 등은 올자위와 함께 올량합과 경계를 접하고 서로 가까이 있었음이 분명하므로, 홀라온 지방에 있었다고 추측할 수 있다. 이 올량합은 조선에서 말하는 올량합이 아니고, 타안(朶顏)의 삼위 중 하나인 올량합위(兀良哈衛)이다. 한편 정통 6년 2월 정유 조항에 수록된 조선 국왕(세종)의 표문에는 내과(乃胯)라는 사람이 나온다.

범찰이 (중략) 홀라온 내과 및 합음, 간찰음 등과 공모하여 신의 변경을 침략했습니다.

(凡察 (中略) 謀引忽剌溫乃胯及哈音, 看察音等, 侵臣邊)

다음 기록에도 같은 이름이 보이므로 구한하위가 홀라온이라는 것은 의심할 여지가 없다. 참고로 구한하(嘔罕河)는 호란하(呼蘭河)의 지류인 액혼하(厄渾河)일지도 모르겠다.

건주위 도지휘 이만주, 올자위 도지휘사 라탑, 구한하위 도독첨사 내과에게 칙유하여, 범찰을 타일러서 악한 일을 하지 못하게 하라고 하였다.(정통 6년 2월 임진)

(勅諭建州衛都指揮李滿住, 兀者衛都指揮使剌塔, 嘔罕河衛都督僉事乃胯, 勸諭凡察, 勿令爲惡)

구한하위의 죽은 지휘사 필전의 아들 내과(선덕 8년 7월 을해)

(嘔罕河衛故指揮使必纏子乃胯)

비하위(肥河衛)에 관한 자료를 찾아보면 다음과 같다.

사신 맹날가래, 왕흠, 왕무가 칙서를 받들고 이르렀다. 칙서에 말하기를, 상주한 내용을 보니, 홀라온이 야인의 땅으로 사로잡아 간 본국 사람 14명을 명단이 오지 않았다고 일컬어 돌려보내려고 하지 않는다고 했다. 지금 지휘 맹날가래 등의 말에 의하면 병들어 죽은 2명을 제외하고 나머지 12명이 현재 남아 있다고 하므로, 다시 지휘 맹[날]가래, 백호 왕흠, 사인 왕무 등을 보내어 칙서를 가지고 가서 비하위 등 5위 도지휘 첨사 라령합 등에게 일러서, 홀라온 지역에 가서 야인 사륭합 등에게서 찾아내어서 본국으로 돌려보내게 하였다. 만일 이미 보내어 이르렀거든 왕은 받아들여서 살 곳을 줄지어다.(『서정록』 갑인년 10월 을묘)

(使臣孟捏哥來, 王欽, 王武奉勅至, 勅曰得奏忽刺溫野人地而虜去本國人口十四名, 稱無開到花名, 不肯發還, 今原差指揮孟捏哥來等言, 除病故二名外, 其餘十二名, 見在玆, 復遣指揮孟[孟捏]哥來, 百戶王欽、舍人王武等, 齎勅往諭肥河等五衛都指揮僉事刺令哈等, 令其著[着]落忽刺溫地面野人沙隆哈等各名下, 追取送還本國, 如已送至, 王可收領給聚)

고 비하위 지휘첨사 살롱가의 아들 노올가에게 명하여 (중략) 물려받은 관직을 승진시켜 지휘동지로 삼았고, 비하위 도독첨사 별리격, 구한하위 도독첨사 이합답도 승진시켜 함께 도독동지로 삼았다. (중략) 탑산좌위 도지휘첨사 불라가[출]은 도지휘동지로 삼았고, (중략) 비하위 지휘사 교실도 도지휘첨사로 삼고, 올자우위 지휘첨사 노극은 지휘동지로 삼았다. (중략) 조정의 명령에 따라 약탈한 조선 인구를 돌려주고 멀리서 조공했기 때문이다.(『황명실록』 정통 11년 11월)

(命故肥河衛指揮僉事撒籠哥子魯兀哥 (中略) 陞襲爲指揮同知, 陞肥河衛都督僉事別里格, 嘔罕河衛都督僉事儷哈答, 俱爲都督同知 (中略) 塔山左衛都指揮僉事弗刺加[出]爲都指揮同知 (中略) 肥河衛指揮使咬失, 俱爲都指揮僉事兀者右衛指揮僉

事奴克為指揮同知 (中略) 以能遵朝命, 還所掠朝鮮人口及遠來朝貢故也)

위 내용에 의하면 비하위도 홀라온 중의 하나임이 분명하다. 『서정록』
에서 말한 "비하위 등 5위"의 명칭은 알 수 없지만 대략 구한하위와 올자위
등이 포함될 것이다. 『황명실록』 정통 11년 10월 조항에 의하면 탑산좌위
(塔山左衛) 또한 홀라온 지방이다.

여직 탑산좌위를 설치하여 인장을 주고, 탑산위 도지휘 불라출에게 명하여
인장을 가지고 사무를 관장하게 하였다. 구한하위 도독 이합답의 주청에 따른
것이다.

(設女直塔山左衛給印, 命塔山衛都指揮弗剌出, 掌印管事, 從嘔罕河衛都督儞
哈答奏請也)

목답올

한편 이상의 인용을 보면 선덕 연간부터 조선의 북쪽 경계를 침범했던
홀라온 야인이 비하위 등의 부족이었다는 것도 분명하다. 이에 관한 기록
들을 좀 더 보자.

홀라온 야인 두목 목답올 등이 조선의 인구를 약탈했다.(『황명실록』 선덕 8년 6월)

(忽剌溫野人頭目木答兀等掠朝鮮人口)

본국의 후문에서 홀라온 지방의 야인 두목 목답올, 남불화, 아로올 등이 사
람과 가축을 약탈했다.(『서정록』 계축년 3월 을해)

(本國後門被忽剌溫地面野人頭目木答兀, 南不花, 阿魯兀等搶去頭匹)

이 홀라온의 두목 목답올(木答兀)은 『황명실록』 선덕 3년 2월 조항에는 "올자 등 위의 지휘첨사 목답올이 (중략) 내조하여 말을 조공으로 바쳤다(兀者等衛指揮僉事木答兀 (中略) 等來朝貢馬)"고 한 인물과 동일인일 것이다. 정통 8년 조항에 목답합(木答哈)으로 기록된 인물도 마찬가지로, 『황명실록』에는 당시 여진의 여러 위 수장이 목답올, 목답합, 목당합(木當哈)으로 기록된 것이 아주 많다. 영락 9년 조항에 "도독 구한하위 두목 목답올"이 나오고, 선덕 10년 및 정통 2년 조항에는 "건주위 지휘첨사 목답올"(선덕 원년 조항에는 목답합), 정통 원년 조항에는 "우성위(右城衛) 지휘사 목답올"(선덕 9년 및 정통 2년 조항에는 목당합), 정통 원년에는 "익실위(益實衛) 지휘 목당합"(선덕 8년에는 목당가木當加)으로도 기록되었다. 하지만 올자위가 홀라온 지역에 설치된 것이 분명하므로 홀라온 두목으로 불렸던 목답올을 올자위의 목답올이라고 보는 것은 자연스러운 해석일 것이다.

양목답올

『서정록』에는 또 다음과 같은 기록이 있다.

외신이 그윽이 살피건대, 알목하와 파저강 등지에 흩어져 사는 야인들의 무리가 반역자 양목답올과 결당하여, 요동, 개원 등지의 군민과 부녀 및 본국의 변경 백성들을 노략질하여 종으로 삼아 부렸는데, 먼저 사로잡힌 사람들이 고생을 이기지 못하여 영락 2년 이후 연이어 본국으로 도망해 온 사람이 남녀 총계 5백 80명이었습니다. 근본을 물어 보고 상국 군민과 관계가 있는 자는 속속 관리를 보내어 남녀 5백 66명을 풀어서 돌려보냈고, 그 중의 본국 사람은 각자 직업에 따라 편히 살게 했습니다. 이 때문에 야인들이 여러 해를 두고 분을 품고 본국의 변경을 침요하여 피해가 적지 않았습니다.(계축년 4월 을유)

(外臣竊詳斡木河婆猪江等處地面散住野人等類, 與叛人楊木荅兀, 結爲群黨, 擄掠遼東開元等處軍民男婦及本國邊民, 爲奴使喚, 前頭被擄人口等不勝艱苦, 自永樂二十一年以後, 連續逃來本國, 共計五百八十名口, 審問根脚, 委係上國軍民, 節次差官, 解送五百六十六名口, 內有本國人口仍令安業, 因此野人等積年含憤, 侵擾本國邊境, 爲害不少)

근자에 파저강 등지에 흩어져 사는 이만주 등이 상국을 배반한 역적 양목답올과 결탁하여 요동, 개원 지방의 사람들을 사로잡아서 노비로 삼았는데, 고생을 이기지 못하여 본국으로 도망해 오는 자가 적지 않아 내가 대국을 섬기는 정성으로 모두 상국에 보냈다. 야인들이 원망과 분함을 품고 우리의 경계를 엿본 지 여러 해 동안이며, 선덕 7년 11월 사이에 허술한 틈을 타서 강계와 여연 구자에 침입하여 군민을 살해하고 인축과 재산을 겁탈했다.(계축년 5월 정묘)

(近有婆猪江等處散住李滿住等交結上國叛賊楊木荅兀, 其所係累遼東開元地面人物以爲奴婢者, 不勝荼毒, 逃來本國, 比比有之, 予以事大之誠, 悉送上國, 野人輒生怨憤, 窺伺我疆, 積有年歲, 至宣德七年十一月間, 乘虛突入江界閭延口子, 殺害軍民, 劫掠人畜財産)

지휘 맹날가래와 백호 최진 등이 칙서를 받들고 왔는데, 칙서에 이르기를, 보고를 받아 알목하, 파저강 등지의 야인들이 양목답올과 결당하여 거짓을 꾸미고서 요동의 군민을 노략질하고, 또 4백여 기를 규합하여 홀라온의 야인으로 가장하고 변방에 돌입하여 군민을 살해했다는 일을 자세히 알았다. 그 후에 파저강 야인 모련위 토관 도독첨사 살만답실리와 건주위 도독지휘 이만주가 지휘 아라답 등을 보내 와서 역시 아뢰기를, 작년에 홀라온의 야인 양목답올 등이 불득산에 가서 사냥하다가 왕의 나라 변방 백성들에게 말 20여 필을 도둑맞았으므로, 그 때문에 남녀 60여 명을 포로로 잡았는데, 가다가 도중에 중국 조정이 보낸 내관 장동아 등을 만나서 극진한 타이름을 듣고 포로로 잡았던 남녀를 왕의 나라로 돌려보내니, 왕이 이미 상장군 파공 등을 시켜 세 차례나 술과 예물을 가지고 사례했는데, 선덕 8년 4월 19일에 이르러 별안간 왕의 나라 군사가 네 길로 달려와서 노략질하고 공격하여, 이만주를 쏘아 부상하게 하고 그 아내와 어린 것들을 죽였으며, 또 잡혀 가고 죽은 부하와 인민이 매우 많고, 아울러 칙유와 고명 같은 것들도 빼앗아 갔다, 고 했다. 짐은 이 일의 허실이 아직 분명하지 않으므로, 전자에 양목답올이 노략질해 간 요동, 개원의 인구는 이미 사람을 보내어 찾아오게 했다. 만일 돌려보내지 않으면 따로 처치가 있을 것이고, 이제 특별히 지휘 첨사 맹날가래와 백호 최진을 보내어 칙서를 전하여 왕에게 유시한다. 동시에 홀라온 지방의 야인 목답올, 모련위 도독첨사 살만답실리, 건주위 도독 맹가첩목아, 지휘사 범찰, 건주위 도독지휘 첨사 이만주 등에게도 유시하여, 각기 잡아간 인구와 마소를 다 돌려보내도록 시켰다.(계축년 윤8월 경신)

(指揮孟捏哥來, 百戶崔眞等奉勅來, 勅曰所奏斡木河婆猪江等處野人與楊木答兀結黨飾詐, 虜掠遼東軍民, 又糾合四百餘騎, 假作忽剌溫野人, 突入邊鄙, 殺害軍民等, 事具悉, 旣而婆猪江野人毛憐衛土官都督僉事撒滿答失里及建州衛都督指揮李滿住差指揮阿剌答等來亦奏, 去年忽剌溫野人楊木答兀等往弗得山, 打圍被王邊民偸去馬二十餘匹, 因此搶擄男婦六十餘人, 行至中途, 遇見朝廷所差內官張童兒等省喩, 已盡將所搶男婦送還王國, 王已差上將把公等三次, 將酒禮往謝, 至宣德八年四月十九日, 忽有王國四路軍馬, 前來搶劫, 將李滿住射傷妻小殺死, 又搶去及殺死部下人民數多, 幷奪去勅諭告命等件, 朕以此事虛實未明, 其往者楊木答兀虜去遼東開原人口, 已遣人追取, 如不送還, 別有處置, 玆特遣指揮僉事孟捏哥來, 百戶崔眞, 齎勅諭王, 幷諭忽剌溫地面野人木答兀, 毛憐衛都督僉事撒滿答失里,

建州衛都督猛哥帖木兒, 指揮使凡察, 建州衛都督指揮僉事李滿住等, 令各將所搶去人口馬牛頭匹, 盡行給還)

목답올과 양목답올의 혼동

이들 기록에 의하면, 조선인은 홀라온 목답올을 양목답올이라고 생각한 것 같다. 그렇지만 양목답올은 앞에서 언급한 바와 같이 고주(古州, 영고탑) 방면에 있었으며, 선덕 8년(세종 15년)에 고주 방면에서 나와서 회령에 있는 맹가첩목아를 공격하여 죽인 자로서, 동시대에 압록강 방면을 침략한 홀라온과는 관계가 없다. 『황명실록』에도 양목답올의 행동이 홀라온과 교섭이 있었다고 볼만한 것은 전혀 없다. 양목답올은 명을 배반하고 그 병사를 유괴하여 두만강 방면으로 도주한 자인데, 홀라온의 여러 위(衛)에 관한 기사에서는 그러한 내용이 전혀 보이지 않기 때문이다. 조선인은 홀라온이 침략해 온 이유를 홀라온이 노략해 간 요동과 개원의 인구를 조선측에서 명에 송환한 원한으로 추측했지만, 명나라 사람을 잡아간 것은 양목답올이지 홀라온이 아니다. 조선인이 이러한 추측으로 홀라온의 목답올과 양목답올을 동일시했는지, 아니며 목답올이라는 이름을 듣고 전년부터 알고있었던 양목답올로 오해하여 이러한 추측을 한 것인지는 분명하지 않다. 그렇지만 홀라온의 목답올을 양목답올로 생각한 것은 조선인의 오류가 분명하다. 『서정록』에 수록된 조선인의 상주문에는 양목답올이라고 되어 있지만, 이에 대한 명 황제의 칙유에는 홀라온 두목을 항상 목답올이라고 칭했을 뿐 '양(楊)' 자가 붙어있지 않다. 또 양목답올에게는 결코 홀라온이라는 칭호를 붙이지 않았다. 다만 『서정록』에 인용된 칙유 속에서 볼 수 있는 건주위의 상주문에는 "홀라온 야인 양목답올"이라고 되어 있는데, 이는 잘못 베껴 쓴 것으로 '양' 자는 쓸데없이 들어간 글자일 것이다. 앞에서 인용한

『황명실록』 선덕 8년 6월 조항에 보이는 건주의 상주문에는 "홀라온 야인 두목 목답올"로 되어 있다.

홀라온의 남진

한편 홀라온은 송화강의 북쪽에 있고 압록강과는 서로 멀리 떨어져 있다. 세종도 "신이 생각하옵건대, 홀라온 지방은 본국과 멀리 떨어져 있고 본디 원수진 일이 없습니다(臣竊謂忽剌溫地面, 與本國相去夐遠, 本無讎嫌)"라고 상주했으므로, 홀라온이 조선의 북쪽 경계를 침략했다는 것은 조금 이해하기 어렵다. 때문에 조선인은 다음과 같이 건주위 부족의 유인에 의한 일이라고 생각했을 것이다.

따라서 파저강의 야인들이 유인하여 먼저 와서 도둑질을 하고서는 도둑의 괴수라고 허물을 씌운 것이며, 본디 홀라온 야인이 마음을 먹고 도둑질한 것은 아니다.

(乃緣婆猪江等處野人等誘引前來, 托爲賊首, 本非忽剌溫野人造意作耗)

하지만 이는 사건의 진상을 이해하지 못한 것으로, 사실은 홀라온 지방의 부락이 남쪽으로 이동하여 건주를 압박하고 내쫓았으며 나아가 압록강변에 이른 것으로 여겨진다.

홀라온과 파저강 방면

앞에서 인용한 정통 원년(세종 18년 병진)의 이만주의 상주문에 "원래 은혜로운 명을 받들고 파저강 가까운 곳에 살고 있는데, 홀라온 야인에게 침해를 당하여, 요양의 초하로 옮겨 거주하고자 합니다"라는 기록이 있었다.

이처럼 파저강 연안의 주거지까지 홀라온 사람에게 침해당한 것을 보면, 길림 방면의 건주가 이보다 먼저 같은 운명에 처했을 것이라는 점은 쉽게 상상할 수 있다. 다음의 『서정록』 계축년 정월 계유 조항은 과장과 오류임이 분명하지만, 조선인은 계축년(선덕 7년, 세종 14년) 이전에 이만주가 그의 본거지를 홀라온에게 빼앗긴 것을 전해 듣고 이렇게 말했을 것이다.

파저강의 도적은 (중략) 지난 임인년(영락 20년, 세종 4년) 사이에 우리 여연을 침략했는데, 그 뒤에 홀라온에게 압박당해 그 소굴을 잃고 내쫓겨, 그 가속을 이끌고 와서 강가에 살기를 애걸하기에, 나라에서 가엾이 여겨 허락한 은혜가 크다.

(婆猪江之賊 (中略) 歲在壬寅侵我閭延, 其後爲忽剌溫所迫, 逐失其巢穴, 携其家屬, 乞住江濱, 國家憐而許之國恩, 大矣)

『황명실록』 선덕 10년 2월 조항의 기록은 조금 나중에 일어난 일이다.

모련위 도독 살만답실리 및 건주위 도독지휘 이만주 등이 사신을 보내 아뢰기를, 홀라온 경내의 야인 나열독 등이 많은 사람을 이끌고 나안채에 이르러, 재물과 사람, 가축을 위협하여 빼앗았다.

(毛憐衛都督撒滿答失里及建州衛都督指揮李滿住等遣使奏, 忽剌溫境內野人那列禿等率衆至那顏寨, 劫掠人畜財物)

나안채(那顏寨)의 위치는 알 수 없지만, 이만주가 항상 홀라온의 침해를 입었다는 것은 분명히 알 수 있다. 『서정록』 병진년 7월 신해 조항에도 다음과 같은 기록이 있다.

김종서가 아뢰어 말하기를, 알타리 태수와 올량합의 복아한 등의 말이, 홀라온 올적합, 사롱합, 내이거, 모독호 등이 5월에 5백 명을 거느리고 파저강으로 나와서, 사롱합은 여연을 침략하고 내이거와 모독호는 이만주의 거처를 침략했다고 했습니다. 두 사람이 입은 달라도 말은 같으니 마땅히 믿을 만합니다, 라고 하였다.

(金宗瑞啓曰, 斡朵里反水[太守], 兀良哈卜兒罕等言, 忽剌溫兀狄哈, 沙弄哈, 乃伊巨, 毛禿戶等, 於五月, 五百名出婆猪江, 沙弄哈則侵閭延, 乃伊巨毛禿戶, 掠滿住居處, 兩人之言, 異口同辭, 宜若可信)

앞에서 인용한 정통 원년의 이만주의 상주도 이러한 사실과 관계가 있을 것이다.

홀라온과 길림 지방

이상의 고찰을 통해 볼 때 이만주가 건주 지역을 떠나 파저강 연안으로 옮긴 것 또한 사실상 홀라온에게 쫓겨난 것으로 추측할 수 있을 듯하다. 『서정록』에서 회령 지방 경략에 대한 기재를 보면 당시에 홀라온의 세력은 송화강의 상류 방면에 있었던 것 같다.

서쪽에는 홀라온이 있고 북쪽에는 혐진이 있다.(병진년 11월 정사)
(西有忽剌溫, 北有嫌眞)

홀라온은 회령에서 가깝고 도로가 평탄하다.(병진년 10월 무진)
(忽剌溫之於會寧, 道路平易, 且近)

맹날가래와 최진 등이 와서, 윤8월에 건주와 본국(조선)을 향해 떠나서, 두 곳의 포로가 된 사람과 물건을 찾아서 각각 본래 있던 곳으로 돌려보낸다고 했다.(병진년 계축 5[6]월 경술)

(孟捏哥來崔眞等來, 閏八月發向建州與本國推刷兩處被擄人物, 各還本處)

야인이 이만주의 편지를 가지고 강계에 이르러, 최, 맹 두 중국 사신이 홀라온에 가서 조선 사람과 물건들을 조사하고 만포로 해서 나온다고 했다.(병진년 계축 8월 갑오)

(野人齎李滿住書到江界, 告崔孟兩天使, 往忽剌溫刷朝鮮人物, 從滿浦出來)

최진이 김종서에게 말하기를, 우리들이 건주위 홀라온 지방에 가서 본국에서 잡혀간 사람과 물건을 찾아 가지고 강계에 도착한 연후에 포로로 잡아온 야인들을 돌려보내는 것이 좋겠다. 이는 다름이 아니라 이만주 등이 본래 예법도 모르고 완악하기가 극심하니, 이제 만약 관하 사람을 먼저 얻으면 비록 칙서가 있더라도 필시 조선 사람과 물건은 성심껏 모두 돌려보내지 않을 것이기 때문이다, 라고 하였다.(병진년 윤8월 임진)

(崔眞謂金宗瑞曰我等往建州忽剌溫地面, 刷本國被虜人物, 還到江界, 乃還被虜野人, 此無他, 李滿住等本不知禮法, 頑惡太甚, 今苦先得管下人, 雖有勅書, 必不盡還本國人物故也)

맹날가래와 최진이 파저강의 홀라온 등지로 향했다.(병진년 윤8월 임신)

(孟捏哥來崔眞向婆猪江忽剌溫等處)

이들 기록을 통해서도 파저강과 홀라온 사람의 거주지가 멀지 않았음을

알 수 있다. 『서정록』에는 또 다음과 같은 내용도 보이는데, 봉주(鳳州)는
앞에서 언급한 바와 같이 휘발하(輝發河) 상류 지방이므로 길림 지방은 아
마 여기서 2~3일 정도 거리에 있었을 것이다.

이만주가 벌써 봉주에 옮겨 가 살고 있는데, 홀라온 지방과는 2~3일 노정입
니다.(정사 7월 병오)

(滿住已移居鳳州, 忽刺溫地面二三日程)

홀라온이 파저강으로 나온 통로

『서정록』에는 세종 14년 여연에 적이 쳐들어 온 사건에 관하여 다음과
같은 기록이 있다.

문귀가 치계하기를, 건주위 지휘 이만주가 노략당했던 사람을 돌려보냈는
데, 선덕 7년 12월 29일에 난독 지휘 타납노가 사람을 보내어 보고하기를, 홀
라온 장수가 150여 인마를 거느리고 노략질하면서 난독 지방을 지나간다고 하
기에, 만주가 이 말을 듣고 본위의 인마 3백여 명을 거느리고 별빛에 앞서 가
다가, 중국 사신 장과 도독 맹가첩목아를 만나서, 수정산 입구까지 뒤쫓아 포
위하여 길을 막아서 노소 남녀 64명을 빼앗았다, 라고 하고, 관리를 보내왔으
므로 강계에서 교부했다고 하였다.(계축년 정월 임술)

(文貴馳啓, 建州衛指揮李滿住送還被擄人口, 於宣德七年十二月二十九日, 有
暖禿指揮咤納奴, 差人來報, 忽刺溫將領一百五十餘人馬搶虜, 經過暖禿地面, 滿
住聽此, 將領本衛人馬三百餘名, 星夜前去, 遇天使張, 都督猛哥帖木兒, 追至守定
山口圍住盡行奪下男婦大小六十四口, 差官送去江界交付)

칙서에 이르기를, 요사이 들으니 본국 후문에서 홀라온 지방의 야인 두목 목답올, 남불화, 아로올 등이 사람과 가축을 약탈하여 건주좌위 지방을 지나다가, 도지휘 첨사 이만주 등에게 빼앗겨, 남녀 64명이 좌위에 구류되어 있는데 아직 돌려보내지 않았다 하기에, 이미 이만주 등에게 신칙하여 빼앗은 인구를 본국으로 돌려보내게 했다, 고 하였다.(계축년 3월 을해)

(勅日比聞本國後門, 被忽剌溫地面野人頭目木答兀, 南不花, 阿魯兀等搶去頭匹, 經過建州左衛地方, 爲都指揮僉事李滿住等, 奪下男女六十四名, 拘留在衛, 不曾發回, 已勅李滿住等, 奪下前頭人口, 送回本國)

두 번째 인용문에 의하면 홀라온이 지나간 곳은 건주좌위 지역이고, 전자에는 길에서 건주좌위 지휘 맹가첩목아를 만났다고 했을 뿐이므로 양자가 조금 어긋난다. 건주좌위 지역은 회령이므로 전자가 맞을 듯하다. 명의 관리가 건주좌위 지역에 이르려면 나단부(那丹府) 지방에서 해란하 유역으로 나오는 통로를 이용했을 것이므로, 홀라온이 이만주에게 요격당한 지역은 송화강 혹은 해란하 상류 지방인 것 같다. 그렇다면 이 사건은 홀라온이 여연을 침략한 후에 모아산(帽兒山)의 동쪽에서 송화강 상류로 나와 길림 지방으로 귀환하려고 한 것으로 해석하는 것도 가능할 것이다. 아마 이 무렵 홀라온 세력은 길림 방면 및 송화강 상류 유역을 일단 풍미하여 이만주를 공격하고, 때로는 이만주 부하와 함께 압록강을 건너 조선을 침략했을 것이다. 앞에서 본 『서정록』병신년 7월 신해 조항 기사는 그 사례 중 하나일 것이다.

『서정록』에는 같은해 5월에 여연을 침범한 적들을 "5월 무자, 박안신이 치계하기를, 올량합의 5백여 기병이 여연 조명간구자에 왔다(五月戊子朴安臣馳啓兀良哈五百餘騎到閭延趙明干口子)"라고 하여 올량합으로 기록했다. 그런데 전년도 5월에도 "경인, 평안도 관찰사가 치계하기를, 본월 13일에 올량합 2천 7백 기병이 와서 여연성을 포위했다(庚寅平安道觀察使馳啓本月十三日兀良哈二千七百騎來圍閭延城)"고 했고, 5월에도 "계축, 파저강 야인으로서 귀화하여 온 자가 말하기를, 이만주가 홀라온과 더불어 여연을 침범하여 남자 두 사람을 죽이고, 남녀 7명과 마소를 사로잡아 돌아갔다고 했다(癸丑婆猪江野人來投者言李滿住與忽刺溫侵閭延, 殺男二名, 虜男婦七名及牛馬以還)"는 기록이 이어진다. 올량합, 홀라온, 건주좌위가 모두 같은 방면에서 침범해 왔으므로 조선인은 어느 부족인지를 변별할 수 없었던지, 아니면 하나하나 이들을 구별하여 기록하지 않은 듯하다.

2) 세조의 퇴양

4군의 방기

『여지승람』 강계 조항을 살펴보자.

여연폐부는 (중략) 세조 원년에 그 땅을 비워 두고 그 백성을 귀성부로 옮겼다. (閭延廢府 (中略) 世祖元年空其地, 移其民于龜城府)

무창폐부는 (중략) 세조 원년에 그 땅을 비워 두고 그 백성을 귀성부로 옮겼다. (茂昌廢府 (中略) 世祖元年空其地, 移其民于龜城府)

우예폐군은 (중략) 세조 원년에 그 땅을 비워 두고 부로 그 백성을 옮겼다. (虞芮廢郡 (中略) 世祖元年空其地, 移其民于府)

자성폐군은 (중략) 세조조에 이르러 그 땅을 비워 두고 부로 그 백성을 옮겼다. (慈城廢郡 (中略) 至世祖朝, 空其地, 移其民于府)

세조 때 4군 지역을 완전히 버리고 돌보지 않았다는 것을 알 수 있다. 따라서 이때부터 조선의 영토는 평안도에서는 강계부가 한계였고, 함길도에서는 갑산, 삼수가 오랑캐 지역 사이에 끼어 있게 된 것이다.

강계부의 북쪽 경계

강계의 북쪽 경계는 『여지승람』 강계 조항에 "동쪽으로 옛 자성군의 경계까지 130리이다(東至古慈城郡界一百三十里)"라고 되어 있다. 산천(山川)에 대해서는 이령(梨嶺)이 "부의 북쪽 57리에 있다(在府北五十七里)"고 했고, 관방(關防)은 추파보(楸坡堡)가 "부의 동쪽 30리(在府東三十里)", 상토보(上土堡)가 "부의 북쪽 1백 리(在府北一百里)"에 있다고 했다. 참고로 이 상토보는 앞에서 말한 자성강(慈城江) 입구의 상토보와는 다른 것으로, 「대동여지도」에 의하면 추파진(楸坡鎭)과 만포진(滿浦鎭)의 중간인 황청령(黃靑嶺)의 남쪽에 있다. 봉수(烽燧)는 석용봉(石茸峯)이 "부의 동북쪽 50리(在府東北五十里)", 여둔(餘屯)이 "부의 북쪽 161리(在府北一百六十一里)"에 있다고 하여, 이들을 군치의 동북쪽 한계로 삼은 것을 보면, 독로강과 자성강 유역의 분수령이었을 것이다.

삼수군의 서쪽 경계

삼수(三水)의 서쪽 경계에 대해서는 『관북지』를 참조할 수 있다.

세종조에 후주(이것은 후세 사람들의 말이므로 뒷날의 후주 관할 구역 지방이라는 의미이다)가 항상 여직 야인의 침략을 당해 서로 활 쏘는 소리가 조석으로 들렸으므로, 조정은 후주를 폐하고(세조 원년 4군을 폐한 것을 말한다), 이로써 야인과는 장진강을 경계로 삼았다. 다만 별해(지금의 장진부), 가파지(지금의 구성보) 두 진보를 장진강 서북쪽 기슭에 설치하여, 후주령과 위천령의 두 험준한 관문으로 방어하고, 그 나머지 묘파, 신방, 강구, 어면, 자작 등의 보는 야인과 강을 사이에 두고 거주하게 했다.

(世宗朝, 厚州每被女直野人之侵掠, 鳴鏑之聲, 朝夕相聞, 故朝廷廢厚州, 以與野人, 而以長津江爲界, 惟別害, 茄坡知兩鎭堡置之長津江西北岸, 以拒厚州嶺衛天嶺兩阨口, 而其餘, 庙坡, 神方, 江口, 魚面, 自作等堡, 與野人挾江而居矣)

이에 따르면 압록강 연안에서는 옛 가파지보(茄坡知堡)의 서쪽에 있는 위천령(衛天嶺)을 경계로 삼고, 그 남쪽은 장진강(長津江)을 따라 내려가 별해(別害, 장진) 부근에 이르러서는 자성강과 장진강의 분수령을 한계로 삼았을 것이다.

갑산부의 동쪽 경계

갑산(甲山)의 동쪽 경계도 세조 때에 조금 축소되었다는 것을 『여지승람』를 통해 알 수 있다.

영파보는 세종 26년에 혁파하고 세조 7년에 운총으로 옮겨 설치하니, 그 옛 터는 오랑캐 땅에 있다.

(寧坡堡, 世宗二十六年革罷, 世祖七年移設于雲寵, 古基在胡地)

유원진은 세조 6년에 혁파했는데, 그 옛 옛 터는 오랑캐 땅에 있다.

(柔遠鎭, 世祖六年革罷, 古基在胡地)

이 두 보의 소재는 분명하지 않지만, 운총(雲寵) 혹은 혜산진(惠山鎭) 보다 동북쪽에 있었을 것이다. 그렇지만 이렇게 축소된 지역은 아주 협소했을 것이고, 갑산의 동쪽 경계는 허천강 유역의 동쪽으로 이어진 산맥에 있었을 것이다. 참고로 "진지달보는 세조 초년에 혁파하고 혜산진에 합해서 소속시켰는데, 그 옛 터는 오랑캐 땅에 있다(榛遅達堡, 世祖初年革罷, 合屬于惠山鎭, 古基在胡地)"는 기록도 있지만, "진지달 봉수는 부의 북쪽 126리에 있으며 동쪽으로는 허천강구와 응하고, 서쪽으로는 인차외 서봉과 응한다(榛遅達烽燧在府北一百二十六里, 東應虚川江口, 西應因遮外西峰)"라고도 되어 있다. 같은 이름을 지닌 성보와 봉수의 위치가 너무 떨어져 있는 것 같다.

부치(府治)의 동쪽에 있는 산천으로는 장평산(長平山)이 "부의 동쪽 15리(在府東十五里)"에 있고, 가마천(加亇川)이 "부의 북쪽 2리에 있으며 진속동에서 나와 허천강으로 들어간다(在府北二里, 出鎭束洞入虚川江)"고 되어 있을 뿐이다. 운총천(雲寵川)은 "부의 북쪽 70리(在府北七十里)"에 있는데 "오랑캐 땅이 발원지이다(源出胡地)"라고 했다. 또한 관방은 혜산진(惠山鎭)이 "부의 북쪽 95리에 있다(在府北九十五里)"고 했는데 115리라는 기록도 보인다. 운총보는 "부의 북쪽 80리(在府北八十里)", 진동보(鎭東堡)는 "부의 동쪽 12리에 있다(在府東十二里)"고 했다. 봉수는 혜산속봉(惠山束峰)이 "부의 북쪽 1백 리에 있다(在府北一百里)"고 했으므로 이를 동북쪽의 한계로 삼았음을 알 수 있다. 그러므로 다음과 같은 기록은 압록강 밖의 지역을 열거한 것과 마찬가지로 갑산의 관할구역 밖에 있는 것이 분명하다.

올라한령은 혜산속 북쪽 70여 리에 있다.

(亏羅漢嶺, 在惠山東北七十餘里)

보다회산은 부의 북쪽 190리에 있다.

(甫多會山在府北一百九十里)

두리산은 부의 북쪽 2백 리에 있다.

(豆里山, 在府北二百里)

또 "동쪽으로 건주위에 이르고 동량북 경계까지 105리이다(東至建州衛東良北界一百五里)"라고 한 것은 그 접촉 지점이 분명하지 않지만, 만약 갑산의 관할 구역이 정동쪽으로 105리에 달한다는 뜻이라면 조금 멀게 잡은 것 같다.

세조가 무슨 이유로 압록강 방면에서 이러한 퇴영(退嬰) 정책을 썼는지는 분명하지 않다. 다만 『황명실록』 등에 의하면 문종과 세조 시대에는 건주위와 조선은 아주 좋은 관계를 유지했던 것 같다. 세조 12년 즉 성화(成化) 3년에 있었던 파저강 토벌은 명의 명령에 의한 것으로 조선이 건주위를 적대시한 것은 아니었다. 이 일이 영토를 물린 것과 어떤 관계가 있었는지에 대한 여부는 알 수 없지만, 조선이 방기한 강 안쪽 지역은 곧 건주위의 세력범위가 되었을 것이다.

이 경계는 청조 초에 이르기까지 계속 유지되었다는 것은 『관북지』의 다음기록을 통해 알 수 있다.

청나라 사람이 건주의 우두머리가 된 후, 후주의 오랑캐가 모두 쫓겨나고 땅이 비게 되면서 멀기도 하고 폐해도 생겼는데, 지금에 이르러 우리 땅으로 삼고 여기에 후주를 다시 설치한 것이다.

(一自淸人建州雄長之後, 厚州之胡悉被馳去, 地空害遠, 今爲我地, 此厚州之所以復設也)

24. 부록 - 왜구 지도에 대하여

부도 11. 왜구 지도 참조

이 지도는 역사상 왜구의 침략을 당한 기록이 있는 지역의 지명을 표기한 것이다. 왜구에 관해서 올바른 지도를 작성하는 것은 매우 곤란한 일이다. 관련 사료는 주로 『고려사』인데, 이 문헌에는 대체로 침략을 받은 주군(州郡)의 이름만 기록되어 있다. 다음 예를 보자.

왜가 금주를 노략질했다.(고종 10년 5월)

(倭寇金州)

왜선 1백여 척이 순천부를 노략질하고, 남원, 구례, 영광, 장흥의 조운선을 약탈했다.(충정왕 2년 4월)

(倭船百餘艘寇順天府, 掠南原, 求禮, 靈光, 長興漕船)

이들 기사가 금주(金州) 혹은 순천부(順天府)의 치소를 공격하여 노략질했다는 것은 아니겠지만, 그 침략당한 지역이 어디인지는 알기 어렵다. 심지어 다음과 같이 어느 주군이 침략당했는지조차 알 수 없는 기사도 있다.

왜선 2척이 경상도 연해의 주현을 노략질했다.(고종 12년 4월)

(倭船二艘寇慶尙道沿海州縣)

왜가 전라도를 노략질했다.(공민왕 4년 3월)

(倭寇全羅道)

양광도안렴사 전리가 급히 보고하기를, 왜가 40여 군을 노략질하고 있는
데, 머물며 지키는 병사들이 단촐하고 약하니 무인지경을 드나들듯 한다고 했
다.(신우 14년 5월)

(楊廣道按廉田理馳報, 倭寇四十餘郡, 留兵單弱, 如蹈無人之境)

그렇지만 때로는 침략 지점을 명기한 것도 있다.

왜가 금주 관내의 웅신현 물도를 노략질했다.(원종 4년 2월)

(倭寇金州管內熊神縣勿島)

왜가 고성, 죽림을 노략질했다.(충정왕 2년 2월)

(倭寇固城竹林)

왜가 전라도 모두량을 노략질했다.(공민왕 원년 6월)

(倭寇全羅道茅頭梁)

또 내륙으로 깊이 들어온 경우에는 당시의 공도를 통과했을 것이므로, 도중의 치소는 필시 이들의 위협과 노략질을 당했다고 볼 수밖에 없다. 그렇다면 똑같이 어느 주군이 노략질당했다고 기록되었어도 치소인 경우와 아닌 것이 있으며, 주군의 어떤 지점이 침해를 입었지만 역사상 그 지명이 거론된 것과 그렇지 않은 것이 있다. 하지만 현재 『고려사』 외에는 사료가 존재하지 않으므로 이들 기사를 제쳐놓고는 당시의 정황을 알 길이 없으니 어쩔 수가 없다.

한편 『고려사』 「열전」에는 종종 「세가」의 결락을 잘 보완해주는 기사가 있다. 신우 6년 8~9월에 왜구가 내지를 침구한 사건은 「세가」에는 다음과 같이 기록되었을 뿐이다.

왜가 황간현, 어해현, 중모현, 화녕현, 공성현, 청리현 등지를 불사르고, 마침내 상주와 선주 2주도 불태워 버렸다.

(倭焚黃澗, 禦侮, 中牟, 化寧, 功城, 靑利等縣, 遂焚尙善二州)

왜가 경산부의 신곡부곡을 침략했다.

(倭侵京山府薪谷部曲)

왜가 운봉현을 불태웠다.

(倭焚雲峯縣)

우리 태조가 여러 장수들과 함께 운봉에서 왜를 공격하여 크게 격파했는데, 남은 적들은 지리산으로 도망갔다.

(我太祖與諸將擊倭于雲峯, 大破之, 餘賊奔智異山)

반면 「변안열전(邊安烈傳)」에는 다음과 같이 그 상륙 지점과 행정(行程)을 상세하게 기록했다.

왜적의 배 5백 척이 진포 입구에 들어와서는 (중략) 드디어 해안에 상륙하여 주군으로 흩어져 들어가 불을 지르고 노략질을 자행하니, 나세, 심덕부 등이 진포에 이르러 [처음으로] 화포를 사용하여 그 배를 불태웠다. (중략) 살아남은 적들은 옥주로 달아나서, 해안에 상륙해있던 적과 합세하여 이산현과 영동현을 불태웠다. (중략) 또 황간과 어모 두 현을 불태웠고, 중모, 화령, 공성, 청리 등 현을 침략하고 상주를 불태웠다. (중략) 선주로 [달려가] 결국 선주도 불태웠으며 또 경산부를 침략했다. (중략) 왜가 사근내역에 주둔했다. (중략) 왜적이 마침내 함양을 도륙하고 또한 남원산성을 공격했는데, 이기지 못하고 퇴각하면서 운봉현을 불태운 후 인월역에 주둔하여 떠벌리기를, 장차 광주의 금성에서 말을 먹인 후 북쪽으로 진격할 것이라고 했다. (중략) 태조가 (중략) 운봉을 넘어서 적진과 수십 리 떨어진 황산 서북에 이르러 정산봉에 올랐다. (중략) 돌진하여 힘껏 싸워 적의 정예군이 모두 쓰러졌다. (중략) 처음에 적이 우리보다 열 배나 많았는데 그 중 단지 70여 명만이 지리산으로 달아났다.

(倭賊五百艘入鎭浦口 (中略) 遂登岸散入州郡焚掠 (中略) 羅世沈德符等至鎭浦, 用[始用]火砲焚其船 (中略) 賊脫死者, 趣沃州, 與登岸賊合, 焚利山永同縣 (中略) 又 焚黃澗禦侮二縣, 又寇中牟, 化寧, 功城, 靑利等縣, 焚尙州 (中略) [趣]善州, 遂焚善 州, 又侵京山府 (中略) 倭駐沙斤乃驛 (中略) 賊遂屠咸陽, 又攻南原山城, 不克, 退焚 雲峯縣, 屯印月驛, 聲言將穀馬于光之金城, 北上 (中略) 太祖 (中略) 踰雲峰, 距賊數 十里, 至荒山西北, 登鼎山峯 (中略) 挺身奮擊, 賊銳鋒盡斃 (中略) 初賊十倍於我, 唯 七十餘人奔智異山)

이 내용은 이성계에 관한 것이므로 『용비어천가』제50장에도 보인다. 하지만 이 기사도 옥천과 영동 부근 및 함양, 운봉 지방에 대한 지명을 조금 상세하게 나열한 것에 지나지 않으며, 경산과 사근내(沙斤乃) 사이는 그 행로조차 알 수 없다. 더구나 이런 기사도 극히 드물게 존재하는 것이다. 또 「열전」은 대개 연월을 기록하지 않았으므로, 동일한 지역에 관한 기사라도 「세가」의 기사와 같은 시기의 일인지 명확히 판단하기 어렵다. 때문에 「열전」을 함께 참조하더라도 상략(詳略)이 일관되지 않는 것은 「세가」와 마찬가지이다.

또 『고려사』기사만으로는 진상을 알 수 없는 것도 있다. 다음은 『여지승람』남해현(南海縣) 조항 기사로, 남해 부근이 왜구의 소굴이었던 것처럼 보인다.

공민왕 때에 왜구로 인하여 땅을 잃고 진주의 대야천 부곡에 임시로 터를 잡았다.

(恭愍王時, 因倭失土, 僑寓晉州大也川部曲)

경인년부터 왜구의 피해를 입기 시작하니 (중략) 현의 속현 평산, 난포현은 쓸쓸하게도 무인지경이라. 8년이 지난 정유년에는 바다를 나와 육지에서 (중략) 왜구가 모여들어 산지 46년이 되었다.

(自庚寅之歲, 始被倭寇 (中略) 縣之屬縣, 平山, 蘭浦, 肅然無人, 越八年丁酉, 出海而陸 (中略) 爲倭寇之淵藪者垂四十六禩矣)

그런데 남해에 왜구가 침략하여 노략질한 사건은 「세가」에는 충정왕 3년 11월 및 공민왕 10년 3월 조항에 기록이 있고, 「열전」에는 「정지전(鄭地

傳)」에 신우 9년의 사건이 있기는 하지만 그리 빈번하게 침략을 당했다고 보이지 않는다. 진상이 엇갈리는 기사들인데, 「세가」 공민왕 18년 7월 조항에 의하면 "거제 남해현에서 투항한 왜인들이 배신하고 자기 나라로 돌아갔다(巨濟南海縣投化倭叛, 歸其國)"고 했으므로, 한때 여기에 체류했던 일본인이 적지 않았을 것이다. 경상도 및 전라도 연해 섬들의 지리적 형세를 볼 때 거의 그들에게 점령되었다고 해도 틀리지 않을 것이다. 그 중에는 그들의 근거지도 있었을 것인데 『고려사』에는 분명히 드러나지 않는다. 다음과 같은 기록을 보면 거제도, 덕적도(德積島) 및 축산도(丑山島)는 모두 왜구의 근거지로 이용된 일이 있는 듯하다.

처음에 왜인이 거제에 살면서 영원히 화친을 맺기를 원하니 나라에서 이를 믿고 허락했는데, 이때에 이르러 들어와서 노략질을 했다.(「세가」 공민왕 18년 11월)

(初倭人願居巨濟, 永結和親, 國家信而許之, 至是入寇)

왜가 정박하여 덕적도와 자연도의 두 섬에 크게 집결했다.(「신우전」 원년 9월)

(倭舶大集德積紫燕二島)

적이 이미 부녀자들과 옥백을 실어 덕적도에 두고 다시 37척의 배로 와서 노략질했다.(「최영전」 신우 3년)

(賊已載婦女玉帛, 置德積島, 復以三十七艘來寇)

왜선 28척이 축산도에 정박했다.(「신우전」 11년 5월)

(倭船二十八艘泊丑山島)

왜적이 모두 축산도를 거쳐서 들어와 노략질했다.(「윤가관전(尹可觀傳)」)

(倭賊皆由丑山島入寇)

이 외에 역사상에 나타나지 않은 근거지도 적지 않았을 것이다.

덧붙이자면 『여지승람』 거제현(巨濟縣) 조항에 "원종 12년에 왜적이 침략하는 바람에 땅을 잃고 거창현의 가조현에 임시로 터를 잡았다(元宗十二年, 因倭失土, 僑寓居昌縣之加祚縣)"고 했는데, 거창군(居昌郡) 조항에는 "가조현은 (중략) 원종 때 거제현이 삼별초의 난을 피해 임시로 이곳에 옮겨 와서 살았다(加祚縣 (中略) 元宗時, 巨濟縣避三別抄之亂, 僑治于此)"고 되어 있다. 원종시대는 왜구가 아직은 창궐하지 않던 때이고, 원종 「세가」 12년 조항에 삼별초가 경상도 연해의 섬들을 약탈했다는 기록이 보이므로 후자의 기사가 맞을 것이다.

역사 기록에는 변방을 지키는 신하가 공로를 자랑하기 위해 날조한 허구 보고에 의한 것도 혼재할 것이다. 「왕안덕전(王安德傳)」의 다음과 같은 기록은 우연히 역사에 남은 한 예일 것이다.

인철이 조정으로 돌아와 거짓말하기를, 신이 안덕, 인계, 인해를 독려해 직산현에서 왜적을 쳐서 50여 명의 목을 베자 적이 궤멸하여 달아났다고 하니, 신우가 이를 믿었다.

(仁哲還朝妄言, 臣督安德, 仁桂海, 擊倭于稷山縣, 斬五十餘級, 賊奔潰, 禑信之)

「신우전」 8년 4월 조항에는 "화척들이 무리를 지어 왜적을 사칭하면서 영해군을 침략하여 관아와 민가를 불살랐다(禾尺群聚, 詐爲倭賊, 侵寧海郡, 焚公廨民戶)"는 기록이 있는데, 이런 부류가 왜구로 보고된 것도 없지는 않을 것이다. 부랑자들이 왜구라는 이름을 빌려서, 혹은 결합하여 위협하거나 노략질을 한 것도 적지 않았을 것이고, 깊게 내륙까지 침입한 왜구는 필시 토착민의 인도나 협력을 받았을 것이다.

역사 기록에 이상과 같은 사정이 있으므로, 그 지명을 표기한 본 지도에 많은 허위가 포함된 것은 분명하다. 다만 대세를 살피기에는 큰 오류가 없을 것이다. 덧붙여 지도상에 표시한 진로는 내륙으로 깊이 침입한 사례 중 가장 뚜렷하게 파악할 수 있는 것을 선택한 것이다. 점선을 사용한 것은 추정 진로이다. 년월은 다음과 같다.

부여, 공주 방면 : 신우 2년 7월

울주(蔚州), 양주(梁州), 밀성(密城), 영산(靈山) 방면 : 신우 3년 4월

안악(安岳), 봉주(鳳州) 방면 : 신우 3년 7월

옥천(沃川), 진동(珍同), 회덕(懷德) 방면 : 신우 4년 10월

진주(晋州), 거창 방면 : 신우 5년 9월

보주(甫州), 예안(禮安)에서 죽령을 넘어 영월 지방까지 : 신우 8년 3월

울주, 경주, 대구 방면 : 신우 8년 6월

진포(鎭浦)에서 옥천, 황간(黃澗), 상주(尙州), 선주(善州), 경산(京山)을 거쳐 함양(咸陽), 운봉(雲峯), 지리산까지 : 신우 6년 8월, 9월

의성(義城), 의흥(義興), 영주(永州), 영안(永安), 순흥(順興), 평창(平昌), 횡천(橫川) 방면 및 대구, 경산, 선주, 지례(知禮) 방면 : 신우 9년 6월, 7월

회양(淮陽), 김화(金化), 양구(楊口), 춘천, 가평 방면 : 신우 9년 9월

안성(安城), 음죽(陰竹), 괴산(槐山) 방면 : 공양왕 2년 6월

이 외에 문헌상 나타나는 지명이지만 소재지를 알 수 없어 표기하지 못

한 것들이 있다. 다음과 같다.

장암(長嵒), 서두양(茅頭梁, 전라도 옥구沃溝 부근인 듯), 내포(內浦, 전라도인 듯), 대

도(代島, 전라도인 듯), 이작도(伊作島, 전라도인 듯), 여주도(汝走島), 목미도(木尾島),

안성소(安城所, 『여지승람』에 금산에서 동남쪽으로 140리에 있다고 함), 목주흑참(木州黑

站), 고성 적전포(固城赤田浦), 답곡창(畓谷倉, 삼척 방면), 대치(大熾, 영흥 방면인 듯).

부도

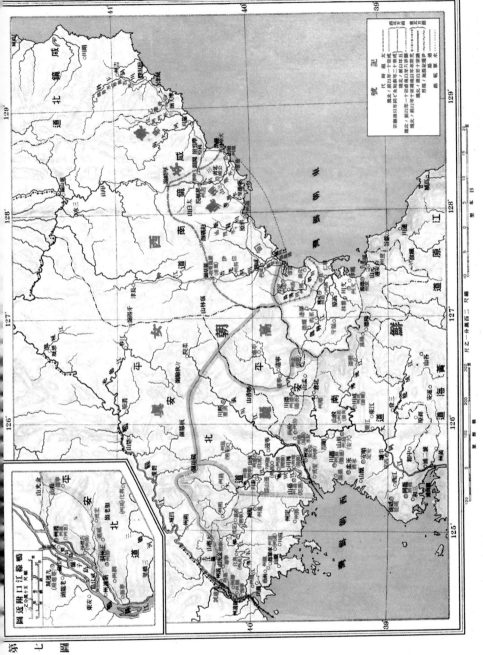

부도 7. 고려의 북경 개척

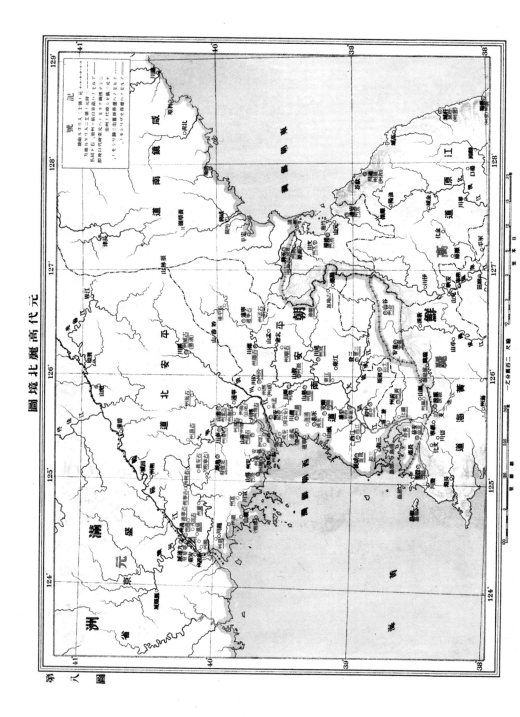

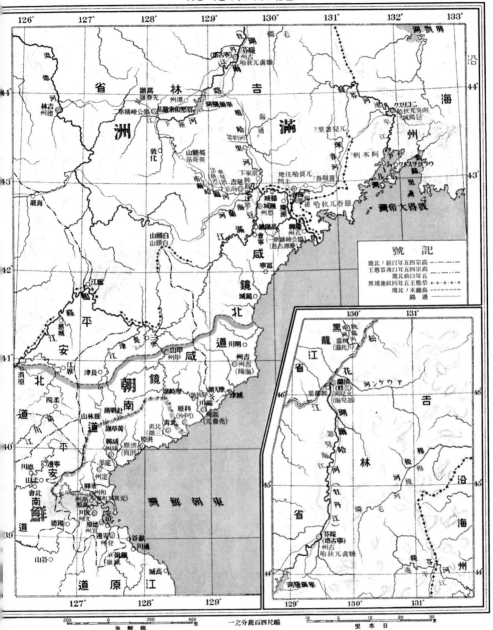

부도 9. 고려말의 동북경

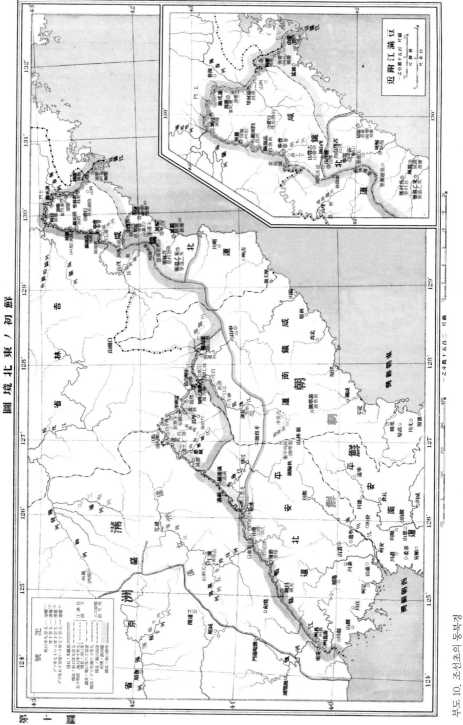

부도 10. 조선초의 동북경

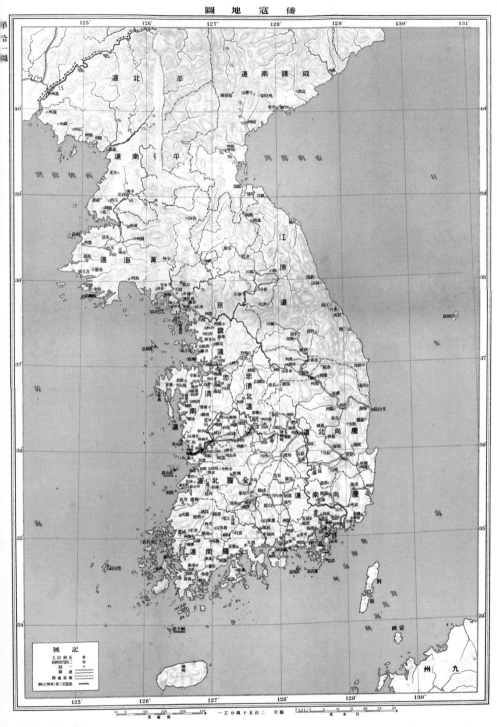

부도 11. 왜구 지도

부도 **481**

『조선역사지리』 해제

『조선역사지리』해제

복 기 대

1. 일본의 역사학과 『조선역사지리』

　일본은 1800년대 후반 당시 유럽에서 정립이 되기 시작한 근대역사학의 필요성을 인식하고 도쿄제국대학에 처음 역사 관련 전문분야를 설치했다. 근대역사학을 가르칠 학자가 없었으므로 당시 유럽 학계에 큰 영향력을 지녔던 랑케(Leopold von Ranke)의 제자인 리스(Ludwig Riess)를 교수로 임명하고 역사학을 가르치기 시작했다. 그는 투철한 실증주의 연구방법론으로 학생들을 훈련시켰다. 하지만 당시 일본에 도입된 역사학이라는 학문은 문헌에 기록된 유적을 확인하는 정도였고, 고고학은 석기시대, 금속기시대를 구분하는 정도였을 정도로 모든 것이 서툴렀던 시기였다. 이런 배경에서 성장한 일본의 1세대 역사학자의 대표가 나이토 코난(內藤湖南), 도리이 류조(鳥居龍藏), 구로이타 가쓰미(黑板勝美), 시라토리 구라키치(白鳥庫吉) 등이다. 이 중 나이코 코난은 언론과 정계에 막대한 영향을 끼쳤던 중국사 전문가였고, 도리이 류조는 고고학과 인류학 쪽을 집중 연구했으며, 구로이타 가쓰미는 동북아시아 역사와 일본 역사를 어떻게 정립할 것인가 하는 연구 이론을 정립했고, 시라토리 구라키치는 현장 역사를 연구했는데 특히 만주 역사에 집중했다.

일본을 넘어 한국, 중국, 만주 지역까지 본격적 연구 대상으로 삼은 이들의 연구는 1900년대에 들어서면서 점점 가속된 것으로 보인다. 대표적인 것이 광개토왕비 조사를 비롯한 만주 지역 유적에 대한 조사였다. 이후 한일합병에 이르면서 이러한 연구들은 조선과 만주 지역을 경영하는 실질적 토대를 만들어갔다고 여겨지는데, 구로이타는 일본사를 중심으로 새롭게 병합한 오키나와, 대만, 대한제국의 역사를 일본의 지방사로서 편입하는 제국주의 사관을 주장하게 된다. 이 논리는 중국의 동북공정 과정에서 한국의 역사가 중국의 우산 아래 있다는 주장의 근거로 활용되었다.

일본은 러일전쟁 승리 이후 본격적으로 만주에 영향력을 행사하기 시작했는데, 그 전위대가 영국과 네덜란드가 설치한 동인도회사를 본떠 만든 남만주철도주식회사(만철)였다. 만철은 경제적으로 만주에 투자하고 개발하는 회사였지만 광범위한 분야에서 만주 지역 연구를 지원했다. 역사학도 그 한 분야로서 시라토리의 요청에 의해 1908년 1월 역사조사부가 설치되었다. 만철의 역사조사부는 1915년 도쿄제국대학으로 이관될 때까지 조선과 만주 지역의 연구에 집중하여『만주역사지리(滿洲歷史地理)』 2권,『조선역사지리(朝鮮歷史地理)』 2권 및 부도,『임진왜란(文禄·慶長の役)』(정편)을 연구 결과보고로 발간했다.

본 역서는 1913년에 간행된『조선역사지리』 2권을 완역한 것으로, 쓰다 소키치(津田左右吉)가 단독으로 집필하고 시라토리가 감수한 것으로 되어 있다. 시라토리는 서문에서 역사조사부 연구의 목적을 다음과 같이 천명하고 있다.

반도는 일본에 합병되었고, 그 땅의 경영과 백성에 대한 보호와 유도가 일본 국민의 임무가 되기에 이르렀다. 따라서 한반도의 과거 및 현재 사정에 관한 확실하고 정밀한 지식이 더욱 간절해졌다. 동시에 정치적 위치의 변천에 따라 종래 비각(秘閣)에 다발로 보관되어 있던 저들 나라의 도서도 점차 세상에 나오기에 이르렀으니, 한반도에 관한 학술적 연구도 지금부터 점차 활발해질 것이다. 특히 사적(史籍)의 기록에 의지하는 일이 많은 역사 연구는 이제 비로소 실마리를 푸는 기회를 얻었다고 할 수 있을 것이다. 우리의 사업이 지향하는 바는, 이러한 때를 맞이하여 학계에 미력을 다함으로써 착실한 학술적 연구의 기운을 촉진하는 데 일조하고자 하는 것이다. 동시에 한반도의 실질적 경영에 대하여 학술상으로 다소의 참고 자료를 제공하고자 하는 것이다.(『조선역사지리』 서문)

이 주장은 『만주역사지리』 서문에서도 반복되는데, 조선과 만주의 경영에 관한 실제적 필요에 부응할 수 있는 학문연구의 필요성을 강조하는 것이다. 결과적으로 이들의 연구는 일본이 한반도와 만주 지역으로 진출하는 기본 정책을 짜는 데 기초가 된 것으로 보인다. 뿐만 아니라 『조선역사지리』는 이후 일본의 조선사 연구의 기본 토대를 제공하게 된다.

『조선역사지리』의 기본적인 연구 태도는 본문 중의 다음과 같은 서술에서 명백히 알 수 있다.

우리는 고려 사람이 그 영토권을 요구할 때 역사적 연유를 항상 사실보다 과장되게 말하는 버릇이 있었다는 것을 알고 있다. 본장 제3절 첫 부분에 인용한 서희의 말 중 "압록강의 안팎 또한 우리 땅이다"라는 것을 상기해 보자. 「지리지」의 기재가 직접적으로 이러한 정치상의 목적을 지닌 것이 아니라고 해도, 한편으로 그 영토 보유에 대한 역사적 자존심 때문에, 또 한편으로는 중국에 간접적으로 확실한 영토권을 주장하기 위해, 고려시대의 정부 당국자가 어느 때인가 날조하여 억지로 끌어다 붙였을 것이다. 성종 12년 이후에 설치되어 옛 이름이 없는 경우에는 단지 새 이름을 만들면 되지만, 그 이전에 설치되어 주(州)가 아니었던 시대의 명칭이 사람들의 기억에 남아 있는 경우는 이를 고려하지 않을 수 없다. 그렇다고 그 명칭을 사용하기에는 다른 새로 만든 주(州)의 이름과 조화를 이루지 못할 우려가 있다. 따라서 전례에 따라 '옛 이름'을 새로 만드는 한편, 진짜 옛 이름은 살려서 "아무개라고도 한다"라고 덧붙여서 남겨두었을 것이다. 때문에 필자는 앞의 고증에서 이러한 주기(註記)를 근거로 채택했고, 또한 덕주가 장덕진, 철주가 동산이라는 것을 인정할 수 있었다(동산銅山은 행정구획의 명칭이 아니라 지명일 것이다). 다만 흥덕, 박릉, 광화 세 가지의 예외가 있는 점에 대해서는 약간 설명하기 어렵지만, 옛 이름을 새로 만들 때 문자의 고상함 때문에 우연히 채택했다고 볼 수도 있을 것이다. 「지리지」의 사례 중 주에는 모두 옛 이름을 억지로 끌어 붙였지만 진에는 옛 이름이 남아 있는 것이 하나도 없고, 후년에 진에서 주로 승격한 운주, 개주, 연주(燕州)에도 옛이름이 없다는 점으로 보아 이상의 추측이 잘못된 것은 아닐 것이다. 주와 진은 때에 따라서 구별된 것에 불과하고 고정불변의 것이 아닌데, 주에는 옛 이력이 반드시 존재하고 진에는 없다는 것은 조작의 흔적이 분명하다는 증거이기 때문이다.

쓰다 소키치가 고려 서북경의 주와 진의 위치를 고증하며 『고려사』 「지리지」를 비판한 부분이다. 쓰다는 "한국 사람들은 거짓말을 잘한다. 그 대표적인 사람이 고려 시대 서희이다. 따라서 『고려사』 「지리지」를 비롯한 한국 사서는 신뢰할 수 없다"는 기본 전제 위에서 연구를 진행하고 있다.

그 결과 『조선역사지리』에서 확정
된 조선사의 시공간적 범위는 다음
과 같이 규정되었다. 첫째, 조선사
는 기원전 3세기 무렵 중국의 영향
아래 위만이 지금의 평안도 평양에
서 처음 나라를 세운 것부터 시작
하며, 이 평양이 역사지리의 표준
점이라는 것. 둘째, 조선사의 범위
는 어느 시대이든 절대로 지금의
압록강이나 두만강을 넘어서지 않
는다는 것. 셋째, 한반도 남부는 임

그림 1. 쓰다 소키치

나일본부가 존재하여 고대부터 일본이 지배했다는 것이다. 한국사의 무대
를 현재의 압록강 동쪽과 두만강 이남으로 한정하는 이른바 반도사관이 확
립된 것이다.

　이러한 인식은 만철의 역사조사부 출범 직후 체결된 간도 협약에서 대
한제국과 청나라의 국경선이 현재의 압록강과 두만강으로 획정된 것과 결
코 무관하지 않다. 그런데 문제는 한반도의 북부 지역도 중국의 역사 무대
로 생각하고 지도를 그리기 시작했다는 점이다. 나아가서는 한반도 북부
지역과 만주 지역을 '만주사' 또는 '요동사'라는 개념으로 이해하기 시작했
고, 점점 중원과 만주를 분리하기 시작했다. 이는 일본 제국이 만주국을 세
우는 과정과 함께 진행되며 만주사 편찬 사업도 추진되었다. 그리고 한반
도 남부지역은 일본의 속령으로서 임나일본부의 지배를 받았다는 구도에
이르면 사실상 한국사를 없애는 작업이었다고도 할 수 있을 것이다.

　쓰다는 『삼국사기』, 『고려사』와 같은 한국 사료를 전혀 신뢰하지 않았으나 필요에 따라 이용하기도 했다. 만주 지역을 한국사의 무대에서 제외하고 늦어도 고려시대부터는 한반도 중심으로 이해하는 인식은 1700년대 후반 조선의 학자들에게서도 보인다. 대표적으로 정약용을 들 수 있는데, 쓰다를 비롯한 일본 학자들은 『아방강역고』(장지연 편 『대한강역고』, 1903)를 적극적으로 인용했다. 이외에 『조선역사지리』에 가장 많이 활용된 자료는 『신증동국여지승람』과 『대동여지도』이다. 『신증동국여지승람』은 조선 전기에 편찬됐다가 조선 후기에 개수된 지리서로서 각 지역의 행정구역 분할, 연혁, 산천 지리 및 특산물을 기록한 것이다. 『대동여지도』는 특히 북계의 지리 고증 대부분에서 근거로 활용하고 있는데, 조선 후기 국경이 명시된 다른 지도들은 거론되지 않고 유독 『대동여지도』를 중시하는 경향이 보인다. 앞에서 인용했듯이 쓰다는 『고려사』 「지리지」를 조작이라고 신랄하게 비판하면서 조선 중기 이후에 출판된 『신증동국여지승람』과 제작 과정이 뚜렷하지 않은 『대동여지도』를 근간으로 이전 시대의 지리고증을 한 것이다. 『대동여지도』는 이후 총독부의 조선사편수회에서도 적극적으로 활용했는데, 그들이 편찬한 『조선사』(제6편 제3권[1])에도 수록되어 있다. 『조선사』 편수의 기본 사료가 『조선왕조실록』이었다는 점을 생각하면 『실록』에서 확인되지 않는 『대동여지도』 제작 과정을 상세하게 수록한 것은 이례

‖‖‖‖‖‖‖‖‖‖‖‖‖‖‖‖‖‖‖‖‖‖‖‖‖‖‖‖‖‖‖

1) 철종 12년 12월 30일(계미) 【김정호가 대동여지도를 만들다】
    이해에, 김정호가 대동여지도를 교간(校刊)했다. 정호는, 자는 백온(伯溫), 스스로 호를 고산자(古山子)라 하고, 깊이 여지학(輿地學)에 마음을 두었다. 팔역(八域) 산천을 산을 넘고 물을 건너서 길을 가서, 제법(諸法)의 수리(輸贏)를 상세히 열람하여, 청구도(靑邱圖)를 만들었다. 다시 또 고구를 거듭하기를 10수 년, 마침내 이 지도를 만들었는데 스스로 그리고 스스로 팠다고 한다. 상세하고 정밀함이 극에 달한다.(대동여지도, 청구도제(靑丘圖題), 대동지지(大東地志)1, 이향견문록(里鄕見聞錄) 권8 김고산정호, 오주연문장전산고45 지지변증설)(조선사편수회 편, 『조선사』 제6편 제3권, p.621.)

적인 일이다.[2]

이와 같이 한국사를 '반도' 안에 고착시킨 『조선역사지리』는 바로 일제 강점기 조선사 편수사업의 기초로 활용되었고 총독부의 식민통치를 위한 '창지개명(創地改名)'에 기본적인 자료가 되었다고 할 수 있다. 그리고 만주 역사조사부의 연구 사업은 1915년 도쿄제국대학으로 옮겨져서 『만선지리 역사 연구보고』 16권으로 간행되었다. 당시 총장이자 남작의 귀족 신분을 가진 이학박사 야마카와 겐지로(山川健次郞)는 만주역사조사부의 역사지리 연구 사업을 이어가는 의미를 다음과 같이 발표했다.

남만주에 우리의 세력이 수립되고 조선이 제국에 병합된 후 이 방면에서 제 반의 경영이 날로 진척됨과 동시에 그 외에 다른 사물에 대한 학술상의 조사 도 점차 우리 학계에 의해 착수되고 있다는 것을 크게 기뻐하는 바이다. 그렇 지만 학술 연구는 그 관계하는 바가 광범위하고 또한 시간과 재력을 요하는 바가 크기 때문에 뜻이 있다 하더라도 마음대로 종사할 수 없다는 점이 유감 이었다. 이전에 남만주철도회사가 역사조사실을 마련하여 만주 및 조선에 관 한 역사학상의 조사를 처음으로 시작한 것은 이 결함을 잘 보완한 것으로, 학 계에 공헌하는 바가 적지 않았다는 것은 말할 필요도 없다. 이 조사는 문과대 학 교수 문학박사 시라토리 구라키치씨가 주재했고, 그 결과의 일부는 5권의 보고서로 완성되어 이미 공개됐다. 그런데 이처럼 순수한 학술 연구는 실질적 경영을 목적으로 하는 동 회사의 사업으로서 다소 불편함이 없지 않았기에,

----

2) 『대동여지도』에 조선 후기의 국경선이 압록강과 두만강을 경계로 정확하게 명시된 것은 사
    실 이해가 되지 않는 일이다. 그와 같은 국경선이 확정된 것은 간도협정에 이르러서이고,
    그 이전은 관리상태가 엉망일지라도 조선의 국경선은 그 너머에 있었다. 제작 과정에 대한
    상세한 연구가 필요할 것이다.

동 회사는 우리 도쿄제국대학에서 이것을 계속할 것을 희망했고, 종래 수집한 도서와 참고자료 등을 기부하고 일정한 비용을 제공하겠다는 제의를 해 온 것이다. 본 대학은 기꺼이 승낙하여 문학사 야나이 와타리(箭內亙), 문학사 이케우치 히로시(池內宏), 문학사 마쓰이 히토시(松井等) 및 쓰다소키치(津田左右吉) 네 사람을 촉탁하여, 올해 1월부터 만주 및 조선의 지리역사 조사에 종사하게 했다. 그 결과는 조사의 진행에 따라『만선지리역사 연구보고(滿鮮地理歷史研究報告)』라는 제목으로 본 대학에서 공간(公刊)하려고 한다. 본 대학은 이 조사로 훗날 일관된 만주 및 조선의 역사를 편찬할 희망을 갖게 되었지만, 이에 앞서 특수한 문제에 관해 연구할 필요성이 적지 않으므로, 보고서에는 그러한 연구 결과를 주로 채택하여 수록하게 될 것이다. 학술상의 문제는 사람에 따라 주장이 다를 수밖에 없는 일이므로 이 보고에 수록된 논문에도 견해가 일치되지 못한 부분이 있다. 그렇지만 이야말로 자유로운 학술 연구라는 본래의 취지에 따른 것이라고 생각한다.(『만선지리역사 연구보고』제1 서문)

　『조선역사지리』와『만주역사지리』의 작업을 토대로 발전시킨 연구 논문들로 이루어진 이 보고서는 제국 일본의 시각으로 이루어진 동북아시아 역사 연구의 집대성이라고 할 만한 것이다. 이에 대한 연구 또한 필요하다고 여겨진다.

2.『조선역사지리』의 비판적 읽기

　『조선역사지리』에서 볼 수 있는 한국 고대사에 대한 기본 인식은 쓰다 소키치의 머리말에 이미 제시되어 있다.

한반도의 상황이 세상에 알려지게 된 것은 중국의 전국시대(서기전 403~221) 부터이다. 전국시대 말기에 한반도의 서북쪽에 한 왕국이 있었는데, 중국 열국(列國)의 하나인 연(燕)이 요동지방을 병유하게 되면서 이 나라와 국경을 접하게 되었고, 뒷날 복속되었다. 소위 기씨(箕氏) 조선이다. 한(漢) 초기(서기전 2세기 초)에 연에서 망명한 위만(衛滿)이 기씨를 대신하여 새로운 왕조를 열었지만, 그의 손자 우거(右渠) 때 수도 왕험성(王險城, 지금의 평양)이 한에 공략당해 멸망했다. 이때가 한 무제(武帝) 원봉(元封) 2년(서기전 109년)이다. 한은 그들의 옛 거주지(지금의 평안, 황해, 경기 지방)를 손에 넣고 낙랑군(樂浪郡)을 두었다. 조선의 북쪽 경계는 한 초기부터 패수(浿水)로 정해져 있었으며, 낙랑군이 설치되었을 때는 속현의 하나로 패수현(浿水縣)이 있었다. (중략) 낙랑군의 남쪽, 즉 한반도의 남쪽 반을 점유한 민족은 한족(韓族)이었다. 한족은 마한(지금의 충청, 전라 지방), 진한(지금의 경상북도 지방) 및 변한(변진, 지금의 경상남도 지방)의 세 부분으로 나뉘어, 마한에는 54국이 있었고 진한과 변진에는 각각 12국이 있었다고 한다.

중국의 전국시대 말기, 서기전 3세기 무렵에 한반도 서북지역에 나라가 세워졌다고 한국사를 인식한다. 그 최초의 나라가 연나라와 접촉한 기자조선으로, 연나라에서 망명한 위만이 새롭게 세운 위만조선에 멸망 당했고, 위만조선은 다시 한나라 무제에 멸망 당했다고 정리했다. 한나라 무제는 위만조선의 영토인 지금의 평안, 황해, 경기지방에 낙랑군을 설치했으므로 한반도 북부가 중국의 속령이 된 것으로 보았다. 반면 한반도 남부지역은 한족(韓族)에 의한 마한, 진한, 변한 세 영역으로 분할되어 있었고 이를 통틀어 삼한이라고 칭했다. 『조선역사지리』는 한국 고대사에 대한 이러한 인식 아래 그 강역 연구의 틀을 설정했다고 할 수 있다.

특히 『조선역사지리』의 첫 번째 논고가 「패수고」인 것을 보면, 패수와 고구려 평양의 위치를 지리 고증의 기준점으로는 삼고 있다고 여겨지는데, 이는 패수와 평양, 낙랑이 서로 연관되어 있으므로 그 위치를 정하면 모든 것을 순조롭게 할 수 있기 때문이다. 이는 반대로 말하면 이 위치의 설정에 따라 전체적 강역이 잘못 고증될 수 있다는 의미이기도 하다. 이하 『조선역사지리』의 지리고증에서 다시 검토해야 할 주요 논점들을 간단히 언급해두고자 한다.

1) 지리고증의 기본 전제로서 패수와 평양

『조선역사지리』는 지리를 고증할 때 자연 지형지물을 가장 중요하게 활용하고 있다. 특히 낙랑과 고구려 평양성을 고증하는 과정에서 절대적 가치를 가진 자연 지형지물은 '패수(浿水)'이다. 그 이유는 낙랑군과 고구려 평양성 모두 패수와 관련을 두고 있기 때문이다. 먼저 일본 학자들이 패수 또는 패수현(浿水縣)의 위치에 대하여 어떻게 분석하고 있는지 확인해보면 다음과 같다.

『사기정의(史記正義)』에 인용된 「지리지」에는 "패수는 요동의 변방 밖에서 나와 서남쪽인 낙랑현에 이르러 서쪽 바다로 들어간다(浿水出遼東塞外, 西南至樂浪縣, 西入海)"는 기록이 있다. 낙랑현은 낙랑군이며, 요동의 변방 밖에서 나와 서남으로 흘러 낙랑군에 이르러 바다로 들어가는 강물이 압록강이라는 것에는 이의가 없을 것이다. 다음으로 『한서』「지리지」의 주석에 "찬이 말하기를, 왕검성은 낙랑군의 패수 동쪽에 있다고 했다(瓚云, 王險城在樂浪郡浿水東也)"는 기록이 있다. 왕험성이 평양이라는 것은 의심할 여지가없으므로, 패수는 압록강이 될 수밖에 없을 것이다.

후대에 이르러 대동강이 패수로 불리게 된 것은 (중략) 압록강 및 대동강이 고구려 영토로 귀속된 후, 한 걸음 더 나아가 말하자면 평양이 고구려의 수도가 된 후의 일일 것이다. 다만 그것이 한인 혹은 고구려인의 오해로부터 나왔는지, 혹은 고구려인이 고의로 가져다 붙인 것인지는 알 도리가 없다. 이렇게 생각하면 패수라는 명칭이 압록강에서 대동강으로 옮겨진 시기와 이유를 잘 이해할 수 있고, 역도원이 『수경주』에서 밝힌 부분도 알 수 있다.

이 고증 과정을 보면 지금의 패수를 압록강이나 대동강으로 고증한 근거는 장수절이 서기 730년대에 쓴 『사기정의』에 인용된 내용이다. 그런데 원래 『수경』의 기록은 이와 반대로 "패수는 낙랑 누방현에서 시작되어 동남으로 임패현을 지나 동쪽으로 바다에 들어간다(浿水出樂浪鏤方縣. 東南過臨浿縣 東入于海)"라는 것이다. 이 '동쪽'이 역도원에 의해 '서쪽'으로 바뀌었고, 『수경주』의 오류를 장수절 『사기정의』에서 그대로 받아 쓴 것이다. 그리고 일본학자들도 그 내용을 그대로 받아썼다. 쓰다 소키치도 '동'과 '서'가 뒤바뀐 것을 언급했는데, 그는 『수경』 쪽이 오류라고 보고 마찬가지 사실을 전하는 허신(許愼) 『설문해자(說文解字)』도 동일한 사료에 의한 오류로 단정했다. 그리고 "동남쪽으로 흘러 동쪽에서 바다로 들어간다고 한 것이 후대 사람의 의혹을 초래하게 되었지만, 이점은 잠시 보류하기로 한다"고 덧붙였다. 이러한 고증 방식은 패수＝압록강(후대에는 대동강)이라는 결론을 정해두고 끼워맞추는 과정일 뿐이다.

고구려 평양성의 위치도 마찬가지이다. 「세종실록」에 의하면 조선 초기까지 고구려의 도읍지는 알 수 없다고 되어 있는데, 16세기 무렵부터 평안도의 평양이라는 주장이 고착되면서 낙랑군이 한반도로 오게 됐다. 조선 학자들은 이렇게 주장했지만, 『명일통지』의 요동도지휘사사 조항에는 요양이 고구려의 평양성이라는 기록이 남아 있다. 쓰다 소키치도 『명일통지』를 여러 곳에서 인용하고 있지만 이 부분은 언급하지 않았다. 그는 처음부터 평양 위치를 구체적인 고증 없이 지금의 평양으로 전제하고 주변의 지명들을 맞춰가고 있는 것이다.

고구려 장수왕이 재위 15년에 수도를 평양으로 옮긴 것은, 낙랑의 옛 땅이 영토로써 중요한 위치를 차지하기에 이르렀다는 것과 남하 정책이 고구려의 국시(國是)로서 확정되었다는 것을 의미한다. 이 정책의 명시는 곧바로 남쪽에 반향을 일으킨 듯한데, 이전까지 고구려와 친분을 맺고 백제에 대항해 온 신라는 이때부터 태도를 바꾸어 백제와 화친하기에 이르렀다. 고구려의 압박에 대한 방위의 필요성을 깨달았기 때문일 것이다. 이리하여 고구려는 평양 천도 이후 28년이 지난 장수왕 43년(백제 개로왕 원년)에 비로소 백제 공격의 첫 활시위를 당겼고, 다시 10여 년이 지나 장수왕 55년(신라 자비왕 10년)에 신라의 실직성을 공격했다.

「신라본기」는 김유신의 행정을 다음과 같이 기록했다.

"정월 18일. 풍수촌에서 묵었다. 물이 얼어 미끄럽고 길이 험하여 수레가 나아갈 수 없었다. (중략) 23일에 칠중하를 건너 산양에 이르렀다. (중략) 이현에서 적의 군사를 만나 공격하여 죽였다. 2월 1일에 (중략) 장새에 이르렀는데, 평양에서 3만 6천보되는 곳이다. 먼저 보기감 열기 등 15인을 당나라 군영으로 보냈다. 이날에 눈보라가 치고 춥고 얼어서 사람과 말이 많이 얼어 죽었다. 6일에 양오에 이르렀다. 김유신이 아찬 양도와 대감 인선 등을 보내 군량을 가져다주었고 (중략) 소정방은 군량을 얻자 곧 전투를 그치고 돌아갔다. 김유신 등이 당나라 군사들이 돌아갔다는 말을 듣고 역시 군사를 돌려 과천을 건넜다. 고구려

군사가 추격하여 오자 군사를 돌려 맞싸웠는데, 1만여 명의 목을 베었다."

이 일행의 출발점이 어디인지는 「신라본기」에도 「김유신전」에도 명기되어 있지 않다. 하지만 건봉 2년 및 총장 원년의 전쟁에 신라군이 참가했을 때 한성(漢城)을 전략적 근거지로 삼았고, 또 이 지역이 북쪽의 중요한 요충지였다는 점에 비추어 보면, 김유신도 역시 한성에서 북진했다고 추측할 수 있다. 일단 이렇게 가정하고, 이하 모든 고찰의 범위를 한성 이북으로 제한하기로 한다.

쓰다는 김유신이 당나라의 요청으로 군량을 수송한 행적을 주요 근거로 분석하고 있다. 쓰다는 이 수송로의 출발점을 한성으로 가정했지만 그 여정에 걸린 시간은 간과하고 있다. 여기서 중요한 점은, 만약 많은 사람이 믿어 의심치 않는 것처럼 고구려 평양성이 지금의 평양이었다면 신라가 당나라군에 군량을 공급할 때 왜 굳이 육로로 1달이 넘게 걸리는 길을 갔을까 하는 것이다. 당시 신라의 북쪽 국경은 지금의 한강을 건너 적어도 임진강인데, 여기서 출발한다면 10일 안쪽에 도착했을 것이기 때문이다. 더구나 이미 신라가 임진강을, 당나라가 대동강 하구(河口)를 장악하고 있다면 육로로 군량을 운반할 특별한 이유가 없다. 배에 실어 보내면 추운 겨울에 얼음을 깨는 수고는 하지 않았을 것이다. 따라서 쓰다의 고증은 전혀 믿을 수가 없다.

다음의 칠중하에 대한 설명도 마찬가지이다. 쓰다는 칠중하 또는 호로하가 임진강이며 칠중성은 지금의 경기도 파주의 적성으로 주장한다. 「신라본기」와 「김유신전」에 의하면 김유신이 군량을 싣고 칠중하에 도착한 날은 출발한 지 43일째이다. 쓰다는 출발점을 한성으로 잡았는데, 지금의 서울에서 임진강까지 이동하는 데 이만한 시일이 걸렸다는 점을 이해할 수 있을까?

한성 이북의 진군로를 연구하려면, 우선 칠중하(七重河) 및 그 강을 건넌 지점을 고증할 필요가 있다. 「지리지」에 칠중현(七重縣)이라는 지명이 나오는데, 지금의 적성(積城)이라고 한다. 적성은 임진강 남쪽 기슭에 있으므로 칠중하는 임진강이다. 임진강은 적성 부근 아래를 S자형으로 굽어져 흐르는데, 이 때문에 칠중(七重, 일곱 겹)이라고 불린 것이 아닐까. 일본어에서도 구불구불하다는 의미를 칠곡(七曲, 나나마가리)이라고 한다. 그렇다면 그 명칭의 어원은 강의 흐름을 본뜬 것이며, 그 연안의 칠중현 혹은 칠중성도 칠중하에서 파생되었을 것이다. 당에서는 이를 호로하(瓠蘆河)라고 부른 것 같은데, 『당서』 「유인궤전」에 다음과 같은 기록이 있다.

"함형 5년(문무왕 14년) 인궤가 병사를 거느리고 호로하를 끊고, 대진인 칠중성을 공격하여 이를 격파했다.(咸亨五年仁軌率兵絶瓠蘆河, 攻大鎭七重城破之)"

전쟁은 실은 함형(咸亨) 5년이 아니라 그 다음 해이다.(제12장 「나당 교전 지역고」 참조) 칠중성은 칠중하 연안이므로 호로하가 임진강임을 미루어 알수 있다. 「신라본기」 문무왕 11년 조항의 왕의 답서에 보이는 호로하도 마찬가지이다.

"용삭 2년 정월, 유총관은 신라의 양하도 총관 김유신 등과 함께 평양으로 군량을 운송했습니다. (중략) 또 돌아가고자 하여 (중략) 행렬이 호로하에 이르렀습니다.(龍朔二年正月, 劉摠管共新羅兩河道摠管金庾信等同送平壤軍粮, (中略) 又欲歸還 (中略) 行至瓠蘆河)"

따라서 이와 동일한 사실을 기록한 문무왕 2년 조항(앞에 인용함)에 나왔던 과천(瓜川), 「김유신전」에 나오는 표하(瓢河)도 모두 임진강일 것이다.

쓰다는 칠중하를 임진강으로 설명하기 위해 강의 형세를 따서 붙인 명칭으로서 칠중(七重)의 의미를 칠곡(七曲)으로 변경해 해석했다. 강의 흐름이 7번 굽어진다는 의미로 이해하여 굽이굽이 흐르는 임진강과 모양이 일치한다고 본 듯하다. 호로하, 또는 과천도 표주박처럼 구부러진 형태를 뜻한다고 이해한 것이다. 하지만 칠중과 칠곡은 전혀 뜻이 다르다. 칠중은 '일곱 겹'이라는 뜻이므로 '일곱 구비'와는 전혀 다른 형상을 나타내는 말이다. 강의 흐름이 여러 지류로 갈라지거나 합쳐지는 모양으로, 7개의 물길을 건너야 한다는 의미로 해석해야 할 것이다. 이처럼 쓰다의 고증 과정은 매우 치밀한 듯하지만, 잘 살펴보면 중요한 해석을 자의적으로 처리하거나 이동 거리와 시간을 계산하지 않는 오류를 드러내고 있다. 사료의 분석 과정에서도 자세히 기록된 김유신의 행정을 참고하지 않고 문무왕이 보낸 외교문서를 들고 있다. 구체적으로 기록되지 않았기 때문에 오히려 임의로 해석할 수 있었을 것이다.

쓰다는 또 '마읍산', '압록강', '패강'이 등장하는 기록들에서 패강을 대동강으로 보고 모든 지명을 지금의 평양 일대로 맞추고 있다.

『자치통감』에 의하면 소정방은 용삭 2년 7월(『책부원귀(冊府元龜)』 및 『당서』에는 8월)에 고구려 군사를 패강(浿江)에서 물리치고 마읍산(馬邑山)을 빼앗아 군영으로 삼았고, 계필하력은 9월에 압록강에서 고구려군을 물리치고 강을 건너 남하했다. 따라서 수로를 선택한 것은 소정방으로, 대동강 하류에서 고구려군을 격퇴시키고 상륙하여 서남 방면에서 평양으로 진격한 것 같다. 만약 그가 요동 방면에서 왔다면, 패강의 승전 이후에 고구려군이 여전히 압록강을 지키고 있었을 리가 없기 때문이다. 『명일통지(明一統志)』에는 소정방이 본영을 설치한 마읍산을 평양의 서남쪽에 있다고 했는데 이 또한 이상의 추정을 뒷받침한다. 따라서 김유신은 평양의 서남쪽으로 군량미를 운반할 수밖에 없었을 것이다.

『명일통지』에 평양의 서남쪽에 있다고 기록된 마읍산은 지금의 요양(遼陽)을 말한다. 계필하력이 9월 압록강에서 고구려군을 물리쳤다고 했는데, 이때의 압록강은 지금의 중국 요하(遼河)이다.[3] 이 압록강에 관한 기록은 쓰다가 참고한 『명일통지』에도 나오는데, 쓰다는 이 압록강을 지금의 신의주를 통과하는 강으로 인식했다. 쓰다가 지금의 대동강으로 해석한 패강은 고구려 평양성을 가로질러 흐르는 패수를 말하며, 지금의 태자하(太子河)로 비정할 수 있다.[4] 『명일통지』에 기록된 내용은 조선 땅의 지명이 아니라 당시 명나라 땅에 있었던 지명들이라는 점을 상기해야 한다. 하지만 『조선역사지리』에서는 기본적으로 패수를 압록강이나 대동강으로, 평양을 지금의 북한 평양으로 전제한 뒤 다른 지명의 고증을 진행했다. 이러한 전제는 바로 한 사군의 위치 비정으로 이어진다.

2) 한 사군의 위치

일본 역사학자들은 한국 고조선의 시작을 사마천 『사기』를 근거로 위만조선으로 본다. 그래서 한국사의 서술을 위만조선부터 하고 있지만, 위만조선은 그 존속기간이 짧아서 그 위치를 정확하게 알 수 없었다. 그런데 무제가 위만조선을 무너뜨리고 그 지역에 한 사군을 설치했으므로 한 사군의 위치와 영역을 찾으면 그곳이 바로 위만조선의 강역이 된다. 나아가 그 지역의 확인은 고구려와 부여의 위치도 알 수 있는 매우 중요한 단서이다. 따라서 한 사군 설치 지역을 어디로 잡는가에 따라 역사지리의 내용은 완전히 달라진다. 일본의 조선사 연구에서 한 사군의 위치를 고증한 결과는 부

---

3)   윤한택, 「고려 서북국경에 대하여」, 『압록과 고려의 북계』, 2017, 주류성 참조.
4)   복기대, 「한 사군은 어떻게 갈석에서 대동강까지 왔나? – 한 사군인식2」, 『선도문화』25, 국제뇌교육대학원 국학연구원, 2018 참조.

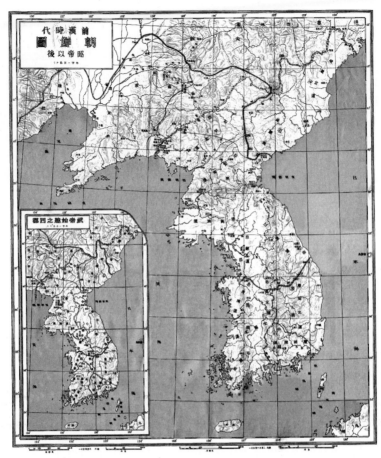

그림 2. 『만주역사지리』 부도 「전한시대 조선도-무제 시건 때의 사군」

도 「전한시대 조선도」[5]에서 한눈에 확인할 수 있다. 위의 지도는 지금으로

부터 2,100여 전 시기의 지리를 그린 것으로, 한 사군이 한반도에 그려져

5)   『조선역사지리』는 한 사군의 설치 지역에 대해서는 다루지 않고 『만주역사지리』에 관련 논
      고가 수록되어 있다. 하지만 『조선역사지리』의 평양과 패수, 삼한의 위치 고증을 보면 그 위
      치는 한반도 북반을 차지한 것으로 설정되어 있다. 『만주역사지리』의 번역 및 부도는 근간
      될 예정이지만, 참고로 부도를 일부 소개한다.

그림 3. 『만주역사지리』 부도 「후한시대 만주도」

있다. 이후 시대의 지도도 이 설정을 기본으로 하여 그려간 것으로 보인다. 후한 시대의 형세도 이 지도와 별 차이가 없지만 낙랑군의 영역이 남쪽으로 더 내려가서 지금의 충청도 지역까지 이르는 것으로 그려졌다. 한반도 남부를 제외한 전체를 한 사군의 영역으로 설정한 고증 결과는 중국의 역사가 한반도에 들어오게 되는 계기를 만들었고, 한국사의 모든 지리 고증에 큰 영향을 미친 것이다.

『조선역사지리』를 비판적으로 재검토하고 한 사군의 위치를 다시 고증하는 데 있어 가장 중요한 낙랑군에 대해서만 간단히 살펴보자. 한 사군은 한나라의 동북 국경지대에 설치된 행정구역이므로 중국 사료에서 그 위치를 추정할 수 있는 기록을 확인하면 다음과 같다.

연의 땅은 미성과 기성의 분야이다. 무왕이 은을 평정하고 소공을 연에 봉했다. 그 후 36세가 되어 6국과 더불어 모두 왕을 칭했다. 동으로 어양, 우북평, 요서, 요동이 있고, 서로는 상곡, 대군, 안문이 있으며, 남으로 탁군의 역, 용성, 범양을 얻고, 북으로 신성, 고안, 탁현, 양향, 신창 및 발해의 안차를 얻는데, 모두 연의 부분이다. 낙랑, 현도도 마땅히 속한다.(『한서』권28하 「지리지」제8하)

(燕地, 尾·箕分野也. 武王定殷, 封召公於燕, 其後三十六世與六國俱稱王. 東有漁陽·右北平·遼西, 遼東, 西有上谷·代郡·雁門, 南得涿郡之易·容城·范陽, 北新城·故安·涿縣·良鄉·新昌, 及勃海之安次, 皆燕分也. 樂浪·玄菟, 亦宜屬焉.)

그러므로 중국의 산천이 동북쪽으로 흐르니, 그 벼리가 머리는 농·촉에 있고 꼬리는 발해·갈석에서 다한다. 이 때문에 진나라와 진나라는 전쟁을 좋아하여 다시 태백을 점했다.(『한서』권26 「천문지」제6)

(故中國山川東北流, 其維, 首在隴·蜀, 尾沒於勃海碣石. 是以秦·晉好用兵, 復占太白.)

이에 평성의 일을 탐색하여 모돈 이래로 자주 변방에 피해를 입힌 일을 기록했고, 병사를 징집하고 무기를 손질하여 부민들의 도움으로 인해서 저들을 굴복시켰다. 서쪽은 여러 나라와 연접하여 안식에 이르렀고, 동쪽으로는 갈석을 지나 현도, 낙랑으로 군을 삼았다.(『한서』권64하 「엄주오구주보서엄종왕가전嚴朱吾丘主父徐嚴終王賈傳」제34하)

(乃探平城之事, 錄冒頓以來數爲邊害, 籍兵厲馬, 因富民以攘服之. 西連諸國至于安息, 東過碣石以玄菟、樂浪爲郡)

그림 4. 초기 낙랑군 추정 지역

안제 영초 5년에 부여왕이 보병과 기병 7-8천을 이끌고 와서 낙랑을 침입하여 관리와 사람을 죽이고 돌아갔다.(『후한서』권85「동이열전」제75)

(至安帝永初五年, 夫餘王始將步騎七八千人寇鈔樂浪, 殺傷吏民, 後復歸附)

이들 기록에 의하면 대략 갈석산 너머에 한 사군이 있었음을 알 수 있다. 이 갈석산은 산이 형성된 이래로 변함없이 현재 중국 하북성 창려현에 자리하고 있다. 그렇다면 낙랑군도 갈석산 부근에서 찾아야 하며, 그 위치는 지금의 중국 하북성 동북부나 요녕성 서남 지역이 된다. 만주역사조사부의 일본인 학자들도 분명 이 기록들을 보았을 텐데 『조선역사지리』는 갈석산 위치에 대한 언급이 전혀 없이 낙랑군을 한반도에 위치한 것으로 전제하고 기타 지역을 고증해갔다. 이것은 실수가 아니라 조작이다.

3) 삼한의 위치

한 사군의 위치는 삼한의 위치와도 직결된다. 현재 삼한의 위치는 한반도 남부지역으로 알고 있는데, 이는 고구려 평양성이 현재 평양이고 이 평양에 낙랑군이 있었으며 그 남쪽에 삼한이 위치한다는 공식 때문이다. 고구려 평양이나 한 사군의 위치 고증을 재검토해야 한다면 같은 맥락에서 삼한의 위치도 다시 확인할 수밖에 없다. 『조선역사지리』에서 삼한의 위치를 어떻게 보고 있는지 확인을 해보도록 한다.

『삼국지 위지』 「동이전」 중 한전(韓傳)에 다음과 같은 기록이 있다.

"한은 대방의 남쪽에 있는데, 동쪽과 서쪽은 바다로 한계를 삼고 남쪽은 왜와 접하니, 면적이 사방 4천 리쯤 된다. 세 종족이 있으니, 하나는 마한, 둘째는 진한, 셋째는 변한이다.(韓在帶方之南, 東西以海爲限, 南與倭接, 方可四千里有三種, 一曰馬韓, 二曰辰韓, 三曰弁韓)"

이에 의하면 한반도의 남부가 한(韓)으로 불렸다는 것은 분명하지만, 삼한의 위치에 대해서는 "마한은 서쪽에 있다(馬韓在西)", "진한은 마한의 동쪽에 있다(辰韓在馬韓之東)", "변진과 진한은 뒤섞여 살았다(弁辰與辰韓雜居)"고 기록했을 뿐 자세하지 않다.

변진에는 12개국이 있었다고 하는데, 국명을 열거한 조항에는 접도(接塗), 미리미동(彌離彌凍), 고자미동(古資彌凍), 고순시(古淳是), 반로(半路), 미오야마(彌烏邪馬), 감로(甘路), 구야(狗邪), 주조마(走漕馬), 안야(安邪), 독로(瀆盧)의 11개국에 각각 '변진'이라는 이름이 앞에 붙어 있다. (중략) 이들 가운데 독로국은 "왜의 접경(與倭接界)"이라고 되어 있으므로 한반도의 남단에 있었다고 추측할 수 있다. 위치는 명확하지 않지만 한반도의 남단으로 일본과 거리가 가장 가까운 곳은 낙동강 입구인 남쪽 해안 지방 및 거제도이다. "왜의 접경"이라고 한 것은 왜와 한(韓)의 교통 요충지에 해당하는 곳을 나타내는 듯하므로, 거제도보다는 낙동강 입구가 타당하다고 생각된다.

독로국에 대해 "왜의 접경(與倭接界)"이라고 기록되어 있으므로 한반도의 남단에 있었을 것이라고 추측하면서 낙동강 입구로 고증했다. 삼한의 북쪽 한계는 진한의 동북 경계를 설명한 부분에서, 『위지』「예전」에 "예는 남쪽으로는 진한과, 북쪽으로는 고구려, 옥저와 접했고 동쪽으로는 큰 바다에 닿았으니, 오늘날 조선의 동쪽이 모두 그 지역이다(濊南與辰韓, 北與高句麗沃沮接, 東窮大海, 今朝鮮之東皆其地也)"라고 한 기록을 근거로 지금의 경상도 동북쪽 부근부터 소백산 및 태백산 산맥에 있었다고 추측했다. 진한의 서북 경계는 죽령 및 조령으로 보았다.

이러한 고증 방식에는 앞서 말한 바와 같이 낙랑군과 대방군의 위치가 오늘날 평양과 황해도, 경기도 지역이라는 점이 전제로 설정되어 있는 것이다. 그러나 낙랑군이나 대방군을 현재 중국 요녕성 서부 및 남부지역으로 비정할 수 있다면 당연히 삼한의 위치도 같이 올라갈 것이다. 그 가능성은 여러 곳에서 보이는데, 마한, 초기 백제, 말갈의 위치를 지금의 중국 요녕성 동남부 지역으로 추정할 수 있는 기록들이 존재하기 때문이다. 『조선역사지리』의 삼한 위치는 삼한 이후의 국가들의 강역과 더불어 다시 검토해야할 필요가 있다.

4) 임나의 설정

일본은 '임나일본부'를 그들이 고대로부터 한반도 남부 지역을 지배한 증거로서, 한일병합과 식민지배를 정당화하는 논리에 적극적으로 활용했다. 『조선역사지리』에서 '임나'를 설명하는 방식을 인용하면 다음과 같다.

고대에 일본이 한반도 남부에 속령을 두었을 때, 이 통치 기관을 칭하여 임나일본부(任那日本府)라고 했다. 임나라는 이름은 일본부의 소재지였던 가라국(加羅國)의 다른 이름으로도 사용되었고, 또 일본부가 통치한 지방의 총칭으로도 사용되었던 것 같다.

한국 문헌에는 임나라는 이름이 거의 보이지 않는다. 『삼국사기』「강수전(強首傳)」에 "신은 본래 임나가량 사람입니다(臣本任那加良人)"라는 한 구절이 있을 뿐이다. 그렇지만 일찍이 광개토왕비에 "뒤를 급히 쫓아 임나가라 종발성에 이르렀다(追至任那加羅, 從拔城)"라고 기록되었으므로, 이 이름이 한국 땅에 널리 알려졌다는 것은 분명하다. 그러나 이들 문장 중에 보이는 임나와 가라, 또는 가량과의 관계는 명료하지 않다. 중국사에는 『송서(宋書)』「이만전(夷蠻傳)」 왜국 조항에 다음과 같은 기록이 있다.

"아우 진이 임금이 되어 사신을 보내고 공물을 바쳤다. 스스로 사지절도독 왜, 백제, 신라, 임나, 진한, 모한 육국 제군사 안동대장군 왜국왕이라 칭했다.(弟珍立, 遣使貢獻, 自稱使持節都督倭, 百濟, 新羅, 任那, 秦韓, 慕韓六國諸軍事, 安東大將軍倭國王)"

"왜국왕 제가 사신을 보내 공물을 바치니 다시 안동장군 왜국왕의 벼슬을 주었다. (중략) 사지절 도독 왜, 신라, 임나, 가라, 진한, 모한 육국 제군사 벼슬을 더했다. 안동장군은 예전과 같다.(倭國王濟遣使奉獻復以爲安東將軍倭國王 (中略) 加使持節都督倭, 新羅, 任那, 加羅, 秦韓, 慕韓六國諸軍事, 安東將軍如故)"

『남제서(南齊書)』「동남이전(東南夷傳)」 왜국 조항에 보이는 칭호에도 "왜, 신라, 임나, 가라, 진한, 육국 제군사(倭, 新羅, 任那, 加羅, 秦韓, 六國諸軍事)"로 되어 있다. 여기에 임나와 가라를 열거한 것을 보면 이 두 나라를 각기 병존한 것으로 해석해야 할 듯하지만, 이것은 임나일본부가 위세를 떨치기 위해 스스로 과장하여 칭한 것에서 기인했을 것이다. 당시 존재하지 않았던 진한(秦韓)과 모한(慕韓, 마한) 등의 이름까지 든 것을 보아도 알 수 있으므로 애초부터 증거로 삼기에 부족하다. 또 『통전(通典)』 「변방전(邊防典)」의 신라 조항에 "가라와 임나 여러 나라를 습격하여 그들을 멸망시켰다(襲加羅, 任那諸國滅之)"고 한 것도 임나와 가라를 동시에 존재한 두 나라로 간주한 것 같지만, 이 책은 후세에 편찬된 것이므로 구사에 임나가라(任那加羅)라고 한 것을 단순히 옮겨 적은 것인지도 모른다. 이렇게 중국과 한국 사료에서는 임나라는 이름이 매우 드물게 등장하므로, 이를 통해 한국인과 중국인들이 그 이름을 어떻게 사용했는지 알기는 어렵다. 따라서 일단 일본의 관례를 바탕으로 넓은 의미로서 임나부 속령의 총칭으로 사용하고자 한다.

매우 구체적으로 임나를 설명하고 있는데, 임나와 가야를 한 나라로 인식하고 그 지역을 현재 경상남도 김해 일대로 고증했다. 그리고 임나는 일본의 속국이라고 주장한다. 『조선역사지리』의 주장의 근거를 살펴보면, 첫

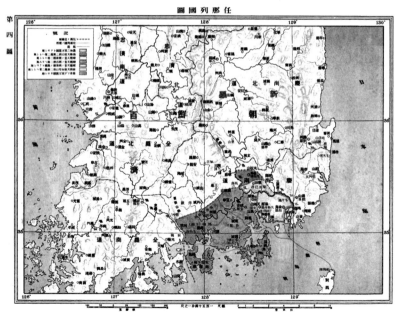

그림 5. 『조선역사지리』 부도 「임나 열국도」

째, 광개토대왕비에 가야 다음으로 임나가 이어서 나오니 이 네 글자를 한 나라로 읽어야 한다는 것이다. 하지만 『삼국사기』나 『진경대사비』 등은 임 나와 가야는 서로 다른 나라로 인식하고 있음을 보여준다. 뿐만 아니라 앞 의 인용에서 쓰다가 내세운 사료들을 보더라도 어느 기록에도 두 나라를 같은 나라로 이해할 수 있는 명백한 증거는 없다. 광개토대왕비에는 수많 은 지명들이 등장하는데, 다른 것은 끊어 읽고 유독 임나와 가야만 붙여 읽 는다는 것도 이해할 수 없는 방식이다. 둘째, 『삼국사기』 「강수전」의 "臣本 任那加良人"라는 문장을 "임나가량 사람"으로 붙여서 읽고 있는데, 이는 "임나의 가량 지방 사람"으로 해석이 되어야 한다. 붙여서 읽어야하는 근 거는 어디에도 없다.

셋째, 『송서』와 『통전』 등 중국 사서의 기록에서 임나와 가야가 나열된 것을 억지로 붙여읽고자 하거나 기록의 가치를 부인하고자 했다. 특히 『통 전』에 대해서는 후세에 편찬된 것이라는 구실을 달고 있다. 하지만 『통전』 은 당나라 두우가 편찬한 것으로 『일본서기』와 편찬 시기와 비슷하다. 이 것을 후대에 지어진 책이라고 주장하는 것은 말이 안 된다. 『송서』는 5세 기 중후반에 편찬된 책으로 광개토대왕비가 세워진 시기와 비슷한 것이다. 이들 사료에서 일관되게 임나 가야를 두 나라로 나열한 것을 모두 부인하 고 "일단 일본의 관례를 바탕으로" 하겠다는 것이 과연 실증주의에 입각한 역사 연구라고 할 수 있을까.

이러한 과정으로 '임나가야'는 "넓은 의미로서 임나부 속령의 총칭"으로 해석되었고 그 위치는 김해지역으로 비정되었다. 그리고 이미 2,000년 전 에 일본이 한반도에 진출하여 이 김해지역을 지배했다는 주장의 근거로 삼 은 것이다. 그러나 임나일본부의 한반도 지배에 관한 주장은 근대 이후 생 겨난 것이다. 제국 일본의 성립과 경영이 추진됨에 따라 역사 사료 또한 제국주의적 시각으로 이해하기 시작한 것이다. 전형적인 번국사관으로 편찬된 『일본서기』에서 한반도 남부를 조공국으로 묘사한 가운데 '임나일본부'라는 단어가 등장한 것은 근대 초기의 일본 학자들에게 대륙으로 확장해 가는 당시의 일본 세력을 고대로 투영시키는 계기가 되었던 것 같다. 구로이타 가쓰미가 『일본서기』의 여러 판본을 교감하여 통행본을 출판하고, 그 위대한 일본의 역사를 증명하기 위해 여러 학자들이 한반도 남부지역에서 임나일본부의 고고학적 증거를 찾고자 했지만 어떤 유적이나 유물도 찾지 못했다는 것은 이미 주지의 사실이다.

그러나 한반도 남부지역에 가야와 임나가 있었던 것은 사실이므로 그 지역을 확인하는 것은 한일 고대사에서 중요한 문제이다. 가야는 지금 경남 지역을 중심으로 하는 지역에 존재했다는 점이 밝혀져 있지만 임나의 위치는 아직 확인되지 않았다. 만약 일본에 있었다면 여러 기록에서 가야와 나란히 등장하지는 않을 것이다. 바다와 관련된 기록도 보이지 않으므로 쓰시마와 같은 섬에 위치했을 가능성도 희박하다. 한반도 남부 지역에 위치한 것은 분명해 보이는데, 그 건국의 주체가 일본에서 왔다는 기록 또한 그 어디에도 없다. 물론 임나와 왜의 밀접한 교류를 알려주는 기록은 확인되므로, 왜인이 집단으로 거주한 지역이 임나라고 불린 곳에 존재했다고 볼 수는 있을 것이다. 다양한 가능성을 검토하여 보다 면밀한 지리 고증과 논의가 필요할 것이다.

5) 고려 북계에 대한 분석

고려 국경선의 변천을 시대에 따라 살펴보면, 4국 통일과 북방정책을 실행으로 옮긴 광종까지를 고려 전기, 성종 때 서희를 중심으로 한 강경파들의 북진 시기까지를 고려 중기, 그리고 최탄, 홍복원 등의 반역자들이 자비령 이북 지역을 원나라에 넘긴 시기와 공민왕을 중심으로 영토를 회복한 고려 말기로 나눌 수 있다. 공민왕이 회복한 땅은 바로 조선으로 이어지며, 조선의 세종 시대에 가장 넓은 영토를 갖게 됐다. 『조선역사지리』도 이러한 시대별 변천을 설명했는데, 고려의 북진이 눈에 띄는 시기는 가장 집중하여 고증하고 있다. 면밀한 비판적 검토가 필요한 사항을 간단히 언급해 둔다.

① 강동 6주

고려와 거란의 1차 전쟁은 거란이 고려를 공격하면서 시작됐다. 이 전쟁에서 고려는 처음에 거란의 요구를 들어주고 전쟁을 끝내려 했으나 서희를 비롯한 강경파들에 의하여 전면전을 벌이게 됐다. 하지만 서희는 실질적인 무력 충돌보다 회담을 통해 영토를 획정하고 전쟁을 끝냈다. 이때 고려가 새롭게 획득한 땅이 이른바 강동 6주인데, 이 6주에 대한 『조선역사지리』의 고증 방식을 살펴보자.

성종 12년 거란 침공에 관한 서희의 말에 다음과 같은 내용이 있었다.

"지금 거란이 왔으니, 그 뜻은 이 두 성을 차지하려는 것에 불과하다.(契丹之來, 其志不過取北二城)"

여기서 두 성은 가주(嘉州)와 송성(松城)이다. 당시의 고려는 요의 요구 때문에 이 방면에서 활동이 제한되었다고 여겨진다. 또 뒤에 상술하겠지만 압록강 동쪽에 대한 요의 종주권 요구가 뒷날의 귀주, 곽주, 의주, 철주, 용주, 영주 지방뿐이었다는 점을 통해서도 이 지역의 상황을 추정할 수 있다. 서희의 말을 이어서 보자.

"게다가 삼각산 이북은 역시 고구려의 옛 땅인데 저들이 한없는 욕심으로 끝없이 강요한다.(且三角山以北, 亦高句麗舊地, 彼以谿壑之欲, 責之無厭)"

요의 침략이 얼마나 횡포한지 설명하고 있다. 삼각산의 위치는 분명하지 않지만 가주 및 송성과 접한 서북쪽이라는 점은 대략 알 수 있으므로 고려의 북쪽 경계가 이 지방에 있었다는 것은 틀림없다. 그렇다면 앞에서 인용한 성종 원년의 최승로의 계책에 "압록강 가의 석성을 경계로 삼자는 것은 대조(大朝) 가 정한 것이다(鴨綠江邊石城爲界, 大朝之所定也)"라고 한 것은 단지 빈말에 지나지 않는다. 대조는 송을 가리키는 것인지도 모르겠다. 석성은 분명하지 않지만 「김희제전(金希磾傳)」에 다음과 같은 기록이 있다.

"의주, 정주 지병마사 이윤함이 별장 김이생과 대관승 백원봉을 보내 군사 2백여 명을 거느리고 압록강을 건너 석성을 공격하여 격파했다. (중략) 희제 는 중군을, 습경은 좌군을, 국첨은 우군을, 각각 영솔하고 20일 분의 식량을 지고 가서 석성을 토벌했다.(義靜州知兵馬使李允誠遣別將金利生, 大官丞白元鳳, 率兵 二百餘人渡鴨綠江, 攻破石城 (중략) 希磾將中軍, 襲卿將左軍, 國瞻將右軍, 賫二十日粮, 往討 石城)"

이 기록에 나와 있는 석성이라면 압록강 건너편이다. 그런데 석성이라는 이름을 반드시 고유명사로 볼 수만은 없으므로 이러한 추단은 섣부른 생각일 것이다. 함경도 방면에도 석성이 존재하고 압록강 아래쪽인 위원진(威遠鎭)에도 석성이 있기 때문이다.

이 문장을 보면 서희는 삼각산 이북이 모두 고구려의 강토인데 요나라 가 계속해 요구하고 있다고 주장한다. 그런데 이 삼각산의 위치를 특별한 검토 없이 가주와 송성 부근으로 설정한다. 또 김희제 등이 압록강을 건너 서 석성을 공격했다는 기록을 인용하며 압록강을 바로 지금의 압록강으로 단정하고 해석한다. 따라서 관련 지명도 모두 지금의 압록강을 기준으로 찾고 있다. 다음은 습홀(가주)에 대한 설명이다.

「지리지」 기록은 다음과 같다.

"가주는 본래 고려의 신도군이다(고덕현이라고도 한다). 광종 11년에 습홀에 성을 쌓고 가주방어사로 승격시켰다.(嘉州, 本高麗信都郡(一云古德縣) 光宗十一年城濕忽, 陞爲嘉州防禦使)"

「서희전(徐熙傳)」에는 성종 12년의 거란 침공이 다음과 같이 기술되고 있다.

"서희가 아뢰기를 거란의 동경으로부터 우리 안북부에 이르는 수백 리 땅은

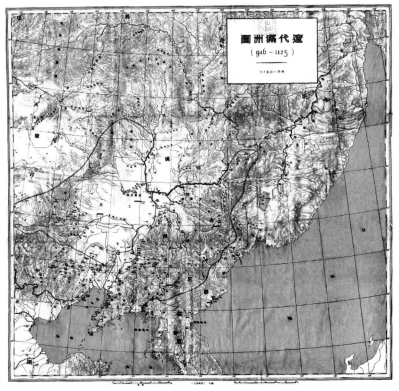

그림 6. 『만주역사지리』 부도 「요대 만주도」

모두 생여진이 살던 곳으로, 광종 때에 이를 빼앗고 가주, 송성 등의 성을 쌓았는데, 이제 거란이 온 의도는 이 두 성을 탈취하려는 데 불과한 것이라고 했다.(徐熙奏曰, 自契丹東京, 至我安北府, 數百里之地, 皆爲生女眞所據, 光宗取之, 築嘉州, 松城等城, 今契丹之來, 其志不過取此二城)"

「병지」에 "광종 11년에 습홀 및 송성에 성을 쌓았다(光宗十一年 城濕忽及松城)"고 한 기록과도 부합하므로, 습홀이 가주인 것은 틀림없다. 가주는 『여지승람』에 의하면 지금의 가산(嘉山)이다. 「병지」 참역 조항을 보면 가주에 속하는 역 중에 안신역(安信驛)이 있고, 『여지승람』 가산 조항에 "안신역은 옛터가 군의 북쪽 20리에 있다(安信驛, 古基在郡北二十里)"고 되어 있다.

습홀(가주)를 고증한 주요 근거는 『신증동국여지승람』의 가산 조항이다. 그러나 『고려사』나 『고려사절요』, 『요사』 등의 기록을 보면 고려 광종 때 고려 북계 영역은 이미 현재의 압록강을 한참 넘어서 있었다. 습홀은 요나라와 국경선을 맞댄 지역인데 지금의 압록강 이남 평안도로 고증하는 주장은 전혀 맞지 않는다. 이처럼 주로 『여지승람』을 근거로 소급해서 고증하는 방식은 귀주, 곽주, 송성, 안융진 등의 설명에서도 계속 이어진다. 앞에서 언급한 것처럼 고려인이 과장해서 말하는 버릇이 있다고 믿어서인지, 고려시대의 국경 비정도 『고려사』 「지리지」보다 『여지승람』을 우선하고 있다.

『여지승람』 귀성부 조항에 의하면 귀주는 지금의 귀성군이다.

"본조 세조 원년에 옛 귀주가 참으로 요충지임을 이유로 (중략) 분할하여 귀성군을 두었다.(本朝世祖元年以古龜州實要害之地, (中略) 析置龜城郡)"

(귀주 안융진은) 『여지승람』 안주(安州) 조항에 "안융진은 안인진이라고도 하는데, 주의 서쪽 65리인 바닷가에 있으며 토성이 있다(安戎鎭, 戎或作仁, 在州西六十五里海邊, 有土城)"라고 했다. 「대동여지도」에도 같은 위치에 기입되어 있다. 지금의 안융창(安戎倉)일 것이다. 이때 새로 청천강 남쪽에 축성했다는 것이 당시 상황과 약간 맞지 않는 것 같지만, 이 방면의 방어를 공고히 하기 위한 것으로 해석할 수 없는 것도 아니다.

위의 지역은 역사적으로 볼 때 『요사』, 『고려도경』, 『허항종행정록』, 『압강행부지』 등의 자료를 확인하거나 『고려사절요』 등으로 고증해야 한다. 이들 기록은 고려와 거란의 국경선을 모두 지금의 중국 요녕성 중부지역으로 적고

그림 7. 『조선역사지리』의 강동6주

있다.[6] 그런데 쓰다는 당대에 기록된 사료는 하나도 활용하지 않고, 엉뚱하게 조선 후기의 지리서를 근거로 고려 전기의 지명을 고증한 것이다. 그리고 강동 6주의 모든 지역은 지금의 압록강 아래로 비정되었다.

6) 윤한택, 「고려 서북국경에 대하여」, 『압록과 고려의 북계』, 2017, 주류성. 남주성, 「서희 개척 8주의 위치에 대한 재고찰」, 『압록과 고려의 북계』, 2017, 주류성. 복기대, 『고려시대 서북계 이해』, 2020, 우리영토 참조.

② 유소의 관방

흔히 고려가 천리에 걸쳐 성을 쌓았다는 기록 때문에, 고려가 천리에 걸쳐 성벽을 쌓았다고 알고 있다. 그러나 고려가 성을 쌓은 것이 아니라, 천리에 걸쳐 국경 행정을 담당하는 관방을 설치한 것이다. 유소가 지휘하여 쌓았다고 하여, 유소의 관방이라고도 부른다. 이 천리 관방에 대한 『조선역사지리』의 설명은 다음과 같다.

이 지역의 축성과 관련하여 덕종 2년에 다음과 같은 기사가 있다.

"평장사 유소에게 명하여 북방 경계에 처음으로 관방을 설치했다. 서해 바닷가의 옛 국내성의 경계로서 압록강이 바다로 들어가는 곳에서부터 시작하여 동쪽으로는 위원, 흥화, 정주, 영해, 영덕, 영삭, 운주, 안수, 청새, 평로, 영원, 정융, 맹주, 삭주 등의 13개 성을 거쳐 요덕, 정변, 화주 등의 세 성에 이르러 동쪽으로 바다에 이르니, 길이가 1천여 리에 뻗었고, 돌로 성을 쌓았는데 높이와 두께가 각 25척이다.(命平章事柳韶創置北境關防, 起自西海濱古國內城界鴨綠江入海處, 東跨威遠, 興化, 靜州, 寧海, 寧德, 寧朔, 雲州, 安水, 淸塞, 平虜, 寧遠, 定戎, 孟州, 朔州等十三城, 抵耀德, 靜邊, 和州等三城, 東傅于海, 延袤千餘里以, 石爲城, 高厚各二十五尺)"

이 중에 요덕(耀德), 정변(靜邊), 화주(和州)는 동북계에 속하지만, 위원(威遠)에서 삭주(朔州)에 이르는 13성은 서북계이다. 인용문에 13성이라고 되어 있지만 성의 이름은 14개이므로 하나가 더 있다. 이들 여러 성은 모두 변방인데 안수진(安水鎭)은 앞에서 서술한 바와 같이 청천강의 남쪽이므로 이곳에서 조금 멀다. 아마 실수로 덧붙여졌을 것이다. 「유소전(柳韶傳)」에 기록된 것도 이와 같다. 그리고 이들 여러 성 중에 덕종 2년 이전에 이름이 보이지 않는 것은 정주(靜州), 영해(寧海), 영삭(寧朔), 영원(寧遠)인데, 「병지」에는 다음에 정리한 바와 같이 축성 연도가 기록되어 있다. 영해(寧海)에 관해서는 언급된 것이 전혀 없다.

덕종 2년의 기사에서 관방이 옛 국내성 경계인 압록강이 바다로 들어가는 지점부터 시작하여 동쪽으로 이어져서 지금의 동해에 이른다고 했는데, 여기서 중요한 것은 국내성의 위치이다. 일본 학자들은 국내성을 지금의 중국 길림성 집안으로 보았다. 그리고 압록강도 이 집안 동쪽을 흐르는 지금의 압록강으로 보았다. 하지만 국내성과 압록강의 위치에 대해서는 아직 논의해야 할 부분이 남아 있다. 국내성을 지금의 중국 요녕성 철령 지역으로 비정하고, 압록강 역시 이 철령 지역을 흐르는 강인 현재의 요하로 볼 수도 있다. 그렇다면 국내성의 경계를 이루는 강이 바다에 이르는 곳은 1957년 이전의 요하 하구(河口)가 될 것이다. 이 요하 하구는 지금의 중국 요녕성 영구시이다. 영구시에서 시작하여 동쪽으로 뻗어 있는 관방이라면, 지도를 약 8도 정도 틀어지는 진북(眞北)으로 놓고 그려볼 수 있을 것이다.

유소의 관방을 집안과 지금의 압록강 지역으로 비정하는 것이 잘못이라는 것은, 해당 지역이 대부분 험준한 산지이고 요새가 설치된 건물 유적이 확인되지 않는다는 점에서도 확인된다. 무엇보다 고구려 평양성을 서경으로 삼았다는 기록과 최승로의 시무 28조에 나타난 고려의 통일과정, 그리고 광종이 여진 지역을 공격하여 빼앗은 땅을 근거로 고찰할 때, 고려 전기의 국경은 지금의 중국 요녕성 요하 근처에 다다른 것으로 볼 수 있는 가능성이 있다. 따라서 오로지 반도사관에 입각한 『조선역사지리』의 고증 내용은 재검토되어야 할 것이다.

③ 고려의 동북경

고려의 동북경 문제는 아직 결론이 나지 않은 상태이다. 동북이라는 개념, 북방은 어디까지인가 하는 문제 등이 현재까지도 논란이다. 그런데 사실상 이 논쟁의 시작은 바로 『조선역사지리』라고 할 수 있다. 쓰다는 고려의 고려 초기 동북계에 대한 기록이 없다는 이유로 훗날 유소가 세웠다는 천리장성에 나오는 지명을 근거로 동북계를 고증했다. 그 과정에서 기준점으로 잡은 것이 바로 화주였다.

『고려사』에는 위의 한 조항 외에는 태조시대 동북계 경략에 관한 기사가 없고, 혜종, 정종 때에도 이에 관한 내용은 전해지지 않는다. 다만 「지리지」에 다음과 같은 기록이 있다.

"안변도호부 등주는 본래 고구려의 비열홀군이다 (중략) 고려 초에 등주라고 불렀다. 성종 14년에 단련사를 두었다. 현종 9년에 지금 이름으로 바꾸었다.(安邊都護府登州, 本高句麗比列忽郡 (中略) 高麗初, 稱登州, 成宗十四年置團練使, 顯宗九年更今名)"

"의주는 본래 고구려의 천정군이다. (중략) 고려 초에 용주라 불렀다. 성종 14년에 방어사를 두었고, 뒤에 지금 이름으로 바꾸었다.(宜州, 本高句麗泉井郡 (中略) 高麗初, 稱湧州, 成宗十四年置防禦使, 後更今名)"

"화주는 본래 고구려의 땅이다. (중략) 고려 초에 화주라고 했다. 성종 14년에 화주 안변도호부라 고쳤다.(和州, 本高句麗之地 (中略) 高麗初爲和州, 成宗十四年改和州安邊都護府)"

이 주들이 고려 초부터 이미 고려의 영유였던 것처럼 기록되어 있다. 등주는 신라의 북쪽 경계이고, 의주(宜州)도 한 번 그 영토에 들어간 적이 있었던 지역이므로, 고려가 건국 후 얼마 되지 않아 이들 지방을 점유한 것은 자연스러운 형세일 것이다. 「병지」 성보 조항을 살펴보면 등주의 축성은 목종 10년, 의주는 현종 6년에 처음 보이지만, 다른 주진의 설치 연도와 비교해 볼 때 이때 두 주가 처음 설치된 것은 아니다. 그런데 새로운 주성의 설치가 「병지」에 기록되지 않은 것은 그 설치 시기가 고려 초기였음을 알려주는 것이라고 여겨진다. 그러나 화주(영흥)가 등주, 의주 지방과 함께 건국 초기부터 고려의 영유였는지는 의문이다. 「병지」 및 「지리지」를 살펴보면 이 방면의 주진 설치는 광종 20년에 축조된 장평진(長平鎭)을 시작으로 보아야할 듯하다.

「지리지」의 설명을 먼저 보자.

"화주는 본래 고구려 땅이다. 혹은 장령진, 당문(唐은 堂으로도 쓴다), 박평군이라고도 불렸는데, 고려 초에 화주로 삼았다. 성종 14년에 화주 안변도호부로 고쳤고, 현종 9년에 화주방어사로 강등시키고 본영으로 삼았다.(和州本高句麗之地, 或稱長嶺鎭, 或稱唐文(唐一作堂) 或稱博平郡, 高麗初爲和州, 成宗十四年改和州安邊都護府, 顯宗九年降爲和州防禦使, 爲本營)"

『여지승람』 영흥 조항에도 같은 문장과 함께 "본조 태조 2년 영흥진이 외조최씨의 관향인 연유로 현재 이름으로 고치고 부로 삼았다(本朝太祖二年以永興鎭, 外祖崔氏之鄕, 改今名爲府)"고 되어 있다. 지금의 영흥일 것이다.

쓰다는 고려의 동북계를 고증하면서 『고려사』에 기록된 지역을 고구려와 연관을 두는 것에 대하여 못마땅하게 여긴 것 같다. 『고려사』에 기록된 각 지역의 주진 설치를 고려 초기로 한정하고 그 중에서도 주요 지점인 화주 방면은 광종 20년 이후로 보고 있다. 여기서도 고증의 주요 근거는 『여지승람』으로 하여 화주를 지금의 영흥으로 비정하고 다음 지역을 고증해가기 시작했다. 이 화주가 영흥으로 비정되면서 철령위 위치와 쌍성총관 위치도 모두 영흥으로 고착되는 결정적인 결과를 낳고 말았다. 특히 조선의 건국 과정도 모두 이 화주, 즉 영흥에서 시작된 것으로 변했다.

　화주는 『고려사』의 유소의 관방 기사에 천여 리 관방의 맨 끝점으로 기록된 곳이다. 이 화주는 훗날 원나라의 쌍성총관부가 됐고, 이 지역에서 이성계 세력이 커진다. 공민왕이 유인우에 쌍성총관부를 수복하도록 했을 때 이성계의 아버지도 고려에 귀순하게 되는 것이다. 이 화주의 위치에 대한 청나라 기록에는 청나라 땅에 속하며 화주가 바로 화령(和寧)이라고 되어 있다. 화령은 이성계가 나라 이름으로 고려에서 조선으로 고치는 과정에서 조선으로 할 것인지 화령으로 할 것인지를 물었던 것과 같은 지명이다. 이 지명은 다시 경원부로 바뀌었는데, 「세종실록 지리지」에 의하면 경원부는 조선의 한양에서 1,800리 떨어져 있다고 한다. 이러한 지명의 내력을 볼 때, 화주를 지금의 영흥으로 비정한 『조선역사지리』의 고증은 수정되어야 한다. 즉 화주는 지금의 함경도가 아니라 지금의 중국 길림성 지역에서 찾아야 할 것이다. 일본 학자들은 조선의 건국과 관련 있는 지역을 여진족과의 관계를 고려해 조선 태종 때 현재의 함경도 지역으로 옮겼다는 것을

그림 8. 『조선역사지리』의 고려 화주의 위치

알면서도 무시한 듯하다. 같은 방식으로 장평진, 문주 등등이 모두 현재 함경도 지역으로 고증됐다. 쓰다는 고려의 동북경을 고증할 때 고민을 많이 한 것으로 보이는데, 그것은 아마도 고려 건국 초기의 국

경선, 중기 여진과의 관계로 다시 설정된 국경선, 그리고 예종의 명으로 윤관이 여진을 토벌하여 설정한 국경선이 모두 다르기 때문이다. 이 모든 국경선을 현재 북한 함경남도 지역으로 고증하기 위하여 노력을 많이 한 흔적이 보인다. 『조선역사지리』의 이러한 지리 고증은 결국 원나라의 영토가 오늘날 한반도 북쪽에 있게 만든 가장 큰 근거가 되었다.

④ 윤관의 9성

이른바 윤관 9성은 고려 예종이 고려 북방에 살던 여진족이 계속하여 문제를 일으키자 그들의 거주지인 고려 동북지역을 정벌하고 쌓은 성을 말한다. 윤관 9성은 고려 국경사 연구에 큰 비중을 차지하며, 조선 시대의 북방 국경 문제가 불거질 때마다 등장하는 지역이다. 그런데 9성의 구체적인 위치는 아직도 결론이 나지 않고 있다. 『조선역사지리』에서 어떻게 고증했는지 확인해보도록 한다.

덕종 2년 유소가 관방을 쌓았을 때 고려의 동북경은 화주의 북쪽에 있었지만 정종 10년에 장주와 정주 및 원흥진을 설치한 후부터 정주의 북쪽인 새로운 관방으로 옮겼고, 화주에서 했던 여진과의 교섭도 정주가 처리하게 되었다는 것은 앞 장에서 말한 바와 같다. 그런데 화주 및 정주의 관방 밖 동여진은 늘 고려와 왕래한 것 같다. 『고려사』에는 그들이 고려에 내조하고 공헌했다는 기사가 셀 수 없이 많다. 그들 중에는 정주와 장주 부근, 즉 관내의 사람도 많아서 반드시 관외만은 아니었다.

쓰다는 고려 동북 경계를 지금의 영흥으로 비정한 화주에서 출발했다. 그리고 그는 고려 동북계가 정종 10년 화주 북쪽에 설치된 장주와 정주, 그

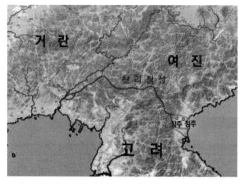

그림 9. 『조선역사지리』의 동북 9성의 위치

리고 원흥진으로 옮겨졌다고 이해했다. 즉 지금의 함경도 영흥에서 조금 더 북쪽으로 올라간 함흥 지역으로 본 것이다. 그런데 고려와 여진의 접경지역을 검토하려면, 먼저 금나라의 갈라전 범위를 확인해야 한다. 『조선역사지리』의 설명은 다음과 같다.

또 남쪽으로는 함흥평야에 이르기까지 자연적으로 연속된 한 구역을 이루므로, 을리골령 남쪽의 갈라전이 자연지리상의 한 구획으로 여겨지는 것과도 일치한다. 따라서 마천령이 을리골산이라는 것은 더욱 확실해진다. 『금사』에서 갈라전 경략에 관한 기사를 보면 을리골령 남쪽의 하천에 대한 언급은 많지만 산봉우리를 언급한 내용은 하나도 없다. 만약 을리골령이 마천령의 남쪽에 있었다면 남쪽을 침공할 때 마천령을 꼭 경유해야 하는데 전혀 그러한 언급 없이 하천만 많이 늘어놓았다는 것도 을리골령이 곧 마천령임을 보여주는 것이다.(하천에 관해서는 뒤에서 다시 설명하기로 한다.) 또 앞에서 인용한 문장 중 "을리골령 복산부의 호석래 발근이 고려와 여진 사이에 거주하고 있었다"라는 기록도 이상의 추론을 뒷받침한다. 호석래를 초치하기 위해 파견한 사절로 하여금 의원을 고려에 돌려보내도록 했으므로, 을리골령은 고려의 북경에서 멀지 않은 곳 즉 마천령으로 볼 수 있는 것이다. 따라서 갈라전은 마천령 이남, 정주이북 지역을 총칭하는 것임을 알 수 있다. 다만 당시 이 지방의 여진은 통일되지 않았으므로 갈라전은 정치적 구역의 명칭은 아니다.

쓰다는 을리골령을 마천령에 비정하고 그 남쪽을 갈라전으로 보았다. 하지만 그는 중요한 몇 가지를 빠트렸다. 첫째, 갈라전을 고증할 때『금사』「지리지」의 기록을 충분히 검토하지 않았다.[7] 둘째, 만약 지금의 마천령 남쪽이 갈라전이라면 관련 기록에 반드시 바다 와 관련된 이야기가 남아 있어야 한다. 왜냐하면 마천령 남쪽은 지금도 사람이 살기 어려운 지역이므로 모두 동해 바닷가에 모여 사는데, 그 지역 사람들의 삶에서 가장 중요한 터전인 바다가 등장하지 않는 것은 이해할 수 없기 때문이다.『금사』「지리지」의 기록을 보면, 회령부 즉 금나라 수도인 현재 중국 흑룡강성 아성시에서 동남쪽으로 1800리에 갈라전이 있다고 한다. 그렇다면 아성에서 휼품로를 지나 갈라전에 도착하는 것이다.

한편『금사』「지리지」에 나오는 합라로(갈라로)는 고려와 가장 가까운 금나라 행정구역인데, 이곳에 이록고수가 있고 이 이록고수에서 고려 국경까지 500리이다. 쓰다는 이 이록고수를 을리골령으로 흐르는 을리골수로 보고 함경북도 길주 부근으로 고증했다. 그렇다면 함경북도 길주에서 서북으

<hr>

7)　『금사』「지리지」'회령부(會寧府)'
　　　회령부(會寧府)는 하등(下等)의 부(府)이다. 처음에는 회령주(會寧州)였으나 태종(太宗)이 도읍을 세우고 부로 승격했다. 천권 원년에 상경유수사(上京留守司)를 두었고, 유수가 본부(本府) 부윤(府尹)을 대리하면서 본로병마도총관(本路兵馬都總管)을 겸임했다. 후에 상경, 갈라 등 로(路)의 제형사(提刑司)를 두었다. 호수는 3만 1천 2백 70호(戶)였다. [예전에는 매년 진왕어(秦王魚)를 공물로 바치도록 하였는데 대정 12년(1172)에 이를 폐지했다. 또한 멧돼지 2만 마리를 바치도록 하다가 25년(1185)에 이를 폐지했다. 동쪽으로 호리개(胡里改)까지 거리가 6백 30리이고, 서쪽으로 조주(肇州)까지의 거리가 5백 50리이며, 북쪽으로 포여로(蒲與路)까지 거리가 7백 리이며, 동남쪽으로 휼품로(恤品路)까지 거리가 1천 6백 리이며, 갈라로(曷懶路)까지는 1천 8백 리다.] 3현(縣)이 있다.
　　　회령(會寧) [현서(縣署)가 부성(府城) 안에 있고 부(府)와 동시에 설치됐다. [경내에] 장백산(長白山)·청령(靑嶺)·마기령(馬紀嶺)·발야정(勃野淀)·녹야정(綠野淀)이 있다. 안출호하(按出虎河)가 있는데 아출호(阿朮滸)라고 쓰기도 한다. 혼동강(混同江)·내류하(淶流河)가 있다. 득승타(得勝陀)는 금나라 말로 홀토애갈만(忽土璧葛蠻)이라고 하는데 태조가 서사(誓師)하던 곳이다.]

로 올라가면, 1,800리에 금나라 상경성인 지금의 중국 흑룡강성 아성시가 나와야 한다. 하지만 길주~아성 간의 거리는 현재의 도로로 1000km정도인데, 1800리는 1리를 400m로 환산할 때 약 700km 남짓밖에 안 된다. 그리고 이 길주 위치에서 고려 국경까지가 500리라는 것도 이치에 맞지 않는다. 그럼에도 쓰다는 이 길주 지역에 이른바 윤관 9성이 설치된 것으로 보았다.

윤관은 점령 후 앞에서 언급한 4성을 쌓아 수비했고, 이듬해 예종 3년에 다시 함주(咸州) 및 공험진(公險鎭)을 두고 또 의주(宜州), 통태(通泰), 평융(平戎)의 3진을 쌓아 9성으로 했다고 한다. 『금사』 「고려전」에 "고려는 (중략) 갈라전으로 출병하여 9성을 쌓았다(高麗 (中略) 出兵曷懶甸築九城)"고 했고, 「본기」에도 "고려는 (중략) 갈라전에 9성을 쌓고 수만 명의 군사로 공격해왔다(高麗 (中略) 築九城於曷懶甸, 以兵數萬來攻)"고 되어 있다. 이리하여 윤관은 개선했다. 그런데 위의 9성의 명칭은 「윤관전」에 의한 것으로, 의주라는 명칭이 등장하는 것이 의심스럽다. 「세가」 예종 4년에 점령지의 성들을 철폐한 기사에는 진(鎭)의 이름이 숭녕(崇寧), 통태, 진양(眞陽), 선화(宣化)로 되어 있는데, 여기에 5주 및 공험진을 더하면 10개가 되고, 평융진을 더하면 11개가 되어 9성이라는 호칭과 맞지 않는다. 이는 「지리지」에 이미 언급되어 있다. 따라서 9성이라는 호칭은 유래가 분명하지 않다.

함주(咸州)는 「지리지」에 지금의 함흥 부근이라고 한 설명에 아무런 문제가 없다. 함주는 대도독부가 설치된 곳이므로, 본토의 북쪽 경계인 정평과 가깝고 급한 일이 생겼을 때 내지와도 잘 연락할 수 있는 함흥 부근이 이치상 합당하다.

영주성은 함흥의 서북쪽, 오로촌천(吾老村川) 유역의 어떤 지점에 있으며, 황초령(병목) 방면의 적에 대한 방어로서 축성되었을 것이다. 이른바 몽라골령도 오로촌천의 수원인 황초령과 같은 것일 것이다.

9성 중 함주와 영주 두 성에 대한 고증 내용을 인용했다. 두 성의 위치 역시 현재 함경도 함흥으로 고증되었다. 이와 같은 결론은 당시의 고려 국경을 지금의 원산만 지역으로 전제했기 때문이다. 하지만 훗날 세종실록「지리지」의 기록은 일단 출발을 두만강으로 두고 있다. 특히 『조선역사지리』에는 『조선왕조실록』이나 『세종실록 지리지』는 전혀 참조하지 않았으므로, 윤관 9성 위치를 비롯한 고려 및 조선 초의 국경 비정은 재검토해야 할 것이다.

⑤ 고려와 원나라의 국경

고려와 원나라는 시작부터 전쟁으로 시작했기 때문에 줄곧 긴장 관계가 지속됐다. 특히 고려와 원나라가 점점 사이가 나빠지면서 국경의 영토에 변동이 이어졌다. 홍복원, 최탄 등이 자비령 이북 70여 성을 원나라에 넘겨주면서 고려의 영토가 줄었고, 공민왕이 즉위한 후 대부분을 되찾았지만, 우왕 때의 요동정벌 시도는 실패로 돌아갔다. 이 과정을 쓰다는 다음과 같이 정리했다.

동북계에서는 고종 45년(1258년, 원 헌종 8년)부터 화주(和州, 영흥) 이북 땅이 원의 영토로 편입되었다. 서북경 역시 원종 10년(1269년, 원 세조 지원至元 6년)에 서해도의 일부와 함께 원의 직할지가 되어 평양에 위치한 동녕부(東寧府)의 치하로 귀속되었다. 동녕부는 20년 후 철폐되어 충렬왕 6년(1290년, 원 세조 지원 27년)

에 고려는 압록강 남쪽의 땅을 회복했지만, 동북경에서 잃은 토지는 공민왕 5년(1356년, 원 지정至正 16년)까지 약 1백년간 수복할 수 없었다.

고려와 원의 국경에서 쓰다는 동녕부와 자비령의 위치를 가장 핵심적인 지역으로 보고 있다. 동녕부를 지금의 평양으로 비정하면서 화주 이북 땅을 원나라로 편입됐다고 고증한 것이다. 이 화주는 앞에서 본 바와 같이 지금의 함경도 영흥이라고 했다. 동녕부의 위치를 지금의 평양으로 확정한 이유는 '고구려 장수왕의 평양=고려 서경=원나라 동녕부'라는 등식 때문이다. 하지만 최근 연구 결과로는 고구려 장수왕이 천도한 평양성을 지금의 중국 요양으로 보고 고려의 서경 역시 요양 일대로 의견이 모이고 있다. 원나라 동녕부 역시 요양으로 볼 수 있는 근거가 있다. 쓰다의 고증은 다음과 같이 충분한 설득력이 없는 주장으로 위의 등식을 전제로 진행된 것이다.

다만 문제는 『원일통지(元一統志)』를 답습한 것으로 여겨지는 『명일통지(明一統志)』 기사에 "향산은 연주의 동남쪽에 있다(香山在延州東南)"고 한 점이다. 이에 따르면 동녕로 시대의 연주는 묘향산의 서북쪽 즉 연주의 옛 치소에 있는 것처럼 보인다.

『대명일통지』에 기록된 향산이 갑자기 묘향산으로 둔갑했음을 볼 수 있다. 왜 향산이 묘향산인지 설명해야 하지만, 아무런 설명 없이 평안도에 있는 묘향산으로 바꿨다. 자비령을 『여지승람』을 근거로 현재 황해도와 평안도를 잇는 남북으로 늘어선 산으로 인식했기 때문이다. 자비령이 국경으로 획정되는 과정을 설명한 부분을 보자.

『고려사』「세가」의 기록을 먼저 인용한다.

"최탄이 몽고 군사 3천 명을 요청하여 서경에 와서 주둔했다. (중략) 조서를 내려 귀속시키고 동녕부라고 이름을 고쳤으며, 자비령을 경계로 삼아 획정했다.(원종 11년 2월) (崔坦請蒙古兵三千, 來鎭西京, (中略) 詔令內屬, 改號東寧府, 畫慈悲嶺爲界)"

『원사』「세조본기」에는 같은 사건이 다음과 같이 기록되어 있다.

"고려도통령 최탄 등이 (중략) 서경 50여 성을 거느리고 귀순했다. (중략) 왕준과 홍차구의 군사 3천 명을 선발하여 가서 고려를 평정하게 했다. 고려 서경도통 이연령이 병사를 더할 것을 청하니, 망가도를 보내어 병사 2천 명을 거느리고 가게 했다.(지원 6년 11월) (高麗都統領崔坦等 (中略) 挈西京五十餘城來附 (中略) 簽王綧洪茶丘軍三千人往定高麗. 高麗西京都統李延齡乞益兵, 遣忙哥都率兵二千赴之)"

"조서를 내려 고려 서경이 내속했으니 동녕부로 고치고 자비령을 경계로 삼아 획정했다.(지원 7년 정월) (詔高麗西京內屬, 改東寧府, 畫慈悲嶺爲界)"

이상과 같은 전개로 자비령(慈悲嶺) 이북은 원의 통치 아래 귀속된 것이다.

최탄이 서경 이북 50여개 성을 원나라에 바치고 동시에 군사 3천명을 불러들여 서경을 점령한 후, 원나라는 서경을 동녕부로 바꾸고 자비령을 경계로 했다는 기록을 인용하고 있다. 서경 즉 동녕부의 위치는 앞서 말한 것처럼 지금의 평양으로 확정되어 있으므로, 자비령 이북이 원나라 땅이 되려면 자비령은 당연히 그 남쪽이 되어야 한다는 논리로 지금의 황해도 북부 지역에 비정된 것이다.

그런데 원나라가 경계로 한 자비령에 대해『대명일통지』는 구체적으로 평양에서 동쪽으로 180리에 있다고 적었다. 물론 이 기록은 약간의 혼란을 가져올 수 있는데, 그것은 평양의 위치 때문이다.『대명일통지』에 기록된

평양은 명나라 행정관할인 요동도사의 지휘 아래 포함된 지역이다. 당시
명나라 요동도사가 관할한 지역은 서쪽은 현재의 하북성 산해관부터 동쪽
은 지금의 요녕성 단동시와 요양시의 접경지역인 연산관 지역이다. 이 지
역 안에 평양을 기록하고 있다면 그곳은 요양을 가리키는 것으로, 고려 때
요양의 정확한 명칭은 '서경 평양부'였다. 원나라 때 최탄의 배신으로 서경
평양부는 동녕부가 되었다가, 공민왕 때 잠시나마 고려가 다시 찾았으나
이성계가 우왕에게 항명하면서 그 땅은 다시 명나라로 넘어갔을 것으로 생
각된다. 이 과정에서 명나라는 정확하게 이 지역의 이름을 다시 짓지 않았
는데, '서경'이란 행정 구역명은 없애버리고 전통적인 명칭인 '평양'과 원

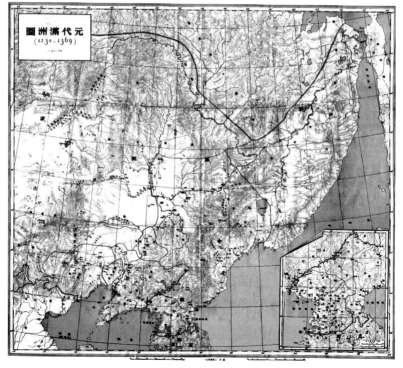

그림 10. 『만주역사지리』 부도 「원대 만주도」

나라 때 사용했던 '동녕'이란 지명은 그대로 사용한 것 같다.

또 『대명일통지』에 자비령이 평양의 동쪽 180리에 있다고 기록되어 있다는 것은, 5세기 무렵 자비령이 명나라 땅에 있었다는 것을 의미한다. 명나라 때 조선과 명나라의 국경선이 지금의 중국 요녕성 연산관이라는 것은 누구도 다 인정하는 것이다. 그렇다면 고려와 원나라의 국경선도 가장 동쪽으로 잡아도 연산관이 되어야 한다. 고려 후기 공민왕이 수복한 북방 영토가 지금의 중국 길림성 동북부 지역까지 올라갔다는 점과도 일치한다. 쓰다는 구체적인 기록이 분명히 남아 있는데도 이를 지나치고 황해도에 자비령이라는 이름의 산이 있다는 것을 근거로 하여 고려 후기 국경선을 그곳으로 고증했다. 만약 자비령이 한반도 내에서 고려와 원나라의 국경선이 되려면 남북이 아니라 동서가 되어야 한다. 그런데 현재 고증된 자비령은 동서 방향이 아니라 남북방향이라는 점도 그 위치가 잘못되었음을 보여준다.

3. 맺음말

『조선역사지리』는 인하대 고조선연구소 학술총서로서 지난 몇 년간 번역을 진행한 것이다. 『만주역사지리』 또한 함께 준비했으나 이번에 『조선역사지리』 번역서 2권을 먼저 출간하게 되었다. 100여 년 전 일본인의 연구서를 새삼 번역하여 출판하는 목적은 하나이다. 그 내용이 사실상 근대 이후 한국사 연구의 출발점에 해당하고, 『조선역사지리』가 오늘날 한국 역사지리의 골격이 되었기 때문이다. 앞에서도 언급했듯이 만주역사조사부의 작업은 제국 일본의 확장기라는 상황과 대륙 경영을 위한 정치적 목적을 염두에 두고 이루어진 것이다. 그러한 연구 결과가 오늘날까지 한국사 인식에 영향을 주고 있고 나아가서는 중국의 동북공정에 활용되는 상황을 타개하기 위해서는 처음부터 면밀한 검토가 필요하다고 판단한 것이다.

1913년에 간행된 『조선역사지리』는 문장의 형식과 문체가 현대 일본어와 상이하고, 한문 사료의 인용도 많아서 그 원문 확인과 번역에 많은 시간과 노력이 소요되었다. 따라서 이번 번역에서는 전체적인 역주 작업은 수행하지 못하고 몇몇 중요한 사항만 본 해제에서 간단히 언급했다. 본 번역을 계기로 여러 연구자들이 비판적 검토에 참여하고 한국사의 강역을 재정립할 수 있기를 바란다.

이번 『조선역사지리』 2권과 더불어 『만주역사지리』 2권도 주류성 출판사에서 출간을 계획 중이다. 어려운 출판 시장에도 불구하고 소수 연구자들을 대상으로 한 학술서의 출판에 힘쓴다는 것은 필자와 독자는 물론 우리 사회 모두가 고마워해야 할 일이라 생각한다. 더욱이 본서에 수록된 부도는 그간 영인본 등에는 포함되지 않았던 것으로, 연구에 큰 도움이 되는 자료들이다. 높은 제작비를 감수하며 완성도 높은 책을 만들어주신 주류성 관계자들의 노고에 감사드린다.

『조선역사지리』 • 2권

지은이   쓰다 소키치(津田左右吉)

옮긴이   한세진·박지영·복기대

발행일   2022년 10월 18일

펴낸곳   주류성출판사

서울특별시 서초구 강남대로 435

TEL | 02-3481-1024 (대표전화) • FAX | 02-3482-0656

www.juluesung.co.kr | juluesung@daum.net

값 38,000원

잘못된 책은 교환해 드립니다.

ISBN 978-89-6246-502-0 93910

＊ 본 저작물 일부에는 김좌진장군체와 경기천년바탕체가 사용되었습니다.

이 번역서는 2014년 대한민국 교육부와 한국연구재단의 한국학 토대기초연구지원사업의 지원을 받아 수행된
연구임(NRF-2014S1A5B4072398).